나두공
직렬별 써머리 동영상 강의
5만원 가격파괴

국어+영어+한국사	국어+영어+한국사	국어+영어+한국사
행정법총론+행정학개론	행정법총론+교육학개론	행정법총론+노동법개론
일반행정직(5만원)	교육행정직(5만원)	고용노동직(5만원)

국어+영어+한국사	국어+영어+한국사	국어+영어+한국사
노동법개론+직업상담심리학개론	교정학개론+형사소송법개론	행정법총론+사회복지학개론
직업상담직(5만원)	교정직(5만원)	사회복지직(5만원)

구성 및 특징

핵심이론

시험에 출제되는 핵심 내용만을 모아 효율적인 학습이 가능하도록 구성하였습니다. 반드시 알아야 할 내용에 대한 충실한 이해와 체계적 정리가 가능합니다.

빈출개념

시험에서 자주 출제되는 개념들을 표시하여 중요한 부분을 한눈에 들어올 수 있도록 하였습니다. 합격에 필요한 핵심이론을 깔끔하게 학습하시기 바랍니다.

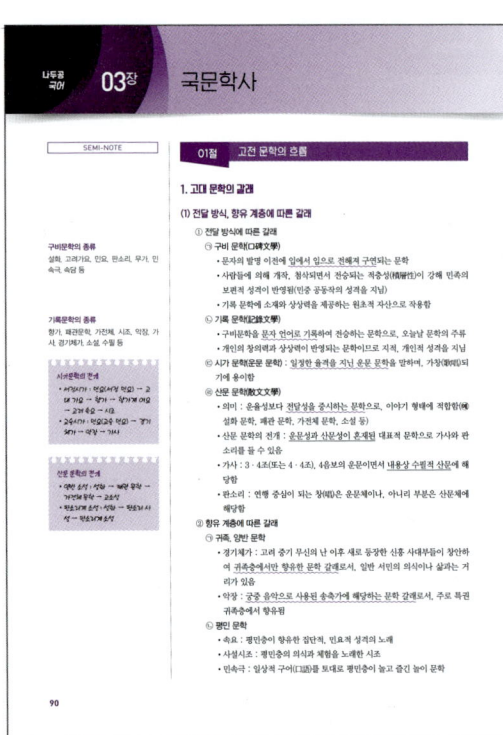

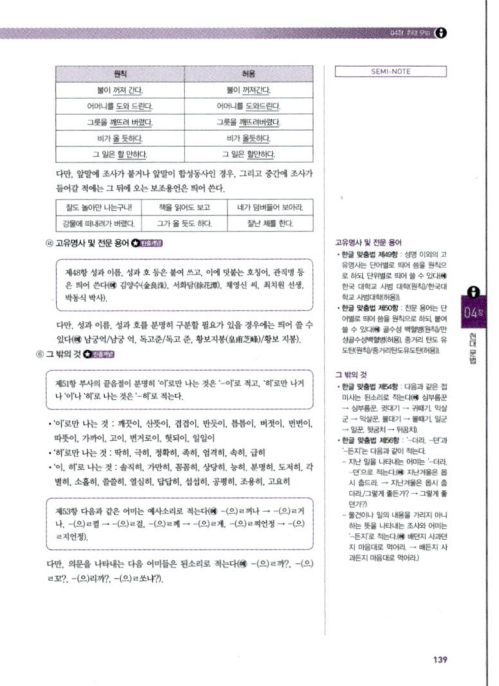

한눈에 쏙~

흐름이나 중요 개념들이 한눈에 쏙 들어올 수 있도록 도표로 정리하여 수록하였습니다. 한눈에 키워드와 흐름을 파악하여 수험에 도움이 되도록 하였습니다.

실력 up

더 알아두면 좋을 내용을 실력 up에 배치하고, 보조단에는 SEMI – NOTE를 배치하여 본문에 관련된 내용이나 중요한 개념들을 수록하였습니다.

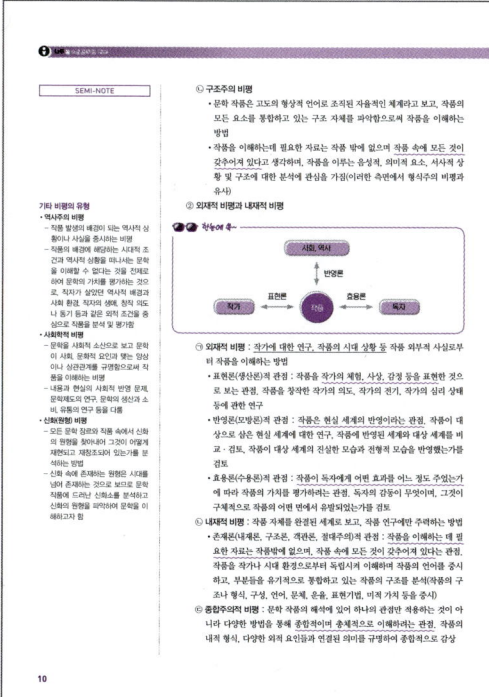

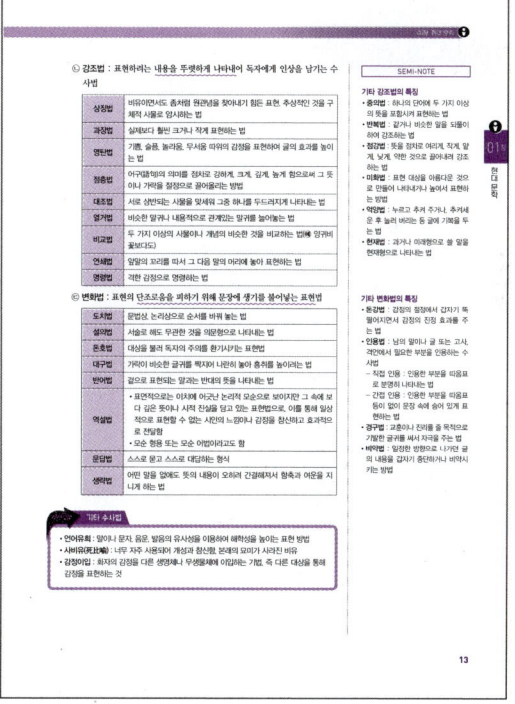

목 차

예시문제

2025 출제기조 전환대비 현장직무형 예시문제
- 제1회 예시문제 ··· 8
- 제2회 예시문제 ··· 17
- 제1회 정답 및 해설 ··································· 26
- 제2회 정답 및 해설 ··································· 32

01장

현대문학
- 01절 문학 일반론 ····································· 40
- 02절 문학의 갈래 ····································· 46
- 03절 현대시, 현대소설 ····························· 56
- 04절 기타 갈래의 작품 ····························· 74

02장

고전 문학
- 01절 고전 문법 ··· 80
- 02절 고대, 중세, 근대 국어 ···················· 87
- 03절 고전시가 ··· 91
- 04절 고전산문 ··· 113

03장

국문학사
- 01절 고전 문학의 흐름 ····························· 122
- 02절 현대 문학의 흐름 ····························· 136

04장 현대 문법

- 01절 　언어와 국어 ······················· 150
- 02절 　문법의 체계 ······················· 153
- 03절 　국어 생활과 규범 ················· 165

05장 논리적인 말과 글

- 01절 　쓰기 및 말하기, 듣기의 본질 ······ 186
- 02절 　논리적 전개와 독해 ··············· 189

06장 어휘력

- 01절 　한자 ····························· 198
- 02절 　여러 의미를 나타내는 어휘 ········ 214

9급공무원
국어

나두공

2025 출제기조 전환대비
현장직무형 예시문제

제1회 예시문제

제2회 예시문제

제1차 국어

01 〈공공언어 바로 쓰기 원칙〉에 따라 〈공문서〉의 ㉠~㉣을 수정한 것으로 적절하지 않은 것은?

〈공공언어 바로 쓰기 원칙〉
- 중복되는 표현을 삼갈 것.
- 대등한 것끼리 접속할 때는 구조가 같은 표현을 사용할 것.
- 주어와 서술어를 호응시킬 것.
- 필요한 문장 성분이 생략되지 않도록 할 것.

〈공문서〉

한국의약품정보원
수신 국립국어원
(경유)
제목 의약품 용어 표준화를 위한 자문회의 참석 ㉠ <u>안내 알림</u>

1. ㉡ <u>표준적인 언어생활의 확립과 일상적인 국어 생활을 향상하기 위해</u> 일하시는 귀원의 노고에 감사드립니다.
2. 본원은 국내 유일의 의약품 관련 비영리 재단법인으로서 의약품에 관한 ㉢ <u>표준 정보가 제공되고 있습니다.</u>
3. 의약품의 표준 용어 체계를 구축하고 ㉣ <u>일반 국민도 알기 쉬운 표현으로 개선하</u>여 안전한 의약품 사용 환경을 마련하기 위해 자문회의를 개최하니 귀원의 연구원이 참석해 주시기를 바랍니다.

① ㉠: 안내
② ㉡: 표준적인 언어생활을 확립하고 일상적인 국어 생활의 향상을 위해
③ ㉢: 표준 정보를 제공하고 있습니다.
④ ㉣: 의약품 용어를 일반 국민도 알기 쉬운 표현으로 개선하여

02 다음 글에서 추론한 내용으로 적절하지 않은 것은?

'밤하늘'은 '밤'과 '하늘'이 결합하여 한 단어를 이루고 있는데, 이처럼 어휘 의미를 띤 요소끼리 결합한 단어를 합성어라고 한다. 합성어는 분류 기준에 따라 여러 방식으로 나눌 수 있다. 합성어의 품사에 따라 합성명사, 합성형용사, 합성부사 등으로 나누기도 하고, 합성의 절차가 국어의 정상적인 단어 배열법을 따르는지의 여부에 따라 통사적 합성어와 비통사적 합성어로 나누기도 하고, 구성 요소 간의 의미 관계에 따라 대등합성어와 종속합성어로 나누기도 한다.

합성명사의 예를 보자. '강산'은 명사(강) + 명사(산)로, '젊은이'는 용언의 관형사형(젊은)+명사(이)로, '덮밥'은 용언 어간(덮)+명사(밥)로 구성되어 있다. 명사끼리의 결합, 용언의 관형사형과 명사의 결합은 국어 문장 구성에서 흔히 나타나는 단어 배열법으로, 이들을 통사적 합성어라고 한다. 반면 용언 어간과 명사의 결합은 국어 문장 구성에 없는 단어 배열법인데 이런 유형은 비통사적 합성어에 속한다. '강산'은 두 성분 관계가 대

등한 관계를 이루는 대등합성어인데, '젊은이'나 '덮밥'은 앞 성분이 뒤 성분을 수식하는 종속합성어이다.

① 아버지의 형을 이르는 '큰아버지'는 종속합성어이다.
② '흰머리'는 용언 어간과 명사가 결합한 합성명사이다.
③ '늙은이'는 어휘 의미를 지닌 두 요소가 결합해 이루어진 단어이다.
④ 동사 '먹다'의 어간인 '먹'과 명사 '거리'가 결합한 '먹거리'는 비통사적 합성어이다.

03 다음 글의 ㉠의 사례가 포함되어 있지 <u>않은</u> 것은?

존경 표현에는 주어 명사구를 직접 존경하는 '직접존경'이 있고, 존경의 대상과 긴밀한 관련을 가지는 인물이나 사물 등을 높이는 ㉠'간접존경'도 있다. 전자의 예로 "할머니는 직접 용돈을 마련하신다."를 들 수 있고, 후자의 예로는 "할머니는 용돈이 없으시다."를 들 수 있다. 전자에서 용돈을 마련하는 행위를 하는 주어는 할머니이므로 '마련한다'가 아닌 '마련하신다'로 존경 표현을 한 것이다. 후자에서는 용돈이 주어이지만 할머니와 긴밀한 관련을 가진 사물이라서 '없다'가 아니라 '없으시다'로 존경 표현을 한 것이다.

① 고모는 자식이 다섯이나 있으시다.
② 할머니는 다리가 아프셔서 병원에 다니신다.
③ 언니는 아버지가 너무 건강을 염려하신다고 말했다.
④ 할아버지는 젊었을 때부터 수염이 많으셨다고 들었다.

04 다음 글의 ㉠~㉢에 들어갈 말을 적절하게 나열한 것은?

소설과 현실의 관계를 온당하게 살피기 위해서는 세계의 현실성, 문제의 현실성, 해결의 현실성을 구별해야 한다. 우리가 살고 있는 이 입체적인 시공간에서 특히 의미 있는 한 부분을 도려내어 서사의 무대로 삼을 경우 세계의 현실성이 확보된다. 그 세계 안의 인간이 자신을 둘러싼 세계와 고투하면서 당대의 공론장에서 기꺼이 논의해볼 만한 의제를 산출해낼 때 문제의 현실성이 확보된다. 한 사회가 완강하게 구조화하고 있는 '가능한 것'과 '불가능한 것'의 좌표를 흔들면서 특정한 선택지를 제출할 때 해결의 현실성이 확보된다.
최인훈의 「광장」은 밀실과 광장 사이에서 고뇌하는 주인공의 모습을 통해 '남(南)이냐 북(北)이냐'라는 민감한 주제를 격화된 이념 대립의 공론장에 던짐으로써 ㉠ 을 확보하였다. 작품의 시공간으로 당시 남한과 북한을 소설적 세계로 선택함으로써 동서 냉전 시대의 보편성과 한반도 분단 체제의 특수성을 동시에 포괄할 수 있는 ㉡ 도 확보하였다. 「광장」에서 주인공이 남과 북 모두를 거부하고 자살을 선택하는 결말은 남북으로 상징되는 당대의 이원화된 이데올로기를 근저에서 흔들었다. 이로써 ㉢ 을 확보할 수 있었다.

	㉠	㉡	㉢
①	문제의 현실성	세계의 현실성	해결의 현실성
②	문제의 현실성	해결의 현실성	세계의 현실성
③	세계의 현실성	문제의 현실성	해결의 현실성
④	세계의 현실성	해결의 현실성	문제의 현실성

05 다음 진술이 모두 참일 때 반드시 참인 것은?

> - 오 주무관이 회의에 참석하면, 박 주무관도 참석한다.
> - 박 주무관이 회의에 참석하면, 홍 주무관도 참석한다.
> - 홍 주무관이 회의에 참석하지 않으면, 공 주무관도 참석하지 않는다.

① 공 주무관이 회의에 참석하면, 박 주무관도 참석한다.
② 오 주무관이 회의에 참석하면, 홍 주무관은 참석하지 않는다.
③ 박 주무관이 회의에 참석하지 않으면, 공 주무관은 참석한다.
④ 홍 주무관이 회의에 참석하지 않으면, 오 주무관도 참석하지 않는다.

06 다음 글을 이해한 내용으로 가장 적절한 것은?

> 이육사의 시에는 시인의 길과 투사의 길을 동시에 걸었던 작가의 면모가 고스란히 담겨 있다. 가령, 「절정」은 크게 두 부분으로 나누어지는데, 투사가 처한 냉엄한 현실적 조건이 3개의 연에 걸쳐 먼저 제시된 후, 시인이 품고 있는 인간과 역사에 대한 희망이 마지막 연에 제시된다.
> 우선, 투사 이육사가 처한 상황은 대단히 위태로워 보인다. 그는 "매운 계절의 채찍에 갈겨 / 마침내 북방으로 휩쓸려" 왔고, "서릿발 칼날진 그 위에 서" 바라본 세상은 "하늘도 그만 지쳐 끝난 고원"이어서 가냘픈 희망을 품는 것조차 불가능해 보인다. 이러한 상황은 "한발 제겨디딜 곳조차 없다"는 데에 이르러 극한에 도달하게 된다. 여기서 그는 더 이상 피할 수 없는 존재의 위기를 깨닫게 되는데, 이때 시인 이육사가 나서면서 시는 반전의 계기를 마련한다.
> 마지막 4연에서 시인은 3연까지 치달아 온 극한의 위기를 담담히 대면한 채, "이러매 눈 감아 생각해" 보면서 현실을 새롭게 규정한다. 여기서 눈을 감는 행위는 외면이나 도피가 아니라 피할 수 없는 현실적 조건을 새롭게 반성함으로써 현실의 진정한 면모와 마주하려는 적극적인 행위로 읽는다. 이는 다음 행, "겨울은 강철로 된 무지갠가보다"라는 시구로 이어지면서 현실에 대한 새로운 성찰로 마무리된다. 이 마지막 구절은 인간과 역사에 대한 희망을 놓지 않으려는 시인의 안간힘으로 보인다.

① 「절정」에는 투사가 처한 극한의 상황이 뚜렷한 계절의 변화로 드러난다.
② 「절정」에서 시인은 투사가 처한 현실적 조건을 외면하지 않고 새롭게 인식한다.
③ 「절정」은 시의 구성이 두 부분으로 나누어지면서 투사와 시인이 반목과 화해를 거듭한다.
④ 「절정」에는 냉엄한 현실에 절망하는 시인의 면모와 인간과 역사에 대한 희망을 놓지 않으려는 투사의 면모가 동시에 담겨 있다.

07 (가)~(라)를 맥락에 맞추어 가장 적절하게 나열한 것은?

(가) 다음으로 시청자의 마음을 사로잡을 수 있는 참신한 인물을 창조해야 한다. 특히 주인공은 장애를 만나 새로운 목표를 만들고, 그것을 이루는 과정에서 최종적으로 영웅이 된다. 시청자는 주인공이 목표를 이루는 데 적합한 인물로 변화를 거듭할 때 그에게 매료된다.

(나) 스토리텔링 전략에서 제일 먼저 해야 할 일이 로그라인을 만드는 것이다. 로그라인은 '장애, 목표, 변화, 영웅'이라는 네 가지 요소를 담아야 하며, 3분 이내로 압축적이어야 한다. 이를 통해 스토리의 목적과 방향이 마련된다.

(다) 이 같은 인물 창조의 과정에서 스토리의 주제가 만들어진다. '사랑과 소속감, 안전과 안정, 자유와 자발성, 권력과 책임, 즐거움과 재미, 인식과 이해'는 수천 년 동안 성별, 나이, 문화를 초월하여 두루 통용된 주제이다.

(라) 시청자가 드라마나 영화에 대해 시청 여부를 결정하는 데 걸리는 시간은 8초에 불과하다. 제작자는 이 짧은 시간 안에 시청자를 사로잡을 수 있는 스토리텔링 전략이 필요하다.

① (나)-(가)-(라)-(다)
② (나)-(다)-(가)-(라)
③ (라)-(나)-(가)-(다)
④ (라)-(나)-(다)-(가)

08 〈지침〉에 따라 〈개요〉를 작성할 때 ㉠~㉣에 들어갈 내용으로 적절하지 않은 것은?

〈지 침〉

- 서론은 중심 소재의 개념 정의와 문제 제기를 1개의 장으로 작성할 것.
- 본론은 제목에서 밝힌 내용을 2개의 장으로 구성하되 각 장의 하위 항목끼리 대응되도록 작성할 것.
- 결론은 기대 효과와 향후 과제를 1개의 장으로 작성할 것.

〈개 요〉

- 제목: 복지 사각지대의 발생 원인과 해소 방안
- Ⅰ. 서론
  1. 복지 사각지대의 정의
  2. ㉠
- Ⅱ. 복지 사각지대의 발생 원인
  1. ㉡
  2. 사회복지 담당 공무원의 인력 부족
- Ⅲ. 복지 사각지대의 해소 방안
  1. 사회적 변화를 반영하여 기존 복지 제도의 미비점 보완
  2. ㉢
- Ⅳ. 결론
  1. ㉣
  2. 복지 사각지대의 근본적이고 지속가능한 해소 방안 마련

① ㉠: 복지 사각지대의 발생에 따른 사회 문제의 증가
② ㉡: 사회적 변화를 반영하지 못한 기존 복지 제도의 한계
③ ㉢: 사회복지 업무 경감을 통한 공무원 직무 만족도 증대
④ ㉣: 복지 혜택의 범위 확장을 통한 사회 안전망 강화

09 다음 글의 빈칸에 들어갈 결론으로 가장 적절한 것은?

　신경과학자 아이젠버거는 참가자들을 모집하여 실험을 진행하였다. 이 실험에서 그의 연구팀은 실험 참가자의 뇌를 'fMRI' 기계를 이용해 촬영하였다. 뇌의 어떤 부위가 활성화되는가를 촬영하여 실험 참가자가 어떤 심리적 상태인가를 파악하려는 것이었다. 아이젠버거는 각 참가자에게 그가 세 사람으로 구성된 그룹의 일원이 될 것이고, 온라인에 각각 접속하여 서로 공을 주고받는 게임을 하게 될 것이라고 알려주었다. 그런데 이 실험에서 각 그룹의 구성원 중 실제 참가자는 한 명뿐이었고 나머지 둘은 컴퓨터 프로그램이었다. 실험이 시작되면 처음 몇 분 동안 셋이 사이좋게 순서대로 공을 주고받지만, 어느 순간부터 실험 참가자는 공을 받지 못한다. 실험 참가자를 제외한 나머지 둘은 계속 공을 주고받기 때문에, 실험 참가자는 나머지 두 사람이 아무런 설명 없이 자신을 따돌린다고 느끼게 된다. 연구팀은 실험 참가자가 따돌림을 당할 때 그의 뇌에서 전두엽의 전대상피질 부위가 활성화된다는 것을 확인했다. 이는 인간이 물리적 폭력을 당할 때 활성화되는 뇌의 부위이다. 연구팀은 이로부터 ☐☐☐☐☐는 결론을 내릴 수 있었다.

① 물리적 폭력은 뇌 전두엽의 전대상피질 부위를 활성화한다
② 물리적 폭력은 피해자의 개인적 경험을 사회적 문제로 전환한다
③ 따돌림은 피해자에게 물리적 폭력보다 더 심각한 부정적 영향을 미친다
④ 따돌림을 당할 때와 물리적 폭력을 당할 때의 심리적 상태는 서로 다르지 않다

[10~11] 다음 글을 읽고 물음에 답하시오.

　'크로노토프'는 그리스어로 시간과 공간을 뜻하는 두 단어를 결합한 것으로, 시공간을 통합적으로 이해하기 위한 개념이다. 크로노토프의 관점에서 보면 고소설과 근대소설의 차이를 명확하게 파악할 수 있다.
　고소설에는 돌아가야 할 곳으로서의 원점이 존재한다. 그것은 영웅소설에서라면 중세의 인륜이 원형대로 보존된 세계이고, 가정소설에서라면 가장을 중심으로 가족 구성원들이 평화롭게 공존하는 가정이다. 고소설에서 주인공은 적대자에 의해 원점에서 분리되어 고난을 겪는다. 그들의 목표는 상실한 원점을 회복하는 것, 즉 그곳에서 향유했던 이상적 상태로 ㉠돌아가는 것이다. 주인공과 적대자 사이의 갈등이 전개되는 시간을 서사적 현재라 한다면, 주인공이 도달해야 할 종결점은 새로운 미래가 아니라 다시 도래할 과거로서의 미래이다. 이러한 시공간의 배열을 '회귀의 크로노토프'라고 한다.
　근대소설 「무정」은 회귀의 크로노토프를 부정한다. 이것은 주인공인 이형식과 박영채의 시간 경험을 통해 확인된다. 형식은 고아지만 이상적인 고향의 기억을 갖고 있다. 그것은 박 진사의 집에서 영채와 함께하던 때의 기억이다. 이는 영채도 마찬가지기에, 그들에게 박 진사의 집으로 표상되는 유년의 과거는 이상적 원점의 구실을 한다. 박 진사의 죽음은 그들에게 고향의 상실을 상징한다. 두 사람의 결합이 이상적 상태의 고향을 회복할 수 있는 유일한 방법이겠지만, 그들은 끝내 결합하지 못한다. 형식은 새 시대의 새 인물이 되어야 한다고 생각하며 과거로의 복귀를 거부한다.

10 윗글에서 추론한 내용으로 가장 적절한 것은?

① 「무정」과 고소설은 회귀의 크로노토프를 부정한다는 점에서 공통적이다.
② 영웅소설의 주인공과 「무정」의 이형식은 그들의 이상적 원점을 상실했다는 공통점을 가지고 있다.
③ 「무정」에서 이형식이 박영채와 결합했다면 새로운 미래로서의 종결점에 도달할 수 있었을 것이다.
④ 가정소설은 가족 구성원들이 평화롭게 공존하는 결말을 통해 상실했던 원점으로의 복귀를 거부한다.

11 문맥상 ⊙의 의미와 가장 가까운 것은?

① 전쟁은 연합군의 승리로 돌아갔다.
② 사과가 한 사람 앞에 두 개씩 돌아간다.
③ 그는 잃어버린 동심으로 돌아가고 싶었다.
④ 그녀는 자금이 잘 돌아가지 않는다며 걱정했다.

12 (가)와 (나)를 전제로 할 때 빈칸에 들어갈 결론으로 가장 적절한 것은?

(가) 노인복지 문제에 관심이 있는 사람 중 일부는 일자리 문제에 관심이 있는 사람이 아니다.
(나) 공직에 관심이 있는 사람은 모두 일자리 문제에 관심이 있는 사람이다.
따라서 _____.

① 노인복지 문제에 관심이 있는 사람 중 일부는 공직에 관심이 있는 사람이 아니다
② 공직에 관심이 있는 사람 중 일부는 노인복지 문제에 관심이 있는 사람이 아니다
③ 공직에 관심이 있는 사람은 모두 노인복지 문제에 관심이 있는 사람이 아니다
④ 일자리 문제에 관심이 있지만 노인복지 문제에 관심이 없는 사람은 모두 공직에 관심이 있는 사람이 아니다

13 다음 글의 ⊙~㉢ 중 어색한 곳을 찾아 가장 적절하게 수정한 것은?

수명을 늘릴 수 있는 여러 방법 중 가장 좋은 방법은 노화 문제를 해결하는 것이다. 이 방법은 인간이 젊고 건강한 상태로 수명을 연장할 수 있다는 점에서 ⊙ 늙고 병든 상태에서 단순히 죽음의 시간을 지연시킨다는 기존 발상과 근본적으로 다르다. ⓒ 노화가 진행된 상태를 진행되기 전의 상태로 되돌린다거나 노화가 시작되기 전에 노화를 막는 장치가 개발된다면, 젊음을 유지한 채 수명을 늘리는 것은 충분히 가능하다.

그러나 노화 문제와 관련된 현재까지의 연구는 초라하다. 이는 대부분 연구가 신약 개발의 방식으로만 진행되어 왔기 때문이다. 현재 기준에서는 질병 치료를 목적으로 개발한 신약만 승인받을 수 있는데, 식품의약국이 노화를 ⓒ 질병으로 본 탓에 노화를 멈추는 약은 승인받을 수 없었다. 노화를 질병으로 보더라도 해당 약들이 상용화되기까지는 아주 오랜 시간이 필요하다.

그런데 노화 문제는 발전을 거듭하고 있는 인공지능 덕분에 신약 개발과는 다른 방식으로 극복될 수 있을지 모른다. 일반 사람들에 비해 ㉣ 노화가 더디게 진행되는 사람들

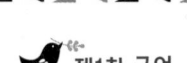

의 유전자 자료를 데이터화하면 그들에게서 노화를 지연시키는 생리적 특징을 추출할 수 있는데, 이를 통해 유전자를 조작하는 방식으로 노화를 막을 수 있다.

① ㉠: 늙고 병든 상태에서 담담히 죽음의 시간을 기다린다
② ㉡: 노화가 진행되기 전의 신체를 노화가 진행된 신체
③ ㉢: 질병으로 보지 않은 탓에 노화를 멈추는 약은 승인받을 수 없었다
④ ㉣: 노화가 더디게 진행되는 사람들의 유전자 자료를 데이터화하면 그들에게서 노화를 촉진

14 ㉠을 평가한 내용으로 적절한 것만을 〈보기〉에서 모두 고르면?

흔히 '일곱 빛깔 무지개'라는 말을 한다. 서로 다른 빛깔의 띠 일곱 개가 무지개를 이루고 있다는 뜻이다. 영어나 프랑스어를 비롯해 다른 자연언어들에도 이와 똑같은 표현이 있는데, 이는 해당 자연언어가 무지개의 색상에 대응하는 색채 어휘를 일곱 개씩 지녔기 때문이라고 할 수 있다.
　언어학자 사피어와 그의 제자 워프는 여기서 어떤 영감을 얻었다. 그들은 서로 다른 언어를 쓰는 아메리카 원주민들에게 무지개의 띠가 몇 개냐고 물었다. 대답은 제각각 달랐다. 사피어와 워프는 이 설문 결과에 기대어, 사람들은 자신의 언어에 얽매인 채 세계를 경험한다고 판단했다. 이 판단으로부터, "우리는 모국어가 그어놓은 선에 따라 자연세계를 분단한다."라는 유명한 발언이 나왔다. 이에 따르면 특정 현상과 관련한 단어가 많을

수록 해당 언어권의 화자들은 그 현상에 대해 심도 있게 경험하는 것이다. 언어가 의식을, 사고와 세계관을 결정한다는 이 견해는 ㉠ 사피어–워프 가설이라 불리며 언어학과 인지과학의 논란거리가 되어왔다.

〈보기〉

ㄱ. 눈[雪]을 가리키는 단어를 4개 지니고 있는 이누이트족이 1개 지니고 있는 영어 화자들보다 눈을 넓고 섬세하게 경험한다는 것은 ㉠을 강화한다.
ㄴ. 수를 세는 단어가 '하나', '둘', '많다' 3개뿐인 피라하족의 사람들이 세 개 이상의 대상을 모두 '많다'고 인식하는 것은 ㉠을 강화한다.
ㄷ. 색채 어휘가 적은 자연언어 화자들이 색채 어휘가 많은 자연언어 화자들에 비해 색채를 구별하는 능력이 뛰어나다는 것은 ㉠을 약화한다.

① ㄱ　　　　　　　② ㄱ, ㄴ
③ ㄴ, ㄷ　　　　　 ④ ㄱ, ㄴ, ㄷ

[15~16] 다음 글을 읽고 물음에 답하시오.

　한국 신화에 보이는 신과 인간의 관계는 다른 나라의 신화와 ㉠ 견주어 볼 때 흥미롭다. 한국 신화에서 신은 인간과의 결합을 통해 결핍을 해소함으로써 완전한 존재가 되고, 인간은 신과의 결합을 통해 혼자 할 수 없었던 존재론적 상승을 이룬다.
　한국 건국신화에서 주인공인 신은 지상에 내려와 왕이 되고자 한다. 천상적 존재가 지상적 존재가 되기를 ㉡ 바라는 것인데, 인간들의 왕이 된 신은 인간 여성과의 결합을 통해 자식을 낳음으로써 결핍을 메운다. 무속신화에서는 인간이었던 주인공이 신과의 결합을 통해 신적 존재로 ㉢ 거듭나게 됨으로써 존재론적으로 상승하게 된다. 이처럼 한국 신

화에서 신과 인간은 서로의 존재를 필요로 한다는 점에서 상호의존적이고 호혜적이다.

다른 나라의 신화들은 신과 인간의 관계가 한국 신화와 달리 위계적이고 종속적이다. 히브리 신화에서 피조물인 인간은 자신을 창조한 유일신에 대해 원초적 부채감을 지니고 있으며, 신이 지상의 모든 일을 관장한다는 점에서 언제나 인간의 우위에 있다. 이러한 양상은 북유럽이나 바빌로니아 등에 ㉢ 퍼져 있는 신체 화생 신화에도 유사하게 나타난다. 신체 화생 신화는 신이 죽음을 맞게 된 후 그 신체가 해체되면서 인간 세계가 만들어지게 된다는 것인데, 신의 희생 덕분에 인간 세계가 만들어질 수 있었다는 점에서 인간은 신에게 철저히 종속되어 있다.

15 윗글을 이해한 내용으로 적절하지 <u>않은</u> 것은?

① 히브리 신화에서 신과 인간의 관계는 위계적이다.
② 한국 무속신화에서 신은 인간을 위해 지상에 내려와 왕이 된다.
③ 한국 건국신화에서 신은 인간과의 결합을 통해 완전한 존재가 된다.
④ 한국 신화에 보이는 신과 인간의 관계는 신체 화생 신화에 보이는 신과 인간의 관계와 다르다.

16 ㉠~㉣과 바꿔 쓸 수 있는 유사한 표현으로 적절하지 <u>않은</u> 것은?

① ㉠: 비교해
② ㉡: 희망하는
③ ㉢: 복귀하게
④ ㉣: 분포되어

17 다음 대화를 분석한 내용으로 가장 적절한 것은?

> 갑: 전염병이 창궐했을 때 마스크를 착용하는 것은 당연한 일인데, 그것을 거부하는 사람이 있다니 도대체 이해가 안 돼.
> 을: 마스크 착용을 거부하는 사람들을 무조건 비난하지 말고 먼저 왜 그러는지 정확하게 이유를 파악하는 것이 필요해.
> 병: 그 사람들은 개인의 자유가 가장 존중받아야 하는 기본권이라고 생각하기 때문일 거야.
> 갑: 개인의 자유로운 선택이 타인의 생명을 위협한다면 기본권이라 하더라도 제한하는 것이 보편적 상식 아닐까?
> 병: 맞아. 개인이 모여 공동체를 이루는데 나의 자유만을 고집하면 결국 사회는 극단적 이기주의에 빠져 붕괴하고 말 거야.
> 을: 마스크를 쓰지 않는 행위를 윤리적 차원에서만 접근하지 말고, 문화적 차원에서도 고려할 필요가 있어. 어떤 사회에서는 얼굴을 가리는 것이 범죄자의 징표로 인식되기도 해.

① 화제에 대해 남들과 다른 측면에서 탐색하는 사람이 있다.
② 자신의 의견이 반박되자 질문을 던져 화제를 전환하는 사람이 있다.
③ 대화가 진행되면서 논점에 대한 찬반 입장이 바뀌는 사람이 있다.
④ 사례의 공통점을 종합하여 자신의 주장을 강화하는 사람이 있다.

[18~19] 다음 글을 읽고 물음에 답하시오.

영국의 유명한 원형 석조물인 스톤헨지는 기원전 3,000년경 신석기시대에 세워졌다. 1960년대에 천문학자 호일이 스톤헨지가 일종의 연산장치라는 주장을 하였고, 이후 엔지니어인 톰은 태양과 달을 관찰하기 위한 정교한 기구라고 확신했다. 천문학자 호킨스는 스톤헨지의 모양이 태양과 달의 배열을 나타낸 것이라는 의견을 제시해 관심을 모았다.
 그러나 고고학자 앳킨슨은 ㉠ 그들의 생각을 비난했다. 앳킨슨은 스톤헨지를 세운 사람들을 '야만인'으로 묘사하면서, ㉡ 이들은 호킨스의 주장과 달리 과학적 사고를 할 줄 모른다고 주장했다. 이에 호킨스를 옹호하는 학자들이 진화적 관점에서 앳킨슨을 비판하였다. ㉢ 이들은 신석기시대보다 훨씬 이전인 4만 년 전의 사람들도 신체적으로 우리와 동일했으며 지능 또한 우리보다 열등했다고 볼 근거가 없다고 주장했다.
 하지만 스톤헨지의 건설자들이 포괄적인 의미에서 현대인과 같은 지능을 가졌다고 해도 과학적 사고와 기술적 지식을 가지지는 못했다. ㉣ 그들에게는 우리처럼 2,500년에 걸쳐 수학과 천문학의 지식이 보존되고 세대를 거쳐 전승되어 쌓인 방대하고 정교한 문자 기록이 없었다. 선사시대의 생각과 행동이 우리와 똑같은 식으로 전개되지 않았으리라는 점은 매우 중요하다. 지적 능력을 갖췄다고 해서 누구나 우리와 같은 동기와 관심, 개념적 틀을 가졌으리라고 생각하는 것은 잘못이다.

18 윗글에 대해 평가한 내용으로 가장 적절한 것은?

① 스톤헨지가 제사를 지내는 장소였다는 후대 기록이 발견되면 호킨스의 주장은 강화될 것이다.
② 스톤헨지 건설 당시의 사람들이 숫자를 사용하였다는 증거가 발견되면 호일의 주장은 약화될 것이다.
③ 스톤헨지의 유적지에서 수학과 과학에 관련된 신석기시대 기록물이 발견되면 글쓴이의 주장은 강화될 것이다.
④ 기원전 3,000년경 인류에게 천문학 지식이 있었다는 증거가 발견되면 앳킨슨의 주장은 약화될 것이다.

19 문맥상 ㉠~㉣ 중 지시 대상이 같은 것만으로 묶인 것은?

① ㉠, ㉢
② ㉡, ㉣
③ ㉠, ㉡, ㉢
④ ㉠, ㉡, ㉣

20 다음 글의 밑줄 친 결론을 이끌어내기 위해 추가해야 할 것은?

문학을 좋아하는 사람은 모두 자연의 아름다움을 좋아하는 사람이다. 자연의 아름다움을 좋아하는 어떤 사람은 예술을 좋아하는 사람이다. 따라서 예술을 좋아하는 어떤 사람은 문학을 좋아하는 사람이다.

① 자연의 아름다움을 좋아하는 사람은 모두 문학을 좋아하는 사람이다.
② 문학을 좋아하는 어떤 사람은 자연의 아름다움을 좋아하는 사람이다.
③ 예술을 좋아하는 어떤 사람은 자연의 아름다움을 좋아하는 사람이다.
④ 예술을 좋아하지만 문학을 좋아하지 않는 사람은 모두 자연의 아름다움을 좋아하는 사람이다.

01 〈공공언어 바로 쓰기 원칙〉에 따라 수정한 것으로 적절하지 <u>않은</u> 것은?

〈공공언어 바로 쓰기 원칙〉

- 주어와 서술어의 호응
  - ㉠ 능동과 피동의 관계를 정확하게 사용함.
- 여러 뜻으로 해석되는 표현 삼가기
  - ㉡ 중의적인 문장을 사용하지 않음.
- 명료한 수식어구 사용
  - ㉢ 수식어와 피수식어의 관계를 분명하게 표현함.
- 대등한 구조를 보여 주는 표현 사용
  - ㉣ '-고', '와/과' 등으로 접속될 때에는 대등한 관계를 사용함.

① "이번 총선에서 국회의원 ○○○명을 선출되었다."를 ㉠에 따라 "이번 총선에서 국회의원 ○○○명이 선출되었다."로 수정한다.

② "시장은 시민의 안전에 관하여 건설업계 관계자들과 논의하였다."를 ㉡에 따라 "시장은 건설업계 관계자들과 시민의 안전에 관하여 논의하였다."로 수정한다.

③ "5킬로그램 정도의 금 보관함"을 ㉢에 따라 "금 5킬로그램 정도를 담은 보관함"으로 수정한다.

④ "음식물의 신선도 유지와 부패를 방지해야 한다."를 ㉣에 따라 "음식물의 신선도를 유지하고, 부패를 방지해야 한다."로 수정한다.

02 다음 글을 이해한 내용으로 적절하지 <u>않은</u> 것은?

조선시대 기록을 보면 오늘날 급성전염병에 속하는 병들의 다양한 명칭을 확인할 수 있는데, 전염성, 고통의 정도, 질병의 원인, 몸에 나타난 증상 등 작명의 과정에서 주목한 바는 각기 달랐다.

예를 들어, '역병(疫病)'은 사람이 고된 일을 치르듯[役] 병에 걸려 매우 고통스러운 상태를 말한다. '여역(厲疫)'이란 말은 힘들다[疫]는 뜻에다가 사납다[厲]는 의미가 더해져 있다. 현재의 성홍열로 추정되는 '당독역(唐毒疫)'은 오랑캐처럼 사납고[唐], 독을 먹은 듯 고통스럽다[毒]는 의미가 들어가 있다. '염병(染病)'은 전염성에 주목한 이름이고, 마찬가지로 '윤행괴질(輪行怪疾)' 역시 수레가 여기저기 옮겨 다니듯 한다는 뜻으로 질병의 전염성을 크게 강조한 이름이다.

'시기병(時氣病)'이란 특정 시기의 좋지 못한 기운으로 인해 생기는 전염병을 말하는데, 질병의 원인으로 나쁜 대기를 들고 있는 것이다. '온역(溫疫)'에 들어 있는 '온(溫)'은 이 병을 일으키는 계절적 원인을 가리킨다. 이밖에 '두창(痘瘡)'이나 '마진(痲疹)' 따위의 병명은 피부에 발진이 생기고 그 모양이 콩 또는 삼씨 모양인 것을 강조한 말이다.

① '온역'은 질병의 원인에 주목하여 붙여진 이름이다.

② '역병'은 질병의 전염성에 주목하여 붙여진 이름이다.

③ '당독역'은 질병의 고통스러운 정도에 주목하여 붙여진 이름이다.

④ '마진'은 질병으로 인해 몸에 나타난 증상에 주목하여 붙여진 이름이다.

03 다음 글의 중심 내용으로 가장 적절한 것은?

플라톤의 『국가』에는 사람들이 살아가면서 가장 중요하게 생각하는 두 가지 요소에 대한 언급이 있다. 우리가 만약 이것들을 제대로 통제하고 조절할 수 있다면 좋은 삶을 살 수 있다고 플라톤은 말하고 있다. 하나는 대다수가 갖고 싶어하는 재물이며, 다른 하나는 대다수가 위험하게 생각하는 성적 욕망이다. 소크라테스는 당시 성공적인 삶을 살고 있다고 사람들에게 잘 알려진 케팔로스에게, 사람들이 좋아하는 재물이 많아서 좋은 점과 사람들이 싫어하는 나이가 많아서 좋은 점은 무엇인지를 물었다. 플라톤은 이 대화를 통해 우리가 어떻게 좋은 삶을 살 수 있는지를 보여준다.

케팔로스는 재물이 많으면 남을 속이거나 거짓말하지 않을 수 있어서 좋고, 나이가 많으면 성적 욕망을 쉽게 통제할 수 있어서 좋다고 말한다. 물론 재물이 적다고 남을 속이거나 거짓말을 하는 것은 아니며, 나이가 적다고 해서 성적 욕망을 쉽게 통제할 수 없는 것은 아니다. 그렇지만 누구나 살아가면서 이것들로 인해 힘들어하고 괴로워하는 경우가 많다는 것은 분명하다. 삶을 살아가면서 돈에 대한 욕망이나 성적 욕망만이라도 잘 다스릴 수 있다면 낭패를 당하거나 망신을 당할 일이 거의 없을 것이다. 인간에 대한 플라톤의 통찰력과 삶에 대한 지혜는 현재에도 여전히 유효하다.

① 재물욕과 성욕은 과거나 지금이나 가장 강한 욕망이다.
② 재물이 많으면서 나이가 많은 자가 좋은 삶을 살 수 있다.
③ 성공적인 삶을 살려면 재물욕과 성욕을 잘 다스려야 한다.
④ 잘 살기 위해서는 살면서 가장 중요한 것이 무엇인지 알아야 한다.

04 다음 글의 ㉠~㉢ 중 어색한 곳을 찾아 가장 적절하게 수정한 것은?

언어는 랑그와 파롤로 구분할 수 있다. 랑그는 머릿속에 내재되어 있는 추상적인 언어의 모습으로, 특정한 언어공동체가 공유하고 있는 기호체계를 가리킨다. 반면에 파롤은 구체적인 언어의 모습으로, 의사소통을 위해 랑그를 사용하는 개인적인 행위를 의미한다.
언어학자들은 흔히 ㉠ 랑그를 악보에 비유하고, 파롤을 실제 연주에 비유하곤 하는데, 악보는 고정되어 있지만 실제 연주는 그 고정된 악보를 연주하는 사람에 따라 달라지기 마련이다. 그러니까 ㉡ 랑그는 여러 상황에도 불구하고 변하지 않고 기본을 이루는 언어의 본질적인 모습에 해당한다. 한편 '책상'이라는 단어를 발음할 때 사람마다 발음되는 소리는 다르기 때문에 '책상'에 대한 발음은 제각각일 수밖에 없다. 여기서 ㉢ 실제로 발음되는 제각각의 소리값이 파롤이다.
랑그와 파롤 개념과 비슷한 것으로 언어능력과 언어수행이 있다. 자기 모국어에 대해 사람들이 내재적으로 가지고 있는 지식이 언어능력이고, 사람들이 실제로 발화하는 행위가 언어수행이다. ㉣ 파롤이 언어능력에 대응한다면, 랑그는 언어수행에 대응한다.

① ㉠: 랑그를 실제 연주에 비유하고, 파롤을 악보에 비유하곤
② ㉡: 랑그는 여러 상황에 맞춰 변화하는 언어의 본질적인 모습
③ ㉢: 실제로 발음되는 제각각의 소리값이 랑그
④ ㉣: 랑그가 언어능력에 대응한다면, 파롤은 언어수행에 대응

05 다음 글의 핵심 논지로 가장 적절한 것은?

　판타지와 SF의 차별성은 '낯섦'과 '이미 알고 있는 것'이라는 기준을 통해 드러난다. 이 둘은 일반적으로 상반된 의미를 갖는다. 이미 알고 있는 것은 낯설지 않고, 낯선 것은 새로운 것을 의미하기 때문이다.
　판타지와 SF에는 모두 새롭고 낯선 것이 등장하는데, 비근한 예가 현실에 존재하지 않는 괴물의 출현이다. 판타지에서 낯선 괴물이 나오면 사람들은 '저게 뭐지?'하면서도 그 낯섦을 그대로 받아들인다. 그렇기에 등장인물과 독자 모두 그 괴물을 원래부터 존재했던 것으로 받아들이고, 괴물은 등장하자마자 세계의 일부가 된다. 결국 판타지에서는 이미 알고 있는 것보다 새로운 것이 더 중요한 의미를 갖는다. 이와 달리 SF에서는 '그런 괴물이 어떻게 존재할 수 있지?'라고 의심하고 물어야 한다. SF에서는 인물과 독자들이 작가의 경험적 환경을 공유하기 때문에 괴물은 절대로 자연스럽지 않다. 괴물의 낯섦에 대한 질문은 괴물이 존재하는 세계에 대한 지식, 세계관, 나아가 정체성의 문제로 확장된다. 이처럼 SF에서는 어떤 새로운 것이 등장했을 때 그 낯섦을 인정하면서도 동시에 그것을 자신이 이미 알고 있던 인식의 틀로 끌어들여 재조정하는 과정이 요구된다.

① 판타지와 SF는 모두 새로운 것에 의해 알고 있는 것이 바뀌는 장르이다.
② 판타지와 SF는 모두 알고 있는 것과 새로운 것을 그대로 인정하고 둘 사이의 재조정이 필요한 장르이다.
③ 판타지는 새로운 것보다 알고 있는 것이 더 중요하고, SF는 알고 있는 것보다 새로운 것이 더 중요한 장르이다.
④ 판타지는 알고 있는 것보다 새로운 것이 더 중요하고, SF는 알고 있는 것과 새로운 것 사이의 재조정이 필요한 장르이다.

06 다음 빈칸에 들어갈 말로 가장 적절한 것은?

　로빈후드는 14세기 후반인 1377년경에 인기를 끈 작품 〈농부 피어즈〉에 최초로 등장한다. 로빈후드 이야기는 주로 숲을 배경으로 전개된다. 숲에 사는 로빈후드 무리는 사슴고기를 중요시하는데 당시 숲은 왕의 영지였고 사슴 밀렵은 범죄였다. 왕의 영지에 있는 사슴에 대한 밀렵을 금지하는 법은 11세기 후반 잉글랜드를 정복한 윌리엄 왕이 제정한 것이므로 아마도 로빈후드 이야기가 그 이전 시기로까지 거슬러 올라가지는 않을 것이다. 또한 이야기에서 셔우드 숲을 한 바퀴 돌고 로빈후드를 만났다고 하는 국왕 에드워드는 1307년에 즉위하여 20년간 재위한 2세일 가능성이 있다. 1세에서 3세까지의 에드워드 국왕 가운데 이 지역의 순행 기록이 있는 사람은 에드워드 2세뿐이다. 이러한 근거를 토대로 추론할 때, 로빈후드 이야기의 시대 배경은 아마도 _____일 가능성이 가장 크다.

① 11세기 후반　　② 14세기 이전
③ 14세기 전반　　④ 14세기 후반

07 (가)~(다)를 맥락에 맞게 순서대로 나열한 것은?

　북방에 사는 매는 덩치가 크고 사냥도 잘 한다. 그래서 아시아에서는 몽골 고원과 연해주 지역에 사는 매들이 인기가 있었다.
　(가) 조선과 일본의 단절된 관계는 1609년 기유조약이 체결되면서 회복되었다. 하지만 이때는 조선과 일본이 서로를 직접 상대했던 것이 아니라 두 나라 사이에 끼어있는 대마도를 매개로 했다. 대마도는 막부로부터 조선의 외교·무역권을 위임받았고, 조선은 그

러한 대마도에게 시혜를 베풀어줌으로써 일본과의 교린 체계를 유지해 나가려고 했다.

　(나) 일본에서 이 북방의 매에 접근할 수 있는 길은 한반도를 통하는 것 외에는 없었다. 그래서 한반도와 일본 간의 교류에 매가 중요한 물품으로 자리 잡았던 것이다. 하지만 임진왜란으로 인하여 교류는 단절되었다.

　(다) 이러한 외교관계에 매 교역이 자리하고 있었다. 대마도는 조선과의 공식적, 비공식적 무역을 통해서도 상당한 이익을 취했다. 따라서 조선후기에 이루어진 매 교역은 경제적인 측면과 정치·외교적인 성격이 강했다.

① (가)-(다)-(나)　② (나)-(가)-(다)
③ (나)-(다)-(가)　④ (다)-(나)-(가)

08 다음 글에서 추론한 내용으로 가장 적절한 것은?

『성경』에 따르면 예수는 죽은 지 사흘 만에 부활했다. 사흘이라고 하면 시간상 72시간을 의미하는데, 예수는 금요일 오후에 죽어서 일요일 새벽에 부활했으니 구체적인 시간을 따진다면 48시간이 채 되지 않는다. 그렇다면 『성경』에서 3일이라고 한 것은 예수의 신성성을 부각하기 위한 것일까?

　여기에는 수를 세는 방식의 차이가 개입되어 있다. 구체적으로 말하면 우리가 사용하는 현대의 수에는 '0' 개념이 깔려 있지만, 『성경』이 기록될 당시에는 해당 개념이 없었다. '0' 개념은 13세기가 되어서야 유럽으로 들어왔으니, '0' 개념이 들어오기 전 시간의 길이는 '1'부터 셈했다. 다시 말해 시간의 시작점 역시 '1'로 셈했다는 것인데, 금요일부터 다음 금요일까지는 7일이 되지만, 시작하는 금요일까지 날로 셈해서 다음 금요일은 8일

이 되는 식이다.

　이와 같은 셈법의 흔적을 현대 언어에서도 찾을 수 있다. 오늘날 그리스 사람들은 올림픽이 열리는 주기에 해당하는 4년을 'pentaeteris'라고 부르는데, 이 말의 어원은 '5년'을 뜻한다. '2주'를 의미하는 용도로 사용되는 현대 프랑스어 'quinze jours'는 어원을 따지자면 '15일'을 가리키는데, 시간적으로는 동일한 기간이지만 시간을 셈하는 방식에 따라 마지막 날과 해가 달라진 것이다.

① '0' 개념은 13세기에 유럽에서 발명되었다.
② 『성경』에서는 예수의 신성성을 부각하기 위해 그의 부활 시점을 활용하였다.
③ 프랑스어 'quinze jours'에는 '0' 개념이 들어오기 전 셈법의 흔적이 남아 있다.
④ 'pentaeteris'라는 말이 생겨났을 때에 비해 오늘날의 올림픽이 열리는 주기는 짧아졌다.

[09~10] 다음 글을 읽고 물음에 답하시오.

생물은 자신의 종에 속하는 개체들과 의사소통을 한다. 꿀벌은 춤을 통해 식량의 위치를 같은 무리의 동료들에게 알려주며, 녹색원숭이는 포식자의 접근을 알리기 위해 소리를 지른다. 침팬지는 고통, 괴로움, 기쁨 등의 감정을 표현할 때 각각 다른 ㉠소리를 낸다.

　말한다는 것을 단어에 대해 ㉡소리 낸다는 의미로 보게 되면, 침팬지가 사람처럼 말하도록 하는 것은 불가능하다. 침팬지는 인간과 게놈의 98%를 공유하고 있지만, 발성 기관에 차이가 있다.

　인간의 발성 기관은 아주 정교하게 작용하여 여러 ㉢소리를 낼 수 있는데, 초당 십여 개의 (가)소리를 쉽게 만들어 낸다. 이는 성대, 후두, 혀, 입술, 입천장을 아주 정확하게 통제할 수 있기 때문에 가

능한 것이다. 침팬지는 이만큼 정확하게 통제를 하지 못한다. 게다가 인간의 발성 기관은 유인원의 그것과 현저하게 다르다. 주요한 차이는 인두의 길이에 있다. 인두는 혀 뒷부분부터 식도에 이르는 통로로 음식물과 공기가 드나드는 길이다. 인간의 인두는 여섯 번째 목뼈에까지 이른다. 반면에 대부분의 포유류에서는 인두의 길이가 세 번째 목뼈를 넘지 않으며 개의 경우는 두 번째 목뼈를 넘지 않는다. 다른 동물의 인두에 비해 과도하게 긴 인간의 인두는 공명 상자 기능을 하여 세밀하게 통제되는 ㉣ 소리를 만들어 낸다.

09 윗글에서 추론한 내용으로 가장 적절한 것은?

① 개의 인두 길이는 인간의 인두 길이보다 짧다.
② 침팬지의 인두는 인간의 인두와 98 % 유사하다.
③ 녹색원숭이는 침팬지와 의사소통을 할 수 있다.
④ 침팬지는 초당 십여 개의 소리를 만들어 낼 수 있다.

10 ㉠~㉣ 중 문맥상 (가)에 해당하는 의미로 사용되지 않은 것은?

① ㉠　　② ㉡
③ ㉢　　④ ㉣

[11~12] 다음 글을 읽고 물음에 답하시오.

방각본 출판은 책을 목판에 새겨 대량으로 찍어 내는 방식이다. 이 경우 소수의 작품으로 많은 판매 부수를 올리는 것이 유리하다. 즉, 하나의 책으로 500부를 파는 것이 세 권의 책으로 합계 500부를 파는 것보다 이윤이 높다. 따라서 방각본 출판업자는 작품의 종류를 늘리기보다는 시장성이 좋은 작품을 집중적으로 출판하였다. 또한 작품의 규모가 커서 분량이 많은 경우에는 생산 비용이 ㉠ 올라가 책값이 비싸지기 때문에 자연스럽게 분량이 적은 작품을 선호하였다. 이에 따라 방각본 출판에서는 규모가 큰 작품을 기피하였으며, 일단 선택된 작품에도 종종 축약적 윤색이 가해지고는 하였다.

일종의 도서대여인 세책업은 가능한 여러 종류의 작품을 가지고 있는 편이 유리하고, 한 작품의 규모가 큰 것도 환영할 만한 일이었다. 소설을 빌려 보는 독자들은 하나를 읽고 나서 대개 새 작품을 찾았으니, 보유한 작품의 종류가 많을수록 좋았다. 또한 한 작품의 분량이 많아서 여러 책으로 나뉘어 있으면 그만큼 세책료를 더 받을 수 있으니, 세책업자들은 스토리를 재미나게 부연하여 책의 권수를 늘리기도 했다. 따라서 세책업자들은 많은 종류의 작품을 모으는 데에 주력했고, 이 과정에서 원본의 확장 및 개작이 적잖이 이루어졌다.

11 윗글에서 추론한 내용으로 가장 적절한 것은?

① 분량이 많은 작품은 책값이 비쌌기 때문에 세책가에서 취급하지 않았다.
② 세책업자는 구비할 책을 선정할 때 시장성이 좋은 작품보다 분량이 적은 작품을 우선하였다.
③ 방각본 출판업자들은 책의 판매 부수를 올리기 위해 원본의 내용을 부연하여 개작하기도 하였다.
④ 한 편의 작품이 여러 권의 책으로 나뉘어 있는 대규모 작품들은 방각본 출판업자들보다 세책업자들이 선호하였다.

12 밑줄 친 표현이 문맥상 ㉠의 의미와 가장 가까운 것은?

① 습도가 <u>올라가는</u> 장마철에는 건강에 유의해야 한다.
② 내가 키우던 반려견이 하늘나라로 <u>올라갔다</u>.
③ 그녀는 승진해서 본사로 <u>올라가게</u> 되었다.
④ 그는 시험을 보러 서울로 <u>올라갔다</u>.

13 갑~병의 주장을 분석한 내용으로 적절한 것만을 〈보기〉에서 모두 고르면?

> 갑: 오늘날 사회는 계급 체계가 인간의 생활을 전적으로 규정하지 않는다. 실제로 많은 사람이 사회 이동을 경험하며, 전문직 자격증에 대한 접근성 또한 증가하였다. 인터넷은 상향 이동을 위한 새로운 통로를 제공하고 있다. 이에 따라서 전통적인 계급은 사라지고, 이제는 계급이 없는 보다 유동적인 사회 질서가 새로 정착되었다.
> 을: 지난 30년 동안 양극화는 더 확대되었다. 부가 사회 최상위 계층에 집중되는 것에 대한 우려가 커지고 있다. 과거 계급 불평등은 경제 전반의 발전을 위해 치를 수밖에 없는 일시적 비용이었다고 한다. 하지만 경제 수준이 향상된 지금도 이 불평등은 해소되지 않고 있다. 오늘날 세계화와 시장 규제 완화로 인해 빈부 격차가 심화되고 계급 불평등이 더 고착되었다.
> 병: 오랫동안 지속되었던 계급의 전통적 영향력은 확실히 약해지고 있다. 하지만 현대사회에서 계급 체계는 여전히 경제적 불평등의 핵심으로 남아 있다. 사회 계급은 아직도 일생에 걸쳐 개인의 삶에 큰 영향을 미친다. 특정 계급의 구성원이라는 사실은 수명, 신체적 건강, 교육, 임금 등 다양한 불평등과 관련된다. 이는 계급의 종말이 사실상 실현될 수 없는 현실적이지 않은 주장이라는 점을 보여 준다.

〈보기〉
ㄱ. 갑의 주장과 을의 주장은 대립하지 않는다.
ㄴ. 을의 주장과 병의 주장은 대립하지 않는다.
ㄷ. 병의 주장과 갑의 주장은 대립하지 않는다.

① ㄱ
② ㄴ
③ ㄱ, ㄷ
④ ㄴ, ㄷ

14 (가)와 (나)를 전제로 결론을 이끌어 낼 때, 빈칸에 들어갈 말로 가장 적절한 것은?

> (가) 축구를 잘하는 사람은 모두 머리가 좋다.
> (나) 축구를 잘하는 어떤 사람은 키가 작다.
> 따라서 [   ].

① 키가 작은 어떤 사람은 머리가 좋다.
② 키가 작은 사람은 모두 머리가 좋다.
③ 머리가 좋은 사람은 모두 축구를 잘한다.
④ 머리가 좋은 어떤 사람은 키가 작지 않다.

15 다음 글의 ㉠과 ㉡에 대한 평가로 올바른 것은?

> 기업의 마케팅 프로젝트를 평가할 때는 유행지각, 깊은 사고, 협업을 살펴본다. 유행지각은 유행과 같은 새로운 정보를 반영했느냐, 깊은 사고는 마케팅 데이터의 상관관계를 분석해서 최적의 해결책을 찾아내었느냐, 협업은 일하는 사람들이 해결책을 공유하며 성과를 창출했느냐를 따진다. ㉠이 세 요소 모두에서 목표를 달성하는 것은 마케팅 프로젝트가 성공적이기 위해 필수적이다. 하지만 ㉡이 세 요소 모두에서 목표를 달성했다고 해서 마케팅 프로젝트가 성공한 것은 아니다.

① 지금까지 성공한 프로젝트가 유행지각, 깊은 사고 그리고 협업 모두에서 목표를 달성했다면, ㉠은 강화된다.
② 성공하지 못한 프로젝트 중 유행지각, 깊은 사고 그리고 협업 중 하나 이상에서 목표를 달성하는 데 실패한 사례가 있다면, ㉠은 약화된다.
③ 유행지각, 깊은 사고 그리고 협업 중 하나 이상에서 목표를 달성하는 데 실패했지만 성공한 프로젝트가 있다면, ㉡은 강화된다.
④ 유행지각, 깊은 사고 그리고 협업 모두에서 목표를 달성했지만 성공하지 못한 프로젝트가 있다면, ㉡은 약화된다.

16 다음 글의 ㉠을 강화하는 것만을 〈보기〉에서 모두 고르면?

신석기시대에 들어 인류는 제대로 된 주거 공간을 만들게 되었다. 인류의 초기 주거 유형은 특히 바닥을 어떻게 만드느냐에 따라 구분된다. 이는 지면을 다지거나 조금 파고 내려가 바닥을 만드는 '움집형'과 지면에서 떨어뜨려 바닥을 설치하는 '고상(高床)식'으로 나뉜다.
중국의 고대 문헌에 등장하는 '혈거'와 '소거'가 각각 움집형과 고상식 건축이다. 움집이 지붕으로 상부를 막고 아랫부분은 지면을 그대로 활용하는 지붕 중심 건축이라면, 고상식 건축은 지면에서 오는 각종 침해에 대비해 바닥을 높이 들어 올린 바닥 중심 건축이라 할 수 있다. 인류의 주거 양식은 혈거에서 소거로 진전되었다는 가설이 오랫동안 지배했다. 바닥을 지면보다 높게 만드는 것이 번거롭고 어렵다고 여겼기 때문이다. 그런데 1970년대에 중국의 허무두에서 고상식 건축의 유적이 발굴되면서 새로운 ㉠주장이 제기되었다. 그것은 혈거와 소거가 기후에 따라 다른 자연환경에 적응해 발생했다는 것이다.

〈보기〉
ㄱ. 우기에 비가 넘치는 산간 지역에서는 고상식 주거 건축물 유적만 발견되었다.
ㄴ. 움집형 집과 고상식 집이 공존해 있는 주거 양식을 보여 주는 집단의 유적지가 발견되었다.
ㄷ. 여름에는 고상식 건축물에서, 겨울에는 움집형 건축물에서 생활한 집단의 유적이 발견되었다.

① ㄱ, ㄴ
② ㄱ, ㄷ
③ ㄴ, ㄷ
④ ㄱ, ㄴ, ㄷ

[17~18] 다음 글을 읽고 물음에 답하시오.

일반적으로 한 나라의 문학, 즉 '국문학'은 "그 나라의 말과 글로 된 문학"을 지칭한다. 그래서 우리나라에서 국문학에 대한 근대적 논의가 처음 시작될 무렵에는 (가) 국문학에서 한문으로 쓰인 문학을 배제하자는 주장이 있었다. 국문학 연구가 점차 전문화되면서, 한문문학 배제론자와 달리 한문문학을 배제하는 데 있어 신축성을 두는 절충론자의 입장이 힘을 얻었다. 절충론자들은 국문학의 범위를 획정하는 데 있어 (나) 종래의 국문학의 정의를 기본 전제로 하되, 일부 한문문학을 국문학으로 인정하자고 주장했다. 즉 한문으로 쓰여진 문학을 국문학에서 완전히 배제하지 않고, ㉠전자 중 일부를 ㉡후자의 주변부에 위치시키는 것으로 국문학의 영역을 구성한 것이다. 이에 따라 국문학을 지칭할 때에는 '순(純)국문학'과 '준(準)국문학'으로 구별하게 되었다. 작품에 사용된 문자의 범주에 따라서 ㉢전자는 '좁은 의미의 국문학', ㉣후자는 '넓은 의미의 국문학'이라고도 칭할 수 있다.
 하지만 이런 절충안을 취하더라도 순국문학과 준국문학을 구분하는 데에는 논자마다 차이가 있다. 어떤 이는 국문으로 된 것은 ⓒ 전자에, 한문으로 된 것은 ⓑ 후자에 귀속시켰다. 다른 이는 훈민정음 창제 이전과 이후로 나누어 국문학의 영역을 구분하였다. 훈민정음 창제 이전의 문학은 차자표기건 한문표기건 모두 국문학으로 인정하고, 창제 이후의 문학은 국문문학만을 순국문학으로 규정하고 한문문학 중 '국문학적 가치'가 있는 것을 준국문학에 귀속시켰다.

17 윗글의 (가)와 (나)의 주장에 대해 평가한 내용으로 가장 적절한 것은?

① 국문으로 쓴 작품보다 한문으로 쓴 작품이 해외에서 문학적 가치를 더 인정받는다면 (가)의 주장은 강화된다.
② 국문학의 정의를 '그 나라 사람들의 사상과 정서를 그 나라 말과 글로 표현한 문학'으로 수정하면 (가)의 주장은 약화된다.
③ 표기문자와 상관없이 그 나라의 문화를 잘 표현한 문학을 자국 문학으로 인정하는 것이 보편적인 관례라면 (나)의 주장은 강화된다.
④ 훈민정음 창제 이후에도 차자표기로 된 문학작품이 다수 발견된다면 (나)의 주장은 약화된다.

18 윗글의 ㉠~ⓑ 중 지시하는 바가 같은 것끼리 짝 지은 것은?

① ㉠, ㉢   ② ㉡, ㉣
③ ㉡, ⓑ   ④ ㉢, ㉤

19 다음 빈칸에 들어갈 말로 가장 적절한 것은?

갑, 을, 병, 정 네 학생의 수강 신청과 관련하여 다음과 같은 사실들이 알려졌다.
- 갑과 을 중 적어도 한 명은 〈글쓰기〉를 신청한다.
- 을이 〈글쓰기〉를 신청하면 병은 〈말하기〉와 〈듣기〉를 신청한다.
- 병이 〈말하기〉와 〈듣기〉를 신청하면 정은 〈읽기〉를 신청한다.
- 정은 〈읽기〉를 신청하지 않는다.

이를 통해 갑이 □□□를 신청한다는 것을 알 수 있게 되었다.

① 〈말하기〉   ② 〈듣기〉
③ 〈읽기〉   ④ 〈글쓰기〉

20 다음 글을 이해한 내용으로 가장 적절한 것은?

 언어의 형식적 요소에는 '음운', '형태', '통사'가 있으며, 언어의 내용적 요소에는 '의미'가 있다. 음운, 형태, 통사 그리고 의미 요소를 중심으로 그 성격, 조직, 기능을 탐구하는 학문 분야를 각각 '음운론', '문법론'(형태론 및 통사론 포괄), 그리고 '의미론'이라고 한다. 그 가운데서 음운론과 문법론은 언어의 형식을 중심으로 그 체계와 기능을 탐구하는 반면, 의미론은 언어의 내용을 중심으로 체계와 작용 방식을 탐구한다.
 이처럼 언어학은 크게 말소리 탐구, 문법 탐구, 의미 탐구로 나눌 수 있는데, 이때 각각에 해당하는 음운론, 문법론, 의미론은 서로 관련된다. 이를 발화의 전달 과정에서 살펴보자. 화자의 측면에서 언어를 발신하는 경우에는 의미론에서 문법론을 거쳐 음운론의 방향으로, 청자의 측면에서 언어를 수신하는 경우에는 반대의 방향으로 작용한다. 의사소통의 과정상 발신자의 측면에서는 의미론에, 수신자의 측면에서는 음운론에 초점이 놓인다. 의사소통은 화자의 생각, 느낌, 주장 등을 청자와 주고받는 행위이므로, 언어 표현의 내용에 해당하는 의미는 이 과정에서 중심적 요소가 된다.

① 언어는 형식적 요소가 내용적 요소보다 다양하다.
② 언어의 형태 탐구는 의미 탐구와 관련되지 않는다.
③ 의사소통의 첫 단계는 언어의 형식을 소리로 전환하는 것이다.
④ 언어를 발신하고 수신하는 과정에서 통사론은 활용되지 않는다.

정답 및 해설

정답

01 ②	02 ②	03 ③	04 ①	05 ④
06 ②	07 ③	08 ③	09 ④	10 ②
11 ③	12 ①	13 ②	14 ④	15 ⑤
16 ③	17 ①	18 ④	19 ②	20 ①

해설

01 ②

[정답해설]
대등한 것끼리 접속할 때는 구조가 같은 표현을 사용해야 한다는 〈공공언어 바로 쓰기 원칙〉에 따라 ⓒ은 '관형사 + 명사'의 구조인 '표준적인 언어생활의 확립과 일상적인 국어 생활의 향상을 위해' 또는 '주어 + 술어'의 구조인 '표준적인 언어생활을 확립하고 일상적인 국어 생활을 향상하기 위해'라고 수정하는 것이 적절하다.

[오답해설]
① ㉠에서 '안내'는 '어떤 내용을 소개하여 알려줌'의 의미이고 '알림'은 '알리는 일'로 그 의미가 중복된다. 따라서 중복되는 표현을 삼가야 한다는 〈공공언어 바로 쓰기 원칙〉에 따라 '알림'을 삭제한 것은 적절하다.
③ ⓒ이 포함된 문장에서 주어는 '본원은'이므로 서술어는 '제공되다'라는 수동형이 아닌 '제공하다'라는 능동형이 되어야 한다. 따라서 주어와 서술어를 호응시켜야 한다는 〈공공언어 바로 쓰기 원칙〉에 따라 '표준 정보를 제공하고 있습니다.'라고 수정한 것은 적절하다.
④ ⓔ에서 '개선'의 대상이 생략되어 불분명하므로 '의약품 용어를'이라는 목적어가 추가되어야 한다. 따라서 필요한 문장 성분이 생략되지 않도록 해야 한다는 〈공공언어 바로 쓰기 원칙〉에 따라 '의약품 용어를 일반 국민도 알기 쉬운 표현으로 개선하여'라고 수정한 것은 적절하다.

02 ②

[정답해설]
'흰머리'는 용언 어간과 명사가 결합한 합성명사가 아니라, 용언의 관형사형(흰) + 명사(머리)로 구성된 합성명사로, 앞 성분(흰)이 뒤 성분(명사)을 수식하는 종속합성어이다.

[오답해설]
① '큰아버지'는 용언의 관형사형(큰) + 명사(아버지)로 구성되어 있고 앞 성분(큰)이 뒤 성분(아버지)을 수식하는 종속 합성어이다.
③ '늙은이'는 용언의 관형사형(늙은) + 명사(이)가 결합하여 한 단어를 이룬 합성어로, 어휘 의미를 지닌 두 요소가 결합해 이루어진 단어이다.
④ 동사 '먹다'의 어간인 '먹'과 명사 '거리'가 결합한 '먹거리'는 국어 문장 구성에 없는 단어 배열이므로 비통사적 합성어이다.

03 ③

[정답해설]
건강을 염려하는 행위를 하는 주어는 '아버지'이므로 '염려하다'가 아닌 '염려하신다'로 존경 표현을 한 것은 '직접존경'에 해당한다.

[오답해설]
① 주어인 '고모'를 높이기 위해 긴밀한 관련이 있는 인물인 '자식'을 '있으시다'라고 높인 것은 '간접존경'에 해당한다.
② 주어인 '할머니'를 높이기 위해 신체의 일부인 '다리'를 '아프셔서'라고 높인 것은 '간접존경'에 해당한다.
④ 주어인 '할아버지'를 높이기 위해 신체의 일부인 '수염'을 '많으셨다'라고 높인 것은 '간접존경'에 해당한다.

04 ①

[정답해설]
㉠ **문제의 현실성**: 1문단에서 '그 세계 안의 인간이 자신을 둘러싼 세계와 고투하면서 당대의 공론장에서 기꺼이 논의해볼 만한 의제를 산출해낼 때 문제의 현실성이 확보된다.'고 하였으므로, 밀실과 광장 사이에서 고뇌하는 주인공의 모습을 통해 '남(南)이냐 북(北)이냐'라는 민감한 주제를 격화된 이념 대립의 공론장에 던진 최인훈의 「광장」은 '문제의 현실성'을 확보했다고 할 수 있다.
ⓒ **세계의 현실성**: 1문단에서 '우리가 살고 있는 이 입체적인 시공간에서 특히 의미 있는 한 부분을 도려내어 서사의 무대로 삼을 경우 세계의 현실성이 확보된다.'고 하였으므로, 작품의 시공간으로 당시 남한과 북한을 소설적 세계로 선택함으로써 동서 냉전 시대의 보편성과 한반도 분단 체

제의 특수성을 동시에 포괄한 최인훈의 「광장」은 '세계의 현실성'을 확보했다고 할 수 있다.
ⓒ 해결의 현실성: 1문단에서 '한 사회가 완강하게 구조화하고 있는 '가능한 것'과 '불가능한 것'의 좌표를 흔들면서 특정한 선택지를 제출할 때 해결의 현실성이 확보된다.'고 하였으므로, 주인공이 남과 북 모두를 거부하고 자살을 선택하는 결말은 남북으로 상징되는 당대의 이원화된 이데올로기를 근저에서 흔든 최인훈의 「광장」은 '해결의 현실성'을 확보했다고 할 수 있다.

05 ④

[정답해설]
'오 주무관이 회의에 참석하면, 박 주무관도 참석한다.'는 명제가 참이고, '박 주무관이 회의에 참석하면, 홍 주무관도 참석한다.'는 명제가 참일 때, '오 주무관이 회의에 참석하면, 홍 주무관도 회의에 참석한다.'라는 명제도 참이라는 결론을 도출할 수 있다. 이때 어떤 명제가 참일 경우 그 대우도 반드시 참이므로, '오 주무관이 회의에 참석하면, 홍 주무관도 회의에 참석한다.'라는 명제의 대우인 '홍 주무관이 회의에 참석하지 않으면, 오 주무관도 참석하지 않는다.'는 반드시 참이 된다.

명제 : P → Q (참) ⇔ 대우 : ~Q → ~P (참)

06 ②

[정답해설]
3문단에 "이러매 눈감아 생각해"에서 눈을 감는 행위는 외면이나 도피가 아니라 피할 수 없는 현실적 조건을 새롭게 반성함으로써 현실의 진정한 면모와 마주하려는 적극적인 행위로 읽힌다고 서술되어 있다. 그러므로 「절정」에서 시인은 투사가 처한 현실적 조건을 외면하지 않고 새롭게 인식함을 알 수 있다.

[오답해설]
① 2문단에서 투사 이육사가 처한 상황은 "매운 계절의 채찍에 갈겨 / 마침내 북방으로 휩쓸려"온 것처럼 대단히 위태로워 보인다고 하였으나, 그런 극한의 상황이 봄, 여름, 가을, 겨울의 뚜렷한 계절의 변화로 드러나 있지는 않다.
③ 1문단에서 「절정」은 투사가 처한 냉엄한 현실적 조건을 제시한 3개의 연과 시인이 품고 있는 인간과 역사에 대한 희망이 제시된 마지막 연의 두 부분으로 크게 나누어지는 것을 확인할 수 있으나, 투사와 시인의 반목과 화해가 나타나 있지는 않다.
④ 1문단에서 「절정」은 크게 두 부분으로 나누어지는데, 투사가 처한 냉엄한 현실적 조건이 3개의 연에 걸쳐 먼저 제시된 후, 시인이 품고 있는 인간과 역사에 대한 희망이 마지막 연에 제시된다고 서술되어 있다. 그러므로 「절정」에는 냉엄한 현실에 절망하는 시인(→ 투사)의 면모와 인간과 역사에 대한 희망을 놓지 않으려는 투사(→ 시인)의 면모가 동시에 담겨 있음을 알 수 있다.

07 ③

[정답해설]
(라)에서 시청자를 짧은 시간 안에 사로잡기 위해서는 스토리텔링 전략이 필요하다고 하였고, (나)에서 그러한 스토리텔링 전략에서 제일 먼저 해야 할 일은 로그라인을 만드는 것이라고 하였다. 그러므로 (라) 다음에 (나)가 와야 한다. 또한 (가)에서 다음으로 시청자의 마음을 사로잡을 수 있는 참신한 인물을 창조해야 한다고 하였고, (다)에서 이 같은 인물 창조의 과정에서 스토리의 주제가 만들어진다고 하였다. 그러므로 (가) 다음에 (다)가 와야 한다. 이를 종합해 볼 때, (라)-(나)-(가)-(다)순으로 나열하는 것이 글의 맥락상 가장 적절하다.

08 ③

[정답해설]
〈지침〉에 따르면 본론은 제목에서 밝힌 내용을 2개의 장으로 구성하되 각 장의 하위 항목끼리 대응되도록 작성하라고 지시되어 있다. 즉, 제목인 '복지 사각지대의 발생 원인과 해소 방안'에 따라 Ⅲ-2.의 ⓒ에는 Ⅱ-2.에 제시된 '사회복지 담당 공무원의 인력 부족'에 대한 해소 방안이 들어가야 한다. 그러나 '사회복지 업무 경감을 통한 공무원 직무 만족도 증대'는 Ⅱ-2.에 제시된 '사회복지 담당 공무원의 인력 부족'에 대한 해소 방안과 관련이 없으므로 ⓒ에 들어갈 내용으로 적절하지 않다.

[오답해설]
① 〈지침〉에 따르면 서론은 중심 소재의 개념 정의와 문제 제기를 1개의 장으로 작성하라고 지시되어 있다. Ⅰ-1.의 '복지 사각지대의 정의'는 중심 소재의 개념 정의에 해당하므로, Ⅰ-2.의 ⓐ에는 문제 제기에 해당하는 '복지 사각지대의 발생에 따른 사회 문제의 증가'가 들어가는 것이 적절하다.
② 〈지침〉에 따르면 본론은 제목에서 밝힌 내용을 2개의 장으로 구성하되 각 장의 하위 항목끼리 대응되도록 작성하라고 지시되어 있다. 즉, Ⅱ.가 '복지 사각지대의 발생 원인'이므로 Ⅱ-1.의 ⓑ에는 Ⅲ-1.의 '사회적 변화를 반영하여 기존 복지 제도의 미비점 보완'이라는 해소 방안의 대응 원인인 '사회적 변화를 반영하지 못한 기존 복지 제도의 한계'가 들어가는 것이 적절하다.
④ 〈지침〉에 따르면 결론은 기대 효과와 향후 과제를 1개의 장으로 작성하라고 지시되어 있다. Ⅳ-2.의 '복지 사각지대의 근본적이고 지속가능한 해소 방안 마련'은 향후 과제

에 해당하므로, Ⅳ-1.의 ⓔ에는 기대 효과에 해당하는 '복지 혜택의 범위 확장을 통한 사회 안전망 강화'가 들어가는 것이 적절하다.

09 ④

[정답해설]
신경과학자 아이젠버거는 뇌의 어떤 부위가 활성화되는가를 촬영하여 실험 참가자가 어떤 심리적 상태인가를 파악하려는 실험을 진행하였다. 연구팀은 실험 참가자가 따돌림을 당할 때 그의 뇌에서 전두엽의 전대상피질 부위가 활성화된다는 것을 확인하였고, 이는 인간이 물리적 폭력을 당할 때 활성화되는 뇌의 부위와 동일하다는 것을 확인하였다. 그러므로 제시문의 빈칸에 들어갈 결론은 ④의 '따돌림을 당할 때와 물리적 폭력을 당할 때의 심리적 상태는 서로 다르지 않다'가 가장 적절하다.

[오답해설]
① 인간이 물리적 폭력을 당할 때 활성화되는 뇌의 부위도 따돌림을 당할 때의 뇌의 부위와 마찬가지로 전두엽의 전대상피질 부위임을 앞에서 이미 언급하고 있다. 그러므로 물리적 폭력은 뇌 전두엽의 전대상피질 부위를 활성화한다는 내용은 앞의 내용과 중복되므로 적절하지 않다.
② 따돌림을 당할 때 활성화되는 뇌의 부위와 물리적 폭력을 당할 때 활성화되는 뇌의 부위가 전두엽의 전대상피질 부위로 동일하다고 밝히고 있으나, 물리적 폭력이 피해자의 개인적 경험을 사회적 문제로 전환하는지는 제시문의 내용을 통해 확인할 수 없다.
③ 따돌림을 당할 때 활성화되는 뇌의 부위와 물리적 폭력을 당할 때 활성화되는 뇌의 부위가 전두엽의 전대상피질 부위로 동일하다고 밝히고 있으나, 따돌림이 피해자에게 물리적 폭력보다 더 심각한 부정적 영향을 미치는지는 제시문의 내용을 통해 확인할 수 없다.

10 ②

[정답해설]
2문단에서 고소설의 주인공은 적대자에 의해 원점에서 분리되어 고난을 겪는다고 하였고, 3문단에서 박 진사의 집으로 표상되는 유년의 과거는 이상적 원점의 구실을 하며 박 진사의 죽음은 그들에게 고향의 상실을 상징한다고 하였다. 그러므로 영웅소설의 주인공과 「무정」의 이형식은 그들의 이상적 원점을 상실했다는 공통점을 가지고 있음을 알 수 있다.

[오답해설]
① 2문단에서 고소설의 주인공이 도달해야 할 종결점은 새로운 미래가 아니라 다시 도래할 과거로서의 미래인 '회귀의 크로노토프'라고 하였다. 반면에 3문단에서 근대소설 「무정」은 이러한 회귀의 크로노토프를 부정한다고 하였다. 그러므로 고소설은 회귀의 크로노토프를 긍정하고 「무정」은 부정한다는 점에서 서로 다르다.
③ 3문단의 '두 사람의 결합이 이상적 상태의 고향을 회복할 수 있는 유일한 방법이겠지만, 그들은 끝내 결합하지 못한다.'에서 이형식과 박영채의 결합은 이상적 상태의 고향을 회복하는 것을 의미한다. 즉, 「무정」에서 이형식이 박영채와 결합했다면 새로운 미래로서의 종결점에 도달하는 것이 아니라 과거로서의 미래에 도달할 수 있었을 것이다.
④ 2문단에서 '그들의 목표는 상실한 원점을 회복하는 것, 즉 그곳에서 향유했던 이상적 상태로 돌아가는 것'이라고 하였으므로, 가정소설은 가족 구성원들이 평화롭게 공존하는 결말을 통해 상실했던 원점으로의 복귀를 거부하는 것이 아니라 회복하는 것임을 알 수 있다.

11 ③

[정답해설]
㉠의 '돌아가는'은 '원래의 있던 곳으로 다시 가거나 다시 그 상태가 되다.'라는 의미이다. 마찬가지로 ③의 '그는 잃어버린 동심으로 돌아가고 싶었다.'에서 '돌아가고'도 '원래의 상태가 되다'라는 의미이므로 ㉠과 그 의미가 유사하다.

[오답해설]
①·② '전쟁은 연합군의 승리로 돌아갔다.'와 '사과가 한 사람 앞에 두 개씩 돌아간다.'에서 '돌아가다'는 모두 '차례나 몫, 승리, 비난 따위가 개인이나 단체, 기구, 조직 따위의 차지가 되다.'라는 의미로 사용되었다.
④ '그녀는 자금이 잘 돌아가지 않는다며 걱정했다.'에서 '돌아가다'는 '돈이나 물건 따위의 유통이 원활하다.'는 의미로 사용되었다.

TIP 돌아가다 〈동사〉

Ⅰ.
1. 물체가 일정한 축을 중심으로 원을 그리면서 움직여 가다.
   예 바퀴가 돌아가다.
2. 일이나 형편이 어떤 상태로 진행되어 가다.
   예 일이 너무 바빠서 돌아가서 정신을 차릴 수가 없다.
3. 어떤 것이 차례로 전달되다.
   예 술자리가 무르익자 술잔이 돌아가기 시작했다.
4. 차례대로 순번을 옮겨 가다.
   예 우리는 돌아가면서 점심을 산다.
5. 기능이 제대로 작동하다.
   예 기계가 잘 돌아간다.
6. 돈이나 물건 따위의 유통이 원활하다.
   예 요즘은 자금이 잘 돌아간다.

7. 정신을 차릴 수 없게 아찔하다.
   예 머리가 핑핑 돌아간다.
8. (주로 '-시-'와 결합한 꼴로 쓰여) '죽다'의 높임말.
   예 할아버지께서 돌아가셨다.

Ⅱ. 「…에/에게,…으로」
1. 원래의 있던 곳으로 다시 가거나 다시 그 상태가 되다.
   예 아버지는 고향에 돌아가시는 게 꿈이다.
2. 차례나 몫, 승리, 비난 따위가 개인이나 단체, 기구, 조직 따위의 차지가 되다.
   예 사과가 한 사람 앞에 두 개씩 돌아간다.

Ⅲ. 「…으로」
1. 일이나 형편이 어떤 상태로 끝을 맺다.
   예 지금까지의 노력이 수포로 돌아갔다.
2. 원래의 방향에서 다른 곳을 향한 상태가 되다.
   예 입이 왼쪽으로 돌아가다.
3. 먼 쪽으로 둘러서 가다.
   예 그는 검문을 피해 일부러 옆길로 돌아갔다.

Ⅳ. 「…을」
1. 어떤 장소를 끼고 원을 그리듯이 방향을 바꿔 움직여 가다.
   예 모퉁이를 돌아가면 우리 집이 보인다.
2. 일정한 구역 안을 이리저리 왔다 갔다 하다.
   예 고삐를 뗀 소가 마당을 돌아가며 길길이 날뛰고 있다.

12 ①

[정답해설]
제시문의 내용을 논리 기호로 단순화하면 다음과 같다.

(가) 노인복지 문제 일부 ∧ ~일자리 문제
(나) 공직 → 일자리 문제 ≡ ~일자리 문제 → ~공직
(결론) 노인복지 문제 일부 ∧ ~공직

그러므로 (가)와 (나)를 전제로 할 때 빈칸에 들어갈 결론은 ①의 '노인복지 문제에 관심이 있는 사람 중 일부는 공직에 관심이 있는 사람이 아니다'가 가장 적절하다.

TIP 정언 삼단 논법

(대전제) 모든 사람은 죽는다.   P → Q
            ⇩
(소전제) 소크라테스는 사람이다.   R → P
            ⇩
(결론) 그러므로 소크라테스는 죽는다. R → Q

13 ③

[정답해설]
2문단에 따르면 현재 기준에서는 질병 치료를 목적으로 개발한 신약만 승인받을 수 있다고 하였으므로, 노화를 멈추는 약을 승인받을 수 없는 이유가 식품의약국이 노화를 질병으로 보지 않기 때문이라고 추론할 수 있다. 그러므로 ⓒ을 '질병으로 보지 않은 탓에 노화를 멈추는 약은 승인받을 수 없었다'로 수정한 것은 적절하다.

[오답해설]
① 노화 문제를 해결하는 것은 '인간이 젊고 건강한 상태로 수명을 연장할 수 있다는 점'에서 기존 발상과 다르다고 하였으므로, ⊙을 '늙고 병든 상태에서 담담히 죽음의 시간을 기다린다'로 수정한 것은 적절하지 못하다.
② ⓒ이 포함된 문장에서 '젊음을 유지한 채 수명을 늘리는 것은 충분히 가능하다'고 서술되어 있으므로, ⓒ에는 '젊음을 유지한 채 수명을 늘리는 것'과 관련된 조건이 들어가야 한다. 그러므로 ⓒ을 '노화가 진행되기 전의 신체를 노화가 진행된 신체'로 수정한 것은 적절하지 못하다.
④ ⓔ이 포함된 문장에서 '이를 통해 유전자를 조작하는 방식으로 노화를 막을 수 있다'고 서술되어 있으므로, ⓔ에는 '유전자를 조작하는 방식으로 노화를 막는 것'과 관련된 내용이 들어가야 한다. 그러므로 ⓔ을 '노화가 더디게 진행되는 사람들의 유전자 자료를 데이터화하면 그들에게서 노화를 촉진'으로 수정한 것은 적절하지 못하다.

14 ④

[정답해설]
ㄱ. 눈[雪]을 가리키는 단어를 4개 지니고 있는 이누이트족이 1개 지니고 있는 영어 화자들보다 눈을 넓고 섬세하게 경험한다는 것은 특정 현상과 관련한 단어가 많을수록 해당 언어권의 화자들이 그 현상에 대해 심도 있게 경험한다는 것을 의미하므로, ⊙의 '사피어-워프 가설'을 강화한다고 평가한 것은 적절하다.
ㄴ. 수를 세는 단어가 '하나', '둘', '많다' 3개뿐인 피라하족의 사람들이 세 개 이상의 대상을 모두 '많다'고 인식하는 것은 언어가 의식과 사고를 결정한 것이므로, ⊙의 '사피어-워프 가설'을 강화한다고 평가한 것은 적절하다.
ㄷ. 특정 현상과 관련한 단어가 많을수록 해당 언어권의 화자들이 그 현상에 대해 심도 있게 경험한다고 하였으므로, 색채 어휘가 많은 자연언어 화자들이 색채 어휘가 적은 자연언어 화자들에 비해 색채를 구별하는 능력이 뛰어나야 한다. 그런데 색채 어휘가 적은 자연언어 화자들이 색채 어휘가 많은 자연언어 화자들에 비해 색채를 구별하는 능력이 뛰어나다는 것은 이와 반대되므로, ⊙의 '사피어-워프 가설'을 약화한다고 평가한 것은 적절하다.

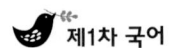

15 ②

[정답해설]
2문단에 따르면 한국 건국신화에서 신이 지상에 내려와 왕이 되고자 한 것은 천상적 존재가 지상적 존재가 되기를 바라는 것이라고 하였으나, 신이 인간을 위해 지상에 내려 왕이 되었는지는 알 수 없다. 그러므로 '한국 무속신화에서 신은 인간을 위해 지상에 내려와 왕이 된다.'는 ②의 설명은 윗글을 이해한 내용으로 적절하지 못하다.

[오답해설]
① 3문단에서 다른 나라의 신화들은 신과 인간의 관계가 한국 신화와 달리 위계적이고 종속적이라고 전제한 뒤, 히브리 신화에서 신은 언제나 인간의 우위에 있다고 서술되어 있다. 그러므로 히브리 신화에서 신과 인간의 관계는 위계적이라고 할 수 있다.
③ 1문단에 따르면 한국 신화에서 신은 인간과의 결합을 통해 결핍을 해소함으로써 완전한 존재가 된다고 하였고, 2문단에서도 인간들의 왕이 된 신은 인간 여성과의 결합을 통해 자식을 낳음으로써 결핍을 메운다고 서술하고 있다. 그러므로 한국 건국신화에서 신은 인간과의 결합을 통해 완전한 존재가 된다고 할 수 있다.
④ 2문단에 한국 신화에서 신과 인간은 서로의 존재를 필요로 한다는 점에서 상호의존적이고 호혜적이라고 밝힌 반면에, 3문단에서 신체 화생 신화는 신의 희생 덕분에 인간 세계가 만들어질 수 있었다는 점에서 인간은 신에게 철저히 종속되어 있다고 서술되어 있다. 그러므로 한국 신화에 보이는 신과 인간의 관계는 신체 화생 신화에 보이는 신과 인간의 관계와 다르다는 것을 확인할 수 있다.

16 ③

[정답해설]
ⓒ의 '거듭나다'는 '지금까지의 방식이나 태도를 버리고 새롭게 시작하다'라는 의미이고, '복귀하다'는 '본디의 자리나 상태로 되돌아가다'를 뜻하므로 서로 바꿔 쓸 수 없다.

[오답해설]
① ㉠의 '견주다'는 '둘 이상의 사물을 질이나 양 따위에서 어떤 차이가 있는지 알기 위하여 서로 대어 보다'라는 의미이므로, '둘 이상의 사물을 견주어 서로 간의 유사점, 차이점, 일반 법칙 따위를 고찰하다'는 의미인 '비교하다'와 바꿔 쓸 수 있다.
② ㉡의 '바라다'는 '생각이나 바람대로 어떤 일이나 상태가 이루어지거나 그렇게 되었으면 하고 생각하다'라는 의미이므로, '어떤 일을 이루거나 하기를 바라다'는 의미인 '희망하다'와 바꿔 쓸 수 있다.
④ ㉣의 '퍼지다'는 '어떤 물질이나 현상 따위가 넓은 범위에 미치다'라는 의미이므로, '일정한 범위에 흩어져 퍼져 있다'라는 의미인 '분포되다'와 바꿔 쓸 수 있다.

17 ①

[정답해설]
갑과 병은 마스크 착용에 대해 '윤리적 차원'에서 접근하고 있지만, 을은 두 번째 발언에서 마스크를 쓰지 않는 행위를 윤리적 차원에서만 접근하지 말고, '문화적 차원'에서도 고려할 필요가 있다며 남들과 다른 측면에서 탐색하고 있다.

[오답해설]
② 갑이 두 번째 발언에서 '개인의 자유로운 선택이 타인의 생명을 위협한다면 기본권이라 하더라도 제한하는 것이 보편적 상식 아닐까?'라고 말한 것은 앞서 말한 병의 의견을 재반박한 것이지 자신의 의견이 반박되자 질문을 던져 화제를 전환한 것은 아니다.
③ 갑은 전염병이 창궐했을 때 마스크를 착용하는 것은 당연하다며 마스크 착용을 찬성하고 있고, 을은 마스크 착용에 대한 찬성 혹은 반대 입장을 밝히지 않고 있다. 병은 개인의 자유만을 고집하면 결국 사회가 극단적 이기주의에 빠져 붕괴한다며 마스크 착용을 찬성하고 있다. 그러므로 대화가 진행되면서 논점에 대한 찬반 입장이 바뀌는 사람은 없다.
④ 을은 두 번째 발언에서 어떤 사회에서는 얼굴을 가리는 것이 범죄자의 징표로 인식되기도 한다고 사례를 제시하며, 마스크를 쓰지 않는 행위를 문화적 차원에서도 고려할 필요가 있다고 하였다. 이는 사례의 공통점을 종합한 것이 아니라 다른 사례를 제시한 것이다.

18 ④

[정답해설]
2문단에 따르면 앳킨슨은 스톤헨지를 세운 사람들을 '야만인'으로 묘사하면서 이들은 과학적 사고를 할 줄 모른다고 주장하였다. 그러므로 기원전 3,000년경 인류에게 천문학 지식이 있었다는 증거가 발견되면 앳킨슨의 이러한 주장은 약화될 것이다.

[오답해설]
① 1문단에서 천문학자 호킨스는 스톤헨지의 모양이 태양과 달의 배열을 나타낸 것이라는 의견을 제시했지만, 스톤헨지가 제사를 지내는 장소였다고 언급한 적은 없다. 그러므로 스톤헨지가 제사를 지내는 장소였다는 후대 기록이 발견되면 호킨스의 주장이 강화될 것이라는 평가는 적절하지 않다.

② 1문단에서 천문학자 호일이 스톤헨지가 일종의 연산장치라는 주장을 하였는데, 연산장치는 숫자 사용과 밀접한 관련이 있다. 그러므로 스톤헨지 건설 당시의 사람들이 숫자를 사용하였다는 증거가 발견되면 호일의 주장은 약화(→ 강화)될 것이다.

③ 3문단에서 글쓴이는 스톤헨지의 건설자들이 현대인과 같은 지능을 가졌다고 해도 수학과 천문학의 지식이 보존되고 전승될 문자 기록이 없었으므로 우리와 똑같은 과학적 사고와 기술적 지식을 가지지는 못했다고 주장하고 있다. 그러므로 스톤헨지의 유적지에서 수학과 과학에 관련된 신석기시대 기록물이 발견되면 글쓴이의 주장은 강화(→ 약화)될 것이다.

19 ②

[정답해설]
ⓒ의 '이들'은 '스톤헨지를 세운 사람들'을 가리키고, ⓔ의 '그들'은 '스톤헨지의 건설자들'을 가리킨다. 그러므로 문맥상 ⓒ과 ⓔ의 지시 대상은 동일하다.

[오답해설]
ⓐ의 '그들'은 1문단에서 언급한 '천문학자 호일', '엔지니어인 톰', 그리고 '천문학자인 호킨스'를 가리킨다.
ⓒ의 '이들'은 앞서 언급한 '호킨스를 옹호하는 학자들'을 가리킨다.

20 ①

[정답해설]
제시문의 내용을 논리 기호로 단순화하면 다음과 같다.

| • 문학 → 자연의 아름다움 |
| • 어떤 자연의 아름다움 ∧ 예술 |
| (결론) 어떤 예술 ∧ 문학 |

삼단 논법을 통해 '예술을 좋아하는 어떤 사람은 문학을 좋아하는 사람이다.'라는 결론을 이끌어내기 위해서는 '자연의 아름다움'과 '문학'의 관련성을 언급하는 문장이 들어가야 한다. 그러므로 ①의 '자연의 아름다움을 좋아하는 사람은 모두 문학을 좋아하는 사람이다.'가 빈칸에 들어갈 말로 가장 적절하다.

제2차 정답 및 해설

정답

01 ②	02 ②	03 ③	04 ④	05 ④
06 ③	07 ②	08 ③	09 ①	10 ①
11 ④	12 ①	13 ②	14 ①	15 ①
16 ②	17 ③	18 ④	19 ④	20 ①

해설

01 ②

[정답해설]
"시장은 시민의 안전에 관하여 건설업계 관계자들과 논의하였다."라는 문장은 여러 뜻으로 해석될 수 있는 중의적 문장이 아니므로, 중의적 표현을 삼가기 위해 별도로 수정할 필요는 없다.

[오답해설]
① '국회의원'과 '선출되었다'는 피동의 관계에 있는 주어와 서술어가 되어야 하므로, 목적어인 'ㅇㅇㅇ명을'을 주어인 'ㅇㅇㅇ명이'로 수정한 것은 적절하다.
③ '5킬로그램 정도'가 '금'을 수식하는 지, '보관함'을 수식하는 지 분명하지 않으므로, '금 5킬로그램 정도'라고 수식어와 피수식어의 관계를 분명하게 밝혀 수정한 것은 적절하다.
④ "음식물의 신선도 유지와 부패를 방지해야 한다."는 '음식물의 신선도 유지를 방지해야 한다.'는 잘못된 의미가 포함될 수 있으므로, 대등한 관계를 사용하여 "음식물의 신선도를 유지하고, 부패를 방지해야 한다."로 수정한 것은 적절하다.

02 ②

[정답해설]
질병의 전염성에 주목하여 붙여진 이름은 '염병(染病)'과 '윤행괴질(輪行怪疾)'이며, '역병(疫病)'은 사람이 고된 일을 치르듯[役] 병에 걸려 매우 고통스러운 상태를 말한다.

[오답해설]
① '온역(溫疫)'에 들어 있는 '온(溫)'은 이 병을 일으키는 계절적 원인을 가리킨다고 하였으므로, '온역'은 질병의 원인에 주목하여 붙여진 이름이라고 할 수 있다.
③ '당독역(唐毒疫)'은 오랑캐처럼 사납고[唐], 독을 먹은 듯 고통스럽다[毒]는 의미가 들어가 있다고 하였으므로, 질병의 고통스러운 정도에 주목하여 붙여진 이름이라고 할 수 있다.
④ '마진(痲疹)'은 피부에 발진이 생기고 그 모양이 삼씨 모양인 것을 강조한 말이므로, 질병으로 인해 몸에 나타난 증상에 주목하여 붙여진 이름이라고 할 수 있다.

03 ③

[정답해설]
제시문에 따르면 플라톤의 『국가』에서 사람들이 살아가면서 가장 중요하게 생각하는 두 가지 요소는 '재물'과 '성적 욕망'이며, 삶을 살아가면서 돈에 대한 욕망이나 성적 욕망만이라도 잘 다스릴 수 있다면 낭패를 당하거나 망신을 당할 일이 거의 없을 것이라고 서술하고 있다. 그러므로 '성공적인 삶을 살려면 재물욕과 성욕을 잘 다스려야 한다.'는 ③의 설명이 제시문의 중심 내용으로 가장 적절하다.

04 ④

[정답해설]
랑그는 특정한 언어공동체가 공유하고 있는 기호체계를 가리키므로, 자기 모국어에 대해 사람들이 내재적으로 가지고 있는 지식인 언어능력과 비슷한 개념이다. 반면, 파롤은 의사소통을 위한 개인적인 행위를 의미하므로, 사람들이 실제로 발화하는 행위인 언어수행과 비슷한 개념이다. 그러므로 ㉢은 '랑그가 언어능력에 대응한다면, 파롤은 언어수행에 대응'이라고 수정해야 옳다.

[오답해설]
① 랑그는 특정한 언어공동체가 공유하고 있는 기호체계를 가리키므로 고정되어 있는 악보에 비유할 수 있고, 파롤은 의사소통을 위한 개인적인 행위를 의미하므로 악보를 연주하는 사람에 따라 달라지는 실제 연주에 비유할 수 있다. 그러므로 ㉠은 어색한 곳이 없다.
② 랑그가 고정된 악보와 같기 때문에 여러 상황에도 불구하고 변하지 않고 기본을 이루는 언어의 본질적 모습에 해당한다. 그러므로 ㉡은 어색한 곳이 없다.
③ '책상'이라는 단어를 발음할 때 사람마다 발음되는 소리가

다르기 때문에 '책상'에 대한 발음이 제각각일 수밖에 없다면 실제로 발음되는 제각각의 소리값은 파롤에 해당한다. 그러므로 ⓒ은 어색한 곳이 없다.

05 ④

[정답해설]
제시문에 따르면 판타지에서는 이미 알고 있는 것보다 새로운 것이 더 중요한 의미를 가지며, SF에서는 어떤 새로운 것이 등장했을 때 그 낯섦을 인정하면서도 동시에 그것을 자신이 이미 알고 있던 인식의 틀로 끌어들여 재조정하는 과정이 요구된다고 하였다. 그러므로 '판타지는 알고 있는 것보다 새로운 것이 더 중요하고, SF는 알고 있는 것과 새로운 것 사이의 재조정이 필요한 장르이다'라는 ④의 설명이 핵심 논지로 가장 적절하다.

06 ③

[정답해설]
제시문에 따르면 로빈후드 이야기에서 셔우드 숲을 한 바퀴 돌고 로빈후드를 만났다고 하는 국왕 에드워드는 1세에서 3세까지의 에드워드 국왕 중 이 지역의 순행 기록이 있는 사람이 에드워드 2세뿐이므로 1307년에 즉위하여 20년간 재위한 2세일 가능성이 있다고 하였다. 그러므로 로빈후드 이야기의 시대 배경은 에드워드 2세의 재위 기간인 1307~1327년에 해당하는 <u>14세기 전반</u>으로 추정할 수 있다.

[오답해설]
① '왕의 영지에 있는 사슴에 대한 밀렵을 금지하는 법은 11세기 후반 잉글랜드를 정복한 윌리엄 왕이 제정한 것이므로 아마도 로빈후드 이야기가 그 이전 시기로까지 거슬러 올라가지는 않을 것이다.'라는 제시문의 내용을 고려할 때, 로빈후드 이야기의 시대 배경이 11세기 후반은 아니다.
② 제시문에서 로빈후드는 14세기 후반인 1377년경에 인기를 끈 작품 〈농부 피어즈〉에 최초로 등장하며, 로빈후드를 만났다고 하는 국왕 에드워드는 1307년에 즉위하여 20년간 재위한 2세일 가능성이 있다고 하였다. 여기서 1307년은 14세기이므로, 로빈후드 이야기의 시대 배경이 14세기 이전은 아니다.
④ 제시문에서 로빈후드를 만났다고 하는 국왕 에드워드는 1307년에 즉위하여 20년간 재위한 2세일 가능성이 있다고 하였다. 따라서 에드워드 2세의 마지막 재위 연도가 14세기 전반인 1327년으로 추정되므로 로빈후드 이야기의 시대 배경이 14세기 후반은 아니다.

07 ②

[정답해설]
(나)의 마지막 문장에서 임진왜란으로 인하여 교류가 단절되었다고 하였고, (가)에서 조선과 일본의 단절된 관계는 1609년 기유조약이 체결되면서 회복되었다고 하였으므로 (나) 다음에 (가)가 온다. 또한 (가)의 마지막 문장에서 조선은 대마도에 시혜를 베풀어줌으로써 일본과의 교린 체계를 유지해 나가려고 했고, (다)에서 이러한 외교관계에 매 교역이 자리하고 있었다고 서술되어 있으므로 (가) 다음에 (다)가 온다. 그러므로 이를 종합해 볼 때, 맥락에 맞는 글의 순서는 (나)-(가)-(다)이다.

08 ③

[정답해설]
제시문에서 '0' 개념이 들어오기 전 시간의 길이는 '1'부터 셈했고, 시간의 시작점 역시 '1'로 셈했으며 이와 같은 셈법의 흔적을 현대 언어에서도 찾을 수 있다고 하였다. 그러면서 '2주'를 의미하는 용도로 사용되는 현대 프랑스어 'quinze jours'가 그 어원이 '15일'을 가리키는 이유를 예로 들어 설명하고 있다. 그러므로 '프랑스어 'quinze jours'에는 '0' 개념이 들어오기 전 셈법의 흔적이 남아 있다.'는 ③의 설명은 적절하다.

[오답해설]
① 제시문에 '0' 개념은 13세기가 되어서야 유럽으로 들어왔고, '0' 개념이 들어오기 전 시간의 길이는 '1'부터 셈했다고 서술되어 있다. 그러므로 '0' 개념이 13세기에 유럽에서 발명된 것은 아니다.
② 『성경』에서 예수의 부활 시점을 3일이라고 한 것은 그의 신성성을 부각하기 위한 것이 아니라, 『성경』이 기록될 당시에 '0' 개념이 없었기 때문에 그 시작점을 '1'로 셈했던 것이다. 그러므로 『성경』에서 예수의 신성성을 부각하기 위해 그의 부활 시점을 활용한 것은 아니다.
④ 제시문에 오늘날 그리스 사람들이 올림픽이 열리는 주기에 해당하는 4년을 '5년'이라는 어원을 지닌 'pentaeteris'라고 부르는 까닭은 시간적으로는 동일한 기간이지만 시간을 셈하는 방식에 따라 마지막 해가 달라졌기 때문이라고 서술하고 있다. 즉, '0' 개념이 없었기 때문에 올림픽이 개최된 해를 '1년'부터 시작하면 다음 올림픽이 개최되는 해는 4년 후인 '5년'이 된다. 그러므로 'pentaeteris'라는 말이 생겨났을 때에 비해 오늘날의 올림픽이 열리는 주기가 짧아진 것은 아니다.

09 ①

[정답해설]
제시문에 인간의 인두는 여섯 번째 목뼈에까지 이르는 반면에, 대부분의 포유류에서는 인두의 길이가 세 번째 목뼈를 넘지 않으며, 개의 경우는 두 번째 목뼈를 넘지 않는다고 서술되어 있다. 그러므로 '개의 인두 길이는 인간의 인두 길이보다 짧다.'는 ①의 설명은 제시문의 내용과 일치한다.

[오답해설]
② 제시문에 침팬지는 인간과 게놈의 98%를 공유하고 있지만, 발성 기관에 차이가 있으며, 인간의 인두는 여섯 번째 목뼈에까지 이르는 반면에, 대부분의 포유류는 인두의 길이가 세 번째 목뼈를 넘지 않는다고 서술되어 있다. 그러므로 침팬지의 인두가 인간의 인두와 98% 유사한 것은 아니다.
③ 제시문에서 녹색원숭이는 포식자의 접근을 알리기 위해 소리를 지르며, 침팬지는 고통, 괴로움, 기쁨 등의 감정을 표현할 때 각각 다른 소리를 낸다고 서술되어 있다. 이는 자신의 종에 속하는 개체들과 의사소통을 하는 사례를 든 것이므로, 서로 다른 종인 녹색원숭이와 침팬지가 의사소통을 할 수 있는지의 여부는 알 수 없다.
④ 제시문에 따르면 초당 십여 개의 소리를 만들어 낼 수 있는 것은 침팬지가 아니라 인간이다.

10 ①

[정답해설]
(가)의 '소리'는 인간의 발성 기관을 통해 낼 수 있는 소리이며, ㉠의 '소리'는 고통, 괴로움, 기쁨 등의 감정을 표현할 때 내는 침팬지의 소리이므로 그 의미가 다르다.

[오답해설]
㉡·㉢·㉣은 (가)의 '소리'와 마찬가지로 인간의 발성 기관을 통해 낼 수 있는 소리를 의미한다.

11 ④

[정답해설]
본문에 따르면 방각본 출판업자들은 작품의 규모가 커서 분량이 많은 경우에는 생산 비용이 올라가 책값이 비싸지기 때문에 자연스럽게 분량이 적은 작품을 선호하였고, 세책업자들은 한 작품의 분량이 많아서 여러 책으로 나뉘어 있으면 그만큼 세책료를 더 받을 수 있기 때문에 스토리를 재미나게 부연하여 책의 권수를 늘렸다고 설명하고 있다. 그러므로 '한 편의 작품이 여러 권의 책으로 나뉘어 있는 대규모 작품들은 방각본 출판업자들보다 세책업자들이 선호하였다.'는 ④의 설명은 적절하다.

[오답해설]
① 제시문에 세책업자들은 한 작품의 분량이 많아서 여러 책으로 나뉘어 있으면 그만큼 세책료를 더 받을 수 있다고 서술되어 있다. 그러므로 분량이 많은 작품이 책값이 비쌌기 때문에 세책가에서 취급하지 않은 것은 아니다.
② 제시문에 방각본 출판업자들은 작품의 규모가 커서 분량이 많은 경우에는 생산 비용이 올라가 책값이 비싸지기 때문에 자연스럽게 분량이 적은 작품을 선호하였다고 서술되어 있다. 그러므로 구비할 책을 선정할 때 분량이 적은 작품을 우선시 한 것은 세책업자가 아니라 방각본 출판업자들이다.
③ 제시문의 마지막 문장에 세책업자들은 많은 종류의 작품을 모으는 데에 주력했고, 이 과정에서 원본의 확장 및 개작이 적잖이 이루어졌다고 서술되어 있다. 그러므로 원본의 내용을 부연하여 개작한 것은 방각본 출판업자들이 아니라 세책업자들이다.

12 ①

[정답해설]
㉠의 '올라가'는 값이나 통계 수치, 온도, 물가가 높아지거나 커지다의 의미로 사용되었다. 마찬가지로 ①의 '올라가는'도 습도가 상승한다는 의미로 사용되었으므로 ㉠과 같은 의미이다.

[오답해설]
② '내가 키우던 반려견이 하늘나라로 올라갔다.'에서 '올라갔다'는 ('하늘', '하늘나라' 따위와 함께 쓰여) '죽다'를 비유적으로 이르는 말이다.
③ '그녀는 승진해서 본사로 올라가게 되었다.'에서 '올라가게'는 지방 부서에서 중앙 부서로, 또는 하급 기관에서 상급 기관으로 자리를 옮기다의 의미이다.
④ '그는 시험을 보러 서울로 올라갔다.'에서 '올라갔다'는 지방에서 중앙으로 가다, 즉 '상경하다'의 의미이다.

> **TIP 올라가다(동사)**
>
> I. 「…에, …으로」
> 1. 낮은 곳에서 높은 곳으로 또는 아래에서 위로 가다.
>   예 나무에 올라가다.
> 2. 지방에서 중앙으로 가다.
>   예 서울에 올라가는 대로 편지를 올리겠습니다.
> 3. 지방 부서에서 중앙 부서로, 또는 하급 기관에서 상급 기관으로 자리를 옮기다.
>   예 이번에 발령받아 대검찰청에 올라가면 나 좀 잘 봐주세요.
> 4. 남쪽에서 북쪽으로 가다.
>   예 우리나라에 있던 태풍이 북상하여 만주에 올라가 있다.
> 5. 물에서 뭍으로 옮겨 가다.
>   예 물고기들이 파도에 밀려 뭍에 올라가 있었다.

6. ('하늘', '하늘나라' 따위와 함께 쓰여) '죽다'를 비유적으로 이르는 말.
   예 가여운 성냥팔이 소녀는 하늘나라에 올라가서 어머니를 만났겠지.
7. 하급 기관의 서류 따위가 상급 기관에 제출되다.
   예 나라에 상소가 올라가다.

II. 「…으로」
1. 기준이 되는 장소에서 다소 높아 보이는 방향으로 계속 멀어져 가다.
   예 큰길로 조금만 올라가면 우체국이 있다.
2. 어떤 부류나 계통 따위의 흐름을 거슬러 근원지로 향하여 가다.
   예 윗대 조상으로 올라가면 그 집안도 꽤 전통이 있는 집안이다.
3. 등급이나 직급 따위의 단계가 높아지다.
   예 바둑 급수가 7급에서 6급으로 올라갔다.
4. 자질이나 수준 따위가 높아지다.
   예 수준이 올라가다.
5. 값이나 통계 수치, 온도, 물가가 높아지거나 커지다.
   예 집값이 자꾸 올라가서 큰 걱정이다.
6. 물의 흐름을 거슬러 위쪽으로 향하여 가다.
   예 그들은 강을 따라 올라가기 시작하였다.
7. 기세나 기운, 열정 따위가 점차 고조되다.
   예 장군의 늠름한 모습에 병사들의 사기가 하늘을 찌를 듯이 올라갔다.
8. 밑천이나 재산이 모두 없어지다.

III. 「…을」
높은 곳을 향하여 가다.
   예 산을 올라가다.

13 ②

[정답해설]
ㄴ. 을의 주장과 병의 주장은 대립하지 않는다. → (○)
을은 오늘날 사회는 계급 불평등이 더욱 고착화되었다고 주장하고, 병도 또한 현대사회에서 계급 체계는 여전히 경제적 불평등의 핵심으로 남아 있다고 주장한다. 그러므로 을의 주장과 병의 주장은 일치하며 대립하지 않는다.

[오답해설]
ㄱ. 갑의 주장과 을의 주장은 대립하지 않는다. → (×)
갑은 오늘날의 사회에서 전통적인 계급은 사라졌다고 주장하는 반면, 을은 오늘날의 사회가 계급 불평등이 더욱 고착되었다고 주장한다. 그러므로 갑과 을의 주장은 서로 대립한다.
ㄷ. 병의 주장과 갑의 주장은 대립하지 않는다. → (×)
갑은 오늘날의 사회에서 전통적인 계급은 사라졌다고 주장하는 반면, 병은 현대사회에서 계급 체계는 여전히 경제적 불평등의 핵심으로 남아 있다고 주장한다. 그러므로 갑과 병의 주장은 서로 대립한다.

14 ①

[정답해설]
(가) 축구를 잘하는 사람은 모두 머리가 좋다. → 전칭 명제
(나) 축구를 잘하는 어떤 사람은 키가 작다. → 특칭 명제

| (가) 축구 → 머리 |
| (나) 축구 ∧ 키 작음 |

(결론) 머리 ∧ 키 작음 ≡ 키 작음 ∧ 머리

위의 논리 조건을 종합해 보면 축구를 잘하는 사람은 모두 머리가 좋고, 축구를 잘하는 어떤 사람은 키가 작으므로, 머리가 좋은 어떤 사람은 키가 작다. 따라서 키가 작은 어떤 사람은 머리가 좋다.

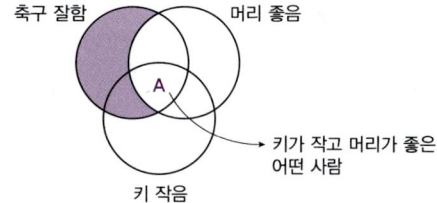

15 ①

[정답해설]
㉠ 마케팅 프로젝트 성공 → (유행지각 ∧ 깊은 사고 ∧ 협업)
㉡ (유행지각 ∧ 깊은 사고 ∧ 협업) → 마케팅 프로젝트 성공

①의 내용을 논리 기호로 나타내면, '마케팅 프로젝트 성공 → (유행지각 ∧ 깊은 사고 ∧ 협업)'이므로 ㉠의 논리 기호와 같다. 그러므로 '지금까지 성공한 프로젝트가 유행지각, 깊은 사고 그리고 협업 모두에서 목표를 달성했다면, ㉠은 강화된다'는 ①의 설명은 적절하다.

[오답해설]
② 논리 기호로 나타내면, '(~유행지각 ∨ ~깊은 사고 ∨ ~협업) → ~마케팅 프로젝트 성공'이므로 ㉠의 대우와 같다. 그러므로 성공하지 못한 프로젝트 중 유행지각, 깊은 사고 그리고 협업 중 하나 이상에서 목표를 달성하는 데 실패한 사례가 있다면, ㉠은 약화(→ 강화)된다.
③ 논리 기호로 나타내면, '(~유행지각 ∨ ~깊은 사고 ∨ ~협업) → 마케팅 프로젝트 성공'이므로 ㉡의 이에 해당한다. 그런데 어떤 명제가 참이라고 해서 그 명제의 이가 항상 참인 것은 아니므로 유행지각, 깊은 사고 그리고 협업 중 하나 이상에서 목표를 달성하는 데 실패했지만 성공한 프로젝트가 있다면, ㉡이 강화되는 것은 아니다.

④ 논리 기호로 나타내면, '(유행지각 ∧ 깊은 사고 ∧ 협업) → ~마케팅 프로젝트 성공'이므로 유행지각, 깊은 사고 그리고 협업 모두에서 목표를 달성했지만 성공하지 못한 프로젝트가 있다면, ⓒ은 약화(→ 강화)된다.

16 ②

[정답해설]

ㄱ. 우기에 비가 넘치는 산간 지역에서 고상식 주거 건축물 유적만 발견된 것은 지면에서 오는 각종 침해에 대비해 바닥을 높이 들어 올린 고상식 건축의 특징이므로, 기후에 따라 다른 자연환경에 적응해 발생했다는 ㉠의 주장을 강화한다.

ㄷ. 여름에는 고상식 건축물에서, 겨울에는 움집형 건축물에서 생활한 집단의 유적이 발견된 것은 계절에 따라 건축물의 양식을 달리한 것이므로, 기후에 따라 다른 자연환경에 적응해 발생했다는 ㉠의 주장을 강화한다.

[오답해설]

ㄴ. 움집형 집과 고상식 집이 공존해 있는 주거 양식을 보여주는 집단의 유적지가 발견된 것은 기후에 따라 다른 자연환경에 적응해 발생한 주거 양식이 아니므로, ㉠의 주장을 약화시킨다.

17 ③

[정답해설]

제시문의 마지막 문장에서 한문문학 중 '국문학적 가치'가 있는 것을 준국문학에 귀속시켰다고 하였고, 준국문학은 '넓은 의미의 국문학'에 해당하므로 '종래의 국문학의 정의를 기본 전제로 하되, 일부 한문문학을 국문학으로 인정'하자는 (나)의 주장은 강화된다.

[오답해설]

① 국문학의 범위를 획정하는 데 있어 해외에서의 문학적 가치의 인정은 중요 요인이 아니므로, 국문학에서 한문으로 쓰인 문학을 배제하자는 (가)의 주장에 영향을 미치지 않는다.

② 글의 서두에서 한 나라의 문학, 즉 '국문학'은 "그 나라의 말과 글로 된 문학"을 지칭한다고 하였으므로, 국문학의 정의를 '그 나라 사람들의 사상과 정서를 그 나라 말과 글로 표현한 문학'으로 수정하면 (가)의 주장은 약화(→ 강화)된다.

④ 글의 말미에서 훈민정음 창제 이후에도 한문문학 중 '국문학적 가치'가 있는 것을 준국문학에 귀속시켰다고 하였으므로, 훈민정음 창제 이후에도 차자표기(한자의 음과 훈을 빌려 우리말을 기록하던 표기법)로 된 문학작품이 다수 발견된다면 (나)의 주장은 약화(→ 강화)된다.

18 ④

[정답해설]

ⓒ의 '전자'는 '순(純)국문학'을 가리키고, ⓜ의 '전자'도 '순(純)국문학'을 가리키므로 지시하는 바가 동일하다.

[오답해설]

① ㉠의 '전자'는 '한문으로 쓰여진 문학', 즉 한문학을 가리키고, ⓒ의 '전자'는 '순(純)국문학', 즉 국문학을 가리키므로 지시하는 바가 다르다.

② ⓛ의 '후자'는 국문학을 가리키고, ⓔ의 '후자'는 '준(準)국문학', 즉 한문학을 가리키므로 지시하는 바가 다르다.

③ ⓛ의 '후자'는 국문학을 가리키고, ⓜ의 '후자'는 '준(準)국문학', 즉 한문학을 가리키므로 지시하는 바가 다르다.

19 ④

[정답해설]

- 갑과 을 중 적어도 한 명은 〈글쓰기〉를 신청한다.

갑 · 글쓰기 ∨ 을 · 글쓰기

- 을이 〈글쓰기〉를 신청하면 병은 〈말하기〉와 〈듣기〉를 신청한다.

을 · 글쓰기 → (병 · 말하기 ∧ 병 · 듣기)
대우: ~(병 · 말하기 ∧ 병 · 듣기) → ~을 · 글쓰기

- 병이 〈말하기〉와 〈듣기〉를 신청하면 정은 〈읽기〉를 신청한다.

(병 · 말하기 ∧ 병 · 듣기) → 정 · 읽기
대우: ~정 · 읽기 → ~(병 · 말하기 ∧ 병 · 듣기)

- 정은 〈읽기〉를 신청하지 않는다.

~정 · 읽기

위의 논리 조건을 밑에서 위로 따라가 보면, 정이 〈읽기〉를 신청하지 않으면 병은 〈말하기〉와 〈듣기〉를 신청하지 않고, 병이 〈말하기〉와 〈듣기〉를 신청하지 않으면 을이 〈글쓰기〉를 신청하지 않는다. 따라서 을이 〈글쓰기〉를 신청하지 않는 것이 판명되었고, 처음 조건에서 갑과 을 중 적어도 한 명은 〈글쓰기〉를 신청한다고 하였으므로, 갑이 〈글쓰기〉를 신청한다는 사실을 알 수 있다.

20 ①

[정답해설]

글의 서두에 언어의 형식적 요소에는 '음운', '형태', '통사'가 있으며, 언어의 내용적 요소에는 '의미'가 있다고 하였다. 그러므로 '언어는 형식적 요소가 내용적 요소보다 다양하다.'는

①의 설명은 적절하다.

[오답해설]

② 2문단에서 언어학은 크게 말소리 탐구, 문법 탐구, 의미 탐구로 나눌 수 있는데, 이때 각각에 해당하는 음운론, 문법론, 의미론은 서로 관련된다고 하였다. 그러므로 언어의 형태 탐구는 의미 탐구와 관련되지 않는다는 설명은 적절하지 못하다.

③ 2문단에서 의사소통의 과정상 발신자의 측면에서는 의미론에, 수신자의 측면에서는 음운론에 초점이 놓인다고 하였으나, 의사소통의 첫 단계가 언어의 형식을 소리로 전환하는 것인지는 제시문을 통해 확인할 수 없다.

④ 2문단에서 화자의 측면에서 언어를 발신하는 경우에는 의미론에서 문법론을 거쳐 음운론의 방향으로, 청자의 측면에서 언어를 수신하는 경우에는 반대의 방향으로 작용한다고 하였다. 여기서 문법론은 형태론 및 통사론을 포괄하므로, 언어를 발신하고 수신하는 과정에서 통사론이 활용되지 않는 것은 아니다.

9급공무원
국어

나두공

01장 현대 문학

01절 　문학 일반론

02절 　문학의 갈래

03절 　현대시, 현대소설

04절 　기타 갈래의 작품

01장 현대 문학

SEMI-NOTE

문학의 정의와 조건
- 문학의 정의 : 문학이란 인간의 가치 있는 체험을 말과 글로 표현한 예술
- 문학의 조건
  - 내용 조건 : 가치 있는 경험(체험)
  - 형식 조건 : 형상화(形象化)된 언어

문학과 예술의 차이
문학이 다른 예술과 구분되는 점은 언어를 통해 표현되는 점에 있음

문학의 구조
- 유기적 구조 : 문학의 모든 요소들이 긴밀히 연결되어 있음
- 동적 구조 : 시간의 경과를 통해 우리의 의식 속에서 파악되는 동적인 구조

01절 문학 일반론

1. 문학의 특성

(1) 문학의 본질과 기원

① 문학의 본질
  ㉠ 언어 예술 : 언어를 표현 매체로 하는 예술로서, 구비 문학과 기록 문학이 모두 문학에 포함됨
  ㉡ 개인 체험의 표현 : 개인의 특수한 체험이면서, 인류의 보편적 삶과 합일하는 체험
  ㉢ 사상과 정서의 표현 : 미적으로 정화되고 정서화된 사상의 표현
  ㉣ 개연성(蓋然性) 있는 허구의 세계 : 문학에서의 세계는 허구의 세계이나, 이는 실제 생활과 완전히 유리된 것이 아니라 작가의 상상을 통해 실제 생활에서 유추된 세계임
  ㉤ 통합된 구조 : 문학 속에는 대상에 의한 구체적 미적 표현인 '형상'과 경험을 의식 세계로 섭취하려는 정신 작용인 '인식'이 결합되어 작품을 이룸

② 문학의 기원
  ㉠ 심리학적 기원설
    • 모방 본능설 : 인간의 모방 본능으로 문학이 생겼다는 설(아리스토텔레스, 플라톤)
    • 유희 본능설 : 인간의 유희 충동에서 문학이 발생했다는 설(칸트, 스펜서, 실러)
    • 흡인 본능설 : 남의 관심을 끌고 싶어 하는 흡인 본능 때문에 문학이 발생했다는 설(다윈 등 진화론자)
    • 자기표현 본능설 : 자기의 사상과 감정을 드러내고 싶어 하는 본능에서 문학이 발생했다는 설(허드슨)
  ㉡ 발생학적 기원설 : 일상생활에서의 필요성 때문에 문학이 발생했다는 설(그로세)
  ㉢ 발라드 댄스(ballad dance)설 : 원시 종합 예술에서 음악, 무용, 문학이 분화 및 발생하였다는 설(몰톤)

(2) 문학의 요소와 미적 범주

① 문학의 요소
  ㉠ 미적 정서 : 어떤 대상을 접했을 때, 마음속에서 일어나는 본능적인 감정을 절제하고 걸러 냄으로써 생겨나는 정서로, 보편성 또는 항구성을 획득하게 하는 요소 → 희로애락(喜怒哀樂)과 같은 인간의 감정을 말함

- ⓒ 상상 : 문학을 창조하는 힘의 원천으로 이미지를 형성하고 문학의 독창성을 가능하게 하는 요소
  - ⓒ 사상 : 작품의 주제가 되는 작가의 인생관이나 세계관의 반영으로 작품 속에 숨겨진 의미
  - ⓔ 형식 : 작품의 구조와 문체로써 문학 내용을 구체적으로 형상화하는 요소
② 문학의 미적 범주
  - ⊙ 숭고미(崇高美) : 경건하고 엄숙한 분위기를 통해 고고한 정신적 경지를 체험할 수 있게 하는 미의식
  - ⓒ 우아미(優雅美) : 아름다운 형상이나 수려한 자태를 통해 고전적인 기품과 멋을 나타내는 미의식
  - ⓒ 비장미(悲壯美) : 슬픔이 극에 달하거나 한(恨)의 정서를 드러냄으로써 형상화되는 미의식
  - ⓔ 골계미(滑稽美) : 풍자나 해학 등의 수법으로 익살스럽게 표현하면서 어떤 교훈을 주는 경우 나타나는 미의식

2. 문학의 갈래와 작품 비평

(1) 문학의 갈래
① 서정 문학 : 인간의 정서 및 감정을 화자의 입을 통해서 독자에게 직접적으로 전달하는 양식으로, 강한 주관성과 서정적인 내용, 운율 있는 언어로 구성
② 서사문학
  - ⊙ 문자 언어로 기록되어 다양한 삶의 양상을 형상화하는 양식
  - ⓒ 이야기를 전달하는 서술자가 존재하며 주로 과거시제로 진행
  - ⓒ 연속적인 사건을 줄거리로 이야기하는 것
③ 극 문학
  - ⊙ 등장인물이 직접 등장하여 말과 행동으로 사건을 보여주는 양식
  - ⓒ 서술자가 개입하지 않으며 갈등을 중심으로 이야기가 전개
④ 교술 문학
  - ⊙ 자아가 세계화되어 정서를 변함없이 전달하는 문학 양식
  - ⓒ 현실속의 경험, 생각 등을 전달하므로 교훈성과 설득성이 강함

(2) 문학 작품의 비평 유형
① 비평의 유형(방법)
  - ⊙ 심리주의(정신분석학적) 비평
    - 프로이트의 정신분석학이나 심리학 등의 이론에 근거하여 문학 작품에 반영된 작가의 창작 심리나 등장인물의 심리, 작자의 개인적 상징, 독자가 느끼는 심리적 영향 등을 분석하여 작품을 비평하는 방법
    - 작품의 내용을 인간 심성의 측면에서 고찰하거나 무의식의 흐름을 심리학적으로 분석하는 등의 방법을 사용하기도 함

SEMI-NOTE

문학의 기능
- 쾌락적 기능 : 문학은 독자에게 미적 쾌감과 고차원적인 정신적 즐거움을 줄 수 있음
- 교시적 기능 : 문학은 독자에게 삶에 필요한 지식과 교훈을 주고 인생의 진실과 삶의 의미를 깨닫게 함
- 종합적 기능 : 문학은 독자에게 즐거움을 주는 동시에 인생의 진리를 가르쳐 줌(쾌락적 기능 + 교시적 기능)

문학의 종류
- 운문 문학 : 언어의 운율을 중시하는 문학 → 시
- 산문 문학 : 언어의 전달 기능을 중시하는 문학 → 소설, 희곡, 수필
- 구비 문학 : 입에서 입으로 전해진 문학으로 민족의 보편적 성격 반영
- 기록 문학 : 문자로 기록되어 본격적인 개인의 창의가 반영되는 문학

작품 비평의 정의와 양상
- 비평의 정의 : 문학 작품을 해석하고 분류하며 평가하는 일체의 활동
- 비평의 기본 양상
  - 원론 비평 : 문학의 원론과 장르에 대한 이론 비평
  - 실천(실제) 비평 : 원론 비평의 이론을 적용하여 실제의 작가와 작품을 연구, 분석하는 응용 비평
  - 제작 비평 : 실제 작품의 제작 기술에 관한 논의
  - 비평의 비평 : 원론 비평의 이론을 재검토하고 실천 비평의 타당성을 검토하여 대안을 제시하는 비평 자체에 대한 평가

SEMI-NOTE

기타 비평의 유형

- 역사주의 비평
  - 작품 발생의 배경이 되는 역사적 상황이나 사실을 중시하는 비평
  - 작품의 배경에 해당하는 시대적 조건과 역사적 상황을 떠나서는 문학을 이해할 수 없다는 것을 전제로 하여 문학의 가치를 평가하는 것으로, 작자가 살았던 역사적 배경과 사회 환경, 작자의 생애, 창작 의도나 동기 등과 같은 외적 조건을 중심으로 작품을 분석 및 평가함
- 사회학적 비평
  - 문학을 사회적 소산으로 보고 문학이 사회, 문화적 요인과 맺는 양상이나 상관관계를 규명함으로써 작품을 이해하는 비평
  - 내용과 현실의 사회적 반영 문제, 문학제도의 연구, 문학의 생산과 소비, 유통의 연구 등을 다룸
- 신화(원형) 비평
  - 모든 문학 장르와 작품 속에서 신화의 원형을 찾아내어 그것이 어떻게 재현되고 재창조되어 있는가를 분석하는 방법
  - 신화 속에 존재하는 원형은 시대를 넘어 존재하는 것으로 보므로 문학 작품에 드러난 신화소를 분석하고 신화의 원형을 파악하여 문학을 이해하고자 함

    ⓒ 구조주의 비평
- 문학 작품은 고도의 형상적 언어로 조직된 자율적인 체계라고 보고, 작품의 모든 요소를 통합하고 있는 구조 자체를 파악함으로써 작품을 이해하는 방법
- 작품을 이해하는데 필요한 자료는 작품 밖에 없으며 작품 속에 모든 것이 갖추어져 있다고 생각하며, 작품을 이루는 음성적, 의미적 요소, 서사적 상황 및 구조에 대한 분석에 관심을 가짐(이러한 측면에서 형식주의 비평과 유사)

② 외재적 비평과 내재적 비평

한눈에 쏙~

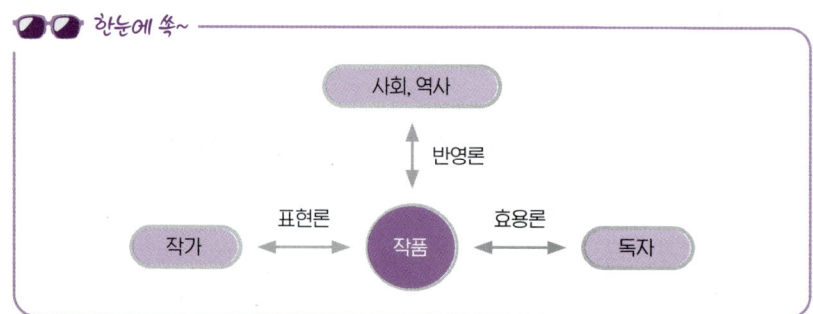

- ㉠ **외재적 비평** : 작가에 대한 연구, 작품의 시대 상황 등 작품 외부적 사실로부터 작품을 이해하는 방법
  - 표현론(생산론)적 관점 : 작품을 작가의 체험, 사상, 감정 등을 표현한 것으로 보는 관점. 작품을 창작한 작가의 의도, 작가의 전기, 작가의 심리 상태 등에 관한 연구
  - 반영론(모방론)적 관점 : 작품은 현실 세계의 반영이라는 관점. 작품이 대상으로 삼은 현실 세계에 대한 연구, 작품에 반영된 세계와 대상 세계를 비교·검토, 작품이 대상 세계의 진실한 모습과 전형적 모습을 반영했는가를 검토
  - 효용론(수용론)적 관점 : 작품이 독자에게 어떤 효과를 어느 정도 주었는가에 따라 작품의 가치를 평가하려는 관점. 독자의 감동이 무엇이며, 그것이 구체적으로 작품의 어떤 면에서 유발되었는가를 검토
- ㉡ **내재적 비평** : 작품 자체를 완결된 세계로 보고, 작품 연구에만 주력하는 방법
  - 존재론(내재론, 구조론, 객관론, 절대주의)적 관점 : 작품을 이해하는 데 필요한 자료는 작품밖에 없으며, 작품 속에 모든 것이 갖추어져 있다는 관점. 작품을 작가나 시대 환경으로부터 독립시켜 이해하며 작품의 언어를 중시하고, 부분들을 유기적으로 통합하고 있는 작품의 구조를 분석(작품의 구조나 형식, 구성, 언어, 문체, 운율, 표현기법, 미적 가치 등을 중시)
- ㉢ **종합주의적 비평** : 문학 작품의 해석에 있어 하나의 관점만 적용하는 것이 아니라 다양한 방법을 통해 종합적이며 총체적으로 이해하려는 관점. 작품의 내적 형식, 다양한 외적 요인들과 연결된 의미를 규명하여 종합적으로 감상

3. 문예사조의 형성

(1) 문예사조의 발생과 특징

① 고전주의
  ㉠ 17세기 프랑스에서 발생하여 유럽으로 전파된 사조로 고대 그리스, 로마의 고전을 모범으로 삼음
  ㉡ 세계를 이성으로 파악하며, 합리성과 감각적 경험에 의한 사실의 실증을 중시
  ㉢ 전통적 감정과 상상은 이성으로 통제, 완전한 형식미, 몰개성적 특성
  ㉣ 내용과 형식의 조화와 엄격성, 규범 등을 중시

② 낭만주의
  ㉠ 고전주의의 몰개성적 성격에 반발하여 18세기 말~19세기 초에 독일, 프랑스에서 일어나 영국으로 전파됨, 비현실적 반항정신과 이상주의적 특성
  ㉡ 꿈이나 이상, 신비감, 이국적이며 초자연적 정서를 중시
  ㉢ 인간의 감정적 욕구와 감상적 자유, 개성, 독창성을 강조
  ㉣ 이성보다는 감성, 합리성보다는 비합리성, 감각성보다는 관념성을 강조

③ 사실주의
  ㉠ 19세기 후반 낭만주의의 비현실적인 성격에 반발하여 있는 그대로를 묘사하려는 경향을 지니며 현대 소설의 주류를 형성
  ㉡ 사회와 현실을 있는 그대로 직시하고, 과장이나 왜곡을 금함
  ㉢ 객관적, 과학적 현실의 진지한 재현을 중시

④ 자연주의
  ㉠ 19세기의 급진적 사실주의로 자연과학적 결정론에 바탕을 둠(환경 결정론적 사조)
  ㉡ 에밀 졸라가 창시했으며 실험적, 분석적, 해부적 특성에 사회의 추악한 측면을 폭로

⑤ 주지주의(모더니즘)
  ㉠ 20세기 초, 영국을 중심으로 유럽에서 발생한 사조로, 기성세대의 모든 도덕과 전통, 권위에서 벗어나 근대적 가치와 문명을 문학적 제재로 강조
  ㉡ 산업사회에 비판적이며, 감각과 정서보다 이성과 지성(知性)을 중시
  ㉢ 정확한 일상어 사용, 구체적인 심상 제시, 견고하고 투명한 시의 추구 등을 강조

⑥ 실존주의
  ㉠ 제2차 세계대전 이후 프랑스를 중심으로 발생한 현실 참여적 문학 운동(현실 참여적 성격이 강함)
  ㉡ 삶의 부조리나 불안, 고독 등 참된 의미의 실존적 자각과 형이상학적 문제들을 다룸

SEMI-NOTE

근대적, 현대적 문예사조
- 근대적 문예사조: 사실주의, 자연주의
- 현대적 문예사조: 주지주의, 초현실주의, 실존주의

상징주의, 유미주의
- 19세기 말 프랑스에서 사실주의나 자연주의에 대한 반동으로 등장한 사조
- 상징적 방법에 의한 표현(상징을 통한 암시적 표현)을 중시
- 음악성, 암시성을 중시, 이상향에의 동경, 감각의 형상적 표현, 영혼세계의 추구 등을 강조

초현실주의
- 프로이트의 정신분석학의 영향을 받고 다다이즘을 흡수하여 형성된 사조로, 이성과 논리에 억눌려 있는 비이성과 무의식의 세계를 강조
- 자동기술법을 바탕으로 하여 무의식의 세계를 표출하였고, 잠재의식 세계의 표현에 주목

포스트 모더니즘
- 1950년대 후반부터 서구에서 모더니즘의 가치와 관념을 거부하며 등장한 전위적, 실험적인 사조로, 후기 산업사회의 전반적인 문화 논리이자 예술 운동으로 평가됨
- 전통과 권위, 예술의 목적성 등을 거부하고 실험과 혁신, 경계의 파괴 등을 강조
- 모든 근대적 경계를 넘어서며, 개성과 자율성, 다양성, 대중성을 중시
- 패러디, 패스티시(pastiche)(혼성 모방) 등의 표현 기법을 강조

(2) 국내의 문예사조

① **계몽주의** : 봉건적 인습과 종교적 독단에서 벗어나 민중을 계몽하고자 하는 목적을 지님(예 이광수 「무정」, 최남선 「해에게서 소년에게」 등)
② **유미주의** : 예술지상주의와 상통하는 사조로, 계몽주의를 반대하며 순수문학적 가치를 내걺(예 김동인 「배따라기」, 김영랑 「모란이 피기까지는」 등)
③ **낭만주의** : 꿈의 세계에 대한 동경이나 병적인 감상을 특징으로 하며, 상징적인 언어를 유미적으로 나열(예 이상화 「나의 침실로」, 홍사용 「나는 왕이로소이다」 등)
④ **사실주의** : 계몽주의에 반대하고 인간 생활을 사실적이고 객관적으로 묘사(예 김동인 「약한 자의 슬픔」, 나도향 「물레방아」, 현진건 「빈처」 등)
⑤ **자연주의** : 인간의 추악한 본능에 대해 적나라하게 묘사하고 사회의 어두운 면을 과학적인 태도와 냉혹한 수법으로 표현(예 김동인 「감자」, 염상섭 「표본실의 청개구리」 등)
⑥ **모더니즘** : 개인적 감정보다 현대 문명을 이상으로 해야 한다고 선언하면서 서구적인 기법을 도입(예 김광균 「와사등」, 김기림 「기상도」, 정지용 「고향」 등)
⑦ **초현실주의** : 의식의 흐름, 자동기술법 등의 기법을 사용하는 실험적인 사조의식의 흐름, 자동기술법 등의 기법을 사용하는 실험적인 사조(예 이상 「날개」 등)
⑧ **실존주의** : 6·25 전쟁을 계기로 도입되어, 전후의 참담한 현실에서 인간의 실존 의미를 추구(예 장용학 「요한 시집」 등)

4. 다양한 언어표현기법

(1) 수사법

① **수사법의 개념** : 어떤 생각을 특별한 방식으로 전달하는 기술로 표현이나 설득에 필요한 다양한 언어표현기법
② **수사법의 분류** ★ 빈출개념
  ㉠ **비유법** : 표현하려는 대상을 다른 대상에 빗대어 표현하는 수사법

직유법	비슷한 점을 지닌 두 대상을 직접적으로 비교하여 표현하는 방법으로, 보조관념에 '같이, ~처럼, ~인 양, ~듯이' 등의 연결어가 쓰임
은유법	'A는 B이다.'와 같이 비유하는 말과 비유되는 말을 동일한 것으로 단언하듯 표현하는 법
의인법	사람 아닌 사물을 사람처럼 나타내는 표현법
활유법	생명이 없는 것을 마치 있는 것처럼 비유하는 법
의태법	사물의 모양과 태도를 그대로 시늉하여 표현하는 법
의성법	자연계의 소리, 인간 또는 동물의 소리를 그대로 본떠 감각적으로 표현하는 법
풍유법	원관념을 숨기고, 비유하는 보조관념만으로 원관념을 간접적으로 드러내는 표현 방법. 속담, 격언, 풍자 소설 등에 많이 쓰임

SEMI-NOTE

기타 비유법의 특징
- **의물법** : 의인법과 반대로, 사람을 사물이나 동식물에 비유하여 표현하는 방법
- **대유법** : 하나의 사물이나 관념을 나타내는 말이 경험적으로 밀접하게 연관된 사물, 관념으로 나타내도록 표현하는 수사법
  - 제유법 : 한 부분을 가지고 그 사물 전체를 나타내는 법
  - 환유법 : 사물의 특징으로 표현하려는 대상을 나타내는 법

ⓒ **강조법** : 표현하려는 내용을 뚜렷하게 나타내어 독자에게 인상을 남기는 수사법

상징법	비유이면서도 좀처럼 원관념을 찾아내기 힘든 표현. 추상적인 것을 구체적 사물로 암시하는 법
과장법	실제보다 훨씬 크거나 작게 표현하는 법
영탄법	기쁨, 슬픔, 놀라움, 무서움 따위의 감정을 표현하여 글의 효과를 높이는 법
점층법	어구(語句)의 의미를 점차로 강하게, 크게, 깊게, 높게 함으로써 그 뜻이나 가락을 절정으로 끌어올리는 방법
대조법	서로 상반되는 사물을 맞세워 그중 하나를 두드러지게 나타내는 법
열거법	비슷한 말귀나 내용적으로 관계있는 말귀를 늘어놓는 법
비교법	두 가지 이상의 사물이나 개념의 비슷한 것을 비교하는 법(예) 양귀비꽃보다도)
연쇄법	앞말의 꼬리를 따서 그 다음 말의 머리에 놓아 표현하는 법
명령법	격한 감정으로 명령하는 법

ⓒ **변화법** : 표현의 단조로움을 피하기 위해 문장에 생기를 불어넣는 표현법

도치법	문법상, 논리상으로 순서를 바꿔 놓는 법
설의법	서술로 해도 무관한 것을 의문형으로 나타내는 법
돈호법	대상을 불러 독자의 주의를 환기시키는 표현법
대구법	가락이 비슷한 글귀를 짝지어 나란히 놓아 흥취를 높이려는 법
반어법	겉으로 표현되는 말과는 반대의 뜻을 나타내는 법
역설법	• 표면적으로는 이치에 어긋난 논리적 모순으로 보이지만 그 속에 보다 깊은 뜻이나 시적 진실을 담고 있는 표현법으로, 이를 통해 일상적으로 표현할 수 없는 시인의 느낌이나 감정을 참신하고 효과적으로 전달함 • 모순 형용 또는 모순 어법이라고도 함
문답법	스스로 묻고 스스로 대답하는 형식
생략법	어떤 말을 없애도 뜻의 내용이 오히려 간결해져서 함축과 여운을 지니게 하는 법

실력UP 기타 수사법

- **언어유희** : 말이나 문자, 음운, 발음의 유사성을 이용하여 해학성을 높이는 표현 방법
- **사비유(死比喩)** : 너무 자주 사용되어 개성과 참신함, 본래의 묘미가 사라진 비유
- **감정이입** : 화자의 감정을 다른 생명체나 무생물체에 이입하는 기법. 즉 다른 대상을 통해 감정을 표현하는 것

SEMI-NOTE

기타 강조법의 특징
- **중의법** : 하나의 단어에 두 가지 이상의 뜻을 포함시켜 표현하는 법
- **반복법** : 같거나 비슷한 말을 되풀이하여 강조하는 법
- **점강법** : 뜻을 점차로 여리게, 작게, 얕게, 낮게, 약한 것으로 끌어내려 강조하는 법
- **미화법** : 표현 대상을 아름다운 것으로 만들어 나타내거나 높여서 표현하는 방법
- **억양법** : 누르고 추켜 주거나, 추켜세운 후 눌러 버리는 등 글에 기복을 두는 법
- **현재법** : 과거나 미래형으로 쓸 말을 현재형으로 나타내는 법

기타 변화법의 특징
- **돈강법** : 감정의 절정에서 갑자기 뚝 떨어지면서 감정의 진정 효과를 주는 법
- **인용법** : 남의 말이나 글 또는 고사, 격언에서 필요한 부분을 인용하는 수사법
  - 직접 인용 : 인용한 부분을 따옴표로 분명히 나타내는 법
  - 간접 인용 : 인용한 부분을 따옴표 등이 없이 문장 속에 숨어 있게 표현하는 법
- **경구법** : 교훈이나 진리를 줄 목적으로 기발한 글귀를 써서 자극을 주는 법
- **비약법** : 일정한 방향으로 나가던 글의 내용을 갑자기 중단하거나 비약시키는 방법

SEMI-NOTE

기타 문체의 특성
- **개성적 문체** : 개인적이고 독자적인 성격이 드러나는 표현상에서의 특수성. 흔히 문장 양식을 가리키며 특정 작가와 그 작품 속 문장에서 나타남
- **유형적 문체** : 작품 속에서 인정되는 표현상의 공통적 특수성으로, 사회와 밀접한 관련을 맺고 있으며 표기 형식, 어휘, 어법, 수사, 문장 형식 또는 시대나 지역 사회에 따라 달라짐

시의 정의
인간의 사상과 감정을 운율 있는 언어로 압축하여 형상화한 문학

시의 3대 요소
- 음악적 요소(운율) : 반복되는 소리의 질서에 의해 창출되는 운율감
- 회화적 요소(심상) : 대상의 묘사나 비유에 의해 떠오르는 구체적인 모습
- 의미적 요소(주제) : 시에 담겨 있는 뜻에 의해 나타나는 요소

시어의 역할
- **매개체로서의 역할**
  - 시어는 시에서 추억을 떠올리게 하거나 과거를 회상하게 하는 매개체 역할을 수행함
  - 화자의 심경에 변화를 초래하는 매개체가 되기도 함
- **교훈의 대상으로서의 역할** : 바람직한 삶의 모습이나 자세를 주는 교훈의 대상이 되기도 함
- **장애물의 역할** : 화자의 소망이나 목표를 방해하는 장애물이나 난관

(2) 문체

① 문체의 의미와 구분
  ㉠ 문체의 의미 : 언어 표현의 독특한 양상으로 문장의 개인적인 성벽(性癖)이나 범주를 의미함
  ㉡ 문체의 구분

구분		내용
문장의 호흡에 따라	간결체	문장의 길이가 짧고 수식어가 적어 글의 호흡이 빠른 문체
	만연체	문장이 길고 수식어가 많아 글의 호흡이 느린 문체
표현의 강약에 따라	강건체	글의 기세가 도도하고 거세며 탄력 있는 남성적인 문체
	우유체	글의 흐름이 우아하고 부드러워 여성적인 느낌을 주는 문체
수식의 정도에 따라	화려체	비유나 수식이 많아 찬란하고 화려한 느낌을 주는 문체
	건조체	비유나 수식이 거의 없고, 간결하며 선명한 압축, 요약된 문체

02절 문학의 갈래

1. 시

(1) 시의 특성과 시어

① 시의 특성
  ㉠ **함축성** : 절제된 언어와 압축된 형태로 사상과 감정을 표현
  ㉡ **운율성** : 운율로써 음악적 효과를 나타냄
  ㉢ **정서성** : 독자에게 특정한 정서를 환기시킴
  ㉣ **사상성** : 의미 있는 내용으로서 시인의 인생관, 세계관이 깔려 있음
  ㉤ **고백성** : 시는 내면화된 세계의 주관적, 고백적 표현

② 시어(詩語)
  ㉠ 의미 : 시어(시적 언어)는 '시에서 사용되는 언어', '시적인 방법으로 사용된 일단의 말'을 의미하며, 일상어와는 구별됨
  ㉡ 시어의 특징
  - **함축적 의미(내포적 의미)** : 시어는 통상적인 의미를 넘어 시에서 새롭게 창조되는 의미를 지니며, 여기에는 시어가 지니는 분위기나 다의성, 비유, 상징적 의미 등이 포함됨
  - **시적 허용(시적 자유)** : 시어는 일상적인 언어 규범과 다른 방식으로 정서나 사상을 표현할 수 있으며, 비문과 사투리, 신조어 등을 사용하여 개성적인 표현이 가능함

- 다의성(모호성) : 시어는 시 속에서 여러 가지 의미를 지니게 되며, 이는 시의 폭과 깊이를 넓힘
- 주관성 : 객관적으로 통용되는 의미를 넘어 주관적·개인적으로 해석될 수 있는 의미를 중시함
- 사이비 진술(의사 진술) : 일상적 상식이나 과학적 사실과 다르지만 시적 진실을 통해 감동을 유발함
- 정서의 환기 : 시어는 의미를 전달하는 외에도 시적 상황을 매개로 하여 시적 정서를 환기함

(2) 시의 갈래와 운율

① 시의 갈래

㉠ 형식상 갈래
- 자유시 : 특정한 형식에 얽매이지 않고 자유롭게 지은 시
- 정형시 : 일정한 형식에 맞추어 쓴 시
- 산문시 : 행의 구분 없이 산문처럼 쓰인 시

㉡ 내용상 갈래
- 서정시 : 개인의 주관적 정서를 짧게 압축한 시
- 서사시 : 신화나 역사, 영웅들의 이야기를 길게 읊은 시

㉢ 목적, 태도, 경향상 갈래
- 순수시 : 개인의 순수한 정서를 형상화한 시
- 주지시 : 인간의 지성에 호소하는 시로, 기지, 풍자, 아이러니, 역설 등으로 표출됨

② 시의 운율(韻律)

외형률	음수율	시어의 글자 수나 행의 수가 일정한 규칙을 가지는 데에서 오는 운율 → 3·4(4·4)조, 7·5조
	음위율	시의 일정한 위치에 일정한 음을 규칙적으로 배치하여 만드는 운율
	두운	일정한 음이 시행의 앞부분에 있는 것
	요운	일정한 음이 시행의 가운데 있는 것
	각운	일정한 음이 시행의 끝부분에 있는 것
	음성률	음의 장단이나 고저 또는 강약 등의 주기적 반복으로 만드는 운율
	음보율	소리의 반복과 시간의 등장성에 근거한 운율 → 3음보, 4음보
내재율		의미와 융화되어 내밀하게 흐르는 정서적·개성적 운율

(3) 시의 표현

① 심상(이미지)의 개념과 종류

㉠ 심상의 개념 : 시를 읽을 때 마음속에 떠오르는 느낌이나 상(象), 즉 체험을 바탕으로 감각기관을 통하여 형상화된 사물의 감각적 영상

SEMI-NOTE

기타 시의 갈래
- 극시 : 극적인 내용을 시적 언어로 표현한 희곡 형식의 시
- 주정시 : 인간의 감정에 호소하는 시
- 사회시(참여시) : 사회의 현실에 참여하여 자신의 의견을 내놓는 시
- 주의시 : 지성과 감성을 동반하되 목적이나 의도를 지닌 의지적인 내용을 주로 표현한 시

운율의 개념
- 소리의 일정한 규칙적 질서
- 리듬을 형성하는 운(韻)과 동일한 소리뭉치가 일정하게 반복되는 현상인 율(律)로 구분
- 일정한 규칙성으로 안정감, 미적 쾌감으로 독특한 어조를 형성

운율을 이루는 요소
- 동음 반복 : 특정한 음운을 반복하여 사용
- 음수, 음보 반복 : 일정한 음절수나 음보를 반복하여 사용(음수율, 음보율)
- 의성어, 의태어 사용 : 의성어나 의태어 등 음성 상징어를 사용하여 운율을 형성
- 통사 구조의 반복 : 같거나 비슷한 문장의 짜임을 반복적으로 사용하여 운율을 형성

심상의 기능
- 함축적 의미 전달 : 시어의 의미와 느낌을 한층 함축성 있게 나타낼 수 있음
- 시적 대상의 구체화 : 단순한 서술에 비해 대상을 구체적이고 생생하게 표현할 수 있음
- 심리 상태의 효과적 표현 : 감각을 직접적으로 뚜렷이 전달할 수 있음

SEMI-NOTE

비유의 기능
- 이미지를 형성하는 수단
- 추상적인 대상을 구체적으로 정확하게 전달할 수 있음

상징의 종류
- 제도적 상징(관습적, 사회적, 고정적 상징) : 사회적 관습에 의해 되풀이되어 널리 보편화된 상징
- 개인적 상징(창조적, 문학적 상징) : 개인에 의해 만들어져서 문학적 효과를 발휘하는 상징

시상의 전개방식
- 과거에서 현재, 미래로의 흐름
  - 이육사 「광야」: 과거 → 현재 → 미래
  - 윤동주 「서시」: 과거 → 미래 → 현재
- 밤에서 아침으로의 흐름
  - 김광균 「외인촌」: 해질 무렵 → 아침
  - 박남수 「아침 이미지」: 어둠 → 아침
- 시선의 이동에 따른 전개
  - 원경에서 근경으로의 이동 : 박목월 「청노루」, 김상옥 「사향」
  - 그 밖의 이동 : 이병기 「난초」(잎새 → 줄기(대공) → 꽃 → 이슬)
- 대조적 심상의 제시
  - 김기림 「바다와 나비」 → 흰나비와 바다의 대립
  - 김수영 「풀」: 풀과 바람의 대립

ⓒ **심상의 종류** ★ 빈출개념
  - 시각적 심상 : 색깔, 모양, 명암, 동작 등 눈의 감각을 이용한 심상
  - 청각적 심상 : 음성, 음향 등 소리의 감각을 이용한 심상
  - 후각적 심상 : 냄새의 감각을 이용한 심상
  - 미각적 심상 : 맛의 감각을 이용한 심상
  - 촉각적 심상 : 감촉의 감각을 이용한 심상
  - 공감각적 심상 : 두 가지 감각이 동시에 인식되는 심상, 또는 한 감각이 다른 감각으로 전이(轉移)되어 나타나는 표현
  - 복합 감각적 심상 : 서로 다른 두 가지 이상의 관련이 없는 감각을 나열한 심상

② 비유 : 말하고자 하는 사물이나 의미를 다른 사물에 빗대어 표현하는 방법으로, 두 사물의 유사점에 근거하여 원관념과 보조관념의 결합으로 이루어짐

③ 상징의 개념과 종류
  ㉠ 상징의 개념 : 어떤 사물이 그 자체의 뜻을 유지하면서 더 포괄적이고 내포적인 다른 의미까지 나타내는 표현 방법
  ㉡ 상징의 특성
  - 상징은 그 의미를 작품 전체에 조응할 때 비로소 파악할 수 있음
  - 상징은 원관념이 생략된 은유의 형태를 띠지만, 그 뜻을 완벽하게 밝히지는 않음
  - 비유에서는 원관념과 보조관념이 일대일로 대응하지만, 상징에서는 일대다수로 대응

2. 시상의 전개

(1) 시상의 개념과 유형

① 시상의 개념 : 시인의 사상이나 정서를 일정한 질서로 조직하는 것
② 전개 방식
  ㉠ 기승전결(起承轉結)에 따른 전개 : 기승전결의 구성 방식, 즉 '시상의 제시 → 시상의 반복 및 심화 → 시상의 전환 → 중심 생각·정서의 제시'의 전개를 통해 완결성을 추구하는 방식
  ㉡ 수미상관(首尾相關)에 따른 전개 : 시작과 끝을 같거나 비슷한 시구로 구성하는 전개 방식으로, 시의 균형감과 안정감을 획득할 수 있는 장점을 지님
  ㉢ 선경후정(先景後情)에 따른 전개 : 앞에서는 풍경을 묘사하고, 뒤에서는 시적 화자의 정서를 표출하는 방식
  ㉣ 점층적 기법에 따른 전개 : 의미나 단어 형태, 진행 과정 등을 점층적으로 변화시키며 시상을 전개하는 방식
  ㉤ 연상 작용에 따른 전개 : 하나의 시어가 주는 이미지를 이와 관련된 다른 관념으로 꼬리에 꼬리를 무는 방식
  ㉥ 어조의 전환에 따른 전개 : 화자의 정서가 절망과 희망, 기쁨과 슬픔, 체념과 극복의 의지 등으로 전환되면서 주제의식이 부각되는 전개 방식을 말함

(2) 시적 화자의 어조 및 태도

① 시적 화자와 정서적 거리
  ㉠ 시적화자의 개념
   - 시적 화자란 시 속에서 말하는 사람을 말하며, 시인의 정서와 감정 등을 전달해주는 매개체에 해당함
   - 시인 자신과 같을 수도 있고 다를 수도 있는데, 시인 자신이 화자인 경우 주로 자기 고백적이고 반성적인 성격을 지니며, 다른 인물이 화자인 경우 작품의 주제나 내용을 드러내는데 가장 적합한 인물이 선정됨
  ㉡ 정서적 거리의 개념
   - 정서적 거리는 시적 화자가 대상에 대하여 느끼는 감정과 정서의 미적 거리
   - 감정의 표출 정도와 방식에 따라 가까운 거리, 균제 또는 절제된 거리, 먼 거리 등으로 나뉨
  ㉢ 정서적 거리의 구분
   - 정서적 거리가 가까운 경우 : 시적 대상에 대한 화자의 긍정적 정서가 강할 때 드러나며, 대상에 대해 주관적이고 직접적인 감정으로 표현됨
   - 정서적 거리가 절제된 경우 : 시적 화자의 정서가 작품에 드러나기는 하나 직접적이고 적극적으로 표현되지 않고 절제된 어조와 태도를 통해 표현됨
   - 정서적 거리가 먼 경우 : 시적 화자의 정서가 작품 속에 드러나지 않고 숨겨져 있으며 시적 대상만이 전면에 드러나는 경우를 말하며, 대상에 대한 주관적이고 감정적 표현은 자제되고 객관적인 모습의 묘사가 부각됨

② 시의 어조
  ㉠ 개념 : 시적 자아에 의해 표출되는 목소리의 성향으로, 제재 및 독자 등에 대한 시인의 태도를 말함
  ㉡ 어조의 유형
   - 남성적 어조 : 의지적이고 힘찬 기백을 전달
   - 여성적 어조 : 간절한 기원이나 한, 애상 등을 전달
   - 성찰적, 명상적, 기원적 어조 : 경건하고 겸허한 자세로 삶의 가치를 추구하는 어조

③ 시적 화자의 태도
  ㉠ 개념 : 시적 자아가 대상을 바라보는 관점으로, 화자가 핵심으로 말하고 싶은 바를 다양한 감정을 가지고 시로써 표현하는 것을 일컬음
  ㉡ 태도의 유형
   - 반성적 태도, 회한적 태도 : 개인이 처한 상황 또는 사회가 직면한 상황 속에서 적극적이지 못한 자신의 자세를 성찰하는 태도
   - 자조적 태도 : 자기 자신 또는 사회에 부정적이며 염세적인 관점의 태도
   - 미래 지향적 태도 : 미래의 가능성과 전망을 나타내는 시어들로 전달하는 태도

SEMI-NOTE

시적화자
시적화자를 다른 말로 시적 자아, 서정적 자아라고도 함

시적화자의 유형
- 남성적 화자
  - 이육사 「광야」 → 지사적이고 예언자적인 남성
  - 유치환 「일월」 → 불의에 타협하지 않고 맞서는 남성
- 여성적 화자
  - 한용운 「당신을 보았습니다」 → 권력자에게 능욕당하는 여인(주권을 상실한 백성)
  - 김소월 「진달래꽃」 → 이별의 슬픔을 승화하려는 여인

기타 어조의 유형
- 풍자, 해학의 어조 : 사회에 대하여 비판적인 태도를 전달
- 대화체 어조 : 시적 자아가 독자와 대화하듯 친근하고 자연스럽게 말하는 어조

기타 태도의 유형
- 찬양적 태도 : 초월적인 존재 및 위대한 존재를 찬양하는 단어들로 시의 분위기를 전달하는 태도
- 희망적 태도 : 긍정적이며 낙관적인 관점 아래에서 대상 및 세상을 바라보는 태도

3. 소설의 본질

(1) 소설의 정의와 요소

① 소설의 정의 : 소설은 개연성 있는 허구를 예술적으로 형상화한 산문 문학으로, 현실에서 있을 법한 이야기를 작가가 상상력에 의하여 구성하거나 꾸며내어 산문으로 표현한 서사 양식

② 소설의 3요소
  ㉠ 주제(theme) : 작가가 작품을 통하여 나타내고자 하는 인생관이나 중심 사상
  ㉡ 구성(plot) : 이야기 줄거리의 짜임새(인물, 사건, 배경이 구성 요소)
  ㉢ 문체(style) : 작품에 구체적으로 나타나는 작가의 개성적인 문장의 특성

(2) 소설의 갈래

① 길이에 따른 분류
  ㉠ 장편(長篇)소설 : 복합적 구성과 다양한 인물의 등장으로 사회의 총체적 모습을 그림(원고지 1,000매 이상)
  ㉡ 중편(中篇)소설 : 장편과 단편의 특징을 절충한 것으로 구성은 장편소설과 비슷함(원고지 200~500매)
  ㉢ 단편(短篇)소설 : 단일한 주제·구성·문체로 통일된 인상을 줌(원고지 50~100매)

② 시대에 따른 분류
  ㉠ 신소설 : 갑오경장 직후부터 이광수의 「무정(1917년)」이 발표되기 직전까지의 소설로 언문일치에 가까운 문장과 개화사상을 강조
  ㉡ 근대소설 : 이광수의 「무정」 이후 지금까지 발표된 소설

③ 내용에 따른 분류
  ㉠ 역사소설 : 역사적 사건이나 인물을 제재로 한 소설
  ㉡ 계몽소설 : 독자가 모르는 것을 깨우쳐 주기 위한 소설
  ㉢ 사회소설 : 사회 문제, 정치 문제 등을 소재로 하며 그와 관련된 목적성을 지닌 소설
  ㉣ 심리소설 : 인간의 내부 심리 상태나 의식의 흐름을 묘사한 소설
  ㉤ 탐정소설 : 범죄와 그에 따른 수사 활동을 제재로 한 소설

④ 예술성에 따른 분류
  ㉠ 순수소설 : 예술성이 강한 소설
  ㉡ 대중소설 : 예술성은 별로 고려하지 않은 흥미 위주의 소설

(3) 소설의 구성

① 소설의 구성 단계
  ㉠ 발단 : 소설의 첫머리로 인물과 배경이 제시되고 사건의 방향을 암시
  ㉡ 전개 : 사건이 복잡해지고 구체적으로 전개되면서 갈등이 표면화되는 단계
  ㉢ 위기 : 극적인 발전을 가져오는 계기의 단계로서, 새로운 사태가 발생하기도

SEMI-NOTE

소설의 특징
- **허구성** : 작가의 상상력에 의해 새롭게 창조된 개연성 있는 이야기(fiction)
- **산문성** : 주로 서술, 묘사, 대화 등으로 표현되는 대표적인 산문 문학
- **진실성** : 인생의 참의미를 깨닫게 하며, 인생의 진실을 추구
- **서사성** : 인물, 사건, 배경을 갖춘 이야기의 문학으로 일정한 시간의 흐름에 따라 전개
- **예술성** : 형식미와 예술미를 지닌 창조적인 언어 예술

길이에 따른 분류 – 엽편소설
'콩트', '장편(掌篇)소설'이라고도 하며, 구성이 고도로 압축된 형태(원고지 20~30매)

시대에 따른 분류 – 고대소설
갑오경장(1894년) 이전의 소설

내용에 따른 분류 – 전쟁소설
전쟁을 제재로 한 소설

소설의 개념
구성이란 주제를 효과적으로 표현하기 위해 사건을 인과관계에 따라 배열한 체계와 질서를 말함

구성(plot)과 줄거리(story)
- **구성** : 작가의 의도에 따라 재구성된 사건의 인과적인 미적 질서
- **줄거리** : 시간의 흐름에 따른 사건의 나열

하며 위기감이 고조되고 절정을 유발하는 부분
② 절정 : 인물의 성격, 행동, 갈등 등이 최고조에 이르러 잘 부각되고 주제가 선명하게 드러나며 사건 해결의 실마리가 제시되는 단계
⑩ 결말 : 갈등과 위기가 해소되고 주인공의 운명이 분명해지는 해결의 단계

② 구성의 유형
  ㉠ 이야기 수에 따른 구성
    • 단순 구성(단일 구성) : 단일한 사건으로 구성되며, 주로 단편소설에 쓰임
    • 복합 구성(산문 구성) : 둘 이상의 사건이나 플롯이 서로 교차하면서 진행되는 구성으로, 주로 중편이나 장편소설에 쓰임
  ㉡ 사건의 진행 방식에 따른 구성
    • 평면적 구성(진행적 구성) : 시간적 흐름에 따라 진행되어 가는 구성
    • 입체적 구성(분석적 구성) : 시간의 흐름에 관계없이 진행되어 가는 구성
  ㉢ 이야기 틀에 따른 구성
    • 액자식 구성(격자식 구성) : 하나의 이야기(외화) 안에 또 하나의 이야기(내화)가 있는 구성, 즉 주요 이야기와 부차적 이야기의 이루어진 이중 구성
    • 피카레스크식 구성 : 주제와 관련이 있는 내화가 핵심이 되는 이야기가 되며, 이야기의 전환 시 시점의 변화가 수반됨

③ 인물의 유형
  ㉠ 성격의 변화에 따른 유형
    • 평면적 인물 : 작품 속에서 성격이 변화하지 않고 주위의 어떠한 변화에도 영향을 받지 않는 인물로, 정적 인물(Static Character)이라고도 함
    • 입체적 인물 : 사건이 진행되면서 성격이 변화되고 발전하는 인물로 원형적 인물 또는 발전적 인물(Developing Character)이라고도 함
  ㉡ 역할에 따른 유형
    • 주동 인물 : 작품의 주인공으로서 사건의 주체인 인물
    • 반동 인물 : 작품 속에서 주인공과 대립하는 인물

④ 소설의 시점
  ㉠ 시점의 개념 : 시점이란 이야기를 하는 사람인 서술자가 사건이나 대상을 바라보는 관점, 시각을 의미
  ㉡ 시점의 분류 기준

구분	사건의 내부적 분석	사건의 외부적 관찰
서술자=등장인물	1인칭 주인공 시점	1인칭 관찰자 시점
서술자≠등장인물	전지적 작가 시점	작가 관찰자 시점

⑤ 시점의 종류
  ㉠ 1인칭 주인공 시점
    • 소설 속의 주인공이 자기 자신의 이야기를 서술
    • 인물과 서술의 초점이 일치(인물과 서술자의 거리가 가장 가까움)
    • 심리 소설, 서간체 소설, 수기체 소설, 과거 회상식 소설, 사소설(私小說)등에 주로 쓰임

SEMI-NOTE

기타 구성의 유형
• 구성 밀도에 따른 구성
  – 극적 구성 : 사건과 사건이 유기적 연결 속에서 긴장감 있게 전개되는 구성
  – 삽화적 구성 : 사건들이 밀접한 관련 없이 각각 독립적으로 산만하게 연결된 구성
• 사건 전개 분위기에 따른 구성
  – 상승 구성 : 주인공이 지향하는 것을 성취하는 구성
  – 하강 구성 : 주인공이 지향하는 것을 실패하는 구성

특성에 따른 인물의 유형
• 전형적 인물 : 사회의 어떤 집단이나 계층을 대표하는 인물
• 개성적 인물 : 성격의 독자성을 보이는 인물

역할에 따른 유형 – 부수적 인물
주요 인물을 돋보이게 하는 부수적, 부차적 인물

시점이 끼치는 영향
• 소설의 진행 양상이 어떤 인물의 눈을 통해 보이는가 하는 관찰의 각도와 위치를 가리키는 말
• 서술자의 각도와 위치에 따라 작품의 주제와 인물의 성격, 작품의 특성 등이 영향을 받음

- 주인공과 서술자가 일치하므로 주인공의 내면심리 제시에 효과적이며, 독자에게 친근감과 신뢰감을 부여

ⓒ 1인칭 관찰자 시점
- 작품 속에 등장하는 부수적 인물인 '나'가 주인공의 이야기를 서술하는 시점으로, 어떠한 인물을 관찰자로 설정하는가에 따라 소설의 효과가 달라짐
- 주인공의 내면이 드러나지 않아 긴장과 경이감을 조성하며, '나'에 대한 주관적 해석과 관찰의 '대상'에 대한 객관적 묘사를 동시에 추구하여 독자에게 신뢰감을 형성함

ⓒ 작가(3인칭) 관찰자 시점
- 작가가 관찰자의 입장에서 객관적 태도로 이야기를 서술하는 방법
- 외부 관찰에 의거하여 해설이나 평가를 하지 않고 있는 그대로 제시하는 시점으로, 현대 사실주의 소설에서 흔히 쓰임
- 서술자와 인물의 거리는 가장 멀고, 작중 인물과 독자의 거리는 가까움
- 서술자는 해설이나 평가를 내리지 않고 인물의 대화와 행동, 장면 등을 관찰해 객관적으로 전달함으로써 극적 효과와 객관성(리얼리티)을 유지

ⓔ 전지적 작가 시점
- 작품에 등장하지 않는 서술자가 전지전능한 신과 같은 입장에서 소설의 모든 요소를 해설하고 논평할 수 있는 시점
- 서술자가 인물의 심리나 행동, 대화까지 설명하고 해석하며, 작품에 직접 개입하여 사건을 진행하고 평가
- 작가의 사상과 인생관이 직접 드러나며, 대부분의 고대 소설과 현대 소설(장편소설)에 사용됨
- 서술자가 작품의 모든 요소에 대해 설명할 수 있어, 서술의 폭이 넓고 주인공이 모르는 것 까지도 독자에게 제공할 수 있음

(4) 주제, 사건, 배경, 문체

① 주제의 개념과 제시 방법
  ㉠ 주제의 개념 : 작가가 작품을 통해 제시하고자 하는 중심적인 사상이나 세계관, 인생관을 말함
  ㉡ 주제 제시 방법
    - 직접적 제시 : 작가나 작중 인물의 직접적 진술로 명확하게 제시하는 방법으로, 편집자적 논평으로 제시하거나 작중 인물들의 대화를 통해 제시됨
    - 간접적 제시 : 작중 인물의 행동, 배경, 분위기, 갈등 구조와 그 해소, 플롯의 진행, 비유와 상징, 이미지 등을 통해 암시적으로 제시하는 방법

② 사건의 개념과 갈등의 양상
  ㉠ 사건의 개념 : 사건이란 소설에서 인물의 행위나 서술에 의해 구체화되는 모든 일로, 개별 사건들은 유기적, 인과적으로 구성되어 전체 구조를 형성
  ㉡ 갈등의 양상
    - 내적 갈등(내면 갈등) : 인물의 마음속에서 일어나는 내적인 갈등

SEMI-NOTE

각 시점의 제약
- 1인칭 주인공 시점 : 객관성의 유지와 주인공 이외의 인물 및 사건 서술에 제약이 따름
- 1인칭 관찰자 시점 : 객관적인 관찰자의 눈에 비친 세계만을 다루므로 전체적으로 시야가 제한적이며, 주인공과 세계에 대한 깊이 있는 묘사에 한계가 있음
- 작가(3인칭) 관찰자 시점 : 서술자와 인물의 거리가 가장 멀며, 객관적 사실만 전달하므로 인물들의 심리 묘사와 명확한 해석에 어려움이 따름
- 전지적 작가 시점 : 서술자의 지나친 관여와 해석, 논평으로 인해 독자의 능동적인 참여 기회가 제한되고 객관성을 확보하기가 어려우며, 소설이 도식적이며 논설적 경향으로 흐르기 쉬움

대표 작품
- 1인칭 주인공 시점 : 김유정 「봄봄」, 이상 「날개」, 오정희 「중국인 거리」
- 1인칭 관찰자 시점 : 주요섭 「사랑 손님과 어머니」, 채만식 「치숙」
- 작가(3인칭) 관찰자 시점 : 김동인 「감자」, 황순원 「소나기」
- 전지적 작가 시점 : 이효석 「메밀꽃 필 무렵」, 최인훈 「광장」, 염상섭 「삼대」

주제와 중심내용
주제는 작품의 모든 요소들의 전체 효과에 의해 형상화된 중심 내용이자 소설의 모든 요소들이 유기적으로 결합되어 형성되는 총체적인 사상

기타 갈등의 양상
- 개인과 운명 간의 갈등 : 등장인물의 삶이 운명적으로 결정되거나 무너지면서 겪는 갈등
- 개인과 자연의 갈등 : 등장인물과 이들의 행동을 제약하는 자연현상과의 갈등

- 개인(인물) 간의 갈등 : 주동 인물과 대립하는 인물(반동 인물) 간에 발생하는 갈등
- 개인과 사회와의 갈등 : 등장인물과 그들이 처한 사회적 환경 사이에서 발생하는 갈등을 말하며 주로 인물과 사회의 관습, 제도 등의 대립에서 발생

③ 소설의 배경 : 배경의 개념과 종류
  ㉠ 배경의 개념 : 소설에서 사건이 일어나는 시간 및 공간 또는 소설 창작 당시의 시대, 사회적 환경 등 외적인 환경뿐만 아닌, 인물의 심리적 배경도 포함
  ㉡ 배경의 종류
  - 시간적 배경 : 사건이 일어나는 구체적인 시간이나 시대로, 사건의 구체성을 확보
  - 공간적 배경 : 행동과 사건이 일어나는 공간적인 무대로, 인물의 성격과 심리를 부각
  - 사회적 배경 : 사건이 전개되는 사회의 구체적인 모습으로, 주제와 밀접한 관련을 가짐
  - 심리적 배경 : 작중 인물의 심리 상태의 흐름을 말하는 것으로, 심리주의 소설에서 중시
  - 자연적 배경 : 자연현상이나 자연환경 등과 같은 배경으로, 일정한 분위기와 정조를 만듦

④ 소설의 문체
  ㉠ 서술 : 작가가 인물, 사건, 배경 등을 직접 해설하는 방식으로, 해설적, 추상적, 요약적으로 표현하여 사건 진행을 빠르게 함
  ㉡ 묘사 : 작가가 인물, 사건, 배경 등을 장면화하여 대상을 구체적, 사실적으로 재현시킴으로써 독자에게 생생한 이미지를 전달
  ㉢ 대화 : 등장인물이 하는 말에 의한 표현으로, 사건을 전개시키고 인물의 성격을 제시하는 역할을 하며, 스토리와의 유기적 결합으로 자연스럽고 극적인 상황을 만듦

4. 기타 문학의 갈래

(1) 수필

① 수필의 개념 : 인생이나 자연의 모든 사물에서 보고, 듣고, 느낀 것이나 경험한 것을 형식과 내용상의 제한을 받지 않고 붓 가는 대로 쓴 글

② 수필의 종류
  ㉠ 경수필 : 일정한 격식 없이 개인적 체험과 감상을 자유롭게 표현한 수필로 주관적, 정서적, 자기 고백적이며 신변잡기적인 성격이 담김
  ㉡ 중수필 : 일정한 격식과 목적, 주제 등을 구비하고 어떠한 현상을 표현한 수필로 형식적이고 객관적이며 내용이 무겁고, 논증, 설명 등의 서술 방식을 사용
  ㉢ 서정적 수필 : 일상생활이나 자연에서 느낀 정서나 감정을 솔직하게 주관적으로 표현한 수필

SEMI-NOTE

배경의 기능
- 사건의 전개와 인물의 행동에 사실성을 부여
- 작품의 전반적인 분위기나 정조를 조성
- 주제나 인물의 심리 상태를 부각시키며, 배경 자체가 주제 의식을 효과적으로 드러내는 하나의 상징적인 의미를 지님

어조의 종류
- 해학적 어조 : 익살과 해학이 중심을 이루는 어조
- 냉소적 어조 : 차가운 냉소가 주조를 이루는 어조
- 반어적 어조 : 진술의 표리, 상황의 대조에 의한 어조
- 풍자적 어조 : 사물에 대한 풍자가 나타나는 어조

기타 수필의 종류
- 서사적 수필 : 어떤 사실에 대한 내용을 작가의 주관 없이 이야기를 전개하는 형식
- 희곡적 수필 : 극적 요소를 지닌 경험이나 사건을 희곡적으로 전개하는 수필로 사건이 유기적이며 통일적으로 전개됨

SEMI-NOTE

ⓔ 교훈적 수필 : 인생이나 자연에 대한 지은이의 체험이나 사색을 담은 교훈적 내용의 수필

(2) 희곡

① 희곡의 정의와 특성
  ㉠ 희곡의 정의 : 희곡은 공연을 목적으로 하는 연극의 대본, 등장인물들의 행동이나 대화를 기본 수단으로 하여 관객들을 대상으로 표현하는 예술 작품
  ㉡ 희곡의 특성
    • 무대 상연을 전제로 한 문학 : 공연을 목적으로 창작되었기 때문에 여러 가지 제약(시간, 장소, 등장인물의 수)이 따름
    • 대립과 갈등의 문학 : 희곡은 인물의 성격과 의지가 빚어내는 극적 대립과 갈등을 주된 내용으로 함
    • 현재형의 문학 : 모든 사건을 무대 위에서 배우의 행동을 통해 지금 눈앞에 일어나는 사건으로 현재화하여 표현함

희곡의 제약
- 희곡은 무대 상연을 전제로 하기 때문에 시간적, 공간적 제약을 받음
- 등장인물 수가 한정
- 인물의 직접적 제시가 불가능, 대사와 행동만으로 인물의 삶을 드러냄
- 장면 전환의 제약을 받음
- 서술자의 개입 불가능. 직접적인 묘사나 해설, 인물 제시가 어려움
- 내면 심리의 묘사나 정신적 측면의 전달이 어려움

② 희곡의 구성 요소와 단계
  ㉠ 희곡의 구성 요소
    • 해설 : 막이 오르기 전에 필요한 무대 장치, 인물, 배경(때, 곳) 등을 설명한 글로, '전치 지시문'이라고도 함
    • 대사 : 등장인물이 하는 말로, 인물의 생각, 성격, 사건의 상황을 드러냄
    • 지문 : 배경, 효과, 등장인물의 행동(동작이나 표정, 심리) 등을 지시하고 설명하는 글로, '바탕글'이라고도 함
    • 인물 : 희곡 속의 인물은 의지적, 개성적, 전형적 성격을 나타내며 주동 인물과 반동 인물의 갈등이 명확히 부각됨
  ㉡ 희곡의 구성 단계
    • 발단 : 시간적, 공간적 배경과 인물이 제시되고 극적 행동이 시작됨
    • 전개 : 주동 인물과 반동 인물 사이의 갈등과 대결이 점차 격렬해지며, 중심 사건과 부수적 사건이 교차되어 흥분과 긴장이 고조
    • 절정 : 주동 세력과 반동 세력 간의 대결이 최고조에 이름
    • 반전 : 서로 대결하던 두 세력 중 뜻하지 않은 쪽으로 대세가 기울어지는 단계로, 결말을 향하여 급속히 치닫는 부분
    • 대단원 : 사건과 갈등의 종결이 이루어져 사건 전체의 해결을 매듭짓는 단계

희곡의 구성단위
- 막(幕, act) : 휘장을 올리고 내리는 데서 유래된 것으로, 극의 길이와 행위를 구분
- 장(場, scene) : 배경이 바뀌면서, 등장인물이 입장하고 퇴장하는 것으로 구분되는 단위

③ 희곡의 갈래
  ㉠ 희극(喜劇) : 명랑하고 경쾌한 분위기 속에 인간성의 결점이나 사회적 병폐를 드러내어 비판하며, 주인공의 행복이나 성공을 주요 내용으로 삼는 것으로, 대개 행복한 결말로 끝남
  ㉡ 비극(悲劇) : 주인공이 실패와 좌절을 겪고 불행한 상태로 타락하는 결말을 보여 주는 극
  ㉢ 희비극(喜悲劇) : 비극과 희극이 혼합된 형태의 극으로 불행한 사건이 전개되다가 나중에는 상황이 전환되어 행복한 결말을 얻게 되는 구성 방식
  ㉣ 단막극 : 한 개의 막으로 이루어진 극

기타 희곡의 갈래
- 소화(笑話) : 희극과 비슷한 결말을 갖고 있지만, 인물의 성격, 행동의 동기가 거의 드러나지 않는 극으로, 단지 과장되고 강렬한 방법으로 웃음을 자아내는 희곡
- 레제드라마(lesedrama) : 무대 상연을 전제하지 않고, 읽기만을 위해 쓴 희곡

(3) 시나리오(Scenario)

① 시나리오의 정의와 특징
　㉠ 시나리오의 정의 : 영화나 드라마 촬영을 위해 쓴 글(대본)을 말하며, 장면의 순서, 배우의 대사와 동작 등을 전문 용어를 사용하여 기록
　㉡ 시나리오의 특징
　　• 등장인물의 행동과 장면의 제약 : 예정된 시간에 상영될 수 있도록 해야 함
　　• 장면 변화와 다양성 : 장면이 시간이나 공간의 제약 없이 자유자재로 설정
　　• 영화의 기술에 의한 문학 : 배우의 연기를 촬영해야 하므로, 영화와 관련된 기술 및 지식을 염두에 두고 써야 함

② 시나리오의 주요 용어

명칭	설명
scene number	장면 번호. 'S#'으로 표시
narration	등장인물이 아닌 사람에게서 들려오는 설명체의 대사
narratage	'내레이션(narration)'과 '몽타주(montage)'의 합성어로 화면이나 정경을 이중 화면으로 표현하는 기법
Crank in	영화의 촬영을 시작하는 것
Crank up	촬영 완료
sequence	한 삽화로서 묶여진 부분
Shot	카메라의 회전을 중단하지 않고 촬영한 일련의 필름. 이것이 모여 신(scene)을 이룸
F.I(fade in)	장면이 점점 밝아짐. '용명(溶明)'이라고도 함
F.O(fade out)	장면이 점점 어두워짐. '용암(溶暗)'이라고도 함
O.L(over lap)	화면이 겹치면서 장면이 바뀌는 수법. 시간 경과에 주로 씀
C.U(close up)	어떤 한 부분의 집중적인 확대
C.I(cut in)	하나의 장면에 다른 화면을 삽입하는 것
C.S(close shot)	조절거리
P.D(pan down)	카메라를 아래로 향해 선회하여 촬영하는 것. 틸트 다운(tilt down)

SEMI-NOTE

시나리오의 요소
해설, 지문, 대사, 장면 번호

시나리오의 갈래
• 창작(original) 시나리오 : 처음부터 영화 촬영을 목적으로 쓴 시나리오
• 각색(脚色) 시나리오 : 소설, 희곡, 수필 등을 시나리오로 바꾸어 쓴 것
• 레제(lese) 시나리오 : 상영이 목적이 아닌 읽기 위한 시나리오

시나리오와 희곡의 공통점
• 극적인 사건을 대사와 지문으로 제시
• 종합 예술의 대본, 즉 다른 예술을 전제로 함
• 문학 작품으로 작품의 길이에 어느 정도 제한을 받음
• 직접적인 심리 묘사가 불가능

03절 현대시, 현대소설

1. 현대시

(1) 신체시부터 1920년대까지의 시

① 해에게서 소년에게(1908)

처……ㄹ썩, 처……ㄹ썩, 척, 쏴……아.
때린다, 부순다, 무너버린다.
태산 같은 높은 뫼, 집채 같은 바윗돌이나.
요것이 무어야, 요게 무어야.
나의 큰 힘 아느냐 모르느냐, 호통까지 하면서.
때린다, 부순다, 무너버린다.
처……ㄹ썩, 처……ㄹ썩, 척, 튜르릉, 콱.

처……ㄹ썩, 처……ㄹ썩, 척, 쏴……아.
내게는, 아무 것, 두려움 없어,
육상(陸上)에서, 아무런, 힘과 권(權)을 부리던 자라도.
내 앞에 와서는 꼼짝 못하고,
아무리 큰, 물건도 내게는 행세하지 못하네.
내게는 내게는 나의 앞에는.
처……ㄹ썩, 처……ㄹ썩, 척, 튜르릉, 콱.

처……ㄹ썩, 처……ㄹ썩, 척, 쏴……아.
나에게, 절하지, 아니한 자가,
지금까지, 있거든, 통기(通寄)하고 나서 보아라.
진시황, 나파륜, 너희들이냐.
누구누구누구냐, 너희 역시 내게는 굽히도다.
나하고 겨룰 이 있건 오너라.
처……ㄹ썩, 처……ㄹ썩, 척, 튜르릉, 콱.

처……ㄹ썩, 처……ㄹ썩, 척, 쏴……아.
조그만 산모를 의지하거나,
좁쌀 같은 작은 섬, 손뼉만한 땅을 가지고,
그 속에 있어서 영악한 체를,
부리면서, 나 혼자 거룩하다 하는 자,
이리 좀 오너라, 나를 보아라.
처……ㄹ썩, 처……ㄹ썩, 척, 튜르릉, 콱.

처……ㄹ썩, 처……ㄹ썩, 척, 쏴……아.
나의 짝될 이는 하나 있도다,
크고 길고, 넓게 뒤덮은 바 저 푸른 하늘.
저것은 우리와 틀림이 없어,

SEMI-NOTE

해에게서 소년에게
- 작자 : 최남선
- 갈래 : 신체시
- 특징 : 정형시와 자유시의 과도기적 형태
- 성격 : 계몽적
- 의의 : 우리 문학사 최초의 신체시
- 제재 : 바다
- 주제 : 새로운 세계에 대한 동경과 기대
- 출전 : 「소년」

시상전개
- 1연 : 모든 것을 부수는 바다의 위용
- 2연 : 육지에 존재하는 힘과 권력을 가진 것들도 두려워하지 않는 바다
- 3연 : 진시황, 나팔륜(나폴레옹)조차도 겨룰 수 없는 바다의 위용
- 4연 : 고상한 척, 영리한 척하는 개화에 부정적인 이들에 대한 비웃음
- 5연 : 고결한 바다와 연결되는 푸른 하늘의 모습
- 6연 : 세상 사람들은 부정적이나, 순수하며 담력 있는 소년배들이 새로운 세계를 이끌어 주기를 기대

작은 시비 작은 쌈 온갖 모든 더러운 것 없도다.
조따위 세상에 조 사람처럼.
처……ㄹ썩, 처……ㄹ썩, 척, 튜르릉, 콱.

처……ㄹ썩, 처……ㄹ썩, 척, 쏴……아.
저 세상 저 사람 모두 미우나
그 중에서 똑 하나 사랑하는 일이 있으니,
담 크고 순진한 소년배(少年輩)들이,
재롱처럼, 귀엽게 나의 품에 와서 안김이로다.
오너라 소년배, 입맞춰 주마.
처……ㄹ썩, 처……ㄹ썩, 척, 튜르릉, 콱.

② 진달래꽃(1922)

나 보기가 역겨워
가실 때에는
말없이 고이 보내 드리오리다.

영변의 약산
진달래꽃
아름 따다 가실 길에 뿌리오리다.

가시는 걸음걸음
놓인 그 꽃을
사뿐히 즈려 밟고 가시옵소서.

나보기가 역겨워
가실 때에는
죽어도 아니 눈물 흘리오리다.

실력up 진달래꽃에서 사용된 표현과 기법

- 예스러운 어미와 방언의 사용
- 한시의 기승전결 구조로 구성
- 1연과 4연의 수미상관 구성으로 안정적 구조를 형성함
- 전통적 정서를 7 · 5조 3음보 율격으로 노래함
- 반어법과 역설법을 사용하여 이별의 정한을 부각시킴

SEMI-NOTE

진달래꽃
- 작자 : 김소월
- 갈래 : 자유시, 서정시
- 성격 : 전통적, 민요적, 향토적, 애상적, 서정적
- 어조 : 여성적이고 간결한 어조
- 특징 : 우리나라의 보편적 정서인 이별의 정한을 노래(공무도하가, 서경별곡, 송인, 황진이의 시조 등과 연결됨)
- 제재 : 임과의 이별
- 주제 : 이별의 정한과 승화
- 출전 : 「개벽」

시상전개
- 1연 : 이별의 정한과 체념
- 2연 : 떠나는 임에 대한 축복
- 3연 : 임을 향한 희생적 사랑
- 4연 : 고통을 무릅쓴 이별의 정한 극복

SEMI-NOTE

논개(論介)
- 작자 : 변영로
- 갈래 : 자유시, 서정시
- 성격 : 민족주의적, 상징적, 서정적
- 어조 : 경건하고 도도한 어조
- 제재 : 논개의 의로운 죽음
- 주제 : 청사(靑史)에 길이 빛날 논개의 헌신적 애국심
- 출전 : 「신생활 3호」

시상전개
- 1연 : 침략자에 대한 논개의 분노와 정열
- 2연 : 논개의 의로운 죽음을 석류, 강낭콩, 양귀비꽃 등의 은유적 시어로 형상화
- 3연 : 길이 남을 국가를 위해 희생한 논개의 충절

빼앗긴 들에도 봄은 오는가
- 작자 : 이상화
- 갈래 : 자유시 서정시, 낭만시
- 성격 : 저항적, 상징적, 격정적
- 제재 : 봄의 들(식민지 치하의 현실)
- 주제 : 국권 회복의 염원
- 출전 : 개벽(1926)

시상전개
- 1연 : 강탈당한 조국의 현실
- 2연 : 봄에 이끌리며 감격함
- 3연 : 조국 강토의 침묵에 답답해함
- 4연 : 강토 속에서 자연과 어우러지는 친밀감
- 5연 : 성장과 풍요에 대한 감사
- 6연 : 봄을 맞이한 강토의 활기
- 7연 : 동포와 하나가 되고픈 열망
- 8연 : 강토에 대한 애정
- 9연 : 강탈당한 조국의 현실을 자각
- 10연 : 강탈당한 조국의 현실을 재인식

③ 논개(論介, 1923)

거룩한 분노(憤怒)는
종교(宗敎)보다도 깊고,
불붙는 정열(情熱)은
사랑보다도 강하다.
아! 강낭콩꽃보다도 더 푸른
그 물결 위에
양귀비꽃보다도 더 붉은
그 마음 흘러라.

아리땁던 그 아미(蛾眉)
높게 흔들리우며
그 석류(石榴) 속 같은 입술
죽음을 입맞추었네!
아! 강낭콩꽃보다도 더 푸른
그 물결 위에
양귀비꽃보다도 더 붉은
그 마음 흘러라.

흐르는 강물은
길이길이 푸르니
그대의 꽃다운 혼(魂)
어이 아니 붉으랴
아! 강낭콩꽃보다도 더 푸른
그 물결 위에
양귀비꽃보다도 더 붉은
그 마음 흘러라.

④ 빼앗긴 들에도 봄은 오는가(1926)

지금은 남의 땅 – 빼앗긴 들에도 봄은 오는가?

나는 온몸에 햇살을 받고
푸른 하늘 푸른 들이 맞붙은 곳으로
가르마 같은 논길을 따라 꿈속을 가듯 걸어만 간다.

입술을 다문 하늘아 들아
내 맘에는 내 혼자 온 것 같지를 않구나.
네가 끌었느냐 누가 부르더냐 답답어라 말을 해다오.

바람은 내 귀에 속삭이며
한 자국도 섰지 마라 옷자락을 흔들고
종다리는 울타리 너머에 아씨같이 구름 뒤에다 반갑다 웃네.

고맙게 잘 자란 보리밭아
간밤 자정이 넘어 내리던 고운 비로
너는 삼단같은 머리를 감았구나 내 머리조차 가뿐하다.

혼자라도 가뿐하게나 가자.
마른 논을 안고 도는 착한 도랑이
젖먹이 달래는 노래를 하고 제 혼자 어깨춤만 추고 가네.

나비 제비야 깝치지 마라.
맨드라미, 들마꽃에도 인사를 해야지.
아주까리 기름을 바른 이가 지심 매던 그 들이라 다 보고싶다.

내 손에 호미를 쥐어다오.
살진 젖가슴과 같은 부드러운 이 흙을
발목이 시도록 밟아도 보고 좋은 땀조차 흘리고 싶다.

강가에 나온 아이와 같이
짬도 모르고 끝도 없이 닫는 내 혼아
무엇을 찾느냐 어디로 가느냐 웃어웁다 답을 하려무나.

나는 온몸에 풋내를 띠고
푸른 웃음, 푸른 설움이 어우러진 사이로
다리를 절며 하루를 걷는다 아마도 봄 신령이 지폈나 보다.
그러나 지금은 – 들을 빼앗겨 봄조차 빼앗기겠네.

⑤ **나룻배와 행인(1926)**

나는 나룻배,
당신은 행인.

당신은 흙발로 나를 짓밟습니다.
나는 당신을 안고 물을 건너갑니다.
나는 당신을 안으면 깊으나 옅으나 급한 여울이나 건너갑니다.

만일 당신이 아니 오시면 나는 바람을 쐬고 눈비를 맞으며 밤에서 낮까지 당신을 기다리고 있습니다.
당신은 물만 건너면 나를 돌아보지도 않고 가십니다 그려.
그러나 당신이 언제든지 오실 줄만은 알아요.
나는 당신을 기다리면서 날마다날마다 낡아갑니다.

나는 나룻배,
당신은 행인.

나룻배와 행인
- **작자** : 한용운
- **갈래** : 자유시, 서정시
- **성격** : 상징적, 명상적, 종교적, 여성적
- **운율** : 내재율
- **특징** : 수미상관, 쉬운 우리말 사용, 높임법을 통한 주제의식 강화
- **제재** : 나룻배와 행인
- **주제** : 참된 사랑의 본질인 희생과 믿음의 실천
- **출전** : 「님의 침묵」

시상전개
- **1연** : 나와 당신의 관계
- **2연** : 나의 희생하는 자세
- **3연** : 당신과의 만남을 기다리며 희생의 자세를 지킴
- **4연** : 나(나룻배), 행인(당신)의 관계를 재강조

SEMI-NOTE

찬송(讚頌)
- 작자 : 한용운
- 갈래 : 자유시, 서정시, 송축시
- 성격 : 기원적, 불교적, 열정적
- 제재 : 당신, 님(초월적 존재)
- 주제 : 님에 대한 송축과 기원
- 출전 : 「님의 침묵」

시상전개
- 1연 : 지고한 님에 대한 찬송
- 2연 : 의로운 님의 자비를 갈구
- 3연 : 님에게 자비의 보살이 되길 바라는 염원과 찬미

유리창 1
- 작자 : 정지용
- 갈래 : 자유시, 서정시
- 성격 : 애상적, 감각적, 회화적
- 어조 : 자식을 잃은 아버지의 애상적 어조
- 특징 : 시각적 이미지와 대위법을 통한 감정의 절제가 돋보임
- 제재 : 유리창에 서린 입김
- 주제 : 죽은 아이에 대한 그리움과 슬픔
- 출전 : 「조선지광」

시상전개
- 기 : 유리창에 서린 아이의 영상
- 승 : 죽은 아이를 그리워하는 화자
- 전 : 유리를 닦으며 아이와 교감하려는 화자
- 결 : 아이의 죽음을 자각하고 난 뒤의 탄식

⑥ 찬송(讚頌, 1926)

> 님이여, 당신은 백 번(百番)이나 단련한 금(金)결입니다.
> 뽕나무 뿌리가 산호(珊瑚)가 되도록 천국의 사랑을 받읍소서.
> 님이여, 사랑이여, 아침 볕의 첫걸음이여.
>
> 님이여, 당신은 의(義)가 무겁고 황금(黃金)이 가벼운 것을 잘 아십니다.
> 거지의 거친 밭에 복(福)의 씨를 뿌리옵소서.
> 님이여, 사랑이여, 옛 오동(梧桐)의 숨은 소리여.
>
> 님이여, 당신은 봄과 광명(光明)과 평화(平和)를 좋아하십니다.
> 약자(弱者)의 가슴에 눈물을 뿌리는 자비(慈悲)의 보살(菩薩)이 되옵소서.
> 님이여, 사랑이여, 얼음 바다에 봄바람이여.

(2) 1930년부터 1940년대까지의 시

① 유리창 1(1930)

> 유리에 차고 슬픈 것이 어른거린다.
> 열없이 붙어 서서 입김을 흐리우니
> 길들은 양 언 날개를 파다거린다.
> 지우고 보고 지우고 보아도
> 새까만 밤이 밀려나가고 밀려와 부딪히고,
> 물먹은 별이, 반짝, 보석처럼 박힌다.
> 밤에 홀로 유리를 닦는 것은
> 외로운 황홀한 심사이어니,
> 고운 폐혈관이 찢어진 채로
> 아아, 너는 산새처럼 날아갔구나!

실력UP 생명파

- 정지용, 김영랑, 박용철 등이 중심이 된 시문학파의 기교주의적, 감각주의적인 경향에 반대하여 정신적, 생명적 요소를 중시한 작가군
- 주로 고뇌로 가득한 삶의 문제, 인간의 생명과 우주의 근원적 문제 등을 주제로 삼음
- 「시인부락」의 동인인 서정주, 김동리 등과 유치환에 의해 주로 전개되었으며, 함형수, 오장환, 김광균, 김달진, 여상현, 김상원, 김진세, 이성범 등이 활동

② 거울(1933)

> 거울속에는소리가없소
> 저렇게까지조용한세상은참없을것이오

거울속에도내게귀가있소
내말을못알아듣는딱한귀가두개나있소

거울속의나는왼손잡이오
내악수를받을줄모르는—악수를모르는왼손잡이오

거울때문에나는거울속의나를만져보지를못하는구료마는
거울이아니었던들내가어찌거울속의나를만나보기만이라도했겠소

나는지금거울을안가졌소마는거울속에는늘거울속의내가있소
잘은모르지만외로된사업에골몰할께요

거울속의나는참나와는반대요마는
또꽤닮았소

나는거울속의나를근심하고진찰할수없으니퍽섭섭하오.

SEMI-NOTE

거울
- 작자 : 이상
- 갈래 : 초현실주의시, 관념시, 상징시
- 성격 : 자의식적, 주지적, 심리적, 관념적
- 특징 : 자동기술법의 사용과 띄어쓰기 무시를 통한 실험성의 표출
- 제재 : 거울에 비친 '나'(거울과 자아 의식)
- 주제 : 현대인의 자의식 분열에 대한 고뇌와 불안감
- 출전 : 『가톨릭청년』

시상전개
- 1연 : 현실적인 자아인 거울 밖의 화자와 반성적 자아인 거울 속의 나의 세계
- 2연 : 화자 간 의사소통의 단절
- 3연 : 화자 간 소외 의식의 표면화
- 4연 : 분열된 자아의 관계
- 5연 : 화자의 자아분열 심화
- 6연 : 분열된 자아의 역설적인 관계의 표면화

실력UP 이상의 초현실주의

- 그의 문학에 나타나 있는 비상식적인 세계는 그의 시를 난해한 작품으로 특징짓는 요소가 됨
- 이상 자신의 개인적 기질과 환경, 자전적 체험과 관계되어 있을 뿐 아니라 현실에 대해 비극적이고 지적으로 반응하는 태도에 바탕을 두고 있음
- 이상의 문학적 태도는 한국시의 주지적 변화를 대변하였으며, 초현실주의적 색채는 억압된 의식과 욕구 좌절의 현실에서 새로운 대상 세계로의 탈출을 시도하는 과정
- 논리적 사고과정의 정신을 해방시키고자 무력한 자아가 주요한 주제로 나타남

③ 모란이 피기까지는(1934)

모란이 피기까지는,
나는 아직 나의 봄을 기다리고 있을 테요.
모란이 뚝뚝 떨어져 버린 날,
나는 비로소 봄을 여읜 설움에 잠길 테요.
오월 어느 날, 그 하루 무덥던 날,
떨어져 누운 꽃잎마저 시들어 버리고는
천지에 모란은 자취도 없어지고,
뻗쳐 오르던 내 보람 서운케 무너졌느니,
모란이 지고 말면 그뿐, 내 한 해는 다 가고 말아,
삼백 예순 날 하냥 섭섭해 우옵내다.
모란이 피기까지는,
나는 아즉 기달리고 있을 테요, 찬란한 슬픔의 봄을

모란이 피기까지는
- 작자 : 김영랑
- 갈래 : 자유시, 순수시
- 성격 : 낭만적, 유미적, 상징적
- 특징 : 수미상관의 구성으로 주제를 부각시킴
- 제재 : 모란의 개화
- 주제 : 소망이 이루어지기를 기다림
- 출전 : 『문학』

시상전개
- 기 : 모란이 피길 기다림
- 승 : 봄을 여읜 설움
- 전 : 모란을 잃은 슬픔
- 결 : 다시 모란이 피길 기다림

SEMI-NOTE

귀촉도
- 작자 : 서정주
- 갈래 : 자유시, 서정시
- 성격 : 전통적, 동양적, 상징적
- 어조 : 회한 어린 애틋한 어조
- 특징 : 설화를 현실에 접목시켜 한(恨)을 노래함
- 제재 : 귀촉도의 전설
- 주제 : 여읜 임에 대한 끝없는 사랑(이별의 한과 사랑의 영원함)
- 출전 : 「춘추」

시상전개
- 1연 : 임의 죽음으로 인한 영원한 이별
- 2연 : 임에게 다하지 못한 사랑의 탄식
- 3연 : 화자의 한과 그리움이 귀촉도로 형상화

고향(故鄕)
- 작자 : 백석
- 갈래 : 자유시, 서정시
- 성격 : 서정적, 서사적
- 특징 : 부드럽고 다정다감한 어조를 통해 고향에 대한 그리움을 드러냄
- 제재 : 고향
- 주제 : 고향과 혈육에 대한 그리움
- 출전 : 「삼천리문학」

시상전개
- 기 : 아픈 화자에게 의원이 찾아옴
- 승 : 의원의 모습이 아버지에게서 느꼈던 인상과 비슷함
- 전 : 의원이 고향을 묻고 아무개씨(아버지)의 고향임을 말하는 화자
- 결 : 아버지의 친구임을 알게 된 화자와 의원의 따뜻한 손길

④ 귀촉도(1934)

> 눈물 아롱아롱
> 피리 불고 가신 님의 밟으신 길은
> 진달래 꽃비 오는 서역 삼만리.
> 흰 옷깃 여며 여며 가옵신 님의
> 다시 오진 못 하는 파촉(巴蜀) 삼만리.
>
> 신이나 삼아줄 걸 슬픈 사연의
> 올올이 아로새긴 육날 메투리.
> 은장도(銀粧刀) 푸른 날로 이냥 베혀서
> 부질없는 이 머리털 엮어 드릴걸.
>
> 초롱에 불빛, 지친 밤 하늘
> 굽이굽이 은핫물 목이 젖은 새,
> 차마 아니 솟는 가락 눈이 감겨서
> 제 피에 취한 새가 귀촉도 운다.
> 그대 하늘 끝 호올로 가신 님아.

⑤ 고향(故鄕, 1938)

> 나는 북관(北關)에 혼자 앓아 누워서
> 어느 아침 의원(醫員)을 뵈이었다.
> 의원은 여래(如來) 같은 상을 하고 관공(關公)의 수염을 드리워서
> 먼 옛적 어느 나라 신선 같은데,
> 새끼손톱 길게 돋은 손을 내어
> 묵묵하니 한참 맥을 짚더니
> 문득 물어 고향이 어데냐 한다.
> 평안도 정주라는 곳이라 한즉
> 그러면 아무개씨 고향이란다.
> 그러면 아무개씨를 아느냐 한즉
> 의원은 빙긋이 웃음을 띠고
> 막역지간(莫逆之間)이라며 수염을 쓸는다.
> 나는 아버지로 섬기는 이라 한즉
> 의원은 또 다시 넌즈시 웃고
> 말없이 팔을 잡아 맥을 보는데
> 손길은 따스하고 부드러워
> 고향도 아버지도 아버지의 친구도 다 있었다.

⑥ 바다와 나비(1939)

아무도 그에게 수심(水深)을 일러 준 일이 없기에
흰 나비는 도무지 바다가 무섭지 않다.

청(靑)무우 밭인가 해서 내려갔다가는
어린 날개가 물결에 저려서
공주(公主)처럼 지쳐서 돌아온다.

삼월(三月) 달 바다가 꽃이 피지 않아서 서글픈
나비 허리에 새파란 초생달이 시리다.

⑦ 승무(僧舞, 1939)

얇은 사(紗) 하이얀 고깔은
고이 접어서 나빌레라.

파르라니 깎은 머리
박사(薄紗) 고깔에 감추오고,

두 볼에 흐르는 빛이
정작으로 고와서 서러워라.

빈 대(臺)에 황촉불이 말없이 녹는 밤에
오동(梧桐)잎 잎새마다 달이 지는데,

소매는 길어서 하늘은 넓고,
돌아설 듯 날아가며 사뿐히 접어 올린 외씨보선이여.

까만 눈동자 살포시 들어
먼 하늘 한 개 별빛에 모두오고,

복사꽃 고운 뺨에 아롱질 듯 두 방울이야
세사(世事)에 시달려도 번뇌(煩惱)는 별빛이라.

휘어져 감기우고 다시 접어 뻗는 손이
깊은 마음 속 거룩한 합장(合掌)인 양하고,

이 밤사 귀또리도 지새우는 삼경(三更)인데,
얇은 사(紗) 하이얀 고깔은 고이 접어서 나빌레라.

SEMI-NOTE

바다와 나비
- 작자 : 김기림
- 갈래 : 자유시, 서정시
- 성격 : 감각적, 상징적 주지주의
- 특징 : 바다, 청무 밭, 초승달의 푸른빛과 흰나비로 대표되는 흰빛의 색채 대비
- 제재 : 바다와 나비
- 주제 : 새로운 세계에 대한 동경과 좌절감
- 출전 : 「여성」

시상전개
- 1연 : 바다의 무서움을 모르는 순수한 나비
- 2연 : 바다를 날다가 지쳐 돌아온 나비
- 3연 : 냉혹한 현실에 좌절된 나비의 꿈

승무(僧舞)
- 작자 : 조지훈
- 갈래 : 자유시, 서정시
- 성격 : 전통적, 선적(禪的), 불교적, 고전적
- 특징 : 고전적 정서와 불교의 선(禪) 감각
- 제재 : 승무
- 주제 : 삶과 번뇌의 종교적 승화
- 출전 : 「문장」

시상전개
- 1연 : 승무를 시작하려는 여승의 모습
- 2연 : 승무를 시작하려 박사 고깔을 쓰는 여승
- 3연 : 승무를 시작하기 전, 여승의 옷차림과 인상
- 4연 : 승무를 출 무대의 묘사
- 5연 : 승무의 춤동작과 화자의 시선
- 6연 : 여승의 눈동자에서 의식이 내면으로 흘러감
- 7연 : 승무로써 번뇌를 승화시키는 모습
- 8연 : 번뇌를 승화시키고 느려지는 춤 동작
- 9연 : 남아있는 승무의 여운

SEMI-NOTE

절정(絕頂)
- 작자 : 이육사
- 갈래 : 자유시, 서정시
- 성격 : 상징적, 의지적, 남성적, 지사적, 참여적
- 어조 : 의지적, 남성적 어조
- 특징 : 역설적 표현을 통해 주제를 형상화
- 제재 : 쫓기는 자의 극한 상황
- 주제 : 극한 상황에 대한 초극 의지
- 출전 : 「문장」

시상전개
- 1연 : 현실의 시련과 고통
- 2연 : 현실 속에서 가해지는 고통의 심화
- 3연 : 극한 상황에 대한 인식
- 4연 : 현실의 고통을 정신적으로 초극하려는 의지

참회록
- 작자 : 윤동주
- 갈래 : 자유시, 서정시
- 성격 : 반성적, 고백적, 상징적
- 제재 : 녹이 낀 구리 거울, 자아의 생활
- 주제 : 자기 성찰을 통한 순결성추구, 역사 속에서의 자아 성찰과 고난 극복 의지
- 출전 : 「하늘과 바람과 별과 시」

시상전개
- 1연 : 과거의 역사에 대한 참회
- 2연 : 지나온 삶에 대한 참회
- 3연 : 현재의 참회에 대해 미래에도 참회할 것임을 암시
- 4연 : 암담한 현실 속에서도 스스로를 성찰하고자 하는 의지
- 5연 : 미래의 삶에 대한 전망

실력up 청록파

- 조지훈, 박두진, 박목월 세 사람은 자연을 바탕으로 인간의 염원과 가치를 성취하기 위한 공통된 주제로 시를 써옴
- 1946년 시집 「청록집(靑鹿集)」을 함께 펴냄
- 자연미의 재발견과 국어미의 순화 및 생명의 원천에 대해 추구함
- 어두운 현실 아래 빼앗긴 고향과 자연을 노래하였으며 그 속에서 잃어버린 인간 생명의 원천과 역사의 전통을 찾기 위해 노력함

⑧ 절정(絕頂, 1941)

> 매운 계절(季節)의 채찍에 갈겨
> 마침내 북방(北方)으로 휩쓸려 오다.
>
> 하늘도 그만 지쳐 끝난 고원(高原)
> 서릿발 칼날진 그 위에 서다.
>
> 어데다 무릎을 꿇어야 하나
> 한 발 재겨 디딜 곳조차 없다.
>
> 이러매 눈 감아 생각해 볼밖에
> 겨울은 강철로 된 무지갠가 보다.

⑨ 참회록(1948)

> 파란 녹이 낀 구리 거울 속에
> 내 얼굴이 남아 있는 것은
> 어느 왕조의 유물이기에
> 이다지도 욕될까.
>
> 나는 나의 참회의 글을 한 줄에 줄이자.
> – 만(滿) 이십사 년 일 개월을
> 무슨 기쁨을 바라 살아 왔던가.
>
> 내일이나 모레나 그 어느 즐거운 날에
> 나는 또 한 줄의 참회록을 써야 한다.
> – 그 때 그 젊은 나이에
> 왜 그런 부끄런 고백을 했던가.
>
> 밤이면 밤마다 나의 거울을
> 손바닥으로 발바닥으로 닦아 보자.
>
> 그러면 어느 운석(隕石) 밑으로 홀로 걸어가는
> 슬픈 사람의 뒷모양이
> 거울 속에 나타나온다.

(3) 1950년대 이후의 시

① 목마와 숙녀(1955)

> 한 잔의 술을 마시고
> 우리는 버지니아 울프의 생애(生涯)와
> 목마(木馬)를 타고 떠난 숙녀(淑女)의 옷자락을 이야기한다.
> 목마(木馬)는 주인(主人)을 버리고 그저 방울 소리만 울리며
> 가을 속으로 떠났다. 술병에서 별이 떨어진다.
> 상심(傷心)한 별은 내 가슴에 가벼웁게 부숴진다.
> 그러한 잠시 내가 알던 소녀(少女)는
> 정원(庭園)의 초목(草木) 옆에서 자라고
> 문학(文學)이 죽고 인생(人生)이 죽고
> 사랑의 진리마저 애증(愛憎)의 그림자를 버릴 때
> 목마(木馬)를 탄 사랑의 사람은 보이지 않는다.
>
> 세월은 가고 오는 것
> 한때는 고립(孤立)을 피하여 시들어 가고
> 이제 우리는 작별하여야 한다.
> 술병이 바람에 쓰러지는 소리를 들으며
> 늙은 여류 작가(女流作家)의 눈을 바라보아야 한다.
> …… 등대(燈臺)에……
> 불이 보이지 않아도
> 그저 간직한 페시미즘의 미래(未來)를 위하여
> 우리는 처량한 목마(木馬) 소리를 기억(記憶)하여야 한다.
> (후략)

② 추천사(鞦韆詞, 1956)

> 향단아 그넷줄을 밀어라.
> 머언 바다로
> 배를 내어 밀듯이, 향단아.
>
> 이 다소곳이 흔들리는 수양버들나무와
> 베갯모에 놓이듯 한 풀꽃데미로부터,
> 자잘한 나비 새끼 꾀꼬리들로부터,
> 아주 내어 밀듯이, 향단아.
>
> 산호도 섬도 없는 저 하늘로
> 나를 밀어 올려 다오.
> 채색(彩色)한 구름같이 나를 밀어 올려 다오.
> 이 울렁이는 가슴을 밀어 올려 다오.
> 서(西)으로 가는 달같이는
> 나는 아무래도 갈 수가 없다.

SEMI-NOTE

목마와 숙녀
- 작자 : 박인환
- 갈래 : 자유시, 서정시
- 성격 : 서정적, 감상적, 허무적
- 특징 : 도시적 감상주의와 보헤미안적 기질
- 제재 : 목마 → 전후의 불안, 절망, 애상의 상징
- 주제 : 사라지고 잊혀져 가는 것들에 대한 그리움과 상실의 슬픔
- 출전 : 『박인환 시집』

시상전개
- 1연 : 떠나는 것에 대한 화자의 애상
- 2연 : 절망적인 현실에 대한 화자의 체념과 위로
- 3연 : 화자의 페시미즘적이며 애상적인 인생 통찰

페시미즘(pessimism)
세계나 인생을 비관적으로 보며 개혁, 진보는 불가능하다고 보는 경향

추천사(鞦韆詞)
- 작자 : 서정주
- 갈래 : 자유시, 서정시
- 성격 : 낭만적, 상징적, 현실 초월적
- 특징 : 고전 소설을 모티브로 한 화자의 간절한 마음의 표출
- 제재 : 그네 타는 춘향
- 주제 : 현실 초월의 갈망
- 출전 : 『서정주 시선』

시상전개
- 1연 : 화자의 현실에서 벗어나려는 의지를 표현
- 2연 : 화자의 현실 세계에 대한 인식
- 3연 : 화자의 이상 세계 추구
- 4연 : 인간으로서 운명적인 한계를 인식

SEMI-NOTE

새들도 세상을 뜨는구나
- 작자 : 황지우
- 갈래 : 자유시, 참여시
- 성격 : 풍자적, 냉소적
- 어조 : 현실 비판적 어조
- 특징 : 영화 상영 전 애국가 시작과 끝, 화면의 전개에 맞추어 인간 사회를 표현
- 제재 : 새
- 주제 : 암울한 현실을 벗어 나고 싶은 소망과 좌절감
- 출전 : 「새들도 세상을 뜨는구나」

시상전개
- 1~2행 : 상영 전 애국가를 경청
- 3~10행 : 이상향을 향한 새들의 비상하는 것을 바라봄
- 11~20행 : 시적 화자의 이상과 현실적 좌절감

혈의 누
- 작자 : 이인직
- 갈래 : 신소설
- 성격 : 교훈적, 계몽적
- 배경
  - 시간 : 청일전쟁(1884)~고종 6년(1902)
  - 공간 : 평양, 일본(오사카), 미국(워싱턴)
- 시점 : 전지적 작가 시점
- 문체 : 국한문 혼용체, 구어체, 묘사체, 산문체
- 특징 : 신소설의 효시이며, 고전 소설에서 현대 소설로 넘어가는 교량 역할
- 주제 : 신교육 사상과 개화의식의 고취
- 출전 : 만세보

작품의 구성
- 발단 : 옥련이 청일전쟁으로 인해 부모와 헤어짐
- 전개 : 일본인 군의관의 도움으로 구출되어 성장함
- 위기 : 군의관이 전사하자 옥련은 집에서 나와 자살을 기도함
- 절정 : 유학생 구완서를 만나 그를 따라 미국으로 건너감
- 결말 : 문명개화한 신학문을 배운 후, 나라를 위해 봉사할 것을 다짐함

> 바람이 파도를 밀어 올리듯이
> 그렇게 나를 밀어 올려 다오.
> 향단아.

③ 새들도 세상을 뜨는구나(1987)

> 영화가 시작하기 전에 우리는
> 일제히 일어나 애국가를 경청한다.
> 삼천리 화려 강산의
> 을숙도에서 일정한 군(群)을 이루며
> 갈대숲을 이룩하는 흰 새떼들이
> 자기들끼리 끼룩거리면서
> 자기들끼리 낄낄대면서
> 일렬 이열 삼렬 횡대로 자기들의 세상을
> 이 세상에서 떼어 메고
> 이 세상 밖 어디론가 날아간다.
> 우리도 우리들끼리
> 낄낄대면서
> 깔쭉대면서
> 우리의 대열을 이루며
> 한 세상 떼어 메고
> 이 세상 밖 어디론가 날아갔으면
> 하는데 대한 사람 대한으로
> 길이 보전하세로
> 각각 자기 자리에 앉는다.
> 주저 앉는다.

2. 현대소설

(1) 신소설부터 1920년대까지의 소설

① 혈의 누(1903)

> "네가 고국에 가기가 그리 바쁠 것이 아니라 우선 네가 고생하던 이야기나 어서 좀 하여라. 네가 어떻게 살아났으며 어찌 여기를 왔느냐?"
> 옥련이가 얼굴빛을 천연히 하고 고쳐 앉더니, 모란봉에서 총 맞고 야전병원으로 가던 일과, 정상 군의의 집에 가던 일과, 대판서 학교에서 졸업하던 일과, 불행한 사기로 대판을 떠나던 일과, 동경 가는 기차를 타고 구완서를 만나서 절처봉생(絕處逢生)하던 일을 낱낱이 말하고, 그 말을 마치더니 다시 얼굴빛이 변하며 눈물이 도니, 그 눈물은 부모의 정에 관계한 눈물도 아니요, 제 신세 생각하는 눈물도 아니요, 구완서의 은혜를 생각하는 눈물이라.
> "아버지, 아버지께서 나 같은 불효의 딸을 만나 보시고 기쁘신 마음이 있거든

구씨를 찾아보시고 치사의 말씀을 하여 주시면 좋겠습니다."
　김관일이가 그 말을 들더니, 그 길로 옥련이를 데리고 구씨의 유하는 처소로 찾아가니, 구씨는 김관일을 만나 보매 옥련의 부친을 본 것 같지 아니하고 제 부친이나 만난 듯이 반가운 마음이 있으니, 그 마음은 옥련의 기뻐하는 마음이 내 마음 기쁜 것이나 다름없는 데서 나오는 마음이요, 김씨는 구씨를 보고 내 딸 옥련을 만나 본 것이나 다름없이 반가우니, 그 두 사람의 마음이 그러할 일이라. 김씨가 구씨를 대하여 하는 말이 간단한 두 마디뿐이라.

② 만세전(1922)

　　지금 내 주위는 마치 공동묘지 같습니다. 생활력을 잃은 백의(白衣)의 백성과, 백주(白晝)에 횡행하는 이매망량(魑魅魍魎) 같은 존재가 뒤덮은 이 무덤 속에 들어앉은 나로서 어찌 '꽃의 서울'에 호흡(呼吸)하고 춤추기를 바라겠습니까. 눈에 보이는 것, 귀에 들리는 것이 하나 내 마음을 부드럽게 어루만져 주고 용기와 희망을 돋우어 주는 것은 없으니, 이러다가는 이 약한 나에게 찾아올 것은 질식밖에 없을 것이외다. 그러나 그것은 장미꽃 송이 속에 파묻히어 향기에 도취한 행복한 질식이 아니라, 대기(大氣)에서 절연된 무덤 속에서 화석(化石)되어 가는 구더기의 몸부림치는 질식입니다. 우선 이 질식에서 벗어나야 하겠습니다. …… 소학교 선생님이 '사벨(환도)'을 차고 교단에 오르는 나라가 있는 것을 보셨습니까? 나는 그런 나라의 백성이외다. 고민하고 오뇌하는 사람을 존경하시고 편을 들어 주신다는 그 말씀은 반갑고 고맙기 짝이 없습니다. 그러나 스스로 내성(內省)하는 고민이요 오뇌가 아니라, 발길과 채찍 밑에 부대끼면서도 숨을 죽여 엎드리어 있는 거세(去勢)된 존재에게도 존경과 동정을 느끼시나요? 하도 못생겼으면 가엾다가도 화가 나고 미운증이 나는 법입니다. 혹은 연민(憐憫)의 정이 있을지 모르나, 연민은 아무것도 구(救)하는 길은 못 됩니다. …… 이제 구주(歐洲)의 천지는 그 참혹한 살육의 피비린내가 걷히고 휴전 조약이 성립되었다 하지 않습니까. 부질없는 총칼을 거두고 제법 인류의 신생(新生)을 생각하려는 것 같습니다. 그러나 이 땅의 소학교 교원의 허리에서 그 장난감 칼을 떼어 놓을 날은 언제일지? 숨이 막힙니다. …… 우리 문학의 도(徒)는 자유롭고 진실된 생활을 찾아가고, 이것을 세우는 것이 그 본령인가 합니다. 우리의 교유(交遊), 우리의 우정이 이것으로 맺어지지 않는다면 거짓말입니다. 이 나라 백성의, 그리고 당신의 동포의, 진실 된 생활을 찾아나가는 자각(自覺)과 발분(發憤)을 위하여 싸우는 신념(信念) 없이는 우리의 우정도 헛소리입니다……."

③ 감자(1925)

　　왕서방은 아무 말도 못하였다. 눈만 정처 없이 두룩두룩하였다. 복녀는 다시 한번 왕서방을 흔들었다.
　　"자, 어서."
　　"우리, 오늘은 일이 있어 못가."
　　"일은 밤중에 무슨 일."
　　"그래두 우리 일이……."

SEMI-NOTE

만세전
- 작자 : 염상섭
- 갈래 : 사실주의 소설, 중편소설
- 성격 : 사실적, 비판적
- 배경
  - 시간 : 1919년 3·1운동 직전
  - 공간 : 일본에서 경성으로 오는 여정
- 시점 : 1인칭 주인공 시점
- 문체 : 만연체
- 주제 : 일제 강점기의 억압받는 조선의 현실
- 의의 : 일제 강점기 아래의 현실을 사실적으로 제시
- 출전 : 『신생활』

작품의 구성
- 발달 : 김천 형에게 아내가 위독하다는 전보를 받고 귀국 준비를 함
- 전개 : 신호, 하관 등지의 술집을 전전하면서 답답한 심회에 빠짐
- 위기 : 관부 연락선 안에서 조선인을 멸시하는 일본인들의 대화에 분개함
- 절정 : 부산에서 집안으로 오는 과정에서 답답한 마음을 느낌
- 결말 : 아내의 죽음을 목도한후 다시 일본으로 건너감

감자
- 작자 : 김동인
- 갈래 : 단편소설
- 경향 : 자연주의적
- 배경 : 1920년대, 평양 칠성문 밖 빈민굴
- 시점 : 3인칭 관찰자 시점(부분적 전지적 작가 시점)
- 특징 : 평안도 사투리와 하층 사회의 비속어 구사
- 주제 : 불우한 환경이 빚어낸 한 여인의 비극적 운명
- 출전 : 『조선문단』

SEMI-NOTE

작품의 구성
- **발단** : 칠성문 밖 빈민굴에 살고 있는 복녀의 모습
- **전개** : 복녀에게 닥친 환경의 변화와 점차 타락하기 시작함
- **위기** : 새장가를 드는 왕서방에 대한 강한 질투
- **절정** : 복녀가 왕서방의 신방에 뛰어드나 도리어 자신의 낫에 살해당함
- **결말** : 복녀의 주검을 둘러싸고 오가는 돈거래

탈출기
- **작자** : 최서해
- **갈래** : 단편소설
- **성격** : 사실적, 자전적, 저항적
- **경향** : 신경향파 문학, 사실주의
- **배경** : 일제 강점기, 간도 지방
- **시점** : 1인칭 주인공 시점
- **특징** : 서간문 형식으로 사실성과 신뢰성을 높임
- **주제** : 가난한 삶의 원인과 구조적 모순을 해결하기 위한 저항
- **출전** : 『조선문단』

작품의 구성
- **발단** : 가족과 함께 간도로 떠나게 되는 '나'
- **전개** : 간도에서 겪게 되는 비참한 생활
- **절정** : 두부장수를 하며 겪는 생활고와 극한 상황
- **결말** : 가난에 대한 분노와 비관을 사회 참여로 전환시킴

술 권하는 사회
- **작자** : 현진건
- **갈래** : 단편소설
- **경향** : 사실주의
- **배경** : 일제시대(1920년대)의 도심지
- **시점** : 작가 관찰자 시점
- **주제** : 일제 치하의 부조리한 사회에 적응하지 못하고 가정에서도 이해받지 못하는 지식인의 좌절과 고뇌
- **출전** : 『개벽』

복녀의 입에 여태껏 떠돌던 이상한 웃음은 문득 없어졌다.
"이까짓것!"
그는 발을 들어서 치장한 신부의 머리를 찼다.
"자, 가자우, 가자우."
왕서방은 와들와들 떨었다. 왕서방은 복녀의 손을 뿌리쳤다. 복녀는 쓰러졌다. 그러나 곧 일어섰다. 그가 다시 일어설 때는 그의 손에 얼른얼른하는 낫이 한 자루 들리어 있었다.
"이 되놈 죽어라. 이놈, 나 때렸니! 이놈아, 아이구 사람 죽이누나."
그는 목을 놓고 처울면서 낫을 휘둘렀다. 칠성문 밖 외따른 밭 가운데 홀로서 있는 왕 서방의 집에서는 일장의 활극이 일어났다. 그러나 그 활극도 곧 잠잠하게 되었다. 복녀의 손에 들리어 있던 낫은 어느덧 왕서방의 손으로 넘어가고 복녀는 목으로 피를 쏟으며 그 자리에 고꾸라져 있었다.

④ 탈출기(1925)

김군! 나는 더 참을 수 없었다. 나는 나부터 살려고 한다. 이때까지는 최면술에 걸린 송장이었다. 제가 죽은 송장으로 남(식구들)을 어찌 살리랴. 그러려면 나는 나에게 최면술을 걸려는 무리를 험악한 이 공기의 원류를 쳐부수어야 하는 것이다.
나는 이것을 인간의 생의 충동이며 확충이라고 본다. 나는 여기서 무상의 법열(法悅)을 느끼려고 한다. 아니 벌써부터 느껴진다. 이 사상이 나로 하여금 집을 탈출케 하였으며, ××단에 가입케 하였으며, 비바람 밤낮을 헤아리지 않고 벼랑 끝보다 더 험한 선에 서게 한 것이다.
김군! 거듭 말한다. 나도 사람이다. 양심을 가진 사람이다. 내가 떠나는 날부터 식구들은 더욱 곤경에 들 줄로 나는 안다. 자칫하면 눈속이나 어느 구렁에서 죽는 줄도 모르게 굶어죽을 줄도 나는 잘 안다. 그러므로 나는 이곳에서도 남의 집 행랑어멈이나 아범이며, 노두에 방황하는 거지를 무심히 보지 않는다.
아! 나의 식구도 그럴 것을 생각할 때면 자연히 흐르는 눈물과 뿌직뿌직 찢기는 가슴을 덮쳐 잡는다.
그러나 나는 이를 갈고 주먹을 쥔다. 눈물을 아니 흘리려고 하며 비애에 상하지 않으려고 한다. 울기에는 너무도 때가 늦었으며 비애에 상하는 것은 우리의 박약을 너무도 표시하는 듯싶다. 어떠한 고통이든지 참고 분투하려고 한다.

⑤ 술 권하는 사회(1921)

"흥 또 못 알아 듣는군. 묻는 내가 그르지, 마누라야 그런 말을 알 수 있겠소. 내가 설명해 드리지. 자세히 들어요. 내게 술을 권하는 것은 홧증도 아니고 하이칼라도 아니요, 이 사회란 것이 내게 술을 권한다오. 이 조선 사회란 것이 내게 술을 권한다오. 알았소? 팔자가 좋아서 조선에 태어났지, 딴 나라에 났더면 술이나 얻어 먹을 수 있나……."
사회란 무엇인가? 아내는 또 알 수가 없었다. 어찌하였든 딴 나라에는 없고 조선에만 있는 요리집 이름이어니 한다.
"조선에 있어도 아니 다니면 그만이지요."

> 남편은 또 아까 웃음을 재우친다. 술이 정말 아니 취한 것같이 또렷또렷한 어조로,
> "허허, 기막혀. 그 한 분자(分子)된 이상에야 다니고 아니 다니는 게 무슨 상관이야. 집에 있으면 아니 권하고, 밖에 나가야 권하는 줄 아는가 보아. 그런게 아니야. 무슨 사회란 사람이 있어서 밖에만 나가면 나를 꼭 붙들고 술을 권하는 게 아니야……무어라 할까……저 우리 조선 사람으로 성립된 이 사회란 것이, 내게 술을 아니 못 먹게 한단 말이요. ……어째 그렇소?……또 내가 설명을 해 드리지. 여기 회를 하나 꾸민다 합시다. 거기 모이는 사람놈 치고 처음은 민족을 위하느니, 사회를 위하느니 그러는데, 제 목숨을 바쳐도 아깝지 않으니 아니 하는 놈이 하나도 없어. 하다가 단 이틀이 못 되어 단 이틀이 못 되어……."

SEMI-NOTE

작품의 구성
- **발단**: 바느질을 하며 남편을 기다리는 아내
- **전개**: 과거 회상과 초조한 심정의 아내
- **위기**: 만취되어 돌아온 남편
- **절정**: 술을 마시는 이유에 대한 남편의 변명과 그것을 이해할 수 없는 아내
- **결말**: 집을 나가버리는 남편

(2) 1930년부터 광복 이후까지의 소설

① 만무방(1935)

> 한 식경쯤 지낫을까, 도적은 다시 나타난다. 논둑에 머리만 내노코 사면을 두리번 거리 드니 그제서 기여 나온다. 얼골에는 눈만 내노코 수건인지 뭔지 흔 겁이 가리엇다. 봇짐을 등에 질머 메고는 허리를 구붓이 뺑손을 놋는다. 그러자 응칠이가 날쌔게 달겨들며
> "이 자식, 남우 벼를 훔쳐 가니---"
> 하고 대포처럼 고함을 지르니 논둑이로 고대로 데굴데굴 굴러서 떨어진다. 얼결에 호되히 놀란 모양이엇다.
> 응칠이는 덤벼들어 우선 허리께를 나려조겻다. 어이쿠쿠, 쿠--, 하고 처참한 비명이다. 이 소리에 귀가 뻔쩍 띄이어 그 고개를 들고 팔부터 벗겨보앗다. 그러나 너머나 어이가 업엇음인지 시선을 치거드며 그 자리에 우두망철한다.
> 그것은 무서운 침묵이엇다. 살풍마즌 바람만 공중에서 북새를 논다.
> 한참을 신음하다 도적은 일어나드니
> "성님까지 이러케 못살게 굴기유?"
> 제법 눈을 부라리며 몸을 홱 돌린다. 그리고 늣기며 울음이 복바친다. 봇짐도 내버린 채
> "내것 내가 먹는데 누가 뭐래?"
> 하고 데퉁스러히 내뱃고는 비틀비틀 논 저쪽으로 업서 진다.
> 형은 너머 꿈속 가테서 멍허니 섯을뿐이다.
> 그러다 얼마 지나서 한 손으로 그 봇짐을 들어본다. 가쁜 하니 끽 밀 가웃이나 될는지.

만무방
- **작자**: 김유정
- **갈래**: 단편소설
- **성격**: 반어적(스스로 가꾼 벼를 도적질할 수밖에 없는 상황)
- **배경**: 1930년대 가을, 강원도 산골 마을
- **시점**: 3인칭 작가 관찰자 시점
- **문체**: 간결체
- **특징**: 농촌 현실을 향토적 언어로 생생하게 묘사
- **주제**: 식민지 농촌 사회에 가해지는 상황의 가혹함과 피해
- **출전**: 「조선일보」

작품의 구성
- **발단**: 응칠이는 한가롭게 송이 파적을 하거나 닭을 잡아먹으면서 돌아다님
- **전개**: 동생인 응오네가 벼를 도둑맞았다는 사실을 듣고 응오 집에 들렀다가 살벌해진 현실을 개탄함
- **위기**: 응칠이는 그믐칠야에 산꼭대기 바위굴에서 노름을 하고 도둑을 잡기 위해 잠복함
- **절정**: 잡힌 도둑이 동생 응오임을 알고 어이 없어함
- **결말**: 동생에게 함께 황소를 훔치자고 제안하지만 동생은 거절함. 그런 동생을 몽둥이질 하여 등에 매고 내려옴

② 봄봄(1935)

> 내가 여기에 와서 돈 한푼 안 받고 일하기를 삼 년하고 꼬박 일곱 달 동안을 했다. 그런데도 미처 못 자랐다니까 이 키는 언제야 자라는 겐지 짜장 영문 모른다. 일을 좀 더 잘해야 한다든지, 혹은 밥을 많이 먹는다고 노상 걱정이니까 좀 덜 먹어야 한다든지 하면 나도 얼마든지 할말이 많다. 허지만 점순이가 아직 어리니까 더 자라야 한다는 여기에는 어째 볼 수 없이 고만 빙빙하고 만다.

SEMI-NOTE

봄봄
- 작자 : 김유정
- 갈래 : 단편소설
- 성격 : 해학적, 풍자적
- 배경 : 1930년대 봄, 강원도 산골 마을
- 시점 : 1인칭 주인공 시점
- 문체 : 간결체
- 구성 : 역순행적 구성(주인공 '나'의 회상으로, 과거와 현재가 교차)
- 표현 : 토속어, 비속어, 구어체 문장의 사용
- 주제 : 교활한 장인과 어리숙한 데릴사위 간의 성례를 둘러싼 해학적인 갈등
- 출전 : 『조광』

작품의 구성
- 발단 : '나'는 점순이와 성례하기 위해 삼 년 칠 개월 동안 보수 없이 일을 함
- 전개 : 점순이의 충동질로 장인과 함께 구장에게 판단을 받으러 가나 실패하여 뭉태에게 비난을 듣게 됨
- 절정 : 점순이의 두 번째 충동질에 장인과 희극적인 몸싸움을 벌임
- 결말 : '나'와 장인의 일시적인 화해가 이루어지고 '나'는 다시 일하러 감

날개
- 작자 : 이상
- 갈래 : 단편소설
- 성격 : 고백적, 상징적
- 경향 : 심리주의, 초현실주의, 모더니즘
- 배경
  - 시간 : 일제 강점기
  - 공간 : 48가구가 살고 있는 33번지 유곽
- 시점 : 1인칭 주인공 시점
- 특징 : 기성 문법을 거스르는 충격적 문체
- 주제 : 뒤바뀐 삶과 자아 분열의 의식 속에서 본래의 자아를 지향하는 인간의 내면 의지
- 출전 : 『조광』

이래서 나는 애초 계약이 잘못된 걸 알았다. 이태면 이태, 삼년이면 삼년, 기한을 딱 작정하고 일을 해야 원할 것이다. 덮어놓고 딸이 자라는 대로 성례를 시켜 주마, 했으니 누가 늘 지키고 섰는 것도 아니고, 그 키가 언제 자라는지 알 수 있는가. 그리고 난 사람의 키가 무럭무럭 자라는 줄 만 알았지 붙배기 키에 모로만 벌어지는 몸도 있는 것을 누가 알았으랴. 때가 되면 장인님이 어련하랴 싶어서 군소리 없이 꾸벅꾸벅 일만 해 왔다.

그럼 말이다. 장인님이 제가 다 알아채서, "어참, 너 일 많이 했다. 고만 장가 들어라." 하고 살림도 내주고 해야 나도 좋을 것이 아니냐.

시치미를 딱 떼고 도리어 그런 소리가 나올까 봐서 지레 펄펄뛰고 이 야단이다. 명색이 좋아 데릴사위지 일하기에 싱겁기도 할 뿐더러 이건 참 아무것도 아니다.

숙맥이 그걸 모르고 점순이의 키 자라기만 까맣게 기다리지 않았나.

언젠가는 하도 갑갑해서 자를 가지고 덤벼들어서 그 키를 한번 재 볼까 했다. 마는 우리는 장인님이 내외를 해야 한다고 해서 마주 서 이야기도 한마디하는 법 없다. 우물길에서 언제나 마주칠 적이면 겨우 눈어림으로 재보고 하는 것인데 그럴 적마다 나는 저만침 가서 '제에미 키두!' 하고 논둑에다 침을 퉤, 뱉는다. 아무리 잘 봐야 내 겨드랑(다른 사람보다 좀 크긴 하지만) 밑에서 넘을락 말락 밤낮 요모양이다.

개 돼지는 푹푹 크는데 왜 이리도 사람은 안 크는지, 한동안 머리가 아프도록 궁리도 해보았다.

아하, 물동이를 자꾸 이니까 뼉다귀가 움츠라 드나보다, 하고 내가 넌즈시 그 물을 대신 길어도 주었다. 뿐만 아니라 나무를 하러 가면 서낭당에 돌을 올려놓고 '점순이의 키 좀 크게 해줍소사. 그러면 담엔 떡 갖다 놓고 고사드립죠니까.' 하고 치성도 한두 번 드린 것이 아니다. 어떻게 되먹은 긴지 이래도 막무가내니……

③ 날개(1936)

우리들은 서로 오해하고 있느니라. 설마 아내가 아스피린 대신에 아달린의 정량을 나에게 먹여 왔을까? 나는 그것을 믿을 수는 없다. 아내가 대체 그럴 까닭이 없을 것이니, 그러면 나는 날밤을 새면서 도둑질을 계집질을 하였나? 정말이지 아니다.

우리 부부는 숙명적으로 발이 맞지 않는 절름발이인 것이다. 내나 아내나 제 거동에 로직을 붙일 필요는 없다. 변해할 필요도 없다. 사실은 사실대로 오해는 오해대로 그저 끝없이 발을 절뚝거리면서 세상을 걸어가면 되는 것이다. 그렇지 않을까?

그러나 나는 이 발길이 아내에게로 돌아가야 옳은가 이것만은 분간하기가 좀 어려웠다. 가야하나? 그럼 어디로 가나?

이때 뚜우 하고 정오 사이렌이 울었다. 사람들은 모두 네 활개를 펴고 닭처럼 푸드덕거리는 것 같고 온갖 유리와 강철과 대리석과 지폐와 잉크가 부글부글 끓고 수선을 떨고 하는 것 같은 찰나! 그야말로 현란을 극한 정오다.

나는 불현듯 겨드랑이가 가렵다. 아하, 그것은 내 인공의 날개가 돋았던 자국이다. 오늘은 없는 이 날개. 머릿속에서는 희망과 야심이 말소된 페이지가 딕셔너리 넘어가듯 번뜩였다.

> 나는 걷던 걸음을 멈추고 그리고 일어나 한 번 이렇게 외쳐 보고 싶었다.
> 날개야 다시 돋아라.
> 날자. 날자. 한 번만 더 날자꾸나.
> 한 번만 더 날아 보자꾸나.

④ **치숙(1938)**

> 내 이상과 계획은 이렇거든요.
> 우리집 다이쇼가 나를 자별히 귀여워하고 신용을 하니깐 인제 한 십 년만 더 있으면 한밑천 들여서 따루 장사를 시켜 줄 눈치거든요.
> 그러거들랑 그것을 언덕삼아 가지고 나는 삼십 년 동안 예순 살 환갑까지만 장사를 해서 꼭 십만 원을 모을 작정이지요. 십만 원이면 죄선 부자로 쳐도 천석군이니 머, 떵떵거리고 살 게 아니라구요.
> 신식 여자는 식자가 들었다는 게 건방져서 못쓰고 도무지 그래서 죄선 여자는 신식이고 구식이고 다아 제에발이야요.
> 내지 여자가 참 좋지 머. 인물이 개개 일짜로 예쁘겠다, 얌전하겠다, 상냥하겠다, 지식이 있어도 건방지지 않겠다, 조음이나 좋아!
> 그리고 내지 여자한테 장가만 드는 게 아니라 성명도 내지인 성명으로 갈고, 집도 내지인 집에서 살고, 옷도 내지 옷을 입고 밥도 내지 식으로 먹고, 아이들도 내지인 이름을 지어서 내지인 학교에 보내고……
> 내지인 학교래야지 죄선 학교는 너절해서 아이를 버려 놓기나 꼭 알맞지요.
> 그리고 나도 죄선말은 싹 걷어치우고 국어만 쓰고요.
> 이렇게 다아 생활법식부텀도 내지인처럼 해야만 돈도 내지인처럼 잘 모으게 되거든요.
> 내 이상이며 계획은 이래서 이십만 원짜리 큰 부자가 바루 내다뵈고 그리루 난 길이 환하게 트이고 해서 나는 시방 열심히 길을 가고 있는데 글쎄 그 미처 살기 든 놈들이 세상 망쳐버릴 사회주의를 하려 드니 내가 소름이 끼칠 게 아니라구요? 말만 들어도 끔찍하지!

⑤ **사랑손님과 어머니(1935)**

> 그 날 밤, 저녁밥 먹고 나니까 어머니는 나를 불러 앉히고 머리를 새로 빗겨 주었습니다. 댕기를 새 댕기로 드려 주고, 바지, 저고리, 치마, 모두 새것을 꺼내 입혀 주었습니다.
> "엄마, 어디 가?" 하고 물으니까,
> "아니." 하고 웃음을 띠면서 대답합니다. 그러더니, 풍금 옆에서 내리어 새로 다린 하얀 손수건을 내리어 내 손에 쥐어 주면서,
> "이 손수건, 저 사랑 아저씨 손수건인데, 이것 아저씨 갖다 드리구 와, 응. 오래 있지 말구 손수건만 갖다 드리구 이내 와, 응." 하고 말씀하셨습니다.
> 손수건을 들고 사랑으로 나가면서 나는 접어진 손수건 속에 무슨 발각발각하는 종이가 들어 있는 것처럼 생각되었습니다마는, 그것을 펴 보지 않고 그냥 갖다가 아저씨에게 주었습니다.

SEMI-NOTE

작품의 구성
- 도입부 : '나'의 독백. 지적인 역설로 분열된 자아 제시
- 발단 : 33번지 유곽. 해가 들지 않는 '나'의 방
- 전개 : 손님이 찾아온 아내. 일찍 귀가 한 '나'와 아내의 마주침
- 위기 : 감기약 대신 수면제를 먹인 아내의 의도에 마음이 쓰이는 '나'
- 절정, 결말 : 정상적인 삶에 대한 욕구

치숙
- 작자 : 채만식
- 갈래 : 단편소설
- 성격 : 풍자적, 세태비판적
- 배경 : 일제 강점기, 군산과 서울
- 시점 : 1인칭 관찰자 시점
- 주제 : 일제시대 지식인에 대한 비판 및 일본 사대주의에 빠진 이들에 대한 풍자
- 출전 : 「동아일보」

작품의 구성
- 발단 : 화자가 아저씨와 아주머니를 소개함
- 전개 : 무능력한 아저씨의 모습과 인자한 아주머니가 고생하는 것을 보고 답답해 함
- 위기 : 일본인 처를 얻고 일본에 가서 살고자 하지만, 아저씨 때문에 방해를 받게 됨
- 절정 : 화자는 아저씨의 행태를 비판하지만 아저씨는 오히려 세상을 움직이는 힘에 대해 알지 못하는 화자를 비판함
- 결말 : 화자는 아저씨에게 실망하게 됨

사랑손님과 어머니
- 작자 : 주요섭
- 갈래 : 단편소설
- 성격 : 서정적, 심리적
- 배경 : 1930년대, 시골 마을
- 시점 : 1인칭 관찰자 시점
- 주제 : 봉건적 윤리의식과 인간적 감정 사이에서 갈등하는 어머니와 사랑손님의 사랑과 이별
- 출전 : 「조광」

SEMI-NOTE

작품의 구성
- **발단** : 옥희네 집에 사랑손님(아저씨)이 하숙을 하게 됨
- **전개** : 아저씨와 친해지는 '나'와 서로 관심을 보이는 어머니와 아저씨
- **위기** : 어머니와 아저씨의 연모의 정과 갈등
- **절정** : '나'가 거짓말로 준 꽃으로 인한 어머니의 갈등과 결심
- **결말** : 아저씨가 떠나고 나서, 어머니는 마른 꽃을 '나'에게 주며 버리라고 시킴

아저씨는 방에 누워 있다가 벌떡 일어나서 손수건을 받는데, 웬일인지 아저씨는 이전처럼 나보고 빙그레 웃지도 않고 얼굴이 몹시 파래졌습니다. 그리고는, 입술을 질근질근 깨물면서 말 한 마디 아니하고 그 손수건을 받더군요.

나는 어째 이상한 기분이 들어서 아저씨 방에 들어가 앉지도 못하고, 그냥 되돌아서 안방으로 도로 왔지요. 어머니는 풍금 앞에 앉아서 무엇을 그리 생각하는지 가만히 있더군요. 나는 풍금 옆으로 가서 가만히 옆에 앉아 있었습니다. 이윽고, 어머니는 조용조용히 풍금을 타십니다. 무슨 곡조인지는 몰라도 어째 구슬프고 고즈넉한 곡조야요. 밤이 늦도록 어머니는 풍금을 타셨습니다. 그 구슬프고 고즈넉한 곡조를 계속하고 또 계속하면서……

실력UP 신빙성 없는 화자

화자인 옥희는 어린아이의 눈으로 있는 그대로를 설명하지만 아직 어리기 때문에 어머니와 아저씨의 연정을 눈치 채지 못하기에, 화자가 미성숙 또는 교양이 낮거나 어린 탓에 사건을 잘못 파악하여 서술하는 시점을 신빙성 없는 화자(unrealiable narrator)라 일컬음

(3) 1950년 이후의 소설

① 광장(1960)

광장
- **작자** : 최인훈
- **갈래** : 분단소설, 사회소설, 장편소설
- **성격** : 관념적, 철학적
- **배경** : 광복 직후에서 한국 전쟁 후까지의 남한과 북한
- **시점** : 전지적 작가 시점
- **특징** : 밀실, 광장 등의 상징적 공간과 사변적 주인공을 통해 관념적이고 철학적인 주제를 표현
- **주제** : 분단 현실에 대한 인식과 이상적인 사회의 염원과 좌절, 이념의 갈등 속에서 이상과 사랑을 추구하는 인간의 모습
- **의의** : 남북한 이데올로기를 비판적으로 고찰한 최초의 실존주의 소설
- **출전** : 「새벽」

작품의 구성
- **발단** : 명준은 월북한 아버지 때문에 이념 문제로 고초를 겪다가 결국 월북하게 됨
- **전개** : 북한 사회의 부자유와 이념의 허상에 환멸을 느낌
- **위기** : 한국 전쟁이 발발하고, 인민군으로 종군하다가 포로가 됨
- **절정** : 포로교환 현장 속에서 명준은 중립국을 택함
- **결말** : 인도로 가는 타고르 호에서 투신하는 명준

펼쳐진 부채가 있다. 부채의 끝 넓은 테두리 쪽을, 철학과 학생 이명준이 걸어간다. 가을이다. 겨드랑이에 낀 대학 신문을 꺼내 들여다본다. 약간 자랑스러운 듯이. 여자를 깔보지는 않아도, 알 수 없는 동물이라고 여기고 있다.

책을 모으고, 미이라를 구경하러 다닌다.

정치는 경멸하고 있다. 그 경멸이 실은 강한 관심과 아버지 일 때문에 그런 모양으로 나타난 것인 줄은 알고 있다. 다음에, 부채의 안쪽 좀 더 좁은 너비에, 바다가 보이는 분지가 있다. 거기서 보면 갈매기가 날고 있다. 윤애에게 말하고 있다. 윤애 날 믿어 줘. 알몸으로 날 믿어 줘. 고기 썩는 냄새가 역한 배 안에서 물결에 흔들리다가 깜빡 잠든 사이에, 유토피아의 꿈을 꾸고 있는 그 자신이 있다. 조선인 콜호스 숙소의 창에서 불타는 저녁놀의 힘을 부러운 듯이 바라보고 있는 그도 있다. 구겨진 바바리코트 속에 시래기처럼 바랜 심장을 하고 은혜가 기다리는 하숙으로 돌아가고 있는 9월의 어느 저녁이 있다. 도어에 뒤통수를 부딪히면서 악마도 되지 못한 자기를 언제까지나 웃고 있는 그가 있다. 그의 삶의 터는 부채꼴, 넓은 데서 점점 안으로 오므라들고 있었다. 마지막으로 은혜와 둘이 안고 뒹굴던 동굴이 그 부채꼴 위에 있다. 사람이 안고 뒹구는 목숨의 꿈이 다르지 않으니. 어디선가 그런 소리도 들렸다.

그는 지금, 부채의 사북자리에 서 있다. 삶의 광장은 좁아지다 못해 끝내 그의 두 발바닥이 차지하는 넓이가 되고 말았다. 자 이제는? 모르는 나라, 아무도 자기를 알지 없는 먼 나라로 가서, 전혀 새사람이 되기 위해 이 배를 탔다. 사람은, 모르는 사람들 사이에서는, 자기 성격까지도 마음대로 골라잡을 수도 있다고 믿는다. 성격을 골라잡다니! 모든 일이 잘 될 터이었다. 다만 한 가지만 없었다면. 그는 두 마리 새들을 방금까지 알아보지 못한 것이었다. 무덤 속에서 몸을 푼 한 여자의 용기를, 방금 태어난 아기를 한 팔로 보듬고 다른 팔로 무덤

을 깨뜨리고 하늘 높이 치솟는 여자를, 그리고 마침내 그를 찾아 내고야만 그들의 사랑을.

돌아서서 마스트를 올려다본다. 그들은 보이지 않는다. 바다를 본다. 큰 새와 꼬마 새는 바다를 향하여 미끄러지듯 내려오고 있다. 바다. 그녀들이 마음껏 날아다니는 광장을 명준은 처음 알아본다. 부채꼴 사북까지 뒷걸음질친 그는 지금 핑그르르 뒤로 돌아선다. 제정신이 든 눈에 비친 푸른 광장이 거기 있다.

② 장마(1973)

"자네 오면 줄라고 노친께서 여러 날 들여 장만헌 것일세. 먹지는 못헐 망정 눈요구라도 허고 가소. 다아 자네 노친 정성 아닌가. 내가 자네를 쫓을라고 이러는 건 아니네. 그것만은 자네도 알아야 되네. 냄새가 나드라도 너무 섭섭타 생각 말고, 집안일일랑 아모걱정 말고 머언 걸음 부데 펜안히 가소"

이야기를 다 마치고 외할머니는 불씨가 담긴 그릇을 헤집었다. 그 위에 할머니의 흰머리를 올려놓자 지글지글 끓는 소리를 내면서 타오르기 시작했다. 단백질을 태우는 노린내가 멀리까지 진동했다. 그러자 눈앞에서 벌어지는 그야말로 희한한 광경에 놀라 사람들은 저마다 탄성을 올렸다. 외할머니가 아무리 타일러도 그때까지 움쩍도 하지 않고 그토록 오랜 시간을 버티던 그것이 서서히 움직이기 시작한 것이다. 감나무 가지를 친친 감았던 몸뚱이가 스르르 풀리면서 구렁이는 땅바닥으로 툭 떨어졌다. 떨어진 자리에서 잠시 머뭇거린 다음 구렁이는 꿈틀꿈틀 기어 외할머니 앞으로 다가왔다. 외할머니가 한쪽으로 비켜서면서 길을 터주었다. 이리저리 움직이는 대로 뒤를 따라가며 외할머니는 연신 소리를 질렀다. 새막에서 참새떼를 쫓을 때처럼 "쉬이! 쉬이!" 하고 소리를 지르면서 손뼉까지 쳤다. 누런 비늘 가죽을 번들번들 뒤틀면서 그것은 소리 없이 땅바닥을 기었다. 안방에 있던 식구들도 마루로 몰려나와 마당 한복판을 가로질러 오는 기다란 그것을 모두 질린 표정으로 내려다보고 있었다. 꼬리를 잔뜩 사려 가랑이 사이에 감춘 워리란 놈이 그래도 꼴값을 하느라고 마루 밑에서 다 죽어가는 소리로 짖어대고 있었다. 몸뚱이의 움직임과는 여전히 따로 노는 꼬리 부분을 왼쪽으로 삐딱하게 흔들거리면서 그것은 방향을 바꾸어 헛간과 부엌 사이 공지를 천천히 지나갔다.

"쉬이! 쉬어이!"

외할머니의 쉰 목청을 뒤로 받으며 그것은 우물곁을 거쳐 넓은 뒤란을 어느덧 완전히 통과했다. 다음은 숲이 우거진 대밭이었다.

"고맙네, 이 사람! 집안 일은 죄다 성님한티 맽기고 자네 혼잣 몸땡이나 지발 성혀서만 걸음 펜안히 가소. 뒷일은 아모 염려 말고 그저 펜안히 가소. 증말 고맙네, 이 사람아"

장마철에 무성히 돋아난 죽순과 대나무 사이로 모습을 완전히 감추기까지 외할머니는 우물곁에 서서 마지막 당부의 말로 구렁이를 배웅하고 있었다.

SEMI-NOTE

장마
- 작자 : 윤흥길
- 갈래 : 중편소설
- 성격 : 샤머니즘
- 배경 : 6·25 전쟁 중 어느 농촌 마을
- 시점 : 1인칭 관찰자 시점
- 특징 : 전라북도 사투리 사용을 통한 사실적인 표현
- 주제 : 이념 대립의 극한적 분열상과 정서적 일체감에 의한 극복
- 출전 : 『문학과 지성』

작품의 구성
- 발단 : 두 할머니의 아들이 각각 국군과 인민군 빨치산으로 나감
- 전개 : 외할머니의 아들이 전사한 뒤부터 두 할머니의 갈등이 시작됨
- 위기 : 빨치산에 대한 외할머니의 저주로 갈등이 고조됨
- 절정 : 아이들에게 쫓겨 집안에 들어온 구렁이를 외할머니가 극진히 대접해 돌려보냄
- 결말 : 두 할머니가 화해함

전후소설
전후소설은 6·25를 직접 체험한 작가들이 당시의 현실 상황이나 전쟁 직후의 비극과 인간성 상실에 대해 사실적으로 그려낸 작품으로, 갈라진 우리 민족이 나아가야 할 길을 제시해 주며, 고뇌를 통해 새로운 인간의 형상화를 보여줌

SEMI-NOTE

난장이가 쏘아올린 작은 공
- 작자 : 조세희
- 갈래 : 중편소설, 연작소설
- 경향 : 사회 고발적
- 배경 : 1970년대, 서울의 재개발 지역
- 시점 : 1인칭 주인공 시점
- 특징 : 우화적인 분위기의 실험적 기법의 도입과 70년대의 어두운 이면을 직접적으로 드러냄
- 주제 : 도시 빈민이 겪는 삶의 고통과 좌절
- 출전 : 「문학과 지성」

작품의 구성
- 1부 : (서술자 영수) 집을 철거 한다는 계고장을 받은 난쟁이 가족의 모습과 생활상
- 2부 : (서술자 영호) 입주권을 투기업자에게 파는 난쟁이 가족과 남는 돈이 없어 학교를 그만두는 영호와 영희
- 3부 : (서술자 영희) 영희는 투기업자에게 순결을 빼앗기고, 금고 안에서 되찾은 입주권과 돈으로 입주 절차를 마치나 아버지의 죽음을 확인하고 사회를 향해 절규함

③ 난장이가 쏘아올린 작은 공(1976)

> 아주머니가 말했다.
> "네가 집을 나가구 식구들이 얼마나 찾았는지 아니? 이 방 창문에서도 보이지. 어머니가 헐린 집터에 서 계셨었다. 너는 둘째치구 이번엔 아버지가 어딜 가셨는지 모르게 됐었어. 성남으로 가야하는데 아버지가 안 계셨어. 길게 얘길 해 뭘 하겠니. 아버지는 돌아가셨어. 벽돌 공장 굴뚝을 허는 날 알았단다. 굴뚝 속으로 떨어져 돌아가신 아버지를 철거반 사람들이 발견했어."
> 그런데 - 나는 일어날 수가 없었다. 눈을 감은 채 가만히 누워 있었다. 다친 벌레처럼 모로 누워 있었다. 숨을 쉴 수 없었다. 나는 두 손으로 가슴을 쳤다. 헐린 집 앞에 아버지가 서 있었다. 아버지는 키가 작았다. 어머니가 다친 아버지를 업고 골목을 돌아 들어왔다. 아버지의 몸에서 피가 뚝뚝 흘렀다. 내가 큰소리로 오빠들을 불렀다. 오빠들이 뛰어나왔다. 우리들은 마당에 서서 하늘을 쳐다보았다. 까만 쇠공이 머리 위 하늘을 일직선으로 가르며 날아갔다.
> 아버지가 벽돌 공장 굴뚝 위에 서서 손을 들어 보였다. 어머니가 조각마루 끝에 밥상을 올려 놓았다. 의사가 대문을 들어서는 소리가 들렸다. 아주머니가 나의 손을 잡았다. 아아아아아아 하는 울음이 느리게 나의 목을 타고 올라왔다.
> "울지 마, 영희야." 큰오빠가 말했다.
> "제발 울지 마. 누가 듣겠어." 나는 울음을 그칠 수 없었다.
> "큰오빠는 화도 안 나?"
> "그치라니까."
> "아버지를 난장이라고 부르는 악당은 죽여 버려."
> "그래. 죽여 버릴게."
> "꼭 죽여."
> "그래. 꼭."
> "꼭."

04절 기타 갈래의 작품

1. 현대 수필, 희곡, 시나리오

(1) 현대 수필

① 그믐달(1925)

> 나는 그믐달을 몹시 사랑한다.
> 그믐달은 요염하여 감히 손을 댈 수도 없고, 말을 붙일 수도 없이 깜찍하게 예쁜 계집 같은 달인 동시에 가슴이 저리고 쓰리도록 가련한 달이다.
> 서산 위에 잠깐 나타났다가 숨어 버리는 초생달은 세상을 후려 삼키려는 독부(毒婦)가 아니면 철모르는 처녀 같은 달이지마는, 그믐달은 세상의 갖은 풍상을 다 겪고, 나중에는 그 무슨 원한을 품고서 애처롭게 쓰러지는 원부와 같이

그믐달
- 작자 : 나도향
- 갈래 : 경수필
- 성격 : 서정적, 낭만적, 감상적
- 문체 : 우유체, 화려체
- 특징
  - 대조의 방법으로 대상을 부각시킴
  - 직유법과 은유법을 통해 대상의 특성을 표현
- 제재 : 그믐달
- 주제 : 외롭고 한스러워 보이는 그믐달을 사랑하는 마음
- 출전 : 「조선문단」

애절하고 애절한 맛이 있다.

　보름에 둥근 달은 모든 영화와 끝없는 숭배를 받는 여왕과 같은 달이지마는, 그믐달은 애인을 잃고 쫓겨남을 당한 공주와 같은 달이다.

　초생달이나 보름달은 보는 이가 많지마는, 그믐달은 보는 이가 적어 그만큼 외로운 달이다. 객창한등에 정든 임 그리워 잠 못 들어 하는 분이나, 못 견디게 쓰린 가슴을 움켜잡은 무슨 한 있는 사람이 아니면 그 달을 보아주는 이가 별로 없을 것이다.

　그는 고요한 꿈나라에서 평화롭게 잠들은 세상을 저주하며, 홀로이 머리를 풀어 뜨리고 우는 청상(靑孀)과 같은 달이다. 내 눈에는 초생달 빛은 따뜻한 황금빛에 날카로운 쇳소리가 나는 듯하고, 보름달은 치어다 보면 하얀 얼굴이 언제든지 웃는 듯하지마는, 그믐달은 공중에서 번듯하는 날카로운 비수와 같이 푸른빛이 있어 보인다. 내가 한 있는 사람이 되어서 그러한지는 모르지마는, 내가 그 달을 많이 보고 또 보기를 원하지만, 그 달은 한 있는 사람만 보아주는 것이 아니라 늦게 돌아가는 술주정꾼과 노름하다 오줌 누러 나온 사람도 보고, 어떤 때는 도둑놈도 보는 것이다.

　어떻든지, 그믐달은 가장 정 있는 사람이 보는 중에, 또는 가장 한 있는 사람이 보아주고, 또 가장 무정한 사람이 보는 동시에 가장 무서운 사람들이 많이 보아준다.

　내가 만일 여자로 태어날 수 있다 하면, 그믐달 같은 여자로 태어나고 싶다.

② 낙엽을 태우면서(1938)

　가을이 깊어지면 나는 거의 매일 뜰의 낙엽을 긁어 모으지 않으면 안 된다. 날마다 하는 일이언만, 낙엽은 어느덧 날고 떨어져서 또다시 쌓이는 것이다. 낙엽이란 참으로 이 세상의 사람의 수효보다도 많은가 보다. 30여 평에 차지 못하는 뜰이건만, 날마다의 시중이 조련치 않다.

　벚나무, 능금나무 - 제일 귀찮은 것이 담쟁이다. 담쟁이란 여름 한철 벽을 온통 둘러싸고, 지붕과 연돌(煙突)의 붉은 빛만을 남기고 집안을 통째로 초록의 세상으로 변해 줄때가 아름다운 것이지 잎을 다 떨어트리고 앙상하게 드러난 벽에 메마른 줄기를 그물같이 둘러칠 때쯤에는, 벌써 다시 지릅떠볼 값조차 없는 것이다. 귀찮은 것이 그 낙엽이다.

　가령 벚나무 잎같이 신선하게 단풍이 드는 것도 아니요, 처음부터 칙칙한 색으로 물들어 재치 없는 그 넓은 잎이 지름길 위에 떨어져 비라도 맞고 나면 지저분하게 흙 속에 묻히는 까닭에 아무래도 날아 떨어지는 쪽쪽 그 뒷시중을 해야 한다. 벚나무 아래에 긁어모은 낙엽의 산미를 모으고 불을 붙이면 속엣것부터 푸숙푸숙 타기 시작해서 가는 연기가 피어오르고 바람이나 없는 날이면 그 연기가 낮게 드리워서 어느덧 뜰 안에 가득히 담겨진다.

　낙엽 타는 냄새같이 좋은 것이 있을까. 갓 볶아낸 커피의 냄새가 난다. 잘 익은 개금냄새가 난다. 갈퀴를 손에 들고는 어느 때까지든지 연기 속에 우뚝 서서 타서 흩어지는 낙엽의 산미를 바라보며 향기로운 냄새를 맡고 있노라면 별안간 맹렬한 생활의 의욕을 느끼게 된다. 연기는 몸에 배서 어느 결엔지 옷자락과 손등에서도 냄새가 나게 된다. 나는 그 냄새를 한없이 사랑하면서 즐거운 생활감에 잠겨서는 새삼스럽게 생활의 제목을 진귀한 것으로 머릿속에 떠올린다.

SEMI-NOTE

작품의 구성
- 기 : 가슴 저리게 가련한 그믐달을 사랑하는 나의 모습
- 승 : 독부와 같은 그믐달, 애인을 잃고 쫓겨난 그믐달
- 전 : 사연 있는 사람만 보는 달, 보는 이가 적은 그믐달
- 결 : 만일 여자로 태어난다면 그믐달 같은 여자로 태어나고픈 나의 모습

경수필
내용과 분위기가 친근하며, 주관적, 정서적, 자기 고백적이며 신변잡기적인 성격을 지님

낙엽을 태우면서
- 작자 : 이효석
- 갈래 : 경수필
- 성격 : 주관적, 감각적, 사색적
- 문체 : 우유체
- 특징
  - 은유와 직유, 점층법을 구사
  - 예시와 열거를 통한 '나'의 행동과 상념의 전개가 인상적인 흐름에 따라 표현
- 주제 : 낙엽을 태우면서 느끼는 일상 생활의 보람
- 출전 : 「조선 문학 독본」

작품의 구성
- 기 : 낙엽 쓸기를 귀찮은 시중들기로 표현
- 승 : 쓸어 모은 낙엽을 태우며 낙엽이 타는 냄새를 맡으며 생활의 의욕을 느낌
- 전 : 불을 쬐며 가을의 생활미를 느끼는 화자의 모습
- 결 : 가을에 하는 일거리에서 찾는 창조적이며 생산적인 의미

SEMI-NOTE

피딴문답
- **작자** : 김소운
- **갈래** : 경수필, 희곡적 수필
- **성격** : 교훈적, 감상적
- **문체** : 대화체, 간결체
- **표현**
  – 대화로 이루어져 있어서 희곡을 읽는 듯한 느낌을 줌
  – 피딴이라는 대상에 사물과 인생을 연결시켜 표현함
- **제재** : 피딴
- **주제** : 원숙한 생활미에 대한 예찬
- **출전** : 「김소운 수필전집」

작품의 구성
- **1단** : 화자의 창작활동과 대비되는 피딴의 독자적 풍미를 표현
- **2단** : 썩기 직전의 쇠고기가 도리어 독특한 풍미를 내듯 인생의 풍미를 내는 중용의 도를 역설함

주요 단어 풀이
- **피딴(피단, 皮蛋)** : 중국요리 중 하나로, 주로 오리알을 석회가 첨가된 진흙과 왕겨에 넣어 노른자는 까맣고, 흰색은 갈색을 띄는 젤리 상태의 요리
- **역두(驛頭)** : 역 앞. 역전(驛前)
- **전별(餞別)** : 잔치를 베풀어 작별함. 보내는 쪽에서 예를 갖춰 작별함을 이르는 말
- **어폐(語弊)** : 적절하지 아니하게 사용하여 일어나는 폐단이나 결점

음영과 윤택과 색채가 빈곤해지고 초록이 전혀 그 자취를 감추어 버린 꿈을 잃은 헌출한 뜰 복판에 서서 꿈의 껍질인 낙엽을 태우면서 오로지 생활의 상념에 잠기는 것이다. (후략)

③ 피딴문답(1978)

"존경이라니…, 존경할 요리란 것도 있나?"
"있고말고. 내 얘기를 들어 보면 자네도 동감일 걸세. 오리알을 껍질째 진흙으로 싸서 겨 속에 묻어 두거든…. 한 반 년쯤 지난 뒤에 흙덩이를 부수고, 껍질을 까서 술안주로 내놓는 건데, 속은 굳어져서 마치 삶은 계란 같지만, 흙덩이 자체의 온기 외에 따로 가열(加熱)을 하는 것은 아니라네."
"오리알에 대한 조예가 매우 소상하신데…."
"아니야, 나도 그 이상은 잘 모르지. 내가 아는 건 거기까지야. 껍질을 깐 알맹이는 멍이 든 것처럼 시퍼런데도, 한 번 맛을 들이면 그 풍미(風味─음식의 멋스런 맛)가 기막히거든. 연소(제비집)나 상어 지느러미처럼 고급 요리 축에는 못 들어가도, 술안주로는 그만이지…."
"그래서 존경을 한다는 건가?"
"아니야, 생각을 해 보라고. 날것째 오리알을 진흙으로 싸서 반 년씩이나 내버려 두면, 썩어 버리거나, 아니면 부화해서 오리 새끼가 나와야 할 이치 아닌가 말야…. 그런데 썩지도 않고, 오리 새끼가 되지도 않고, 독자의 풍미를 지닌 피딴으로 화생(化生─생물의 몸이 다르게 변함)한다는 거, 이거 놀라운 일이 아닐 수 없지. 허다한 값나가는 요리를 제쳐 두고, 내가 피딴 앞에 절을 하고 싶다는 연유가 바로 이것일세."
"그럴싸한 얘기로구면. 썩지도 않고, 오리 새끼도 되지 않는다…?"
"그저 썩지만 않는다는 게 아니라, 거기서 말 못 할 풍미를 맛볼 수 있다는 거, 그것이 중요한 포인트지……. 남들은 나를 글줄이나 쓰는 사람으로 치부하지만, 붓 한 자루로 살아 왔다면서, 나는 한 번도 피딴만한 글을 써 본 적이 없다네. '망건을 십 년 뜨면 문리(文理─글의 뜻을 깨달아 아는 힘)가 난다.'는 속담도 있는데, 글 하나 쓸 때마다 입시를 치르는 중학생마냥 긴장을 해야 하다니, 망발도 이만저만이지……."
"초심불망(初心不忘─처음에 먹은 마음을 잊지 않는다)이라지 않아……. 늙어 죽도록 중학생일 수만 있다면 오죽 좋아 ……."
"그런 건 좋게 하는 말이고, 잘라 말해서, 피딴만큼도 문리가 나지 않는다는 거야……. 이왕 글이라도 쓰려면, 하다못해 피딴 급수(級數)는 돼야겠는데……."
"썩어야 할 것이 썩어 버리지 않고, 독특한 풍미를 풍긴다는 거, 멋있는 얘기로구면. 그런 얘기 나도 하나 알지. 피딴의 경우와는 좀 다르지만……." (후략)

(2) 희곡, 시나리오

① 토막(1932)

> 명서 처 : 음, 그 애에게서 물건이 온 게로구먼.
> 명서 : 뭘까?
> 명서 처 : 세상에, 귀신은 못 속이는 게지!(아들의 좋은 소식을 굳게 믿고 싶은 심정) 오늘 아침부터 이상한 생각이 들더니, 이것이 올려구 그랬던가 봐. 당신은 우환이니 뭐니 해도 …….
> 명서 : (소포의 발송인의 이름을 보고) 하아 하! 이건 네 오래비가 아니라 삼조가 …….
> 명서 처 : 아니, 삼조가 뭣을 보냈을까? 입때 한 마디 소식두 없던 애가 ……. (소포를 끌러서 궤짝을 떼어 보고)
> 금녀 : (깜짝 놀라) 어머나!
> 명서 처 : (자기의 눈을 의심하듯이) 대체 이게 …… 이게? 에그머니, 맙소사! 이게 웬일이냐?
> 명서 : (되려 멍청해지며, 궤짝에 쓰인 글자를 읽으며) 최명수의 백골.
> 금녀 : 오빠의?
> 명서 처 : 그럼, 신문에 난 게 역시! 아아, 이 일이 웬일이냐? 명수야! 네가 왜 이 모양으로 돌아왔느냐! (백골상자를 꽉 안는다.)
> 금녀 : 오빠!
> 명서 : 나는 여태 개돼지같이 살아 오문서, 한 마디 불평두 입 밖에 내지 않구 꾸벅꾸벅 일만 해 준 사람이여. 무엇 때문에, 무엇 때문에 내 자식을 이 지경을 맨들어 보내느냐? 응, 이 육시헐 놈들! (일어서려고 애쓴다.)
> 금녀 : (눈물을 씻으며) 아버지! (하고 붙든다.)
> 명서 : 놓아라! 명수는 어디루 갔니? 다 기울어진 이 집을 뉘게 맽겨 두구 이놈은 어딜?
> 금녀 : 아버지! 아버지!
> 명서 : (궤짝을 들구 비틀거리며) 이놈들아, 왜 뼉다구만 내게 갖다 맽기느냐? 내 자식을 죽인 놈이 이걸 마저 처치해라! (기진하여 쓰러진다. 궤짝에서 백골이 쏟아진다. 받은기침 한동안.)
> 명서 처 : (흩어진 백골을 주으며) 명수야, 내 자식! 이 토막에서 자란 너는 백골이나마 우리를 찾아왔다. 인제는 나는 너를 가다려서 애태울 것두 없구 동지섣달 기나긴 밤을 울어 새우지 않아두 좋다! 명수야, 이제 너는 내 품안에 돌아왔다.
> 명서 : ……아아, 보기 싫다! 도로 가져 가래라.
> 금녀 : 아버지, 서러 마세요. 서러워 마시구 이대루 꾹참구 살아가세유. 네 아버지! 결코 오빠는 우릴 저바라지 않을 거예유. 죽은 혼이라두 살아 있어, 우릴 꼭 돌봐 줄거예유. 그때까지 우린 꾹 참구 살아 가세유, 예, 아버지!
> 명서 : ……아아, 보기 싫다! 도로 가져 가래라!
> (금녀의 어머니는 백골을 안치하여 놓고 열심히 무어라고 중얼거리며 합장한다. 바람 소리 정막(靜幕)을 찢는다)

SEMI-NOTE

토막

- 작가 : 유치진
- 갈래 : 현대극, 장막극(전 2막), 사실주의 극
- 성격 : 현실 고발적, 비판적, 사실적
- 배경 : 1920년대, 어느 가난한 농촌 마을
- 특징
  - 사실주의 희곡의 전형(1920년대 농민의 궁핍한 생활상을 사실적으로 묘사)
  - 상징적인 배경의 설정('토막'은 일제 수탈로 인해 피폐해진 우리 조국을 상징, 명서 일가의 비극과 명수의 죽음은 독립에 대한 희망의 좌절을 상징함)
  - 희극적 인물인 경선을 통해 비극의 효과를 극대화
  - 비유, 상징을 통해 당시 사회상을 완곡하게 표현
  - 비극적 상황에서도 희망을 버리지 않는 민족의 끈기를 표현
- 제재 : 일제 강점기 아래의 비참한 생활상
- 주제 : 일제의 가혹한 억압과 수탈의 참상과 현실 고발
- 의의 : 리얼리즘을 표방한 본격적인 근대극이며, 한국 근대극의 출발이 됨
- 출전 : 『문예월간』

작품의 구성

- 발단 : 가난한 농부인 명서 가족은 일본으로 떠난 명수가 돈을 많이 벌어 올 것을 고대
- 전개 : 명수가 독립운동을 하다가 경찰에 붙잡혔다는 소식을 듣는 명서 가족
- 절정 : 명서 처는 명수가 종신형을 선고 받을지 모른다는 말에 실성해버림
- 결말 : 명수의 죽음과 백골이 담긴 상자가 도착, 명서 부부의 오열과 금녀의 위로

SEMI-NOTE

오발탄
- 작자: 나소운, 이종기 각색(1959년 이범선의 동명 원작을 각색)
- 갈래: 각색 시나리오
- 성격: 비판적, 사회 고발적, 사실적
- 배경: 한국 전쟁 직후, 서울 해방촌 일대
- 특징
  - 원작 소설 「오발탄」의 특징과 감동을 잘 살림(전후 암담한 현실을 사실적으로 묘사하여 가치관이 상실된 어두운 사회상을 비판·고발)
  - 인물 심리의 효과적 전달과 비극적 인물상의 조명을 위해 여러 가지 고도의 영화 기법을 활용
  - 문제의 명확한 해결이 아닌 절망적 상태를 보여 주는 것으로 끝을 맺어 여운을 남김
  - 주인공(송철호)의 인간성과 내면의 허무 의식 표출에 역점을 두고 표현
- 주제: 전후(戰後)의 빈곤하고 비참한 삶과 가치관이 상실된 세태에 대한 비판
- 출전: 「한국 시나리오 선집」

작품의 구성
- 발단: 아내와 동생 영호, 여동생 명숙 사이에서 무기력하게 생활하는 철호
- 전개: 6·25 전쟁으로 정신 이상자가 된 어머니와 철호 일가의 비참한 생활상
- 절정: 강도 혐의로 붙잡힌 영호와 아내의 죽음으로 충치를 뽑음
- 결말: 충치를 뽑고 난 뒤 현기증을 느끼며 택시를 타고, 횡설수설하는 철호

② 오발탄(1961)

#103. 철호의 방 안
철호가 아랫방에 들어서자 웃방 구석에서 고리짝을 뒤지고 있던 명숙이가 원망스럽게
명숙: 오빤 어딜 그렇게 돌아다니슈.
철호는 들은 척도 않고 아랫목에 털썩 주저앉아 버린다.
명숙: 어서 병원에 가 보세요.
철호: 병원에라니?
명숙: 언니가 위독해요.
철호: …….
명숙: 점심때부터 진통이 시작되어 죽을 애를 다 쓰고 그만 어린애가 걸렸어요.

#118. 동대문 부인과 산실
아이는 몇 번 앙! 앙! 거리더니 이내 그친다. 그 옆에 허탈한 상태에 빠진 명숙이가 아이를 멍하니 바라보며 앉아 있다.
명숙: 오빠 돌아오세요 빨리. 오빠는 늘 아이들의 웃는 얼굴이 세상에서 젤 좋으시다고 하셨죠? 이 애도 곧 웃을 거예요. 방긋방긋 웃어야죠. 웃어야 하구 말구요. 또 웃도록 우리가 만들어 줘야죠.

#120. 자동차 안
조수가 뒤를 보며
조수: 경찰섭니다.
혼수상태의 철호가 눈을 뜨고 경찰서를 물끄러미 내다보다가 뒤로 쓰러지며
철호: 아니야. 가!
조수: 손님 종로 경찰선데요.
철호: 아니야. 가!
조수: 어디로 갑니까?
철호: 글쎄 가재두…….
조수: 참 딱한 아저씨네.
철호: …….
운전수가 자동차를 몰며 조수에게
운전수: 취했나?
조수: 그런가 봐요.
운전수: 어쩌다 오발탄 같은 손님이 걸렸어. 자기 갈 곳도 모르게.
철호가 그 소리에 눈을 떴다가 스르르 감는다. 밤거리의 풍경이 쉴새없이 뒤로 흘러간다.

02장 고전 문학

01절 고전 문법

02절 고대, 중세, 근대 국어

03절 고전시가

04절 고전산문

02장 고전 문학

01절 고전 문법

1. 음운

(1) 훈민정음의 제자 원리와 문자체계

① 훈민정음의 제자 원리 ★빈출개념

㉠ 초성(자음 17자) : 발음기관 상형(기본자) + 가획의 원리(가획자) + 이체(이체자)

구분	기본자	가획자	이체자
아음	ㄱ	ㅋ	ㆁ
설음	ㄴ	ㄷ, ㅌ	ㄹ
순음	ㅁ	ㅂ, ㅍ	
치음	ㅅ	ㅈ, ㅊ	ㅿ
후음	ㅇ	ㆆ, ㅎ	

㉡ 중성(모음 11자) : 천지인(天地人)의 상형 및 기본자의 합성

구분	기본자	초출자	재출자
양성모음	·	ㅗ, ㅏ	ㅛ, ㅑ
음성모음	ㅡ	ㅜ, ㅓ	ㅠ, ㅕ
중성모음	ㅣ		

㉢ 종성 : 종성부용초성(終聲復用初聲)의 원칙에 따라, 따로 만들지 않고 초성을 다시 씀

> **실력UP 훈민정음 초성 체계**
>
> • 구성
>
> | 구분 | 전청음 | 차청음 | 전탁음 | 불청불탁음 |
> |---|---|---|---|---|
> | 아음 | ㄱ | ㅋ | ㄲ | ㆁ |
> | 설음 | ㄷ | ㅌ | ㄸ | ㄴ |
> | 순음 | ㅂ | ㅍ | ㅃ | ㅁ |
> | 치음 | ㅈ | ㅊ | ㅉ | |
> | | ㅅ | | ㅆ | |
> | 후음 | ㆆ | ㅎ | ㆅ | ㅇ |
> | 반설음 | | | | ㄹ |
> | 반치음 | | | | ㅿ |
>
> • 특징
> – 전청음을 가획(加劃)하여 차청음을 만들고, 해당 전청음을 한 번 더 사용하여 전탁음을 만듦
> – 23자음 체계는 동국정운식 한자음에서 사용(순수 국어의 자음은 22자음)

SEMI-NOTE

자음의 제자 원리
- 아음(牙音) : 아음(어금닛소리) 'ㄱ'은 혀뿌리가 목구멍을 막는 것을 본뜬 형태
- 설음(舌音) : 설음(혓소리) 'ㄴ'은 혀가 윗잇몸에 닿는 것을 본뜬 형태
- 순음(脣音) : 순음(입술소리) 'ㅁ'은 입 모양을 본뜬 형태
- 치음(齒音) : 치음(잇소리) 'ㅅ'은 이(齒)의 모양을 본뜬 형태
- 후음(喉音) : 후음(목구멍소리) 'ㅇ'은 목구멍 모양을 본뜬 형태

종성부용초성(終聲復用初聲)
「종성해」에서는 8자만 사용한다고 규정하였으며, 각각 'ㄱ, ㆁ, ㄷ, ㄴ, ㅂ, ㅁ, ㅅ, ㄹ'임

음운
- 전청음(全淸音) : 현대 언어의 무성음의 파열음, 파찰음, 마찰음을 포함하는 발음 분류
- 차청음(次淸音) : 현대 언어의 격음(激音)에 해당하는 발음 분류
- 전탁음(全濁音) : 현대 언어에서 유성 장애음을 가리키는 발음 분류, 『훈민정음』에서는 각자병서로 표기
- 불청불탁음(不淸不濁音) : 현대 언어에서 비음(鼻音)과 유음(流音), 유성마찰음에 해당하는 발음 분류

② 훈민정음의 문자 체계
   ㉠ 전탁음은 훈민정음 28자에 속하지 않는다(ㄲ, ㄸ, ㅃ, ㅆ, ㅉ, ㆅ).
   ㉡ 순경음은 훈민정음 28자에 속하지 않는다(ㅸ, ㆄ, ㅹ, ㅱ).
   ㉢ 'ㆆ, ㅇ'은 한자음을 표기하기 위한 것이었으므로, 국어의 음운 단위에서는 형식적인 자음이고 실질적 자음은 아님
   ㉣ 'ㆅ'은 순수 국어에도 사용 하였으나 의미 분화의 기능이 없었으므로 (국어에서는 항상 'ㅕ' 앞에서만 쓰였음) 음운 단위가 될 수 없고, 'ㅎ'의 이형태에 지나지 않음

(2) 훈민정음의 글자 운용

① 훈민정음의 글자 운용 : 훈민정음 예의부 자모운용편(例義部 字母運用篇)에 있는 규정으로, 자음을 옆으로 나란히 붙여 쓰는 것을 병서(竝書)라 하고, 상하로 잇대어 쓰는 것을 연서(連書)라 함
   ㉠ 연서법(이어쓰기)
      - 순음 'ㅂ, ㅍ, ㅁ, ㅃ' 아래에 'ㅇ'을 이어 쓰면 각각 순경음 'ㅱ, ㅸ, ㅹ, ㆄ'이 되며 'ㆄ, ㅱ, ㅹ'은 한자음 표기에 쓰임
      - 우리말에 쓰이던 'ㅸ'이 15세기에 소멸되었으므로 현대 국어에서 연서법은 적용하지 않음
   ㉡ 병서법(나란히 쓰기) : 초성을 합하여 사용할 때는 나란히 씀, 종성도 같음
      - 각자 병서 : ㄲ, ㄸ, ㅃ, ㅉ, ㅆ, ㆅ
      - 합용 병서 : ㅺ, ㅼ, ㅽ, ㅆ, ㅳ, ㅄ, ㅶ, ㅷ, ㅴ, ㅵ, ㄺ, ㄼ, ㆆ, ㄽ, ㅩ, ㅫ

② 성음법(음절 이루기) : 모든 글자는 초성, 중성, 종성을 갖추어야 음절을 이룬다는 규정, 이에 따라 받침 없는 한자에 소릿값 없는 'ㅇ'을 붙여 종성을 갖추게 하였고, 현대 음성학의 견지에서 보면 모음 단독으로도 발음이 되며 자음 중 'ㄴ, ㄹ, ㅁ, ㅅ, ㅿ, ㆁ, ㅸ' 등도 단독으로 소리가 난다고 보지만, 훈민정음에서는 초성, 중성, 종성이 합쳐져야만 소리가 이루어진다고 봄 (예) 世솅宗종御엉製졩 : 세종어제)

(3) 표기법

① 표음적 표기법
   ㉠ 8종성법 : 종성에서는 'ㄱ, ㄴ, ㄷ, ㄹ, ㅁ, ㅂ, ㅅ, ㅇ'의 8자만 허용되는 것이 원칙인데, 이는 체언과 용언의 기본 형태를 밝히지 않고 소리 나는 대로 적는 것으로 표음적 표기라 할 수 있음
   ㉡ 이어적기(연철) : 받침 있는 체언이나 용언의 어간에 모음으로 시작되는 조사나 어미가 붙을 때는 그 받침을 조사나 어미의 초성으로 이어 적음
② 표의적 표기법 : 8종성법의 예외
   ㉠ 체언과 용언의 기본 형태를 밝혀 적은 일이 있음
   ㉡ 반치음과 겹받침이 종성으로 적히는 일이 있음
③ 끊어적기(분철) : 「월인천강지곡」에 나타나는 예로서 'ㄴ, ㄹ, ㅁ, ㅇ' 등의 받침소리에 한해 끊어 적는 일이 있음

SEMI-NOTE

표음적 표기

음소적 표기(소리 나는 대로 적기)로서 15세기 문헌 대부분이 표음적 표기를 사용

중철

연철과 분철의 중간적 표기 형태로, 16세기 초기 문헌에서부터 나타남 표기에 받음과 기본형을 모두 표기하려는 의도가 반영된 것으로 보이며, 19세기까지 그 명맥을 유지하였음

SEMI-NOTE

중세 국어의 사잇소리
중세 국어에는 사이시옷 외에도 'ㄱ, ㄷ, ㅂ, ㅸ, ㆆ, ㅿ'이 사잇소리로 쓰임

이영보래(以影補來)
영모(影母) 'ㆆ'로 래모(來母) 'ㄹ'을 돕는다는 뜻으로 받침에 'ㆆ' 형태로 하여 당시 중국 한자음에 맞게 국어의 한자음을 조정하려는 의도가 담겨 있음

성조와 방점
중세 국어에서 음절 안에서 나타나는 소리의 높낮이인 성조를 표시하기 위해 왼쪽에 찍은 점을 방점이라고 함. 방점은 각 음절마다 찍는 것이 규칙

④ **사잇소리** : 명사와 명사가 연결되거나 선행 명사가 울림소리로 끝날 때 들어가는 형태소, 현대어의 사잇소리로 쓰이는 'ㅅ'에 해당
  ㉠ 사잇소리의 기능
    • 의미상 : 관형격조사와 같은 구실을 함
    • 발음상 : 울림소리 사이에 끼이는 안울림소리(무성음)의 울림소리 되기를 방지하며, 다음 소리를 되게 또는 강하게 소리 나게 함
  ㉡ 사잇소리의 위치 : 체언 뒤, 울림소리 뒤
    • 순수 국어 뒤 : 선행 음절의 종성에 붙음(예 님금ㅅ말쑴 → 님긊말쑴)
    • 한자어 뒤 : 선행 음절과 후행 음절의 중간에 붙음(예 君군ㄷ字쫑)
    • 훈민정음에서 보인 예 : 후행 음절의 초성에 붙음(예 엄ㅅ소리 → 엄쏘리)
  ㉢ 사잇소리의 용례 : 세조 이후 'ㅅ'으로 쓰이기 시작하다가 성종 이후(초간본 「두시언해」부터)는 'ㅅ'만 사용(15세기 문헌이라도 「월인천강지곡에서」는 'ㅅ'만 사용)

⑤ **동국정운식 한자음**
  ㉠ 우리나라에서 사용되는 현실적인 한자음을 중국 원음에 가깝게 정해 놓기 위한 것으로, 실제로 통용되는 한자음이 아니라 이상적인 한자음
  ㉡ 대표적으로 「석보상절」, 「훈민정음 언해본」, 「월인석보」 등에 나타나며 세조 (1480년 경) 이후 소멸

⑥ **사성법의 의미와 종류**
  ㉠ 사성법의 의미 : 음의 높낮이를 표시하기 위해 글자의 왼쪽에 점을 찍는 표기법
  ㉡ 사성법의 종류

성조	방점	성질(해례본)	해설
평성(平聲)	없음	안이화(安而和)	처음과 끝이 모두 낮은 소리
상성(上聲)	2점	화이거(和而擧)	처음은 낮으나 끝이 높은 소리
거성(去聲)	1점	거이장(擧而壯)	처음과 끝이 모두 높은 소리
입성(入聲)	없음, 1~2점	촉이색(促而塞)	촉급하게 끝나는 소리로 ㄱ, ㄷ, ㅂ, ㅅ, 한자음 받침 'ㆆ'과 같은 안울림소리 받침을 가진 것

(4) 음운현상

① **이화(異化)** : 한 낱말 안에 같거나 비슷한 음운 둘 이상이 겹쳐 있을 때, 한 음운을 다른 소리로 바꾸어 표현을 명료하게 하고 생신(生新)한 맛을 나타내는 음운 변화로, 이는 동화와 반대되는 변화
  ㉠ 자음의 이화 : 표현의 명료화를 위해 동일하거나 같은 계열의 자음 중복을 피함(예 붚〉북(鼓), 거붑〉거붑〉거북, 브섭〉브업〉부엌)
  ㉡ 모음의 이화 : 일종의 강화 현상으로 동일하거나 같은 계열의 모음 중복을 피함(예 처섬〉처엄〉처음, 즁싱(衆生)〉즘싱〉즘승〉짐승, 나모〉나무, 서르〉서로)

② **강화(強化)** : 청각 인상을 분명하게 하기 위하여 불분명한 음운을 명료한 음운으로 바꾸는 현상인데, 모음의 강화는 모음조화와는 관계없이 청각 인상을 뚜렷하게

하기 위한 음운의 변화(예 서르〉서로, ᄀᆞᄅᆞ〉가루, 펴어〉펴아, 아ᅀᆞ〉아ᅌᆞ〉아우)
③ 모음조화
  ㉠ 실질형태소에 형식형태소가 붙을 때, 또는 한 명사나 용언의 어간 자체에서 양성 음절은 양성 음절, 음성 음절은 음성 음절, 중성 음절은 양음 어느 모음과도 연결될 수 있는 현상
  ㉡ 음성학적으로 발음 위치가 가까운 것끼리 연결하여 발음하기 위한 것
  ㉢ 15세기 국어에서는 이 현상이 매우 엄격하였으나, 'ᆞ'음의 소실, 'ㅓ'소리의 변함, 한자어와의 혼용에서 많이 약화됨
④ 원순모음화 : 순음인 'ㅁ, ㅂ, ㅍ' 아래에 'ㅡ'가 같은 고설모음(高舌母音)이면서, 또 조음위치에도 인접해 있으므로 해서 순모음인 'ㅜ'로 동화되는 현상
⑤ 전설모음화
  ㉠ 치음(ㅅ, ㅈ, ㅊ) 아래에서 중설모음인 'ㅡ'가 전설모음인 'ㅣ'로 변하는 현상(예 즛〉짓, 거츨다〉거칠다, 슳다〉싫다, 어즈러이〉어지러이)
  ㉡ 전설모음화는 뒤에 오는 'ㅣ' 모음 때문에 앞에 오는 모음이 변하는 현상이므로 역행동화에 해당하여 'ㅣ' 모음 역행동화라고도 함
⑥ 구개음화(口蓋音化) : 현대 국어와 같이 치조음(ㄷ, ㅌ)이 구개음(ㅈ, ㅊ)으로 변하는 현상(예 디다[落]〉지다, 고티다〉고치다, 뎌[笛]〉저, 둏다〉좋다)
⑦ 모음 충돌 회피 : 두 개의 모음이 연결되는 것을 피하려는 현상
  ㉠ 두 모음 중 앞의 것을 탈락시키는 경우(예 ᄐᆞ아〉타[乘], 쓰어〉써[用])
  ㉡ 두 모음을 줄여 한 음절로 축약시키는 경우(예 가히〉가이〉개, 입시울〉입술, 히이다〉버이다〉베다)
⑧ 도치
  ㉠ 단음도치(單音倒置) = 음운전위(音韻轉位) : 한 단어 안에서 음운이 서로 위치를 바꾸는 현상으로, 두 단음이 서로 자리를 바꾸는 것
  ㉡ 단절도치(單節倒置) = 음절전위(音節轉位) : 한 단어 안에서 음절과 음절이 서로 위치를 바꾸는 현상으로, 넓은 뜻에서 단음도치와 음절도치를 아울러 음운도치라고도 함
⑨ 활음조 현상 : 듣기나 말하기에 불편하고, 거친 말소리를 어떤 음을 첨가 또는 바꿈으로써 듣기 좋고 말하기 부드러운 소리로 변화시키는 현상(예 한아버지〉할아버지, 미양〉ᄆᆞ양〉마냥)

2. 체언, 용언, 접사

(1) 명사, 대명사, 수사

① 명사
  ㉠ 현대어와 마찬가지로 보통 명사는 중세 국어에서도 보편적으로 나타남
  ㉡ 의존명사 'ᄃᆞ, ᄉᆞ'는 경우에 따라 사물, 연유, 시간, 처소 및 말의 가락을 부드럽게 하는 접사 구실 등 여러 가지 기능으로 쓰임
  ㉢ 'ㅣ' 모음으로 끝나는 명사

SEMI-NOTE

모음조화의 용례
- 순음과 설음 사이(예 믈 〉 물, 블 〉 불, 플 〉 풀)
- 순음과 치음 사이(예 므지게 〉 무지개, 므슨 〉 무슨)

모음조화의 현재
현대어에서는 의성어와 의태어 및 용언의 활용(보조적 연결어미 '어/아', 과거시제 선어말어미 '었/았')에서 지켜지고 있음

도치(倒置)의 용례
- 자음도치(예 빗복 〉 빗곱 〉 배꼽)
- 모음도치(예 하야로비(鷺) 〉 해야로비 〉 해오라비 〉 해오라기)
- 단절도치(예 ᄒᆞ더시니 〉 하시더니, 시혹 〉 혹시)

명사의 용례
- 서술격 조사를 취할 때(예 소리 + Ø 라 〉 소리라)
- 처소 부사격 조사를 취할 때(예 비 + 에 〉 비예)
- 관형격 조사를 취할 때(예 그려기 + 의 〉 그려긔)

SEMI-NOTE

인칭 대명사의 용례
- 1인칭(예) 나는 늘거 호마 無想天으로 가리니, 우리돌히 필연히 디옥애 뻐러디면)
- 2인칭(예) 王봇 너를 스랑티 아니호시린댄, 너희돌히 또 모매 念호야 受持호슥볼라)
- 부정칭(예) 將軍氣를 아모 爲호다 호시니 님금 말쓰미 긔 아니 올호시니)

지시대명사의 용례
- 근칭(예) 塗香올 이 經 디닐 싸르미 이어긔 이셔도 다 能히 골히며)
- 중칭(예) 侖利 가 보니 그어긔 수제 섯드러 잇고 좁니 섯버므러 잇고)
- 미지칭(예) 머리 우흰 므스거시 잇느니오, 聖人 神力을 어느 다 솔보리)

주격조사의 용례
- 'ㅣ' 형태(예) 우리 始祖ㅣ 慶興에 사르샤 王業을 여르시니)
- '이' 형태(예) 사르미 살며 주구미 이실씨 모매 늙느니라)
- '가' 형태(예) 두드럭이가 불의예 도라 브어 오르니)

관형격 조사
- 무정명사 : -ㅅ(예) 나못니픈)
- 유정명사
  - 존칭 : -ㅅ(예) 岐王ㅅ집 안해)
  - 비칭 : 이/의(예) 최구의 집 알픠)

부사격조사
- 선행하는 체언으로 하여금 부사어가 되도록 하는 조사
- 형태
  - 애 : 체언 끝 음절의 모음이 양성일 때(예) ᄀᆞᄅᆞ매 드르도 두터비 좁디 아니호느니)
  - 에 : 체언 끝 음절의 모음이 음성일 때(예) 굴허에 무물 디내샤 도죽이 다 도라가니)

- 주격 및 보격 조사를 취할 때 : 'Ø'의 조사를 취함
- 서술격 조사를 취할 때 : 'Ø라'로 변함
- 처소 부사격 조사를 취할 때 : '에'가 체언의 'ㅣ' 모음에 동화되어 '예'가 됨
- 관형격 조사를 취할 때 : 체언이 유정명사이면 체언의 'ㅣ' 모음이 탈락

② 대명사
  ㉠ 인칭대명사

구분	1인칭	2인칭	3인칭	3인칭 재귀대명사	미지칭	부정칭
단수	나	너, 그듸 (높임말)	없음	저, 주갸(높임말)	누	아모
복수	우리(돌)	너희(돌)	없음	저희(돌)		

  ㉡ 지시대명사

구분	근칭	중칭	원칭	미지칭	부정칭
사물	이	그	뎌	므슥, 므섯, 므스, 므슴, 어느/어느, 현마, 엇뎨	아모것
장소	이어긔	그어긔	뎌어긔	어듸,어드러,어듸메	아모듸

③ 수사
  ㉠ 양수사는 소멸된 '온[百], 즈믄[千]'을 제외하고는 현대어와 직접 연결
  ㉡ 양수사 중 1, 2, 3, 4, 10, 20과 부정수가 끝에 'ㅎ'을 간직하는 것이 현대어와 다름
  ㉢ 서수사는 양수사에 차례를 나타내는 접미사 '자히, 차히, 재(째)'가 양수사에 붙어 이루어짐(예) ᄒᆞ나ᄒ + 차히 〉 ᄒᆞ나차히(첫째))

(2) 조사

① 주격 조사
  ㉠ 중세 국어에서는 '이/ㅣ' 등이 주격 조사로 쓰임
  ㉡ 주격조사의 형태

형태	사용 조건	형태	현대어
ㅣ	'ㅣ' 모음 이외의 모음으로 끝난 체언 다음에	부텨 + ㅣ 〉 부톄	이/가
이	자음(받침)으로 끝난 체언 다음에	사ᄅᆞᆷ + 이 〉 사ᄅᆞ미, 말쓰미	
영형태 (Ø)	'ㅣ' 모음으로 끝난 체언 다음에 ('ㅣ'+'ㅣ'→'ㅣ')	비 + ㅣ 〉 비	

② 서술격 조사
  ㉠ 서술격 조사의 본체(어간)는 '이다' 중 '이-'에 해당함
  ㉡ 서술격 조사는 주격 조사가 사용되는 조건과 같음(예) 香風이 時로 와 이운 곳부리 아사든 다시 새롤 비허)

③ 목적격 조사
  ㉠ 목적격 조사의 원형태는 'ㄹ'로, '올/을'은 자음 충돌을 피하기 위한 매개모음 '♀/으'가 삽입된 형태
  ㉡ '를/를'도 'ㄹ + (♀/으) + ㄹ'의 형태로, 이는 목적격 조사의 중가법(重加法)에 의한 것
  ㉢ '-ㄹ'는 모음 뒤에 오는 형태로, 비규칙적으로 삽입된 형태(예 하나빌 미드니 잇가)
③ 접속조사 : 현대어의 용례와 다른 점은 '와/과'가 고어에서는 끝 단어에까지 붙으나, 현대어에서는 붙지 않음
④ 보조사
  ㉠ 강세 보조사
    • ㄱ : 보조적 연결어미, 조사 아래에 쓰임(예 사람마닥(마다))
    • 곰 : 부사나 보조적 연결어미, 명사 아래에 쓰임(예 달하, 노피곰 도드샤)
    • 곳(옷) : 체언 아래에서 '만'의 뜻으로 쓰임(예 ᄒᆞ다가 戒行곳 업스면, 외로 왼 비옷 잇도다)
    • 사 : 명사의 처소 부사격 및 용언 아래에 쓰임(예 來日사 보내요리다, 오늘 사 이라고야)
    • 이쭌 : 명사 아래에 쓰임(예 山行잇든 가셜가, 긴힛든 그츠리잇가)
    • 붓(봇) : '곳(옷)'과 같음(예 그윗 請붓 아니어든, ᄆᆞᇂ맷 벌봇 아니면)
  ㉡ 기타 보조사

종류	형태	종류	형태
대조	-ᄋᆞᆫ/-은, -ᄂᆞᆫ/-는	선택	-이나, -이어나
동일	-도	어림셈	-이나
단독	-ᄲᅮᆫ	첨가	-조차
각자	-마다, -족족	고사(姑捨)	-이야ᄏᆞ니와
시작	-브터, -로셔, -ᄋᆞ(으)로	물론	-은ᄏᆞ니와
도급(都給)	-ᄉᆞ장, -ᄉᆞ지	한정	-만
역동	-(이)ㄴ들, -이라도	감탄	-여, -(이)야, -도, -ㄴ여

(3) 용언의 활용

① 어간의 활용
  ㉠ 'ㅅ' 불규칙 : 어간 'ㅅ' 받침이 모음 앞에서 'ㅿ'으로 변하는 규칙으로, 현대 국어에서는 'ㅅ'이 탈락
  ㉡ 'ㅂ' 불규칙 : 어간의 'ㅂ' 받침이 모음 앞에서 'ㅸ'으로 변하는 규칙으로, 현대 국어에서는 '오/우'로 바뀜
  ㉢ 'ㄷ' 불규칙 : 어간의 'ㄷ' 받침이 모음 앞에서 'ㄹ'로 변하며, 현대 국어와 같음
② 어미의 활용
  ㉠ ㄷ → ㄹ : 모음 'ㅣ' 아래에서 어미 첫소리 'ㄷ'이 'ㄹ'로 바뀜

SEMI-NOTE

접속조사의 활용
- -와/-과 : 와 -과 ㅜ와 ㅛ와 ㅠ와란 첫소리 아래 브텨쓰고
- -이며/-며 : 머릿바기며 눖ᄌᆞᅀᅵ며 骨髓며 가시며
- -이랑/-랑 : 멀위랑 ᄃᆞ래랑 먹고 靑山애 살어리랏다
- -이여/-여 : 一千이여 一萬이여 무수히 얻고져 ᄒᆞ야도
- -이야/-야 : 이리야 교ᄐᆡ야 어즈러이 구ᄃᆞᆺ뎐디

주요 단어 풀이
- 고사(姑捨) : 어떤 일이나 그에 관련된 능력, 경험, 지불 따위를 배제함
- 도급(都給) : 일정 기간 또는 시간 내에 끝내야 할 일의 양을 몰아서 맡거나 맡김

호격조사
- -하 : 명사의 지위가 높을 때(예 世尊하 아모나 이 經을 디녀 널로 외오며)
- -아, -야 : 명사의 지위가 낮을 때(예 아히야, 아히야 粥早飯 다오)

어간의 활용
- 'ㅅ' 불규칙(예 짓 + 어 → 지ᅀᅥ(지어))
- 'ㅂ' 불규칙(예 덥 + 어 → 더ᄫᅥ(더워))
- 'ㄷ' 불규칙(예 묻 + 어 → 무러(물어))

어미의 활용
- ㄷ → ㄹ(예 이 + 더 + 라 → 이러라)
- ㄱ → ㅇ(예 알 + 거 + 늘 → 알어늘)
- -오 → -로(예 이 + 옴 → 이롬)
- '-야' 불규칙(예 그 便을 得ᄒᆞ야)

SEMI-NOTE

선어말어미 '오'와 '우'
- 삽입 모음 + 형태소로서의 기능
- 종결형과 연결형에서는 일반적으로 1인칭 주체를 표시
- 관형사형에서는 목적격 활용을 표시

접두사
- 차- : '힘껏'의 뜻 (예 넌즈시 치혀시니 (넌지시 잡아당겼으니))
- 티- : '위로'의 뜻 (예 누눌 티쁘니(눈을 위로 뜨니))
- 즛-(짓-) : '마구'의 뜻 (예 즛두드린 즙을(마구 두드린 즙을))

접미사
- 부사 파생 접미사 : -이, -히, -로, -오(우)
- 명사 파생 접미사
  - ㄱ형(-악, -억, -옥…)
  - ㅇ형(-앙, -엉, -옹…)
  - -이/-의형
  - 형용사 파생 접미사 : -ㅂ/-브
- 부사 파생 접미사
  - (-오/-우)ㅁ
  - -ㅇ
  - -곰(옴)
  - -ㄱ

감탄문
'-ㄹ셔, -ㄴ뎌, -어라, -애라' 등 사용 (예 내 아드리 어딜셔)

명령문
명령형 어미 '-라'를 사용하거나 '-쇼셔'를 사용 (예 이 뜨들 닛디 마르쇼셔)

청유문
청유형어미 '-새', '-쟈스라', '-져 나 -사이다'를 사용 (예 나조히 釣水ᄒᆞ새)

ⓒ ㄱ → ㅇ : 모음 'ㅣ', 반모음 'j', 유음 'ㄹ' 아래에서 어미의 첫소리 'ㄱ'이 'ㅇ'으로 바뀜

ⓓ -오 → -로 : '오' 계통의 어미가 서술격조사 아래에서 '로' 계통의 어미로 바뀜

ⓔ '-야' 불규칙 : 현대국어의 '여' 불규칙의 소급형. '-ᄒᆞ다' 동사의 어간 끝 모음이 탈락하지 않고 '-야' 계통의 어미로 바뀜

(4) 접사

① 파생법

ⓐ 명사 파생 : 동사 어간 + 명사 파생 접사 '-옴/-움', 형용사 어간 + 명사 파생 접사 '-이/의'

ⓑ 부사 파생 : 형용사 어간 + 부사 파생 접사 '-이', 어근 + '-이, -오, -우, -애, -여'

ⓒ 용언 파생 : 명사, 부사 + ᄒᆞ다, 명사, 동사 어근 + 'ㅂ'계 접사

② 합성법

ⓐ 동사 합성법 : 동사 어간 + 동사 어간 (예 듣보다(듣 + 보 + 다), 그치누르다(그치 + 누르 + 다))

ⓑ 형용사 합성법 : 형용사 어간 + 형용사 어간 (예 됴쿶다(둏 + 궂 + 다 : 좋고 궂다), 횩뎍다(횩 + 뎍 + 다 : 작고 적다))

3. 문장의 종결과 높임법

(1) 문장의 종결

① 평서문

ⓐ '-다, -라, -니라' 등을 사용

ⓑ '-다'는 선어말어미 '-더-, -리-, -과-, -니-, -오-' 뒤에서 '-라'로 교체되며 '-니라'는 '-다' 보다 보수성을 띰

② 의문문

ⓐ 판정의문문 : 조사나 어미의 모음이 '아/어' 계통인 '-니여', '-녀', '-리여', '-려', '-ㄴ가', '-ㄹ까', '-가' 등을 사용 (예 앗가ᄫᅳᆫ 쁘디 잇ᄂᆞ니여)

ⓑ 설명의문문 : 조사나 어미의 모음이 '오' 계통인 '-니오', '-뇨', '-리오', '-료', '-ㄴ고', '-ㄹ꼬', '-고' 등을 사용 (예 네 어드러로 가ᄂᆞ니오)

(2) 높임법

① 주체높임법(존경법)

ⓐ 행위의 주체를 높여 부르는 것으로 '-시-/-샤-'를 사용

ⓑ '-샤-'는 '-시-'가 '-아'나 '-오'로 된 어미나 선어말어미 '-오' 등의 모음어미가 교체된 형태

② 객체높임법(겸양법)
  ㉠ 행위의 대상 높임. '습'을 기본 형태소로 함
  ㉡ 어간 끝소리에 따라 '습, 숩, 좁, ㅅㅸ, ㅅㅸ, ㅈㅸ'를 사용

종류	조건	용례
습	어간의 끝소리가 'ㄱ, ㅂ, ㅅ, ㅎ'일 때	늬외예 밋븐 사ᄅᆞᆷ이 이만ᄒᆞ니 업습고
숩	어간의 끝소리가 'ㄷ, ㅈ, ㅊ, ㅌ'일 때	ᄒᆞᆫ ᄆᆞᅀᆞᄆᆞ로 뎌 부텨를 보숩고
좁	어간의 끝소리가 유성음일 때	一聲白螺ᄅᆞᆯ 듣좁고 놀라니

02절 고대, 중세, 근대 국어

1. 고대국어 및 중세 국어

(1) 고대국어

① 고대국어의 시기, 자료
  ㉠ **고대국어의 시기**: 고구려, 백제, 신라의 삼국시대부터 통일 신라 시대까지의 약 1,000년간의 국어로, 경주 중심의 표준어 형성기
  ㉡ **고대국어의 자료**: 『삼국지』(289년경)의 「위지 동이전(魏志東夷傳)」의 기록, 한자로 차자(借字) 표기된 『삼국사기』의 인명(人名), 지명(地名), 관직명 자료, 『삼국유사』의 향가를 표기한 향찰 자료, 그리고 당시의 비문(碑文)에 나타난 이두(吏讀) 자료 등이 있음

② 고유명사의 표기
  ㉠ 차자(借字)식 표기
    • 한자의 의미를 버리고 음만 빌려 오는 경우(예 '소나'를 표기하기 위해 '素那'로 적고 그 음을 빌려 옴)
    • 한자의 음을 버리고 의미만 빌려 오는 경우(예 '소나'를 표기하기 위해 '金川'으로 적고 그 뜻을 빌려 옴)
  ㉡ 고대국어의 어휘
    • 외래 요소가 거의 없는 순수 고유어 중심의 체계
    • 중국과의 교섭이 빈번해지면서 한자어가 들어오고, 불교의 영향으로 한자로 된 불교 어휘가 증가
  ㉢ 고대국어의 문법
    • 이두와 향찰 자료 등 한정된 자료에서 문법 현상을 찾아볼 수 있음
    • 이두와 향찰의 차이는 한국어 어순으로 이루어진 문장을 향찰(鄕札)이라 하며, 한문에 토(吐)를 달아 읽기 쉽게 기호로 단 것을 이두(吏讀)라고 함

SEMI-NOTE

시제
• 현재 시제
  – 동사어간 + 선어말어미 '-ᄂᆞ-'(예 네 이제 ᄯᅩ 묻ᄂᆞ다.)
  – 형용사, 서술격 조사는 기본형이 현재 시제(예 내 오늘 實로 無情호라.)
• 과거 시제: 선어말어미 없이 과거가 표시
• 미래 시제: 용언 어간과 선어말 어미를 합친 '-리-'와 관형사형의 '-ㄹ'이 표시(예 더욱 구드시리이다.)

국어 역사의 흐름
원시 부여어와 원시 삼한어 → 삼국의 언어 → 통일 신라어 → 중세국어(고려, 조선중기) → 근대국어(임진왜란 이후) → 현대국어

고유어와 한자어의 경쟁
한자어의 세력이 우세한 경우 한자어 형태로 표기됨(예 吉同郡(길동군) → 永同郡(영동군))

SEMI-NOTE

향찰의 문법형태
- 격조사
  - 주격 : -이[伊, 是]
  - 속격 : -의[矣, 衣]
  - 처격 : -이/-의[中, 中]
  - 대격 : -올-을[乙]
- 보조사 : 은/는[隱], 두[置]
- 대명사 : 내[吾], 우리[吾里], 네[汝]
- 동사의 활용
  - 명사형어미 : -ㄹ[尸], -ㄴ[隱]
  - 연결어미 : -래[良], -매[米], -다가[如可], -고[古]
  - 종결어미 : -다[如], -저[齊], -고[古] : 의문문 어미]

후기중세국어의 자료
- 조선관역어(朝鮮館譯語) : 15세기 초에 간행한 중국어와 외국어 대역 어휘집
- 세종 시기 간행물 : 훈민정음(1446), 용비어천가(1447), 석보상절(1447), 월인천강지곡(1447), 동국정운(1448) 등
- 세조 시기 간행물 : 월인석보(1459) 등
- 성종 시기 간행물 : 두시언해(1481), 삼강행실도언해(1481) 등
- 중종 시기 간행물 : 번역노걸대(1517), 훈몽자회(1527)
- 선조 시기 간행물 : 소학언해(1587) 등

세종어제훈민정음의 사상적 특징
- 자주(自主) 사상 : 중국과 말이 통하지 않음
- 애민(愛民) 사상 : 어리석은 백성들이 쓰고 싶어도 쓰지 못함
- 실용(實用) 사상 : 쉽게 익혀, 쓰는 데 편하게 함

주요 단어 풀이
- 여름 : 열매(實)
- 하노니 : 많다(多)
- ᄀᆞᆺ업스니 : 끝이 없으시니

③ 향찰(鄕札)

표기	東	京	明	期	月	良
훈	서라벌(시벌)		밝(볼)	기약하다	달(ᄃᆞ)	어질다
음	동	경	명	기	월	량(래)
차자법	훈	훈	음	음	훈	음
해석	서라벌(서울) 밝은 달밤에					

㉠ 한자의 음(音)과 훈(訓)을 빌려 표기하려던 신라 시대의 표기법
㉡ 음과 훈으로 문자를 자국어의 문법에 맞추어 사용할 수 있게 되었으며 문법 표기로 발전된 이두 표기도 활용됨

(2) 중세국어

① 중세국어의 시기
  ㉠ 10세기 고려 건국부터 16세기 말 임진왜란 전까지의 기간
  ㉡ 조선 초 훈민정음 창제(1443)를 기준으로 구분하여, 그 이전을 전기 중세 국어라 하고 그 이후의 국어를 후기 중세 국어라 부르기도 함

② 중세국어의 성립
  ㉠ 중세 국어의 토대가 된 개경 방언은 신라의 한 방언
  ㉡ 개경은 고구려를 사용하던 지역이었으므로 개경 방언에는 고구려어가 저층(底層)에 남아 있었을 것으로 추정됨
  ㉢ 조선의 건국으로 수도가 서울로 이동하면서 국어의 중심지도 서울로 이동하였고, 이 지역의 말이 국어의 중심을 이루게 됨

③ 중세국어의 특징 : 전기중세국어는 된소리의 등장이 특징, 후기중세국어에는 어두자음군이 형성됨(예 白米曰漢菩薩(=흰 ᄇᆞᄉᆞᆯ, 계림유사) → 'ᄡᆞᆯ'(15세기))

(3) 중세국어의 모습

① 세종어제훈민정음(世宗御製訓民正音)

> 나·랏 :말ᄊᆞ·미中듕國·귁·에 달·아文문字·ᄍᆞ·와·로 서르 ᄉᆞᄆᆞᆺ·디 아·니ᄒᆞᆯᄊᆡ ·이런 젼·ᄎᆞ·로 어·린百·ᄇᆡᆨ姓·셩·이 니르·고·져 ·호·ᇙ·배 이·셔·도 ᄆᆞᄎᆞᆷ:내 제 ·ᄠᅳ·들 시·러 펴·디 :몯ᄒᆞᇙ ·노·미 하·니·라 ·내 ·이·를為·윙·ᄒᆞ·야 :어엿·비 너·겨 ·새·로 ·스·믈여·듧字·ᄍᆞ·ᄅᆞᆯ ᄆᆡᇰ·ᄀᆞ노·니 :사ᄅᆞᆷ:마·다 :ᄒᆡ·여 :수·ᄫᅵ 니·겨 ·날·로 ·ᄡᅮ·메 便뼌安한·킈 ᄒᆞ·고·져 ᄒᆞᇙᄯᆞᄅᆞ·미니·라

현대역
우리나라 말이 중국과는 달라 한자와는 서로 통하지 아니하여서, 이런 까닭으로 어리석은 백성들이 말하고자 하는 바가 있어도 마침내 제 뜻을 능히 펴지 못하는 사람이 많다. 내가 이것을 가엾게 생각하여 새로 스물여덟 자를 만드니, 모든 사람들로 하여금 쉽게 익혀서 날마다 쓰는 데 편하게 하고자 할 따름이다.

㉠ 창작연대 : 세조 5년(1459)
㉡ 출전 : 『월인석보』
㉢ 특징
- 표음적 표기법 : 이어적기(연철), 8종성법의 사용
- 한자음 표기 : 동국정운식 한자음 표기(예 世솅, 中듕, 字ㆍ쭝, 爲ㆍ윙)
- 방점의 사용 : 성조를 엄격히 적용
- 다양한 사잇소리를 규칙적으로 사용
- 선어말 어미 '오'의 규칙적 사용, 모음조화의 규칙적 적용

② 용비어천가(龍飛御天歌)

> 제1장
> 海東(해동) 六龍(육룡)이 ᄂᆞᄅᆞ샤 일마다 天福(천복)이시니
> 古聖(고성)이 同符(동부)ᄒᆞ시니
>
> 제2장
> 불휘 기픈 남ᄀᆞᆫ ᄇᆞᄅᆞ매 아니 뮐씨, 곶 됴코 여름 하ᄂᆞ니
> ᄉᆡ미 기픈 므른 ᄀᆞᄆᆞ래 아니 그츨씨, 내히 이러 바ᄅᆞ래 가ᄂᆞ니
>
> 제125장
> 千世(천세) 우희 미리 定(정)ᄒᆞ샨 漢水(한수) 北(북)에 累仁開國(누인개국)ᄒᆞ샤
> 卜年(복년)이 ᄀᆞᆺ 업스시니
> 聖神(성신)이 니ᅀᆞ샤도 敬天勤民(경천근민)ᄒᆞ샤아, 더욱 구드시리이다
> 님금하 아ᄅᆞ쇼셔 洛水(낙수)예 山行(산행) 가이셔 하나빌 미드니잇가

현대역
(제1장) 해동(우리나라)의 여섯 용(임금)이 날으시어서, 그 하시는 일마다 모두 하늘이 내린 복이시니, (이것은) 중국 고대의 여러 성군이 하신 일과 부절을 맞춘 것처럼 일치하십니다.

(제2장) 뿌리가 깊은 나무는 바람이 불어도 흔들리지 아니하므로, 꽃이 좋고 열매가 많습니다. 원천이 깊은 물은 가뭄에도 끊이지 아니하므로, 내를 이루어 바다까지 흘러갑니다.

(제125장) 천세 전부터 미리 정하신 한강 북쪽(한양)에 어진 덕을 쌓아 나라를 여시어, 나라의 운수가 끝이 없으시니 훌륭한 후대왕이 (왕위를) 이으셔도 하늘을 공경하고 백성을 부지런히 다스리셔야 (왕권이) 더욱 굳으실 것입니다.
(후대의) 임금이시여, 아소서. (정사는 뒷전인 하나라 태강왕이) 낙수에 사냥 가서 (백일이 되어도 돌아오지 않아, 드디어 폐위를 당했으니) 할아버지(우왕, 조상의 공덕)만 믿으시겠습니까?

㉠ 창작연대 : 창작(세종 27년(1445), 간행(세종 29년(1447))
㉡ 갈래
- 형식 : 악장(각 장마다 2절 4구의 대구 형식, 125장의 연장체)

SEMI-NOTE

세종어제훈민정음 기타 특징
- 어두자음군 사용
- 'ㅸ'의 소실 과정이 나타남

용비어천가의 창작동기
- 내적 동기 : 조선 건국의 합리화 및 정당성, 후대 왕에 대한 권계 및 귀감
- 외적 동기 : 훈민정음의 실용성 여부 시험, 국자(國字)의 권위 부여

용비어천가의 용도
- 궁중연락(宮中宴樂)이나 제악(祭樂)에 쓰이는 아악(雅樂)
- 주로 조선 건국의 정당성과 육조의 위업 찬양

용비어천가의 의의
- 훈민정음으로 기록된 최초의 작품
- 15세기 국어 연구에 귀중한 자료
- 「월인천강지곡」과 함께 악장 문학의 대표작

주요 단어 풀이
- 권계(勸戒) : 타일러 훈계함
- 이며 : 접속조사 -과(-와)
- 솔ᄒᆞᆫ : 솔은(솔ㅎ은 = ㅎ종성체언)
- 일훔 : 이름
- 들온 것 한 이 : 식견이 많은 사람

- 성격 : 예찬적, 송축적, 서사적
- 내용 : 조선 창업의 정당성 확보와 후대왕에 대한 권계(勸戒)
ⓒ 문체 : 악장체, 운문체
ⓔ 출전 : 『용비어천가』

2. 근대국어

(1) 근대국어의 시기와 자료 및 특징

① 시기 : 임진왜란 직후인 17세기 초부터 19세기 말까지의 국어
② 자료
  ㉠ 『동국신속삼강행실도(東國新續三綱行實圖)』(1617), 『오륜행실도』(1797) 등
  ㉡ 『노걸대언해』(老乞大諺解)(1670), 『박통사언해』(朴通事諺解)(1677) 등
③ 근대국어의 특징
  ㉠ 음운
    - ㅂ계 어두 자음군(ㅄ, ㅳ, ㅶ, ㅴ)과 ㅅ계 어두 자음군(ㅺ, ㅼ, ㅽ)이 혼란을 일으키면서 중세 국어의 어두 자음군이 된소리로 변함
    - 'ㆍ'(아래아)는 중세 국어에서의 일 단계 소실(두 번째 음절에서의 소실)에 이어 18세기에는 첫 음절에서마저 소실되었고, 1933년 한글 맞춤법 통일안에 의해 폐지
    - 아래아의 소실은 모음조화의 파괴를 초래하였으며 'ㅐ, ㅔ' 등의 단모음화로 인해 8모음 체계를 이루게 됨
  ㉡ 문법
    - 주격 조사 : '-가'가 쓰이기 시작했으며 명사형 어미 '옴/움'이 '음'으로 변함
    - 중세 국어에 없던 과거 시제 선어말어미 '-앗/엇-'이 확립되었다. 이것은 동사 어미 '-아/어'와 '잇-[有]'의 결합
    - 국어의 'ᄒᆞᄂᆞ다'와 같은 현재를 나타내는 표현이 'ᄒᆞᆫ다' 또는 '-는다'와 같은 현대적 형태로 변화
  ㉢ 문자 체계와 표기법
    - 방점과 성조가 사라지고 상성(上聲)은 긴소리로 바뀌었으며, 'ㆁ, ㆆ, ㅿ' 등이 완전히 자취를 감춤
    - 중세 국어에서와 달리 'ㅼ, ㅽ'이 'ㅳ, ㅆ' 등과 혼동되어 쓰였다가 19세기 들어 모두 'ㅅ'계열 된소리 표기로 통일
    - 음절 말의 'ㅅ'과 'ㄷ'이 잘 구별되었으나 이 시기에 들어 혼란을 겪은 후에 'ㅅ'으로 표기가 통일
  ㉣ 어휘, 의미
    - '뫼[山]', 'ᄀᆞᄅᆞᆷ[江]', '괴다[寵]' 등의 고유어가 소멸되고 '산', '강', '총애하다' 등의 한자어로 대체됨
    - 한자어 증가 당시 사용하던 한자어 중에는 오늘날과 의미가 다른 것이 많았음(예 인정(人情 : 뇌물), 방송(放送 : 석방), 발명(發明 : 변명))

SEMI-NOTE

기타 근대국어 시기의 자료
18, 19세기의 언문소설, 『의유당일기』, 『계축일기』 등의 여류일기, 효종, 인선왕후 등의 간찰(簡札 : 간지에 쓴 편지) 등

어두자음군의 변화
- ㅂ계 어두자음군의 변화
  - 쌀(米) : ᄡᆞᆯ〉쌀〉쌀
  - 따다(摘) : ᄠᅡ다〉따다〉따다
- ㅅ계 어두 자음군의 변화
  - 딸 : ᄯᅩᆯ〉똘〉딸
  - 풍기다 : ᄱᅮᆷ기다〉풍기다

아래아의 소실
모음조화의 파괴(예 ᄀᆞ놀〉가늘(다))

가ᄂᆞ〉가는
'ㅐ, ㅔ' 등의 단모음화(예 문리〉물레, 볼리〉본래)

- 중세국어의 '어엿브다[憐]', '어리다[愚]' 등의 단어가 '어여쁘(귀엽다)', '어리다[幼]' 등으로 변함

(2) 근대국어의 모습

① 노걸대언해(老乞大諺解)

> 너는 高麗ㅅ 사름이어니 또 엇디 漢語니롬을 잘 ᄒᆞᄂᆞ뇨
> 내 漢ㅅ 사름의 손ᄃᆡ 글 빈호니 이런 젼ᄎᆞ로 져기 漢ㅅ 말을 아노라.
> 네 뉘손ᄃᆡ 글 빈혼다.
> 내 漢흑당의셔 글 빈호라.
> 네 므슴 글을 빈혼다.
> 論語孟子小學을 닐그롸.
> 네 每日므슴 공부ᄒᆞᄂᆞ다.
> 每日이른 새배 니러 學堂의 가 스승님ᄭᅴ 글 빈호고 學堂의셔 노하든 집의 와 밥먹기 ᄆᆞᆺ고 또 흑당의 가 셔품쓰기 ᄒᆞ고 셔품쓰기 ᄆᆞᆺ고 년구기 ᄒᆞ고 년구ᄒᆞ기 ᄆᆞᆺ고 글읇기 ᄒᆞ고 글읇기 ᄆᆞᆺ고 스승 앏픠셔 글을 강ᄒᆞ노라.
> 므슴 글을 강ᄒᆞᄂᆞ뇨.
> 小學論語孟子을 강ᄒᆞ노라.
>
> [현대역]
> 너는 고려 사람인데 또 어떻게 중국말을 잘하는가?/내가 중국 사람에게 글을 배웠으니 이런 까닭으로 조금 중국말을 아노라.
> 너는 누구에게 글을 배우는가?/나는 중국 학당에서 글을 배우노라.
> 너는 무슨 글을 배우는가?/논어, 맹자, 소학을 읽노라.
> 너는 매일 무슨 공부를 하는가?/매일 이른 새벽에 일어나 학당에 가 스승님께 글을 배우고, 방과 후는 집에 와서 밥 먹기를 마치고, 또 학당에 가 글씨쓰기를 하고, 글씨쓰기를 마치고 연구하기 하고, 연구하기 마치고는 글 읊기를 하고, 글 읊기를 마치고는 스승님 앞에서 글을 강하노라.
> 무슨 글을 강하는가?/소학, 논어, 맹자를 강하노라.

㉠ 창작연대 : 현종 11년(1670)
㉡ 갈래 : 중국어 학습서
㉢ 특징
- 방점과 'ㅿ, ㆁ' 등이 소멸
- 분철(끊어 적기)과 혼철(거듭 적기)을 사용
- 표음주의 표기가 사용됨(종성 표기에 있어 7종성법 사용)

03절 고전시가

1. 고대부터 고려 후기까지의 시가

SEMI-NOTE

근대 국어의 배경
- **한글 사용의 확대** : 한글로 쓴 소설 문학이 대중들에게 인기를 모으고, 한글을 사용하던 계층의 사회참여가 활발해지면서 이러한 현상이 두드러지게 나타남
- **문장의 현대화** : 개화기에 한글 사용이 확대되면서 문장의 구성 방식이 현대의 그것과 거의 비슷하게 바뀜

노걸대언해의 의의
- 당시 외국어의 음가(音價)를 한글로 언해하여 당시 음운을 연구하는 데 중요한 역할을 하고 있음
- 다른 시기의 이본(異本)이 있어 언어변화를 파악할 수 있음
- 당시 역관들이 통역할 언어에 대한 학습서이었기에 생활상 파악에 용이함

주요 단어 풀이
- **니롬** : 말하기
- **젼ᄎᆞ** : 까닭
- **뉘손ᄃᆡ** : 누구에게
- **의셔** : –에서
- **새배** : 새벽에

분철 및 혼철과 7종성법의 사용
- 분철 및 혼철(예 앏픠셔(혼철))
- 7종성법(예 ᄆᆞᆺ다)

노걸대언해의 기타 특징
- '–ㄴ다'는 2인칭 문장에서 현재 평서형 어미가 아니라 의문형 어미이며, '–라'가 평서형 어미에 해당
- 두 사람의 대화체 형식으로 되어 있으며, 17세기 당대의 구어(口語)를 알 수 있음

(1) 고대와 삼국시대 초기의 시가

① 공무도하가(公無渡河歌)

	현대역
公無渡河(공무도하) 公竟渡河(공경도하) 墮河而死(타하이사) 當奈公何(당내공하)	임이여, 물을 건너지 마오. 임은 그예 물을 건너셨네. 물에 쓸려 돌아가시니, 가신 임을 어이할꼬.

② 구지가(龜旨歌)

	현대역
龜何龜何(구하구하) 首其現也(수기현야) 若不現也(약불현야) 燔灼而喫也(번작이끽야)	거북아 거북아 머리를 내어라. 내놓지 않으면, 구워서 먹으리.

③ 정읍사(井邑詞)

	현대역
돌하 노피곰 도두샤 어긔야 머리곰 비취오시라 어긔야 어강됴리 아으 다롱디리 져재 녀러신고요 어긔야 즌 두를 드듸욜셰라 어긔야 어강됴리 어느이다 노코시라 어긔야 내 가논 두 졈그롤셰라 어긔야 어강됴리 아으 다롱디리	달님이시여, 높이높이 돋으시어 멀리멀리 비춰주소서. 어기야 어강드리 아으 다롱디리 장터에 가 계십니까. 진 데를 밟을까 두렵습니다. 어기야 어강드리 어느 곳에나 놓으십시오. 우리 임 가시는 데 저물까 두렵습니다. 어기야 어강드리 아으 다롱디리

> **고대가요의 특징**
> - 구비문학(口碑文學)으로, 입으로 전해 내려온 이야기 등이 한문문학으로 기록
> - 대체적으로 인물에 관련된 설화와 함께 구전되는 성격을 지니는데, 인물의 신성화(神聖化)와 권위의 정당성을 부각시키는 효과가 있었음
> - 「구지가」 등의 집단 주술의 양식이 「황조가」 등의 개인적인 서정가요로 넘어가는 과정을 엿볼 수 있음

SEMI-NOTE

공무도하가
- 작자 : 백수 광부의 아내
- 연대 : 고조선
- 주제 : 임의 죽음에 대한 슬픔
- 특징 : 한역시가, 상징적 수법의 사용, 감정의 직접적 표출
- 출전 : 「해동역사」
- 의의 : 문헌상 최고(最古)의 서정 시가이며 민족적 '한(恨)'의 정서와 서정시로서 변화하는 과도기적 작품

구지가
- 작자 : 구간 등
- 연대 : 신라 유리왕
- 주제 : 왕의 강림 기원
- 성격 : 주술요, 집단노동요, 의식요
- 출전 : 「삼국유사」
- 의의 : 현전하는 최고(最古)의 집단가요로 영군가, 영신군가, 가락국가로도 불림

정읍사
- 작자 : 행상인의 아내
- 연대 : 백제
- 주제 : 행상 나간 남편의 안전을 기원
- 형식 : 전연시, 후렴구를 제외하면 3장 6구
- 출전 : 「악학궤범」
- 의의 : 현전하는 유일한 백제 가요이며 국문으로 표기된 가요 중에서 가장 오래됨

(2) 향가

① 제망매가(祭亡妹歌) ★ 빈출개념

	현대역
生死(생사) 길흔 이에이샤매 머뭇거리고 나는가느다 말ㅅ도 몯다 니르고 가느닛고 어느 ᄀ숤이른 ᄇᆞᄅ매 이에 뎌에 쁘러딜 닙곤 ᄒᆞ둔 가지라 나고 가논 곧 모두론뎌 아야 彌陀刹(미타찰)아 맛보올 나 道(도) 닷가 기드리고다.	삶과 죽음의 길은 여기에 있으므로 두렵고 '나는 간다'는 말도 다하지 못하고 갔는가. 어느 가을 이른 바람에 여기저기 떨어지는 나뭇잎처럼 한 가지에서 태어나고서도 가는 곳을 모르겠구나. 아아, 극락에서 만날 나는 불도를 닦으며 기다리겠노라.

② 안민가(安民歌)

	현대역
君(군)은 어비여 臣(신)은 ᄃᆞᅀᆞ샬 어ᅀᅵ여, 民(민)은 얼혼 아히고 ᄒᆞ샬디 民(민)이 ᄃᆞᆺ 알고다. 구믈ㅅ다히 살손 物生(물생) 이흘 머기 다스라 이 ᄯᅡ홀 ᄇᆞ리곡 어듸 갈뎌 홀디 나라악 디니디 알고다. 아으, 君(군)다이 臣(신)다이 民(민)다 이 ᄒᆞᄂᆞᆯ돈 나라악 太平(태평)ᄒᆞ니잇다.	임금은 아버지요, 신하는 사랑하시는 어머니요, 백성은 어린 아이라고 생각하신다면, 백성이 사랑을 알 것입니다. 꾸물거리며 사는 백성은 이를 먹임으로써 다스려져 '내가 이 땅을 버리고 어디 가랴?'라고 할 때 나라 안이 유지될 줄 알 것입니다. 아, 임금답게, 신하답게, 백성답게 한 다면 나라 안이 태평할 것입니다.

③ 모죽지랑가(慕竹旨郎歌)

	현대역
간 봄 그리매 모든 것사 우리 시름 아ᄅᆞᆷ 나토샤온 즈ᅀᅵ 살쭘 디니져 눈 돌칠 ᄉᆞ이예 맛보ᄋᆞᆸ디지소리 郎(낭)이여 그릴 ᄆᆞᄉᆞᆷ 녀올 길 다봊 ᄆᆞᄉᆞ히 잘 밤 이시리	간 봄을 그리워함에 모든 것이 서러워 시름하는데 아름다움 나타내신 얼굴이 주름살을 지으려고 하옵니다. 눈 돌이킬 사이에 만나뵙도록 지으리이다. 낭이여, 그리운 마음의 가는 길에, 다북쑥 우거진 데서 잘 밤인들 있으리이까.

SEMI-NOTE

제망매가(祭亡妹歌)
- 작자 : 월명사
- 연대 : 신라 경덕왕
- 주제 : 죽은 누이의 명복을 빎
- 특징 : 10구체 향가로 추모적, 불교적 성격(추도가)를 취하고 있으며 비유법(직유)과 상징법을 세련되게 사용
- 출전 : 『삼국유사』
- 의의 : 현존 향가 중 '찬기파랑가'와 함께 표현 기교와 서정성이 가장 뛰어난 작품으로 평가받음

안민가
- 작자 : 충담사
- 연대 : 신라 경덕왕
- 주제 : 국태민안의 도와 이상
- 특징 : 직설적이며 논리적인 어법과 비유를 활용하여 유교적인 교훈과 권계(勸戒)적 권하는 10구체 향가
- 출전 : 『삼국유사』
- 의의 : 유일하게 유교적 이념을 노래한 향가로 국가적 이념과 당위를 표현함

모죽지랑가
- 작자 : 득오
- 연대 : 신라 효소왕
- 주제 : 죽지랑에 대한 연모의 정
- 출전 : 『삼국유사』
- 의의 : 주술성이나 종교적 색채가 전혀 없는 개인의 정회가 깃든 서정가요

SEMI-NOTE

상저가
- 형식 : 4구체, 비연시
- 주제 : 촌부의 소박한 효심
- 특징 : 노동요로서, 농촌의 소박한 풍속과 정서가 드러나며 경쾌한 여음구가 돋보임
- 출전 : 「시용향악보」
- 의의 : 고려속요 중 유일한 노동요

가시리
- 형식 : 분절체
- 주제 : 이별의 정한
- 특징 : 민요풍의 서정시이자 이별가로 3, 3, 2조의 3음보, 후렴구를 사용
- 출전 : 「악장가사」, 「악학편고」, 「시용향악보」
- 의의 : 고려속요 중 문학적으로 가장 뛰어난 작품으로 평가 받음

작품의 구성
- 서사 : 이별에 대한 슬픔과 강조
- 본사 : 슬픔의 절제와 체념
- 결사 : 이별 후의 소망

서경별곡
- 형식 : 3음보, 분연체
- 주제 : 이별의 슬픔
- 특징 : 반복법과 설의법, 비유법의 사용과 '가시리'보다 적극적이고 진솔하게 표현
- 출전 : 「악장가사」, 「시용향악보」
- 의의 : 고려속요 중 청산별곡과 함께 문학성이 뛰어난 작품으로 평가받음

작품의 구성
- 서사 : 이별 거부와 연모의 정
- 본사 : 임에 대한 변함없는 사랑을 맹세
- 결사 : 이별한 임에 대한 원망

(3) 고려속요

① 상저가(相杵歌)

	현대역
듥긔동 방해나 디허 히얘 게우즌 바비나 지서 히얘 아바님 어머님쯰 받줍고 히야해 남거시든 내 머고리, 히야해 히야해	덜커덩 방아나 찧어 히얘 거친 밥이나 지어 히얘 아버님 어머님께 바치고 히야해 남거든 내가 먹으리, 히야해 히야해

② 가시리

	현대역
가시리 가시리잇고 나는 브리고 가시리잇고 나는 위 증즐가 大平盛代(대평셩ᄃᆡ) 날러는 엇디 살라 ᄒ고 브리고 가시리잇고 나는 위 증즐가 大平盛代(대평셩ᄃᆡ) 잡ᄉᆞ와 두어리마 나는 선ᄒᆞ면 아니 올셰라 위 증즐가 大平盛代(대평셩ᄃᆡ) 셜온 님 보내ᄋᆞ노니 나는 가시ᄂᆞᆫ 듯 도셔 오셔셔 나는 위 증즐가 大平盛代(대평셩ᄃᆡ)	가시렵니까 가시렵니까 버리고 가시렵니까 위 증즐가 태평성대 날더러는 어찌 살라하고 버리고 가시렵니까 위 증즐가 태평성대 붙잡아 두고 싶지만 서운하면 아니올까 두렵습니다 위 증즐가 태평성대 서러운 임 보내오니 가시자마자 돌아서서 오소서 위 증즐가 태평성대

③ 서경별곡(西京別曲)

西京(서경)이 아즐가 西京(서경)이 셔울히 마르는
위 두어렁셩 두어렁셩 다링디리
닷곤ᄃᆡ 아즐가 닷곤ᄃᆡ 쇼셩경 고외마른
위 두어렁셩 두어렁셩 다링디리
여히므론 아즐가 여히므론 질삼뵈 ᄇᆞ리시고
위 두어렁셩 두어렁셩 다링디리
괴시란ᄃᆡ 아즐가 괴시란ᄃᆡ 우러곰 좃니노이다.
위 두어렁셩 두어렁셩 다링디리
구스리 아즐가 구스리 바회예 디신ᄃᆞᆯ
위 두어렁셩 두어렁셩 다링디리
긴히ᄯᆞᆫ 아즐가 긴힛ᄯᆞᆫ 그츠리잇가 나ᄂᆞᆫ
위 두어렁셩 두어렁셩 다링디리
즈믄히를 아즐가 즈믄히를 외오곰 녀신ᄃᆞᆯ
위 두어렁셩 두어렁셩 다링디리
信(신)잇ᄃᆞᆫ 아즐가 信(신)잇ᄃᆞᆫ 그츠리잇가 나ᄂᆞᆫ

위 두어렁셩 두어렁셩 다링디리
大同江(대동강) 아즐가 大同江(대동강) 너븐디 몰라셔
위 두어렁셩 두어렁셩 다링디리
비내여 아즐가 비내여 노흔다 샤공아
위 두어렁셩 두어렁셩 다링디리
네가시 아즐가 네가시 럼난디 몰라셔
위 두어렁셩 두어렁셩 다링디리
녈비예 아즐가, 녈비예 연즌다 샤공아,
위 두어렁셩 두어렁셩 다링디리
대동강(大同江) 아즐가, 대동강(大同江) 건너편 고즐여
위 두어렁셩 두어렁셩 다링디리
빈타들면 아즐가, 빈타들면 것고리이다 나는
위 두어렁셩 두어렁셩 다링디리

[현대역]
서경(평양)이 서울이지마는/중수(重修)한 작은 서울을 사랑합니다마는
임과 이별하기보다는/길쌈하던 베를 버리고서라도/사랑해주신다면 울면서 따르겠습니다.
구슬이 바위에 떨어진들/끈이야 끊어지겠습니까.
천 년을 홀로 살아간들/믿음이야 끊어지겠습니까.
대동강이 넓은지 몰라서/배를 내어 놓았느냐, 사공아.
네 각시 음란한지 몰라서/떠나는 배에 내 임을 태웠느냐, 사공아.
대동강 건너편 꽃을/배를 타면 꺾을 것입니다.

SEMI-NOTE

주요 단어 풀이
- **아즐가, 나는** : 운을 맞추기 위한 여음구
- **닷곤디** : 새로이 고친 곳
- **고외마른** : 사랑하지마는. '괴요마른'의 잘못된 표기
- **여히므론** : 이별하기 보다는
- **질삼뵈** : 길쌈하던 베
- **우러곰** : 울면서
- **그츠리잇가** : 끊어지겠습니까
- **즈믄히** : 천년(千年)
- **외오곰** : 외로이, 홀로
- **노흔다** : 놓았느냐
- **네가시** : 네 각시, 네 아내
- **고즐** : 꽃을
- **빈타들면** : 배 타고 들어가면

고려속요
고려시대 평민의 감정과 정서가 담긴 민요 시가로 장가(長歌), 여요(麗謠), 가요(歌謠) 등으로 불림
본래 평민의 노래였다가 고려 말에 궁중 가사로 연주된 것

④ **동동(動動)** ★빈출개념

德(덕)으란 곰비예 받줍고 福(복)으란 림비예 받줍고
德이여 福이라 호늘 나스라 오소이다.
아으 動動(동동)다리.

正月(정월)ㅅ 나릿므른 아으 어져 녹져 ᄒ논ᄃᆡ.
누릿 가온ᄃᆡ 나곤 몸하 ᄒ올로 녈셔.
아으 動動다리.

二月(이월)ㅅ 보로매 아으 노피 현 燈(등)ㅅ블 다호라.
萬人(만인) 비취실 즈싀샷다.
아으 動動다리.

三月(삼월) 나며 開(개)호 아으 滿春(만춘) 둘욋고지여.
ᄂᆞᆷ 브롤 즈슬 디뎌 나샷다.
아으 動動다리.

동동
- **작자** : 미상
- **갈래** : 고려 속요
- **형식** : 분절체(13연), 월령체
- **주제** : 외로움과 슬픔, 임에 대한 송도와 애련, 회한 및 한탄(각 연마다 주제가 다름)
- **특징** : 송도가, 월령체(달거리)의 성격을 지닌 가요로, 비유법, 영탄법을 사용함
- **출전** : 『악학궤범』
- **의의** : 우리 문학 최초이자 고려 속요 중 유일한 월령체가요(조선 후기 「농가월령가」에 영향)

SEMI-NOTE

작품의 구성
- 전개 : 임에 대한 덕과 복을 빎
- 1월 : 화자의 고독을 한탄함
- 2월 : 임의 고매한 인품을 예찬함
- 3월 : 임의 아름다운 모습을 송축함
- 4월 : 무심한 임에 대한 그리움과 원망
- 5월 : 임의 장수(長壽)를 기원
- 6월 : 임에게 버림받은 것에 대한 슬픔을 한탄
- 7월 : 버림받음에도 임과 함께하고자 하는 소망
- 8월 : 임이 없는 고독한 한가위
- 9~10월 : 임이 없는 쓸쓸함과 슬픔
- 11~12월 : 사랑을 이루지 못하고 한탄할 수밖에 없는 심정

아박(牙拍)
『악학궤범』에서는 「동동」을 '아박(牙拍)'이라고도 하는데, 2인 또는 4인이 두 손에 상아로 만든 작은 박(拍)을 들고 장단에 맞추어 치면서 춤춘다는 뜻에서 나온 말

청산별곡
- 갈래 : 고려 속요
- 형식 : 분장체(전 8연)
- 주제 : 유랑민의 삶의 고뇌와 비애, 실연의 고통, 고뇌와 방황
- 특징 : 3·3·2조의 3음보 형식을 갖추고 있으며 현실도피적이고 은둔적 분위기를 자아냄
- 출전 : 『악장가사』, 『악학편고』
- 의의 : 「서경별곡」과 함께 꼽히는 고려 가요의 대표적인 작품

작품의 구성
- 1연 : 청산에 대한 동경
- 2연 : 삶의 고통과 비애
- 3연 : 속세에 대한 미련
- 4연 : 처절한 고독 토로
- 5연 : 운명에 대한 체념
- 6연 : 다른 도피처에 대한 소망
- 7연 : 기적에 대한 기대
- 8연 : 술로 인생의 비애를 달램

四月(사월) 아니 니저 아으 오실셔 곳고리새여.
므슴다 錄事(녹사)니믄 녯 나를 닛고신뎌.
아으 動動다리.

六月(유월)ㅅ 보로매 아으 별해 브룐 빗 다호라.
도라보실 니믈 적곰 좃니노이다.
아으 動動다리.

현대역
덕은 뒷잔에 바치고 복은 앞잔에 바치고 덕이라 복이라 하는 것을 드리러 오십시오.
정월의 냇물이 아아 얼고 녹아 봄이 다가오는데 세상 가운데 태어난 이 몸은 홀로 살아가는구나.
이월 보름에 아아 높이 켠 등불 같구나. 만인을 비추실 모습이도다.
삼월이 지나며 핀 아아 늦봄의 진달래꽃이여 남이 부러워할 모습을 지니고 태어나셨도다.
사월을 아니 잊고 아아 오셨구나, 꾀꼬리 새여 무엇 때문에 녹사님은 옛날을 잊고 계신가.
유월 보름에 아아 벼랑에 버린 빗 같구나. 돌아보실 임을 잠시나마 좇아갑니다.

⑤ 청산별곡(靑山別曲)

살어리 살어리랏다. 靑山(청산)애 살어리랏다.
멀위랑 ᄃᆞ래랑 먹고, 靑山(청산)애 살어리랏다.
얄리얄리 얄랑셩, 얄라리 얄라.
우러라 우러라 새여, 자고 니러 우러라 새여.
널라와 시름 한 나도 자고 니러 우니노라.
얄리얄리 얄라셩, 얄라리 얄라.
가던 새 가던 새 본다. 믈 아래 가던 새 본다.
잉무든 장글란 가지고, 믈 아래 가던 새 본다.
얄리얄리 얄라셩, 얄라리 얄라.
이링공 뎌링공 ᄒᆞ야 나즈란 디내와숀뎌.
오리도 가리도 업슨 바므란 쏘 엇디 호리라.
얄리얄리 얄라셩, 얄라리 얄라.
어듸라 더디던 돌코, 누리라 마치던 돌코.
믜리도 괴리도 업시 마자셔 우니노라.
얄리얄리 얄라셩, 얄라리 얄라.
살어리 살어리랏다. 바ᄅᆞ래 살어리랏다.
ᄂᆞᄆᆞ자기 구조개랑 먹고 바ᄅᆞ래 살어리랏다.
얄리얄리 얄라셩, 얄라리 얄라.
가다가 가다가 드로라, 에졍지 가다가 드로라.
사ᄉᆞ미 짒대예 올아셔 奚琴(ᄒᆡ금)을 혀거를 드로라.
얄리얄리 얄라셩, 얄라리 얄라.
가다니 ᄇᆡ브른 도긔 설진 강수를 비조라.

> 조롱곳 누로기 미와 잡스와니, 내 엇디 ᄒ리잇고.
> 얄리얄리 얄라셩, 얄라리 얄라.

> [현대역]
> 살겠노라, 살겠노라. 청산에서 살겠노라/머루와 다래를 먹고 청산에서 살겠노라
> 우는구나, 우는구나, 새여. 자고 일어나 우는구나, 새여./너보다 시름 많은 나도 자고 일어나 울고 있노라.
> 가는 새, 가는 새 본다. 물 아래쪽으로 가는 새 본다./이끼 묻은 쟁기를 가지고 물 아래쪽으로 가는 새본다.
> 이럭저럭하여 낮은 지내왔건만/올 이도 갈 이도 없는 밤은 또 어찌하리오.
> 어디다 던지는 돌인가. 누구를 맞히려는 돌인가./미워할 이도 사랑할 이도 없이 사랑할 이도 없이 맞아서 울고 있노라.
> 살겠노라, 살겠노라. 바다에서 살겠노라./나문재, 굴, 조개를 먹고 바다에서 살겠노라.
> 가다가, 가다가 듣노라. 외딴 부엌을 지나가다가 듣노라./사슴이 장대에 올라가서 해금을 켜는 것을 듣노라.
> 가더니 불룩한 독에 진한 술을 빚는구나./조롱박꽃 모양의 누룩이 매워 (나를) 붙잡으니 나는 어찌하리오.

(4) 경기체가

① 한림별곡(翰林別曲)

> 제1장
> 元淳文원슌문 仁老詩인노시 公老四六공노ᄉ륙
> 李正言니졍언 陳翰林딘한림 雙韻走筆솽운주필
> 冲基對策튱긔ᄃᆡ칙 光鈞經義광균경의 良鏡詩賦량경시부
> 위 試場시댱ㅅ 景경 긔 엇더ᄒ니잇고
> (葉) 琴學士금ᄒᆞᆨ ᄉ의 玉笋門生옥슌문ᄉᆡᆼ 琴學士금ᄒᆞᆨ ᄉ의 玉笋門生옥슌문ᄉᆡᆼ
> 위 날조차 몃부니잇고
>
> 제2장
> 唐漢書당한셔 莊老子장로ᄌ 韓柳文集한류문집
> 李杜集니두집 蘭臺集난ᄃᆡ집 白樂天集ᄇᆡᆨ락텬집
> 毛詩尙書모시샹셔 周易春秋주역츈츄 周戴禮記주ᄃᆡ례기
> 위 註주조쳐 내 외온 景경 긔 엇더ᄒ니잇고
> (葉) 太平光記태평광긔 四百餘卷ᄉᆞᄇᆡᆨ여권 太平光記태평광긔 四百餘卷ᄉᆞᄇᆡᆨ여권
> 위 歷覽력남ㅅ 景경 긔 엇더ᄒ니잇고
>
> 제8장
> 唐唐唐당당당 唐楸子당츄ᄌ 皀莢조협남긔
> 紅홍실로 紅홍글위 ᄆᆡ요이다
> 혀고시라 밀오시라 鄭小年뎡쇼년하
> 위 내 가논 ᄃᆡ ᄂᆞᆷ 갈셰라

SEMI-NOTE

주요 단어 풀이

- **이링공 뎌링공** : 이럭저럭
- **나즈란 디내와손뎌** : 지내왔건만
- **마치던** : 맞히려던
- **믜리도 괴리도** : 미워할 사람도 사랑할 사람도
- **바ᄅᆞ래** : 바다에
- **ᄂᆞᄆᆞ자기** : '나문재(해초)'의 옛말
- **奚琴(해금)을 혀거를** : 해금을 켜는 것
- **ᄆᆡ와** : 매워

한림별곡

- **작가** : 한림제유(翰林諸儒)
- **연대** : 고려 고종
- **주제** : 귀족들의 향락적 풍류생활, 유생들의 학문적 자부심
- **특징**
  - 최초의 경기체가로, 한자를 우리말 어순과 운율에 맞춰 노래
  - 전8장의 분절체로 3·3·4조의 3음보 형식
  - 시부, 서적, 명필, 명주(名酒), 화훼, 음악, 누각, 추천(鞦韆)의 8경을 노래
- **출전** : 「악장가사」

주요 단어 풀이

- **葉** : 가사가 붙는 후렴구를 구분하기 위한 표시
- **公老四六** : 사륙변려문. 중국 육조, 당나라 시기에 성행하던 한문 문체
- **太平光記(태평광기)** : 중국 송나라 시기에 편찬된 설화집으로 종교, 소설적인 이야기가 주요 내용
- **歷覽(역람)** : 여러 곳을 두루 다니면서 구경함
- **鄭小年(정소년)** : 방탕하게 유흥을 즐기는 젊은이

SEMI-NOTE

경기체가(景幾體歌)
- 고려 중기 이후에 발생한 장가(長歌)로 경기하여가(景幾何如歌)라고도 함
- 景幾何如(景경 긔 엇더ᄒᆞ니잇고) 구가 붙는 특징이 있기 때문에 이러한 명칭이 붙음

(葉)削玉纖纖샥옥셤셤 雙手샹슈ㅅ길헤 削玉纖纖샥옥셤셤 雙手샹슈ㅅ길헤
위 携手同遊휴슈동유 ㅅ 景경 긔 엇더ᄒᆞ니잇고

현대역

제1장 시부(詩賦)
유원순의 문장, 이인로의 시, 이공로의 사륙변려문/이규보와 진화의 쌍운을 맞추어 써 내려간 글/유충기의 대책문, 민광균의 경서 해의(解義), 김양경의 시와 부(賦)/아, 과거시험의 광경, 그것이 어떠합니까?
금의가 배출한 죽순처럼 많은 제자들, 금의가 배출한 죽순처럼 많은 제자들/아, 나까지 몇 분입니까?

제2장 서적(書籍)
당서와 한서, 장자와 노자, 한유와 유종원의 문집/이백과 두보의 시집, 난대여사의 시문집, 백낙천의 문집/시경과 서경, 주역과 춘추, 예기/아, 주석마저 줄곧 외우는 모습 그것이 어떠합니까?
태평광기 사백여권, 태평광기 사백여권/아, 두루두루 읽는 모습 그것이 어떠합니까?

제8장 추천(鞦韆)
당당당 당추자(호도나무) 쥐엄나무에/붉은 실로 붉은 그네를 맵니다/당기시라 미시라 정소년이여/아, 내가 가는 곳에 남이 갈까 두렵구나
옥을 깎은 듯 고운 손길에, 옥을 깎은 듯 고운 손길에/아, 손 마주잡고 노니는 정경, 그것이 어떠합니까?

독락팔곡
- 작자 : 권문호
- 연대 : 조선 선조
- 주제 : 강호에 묻혀 여유롭게 살아가는 즐거움
- 특징
  - 경기체가 소멸기에 쓰인 작품으로 현존하는 경기체가 가운데 가장 마지막 작품
  - 임진왜란 이후로 과시하고 찬양할 외적 여건을 상실하여 경기체가 특유의 주제의식이 붕괴됨
- 출전 : 『송암별집』

② 독락팔곡(獨樂八曲)

1장
太平聖代(태평성대) 田野逸民(전야일민) 再唱(재창)
耕雲麓(경운록) 釣烟江(조연강)이 이밧긔 일이업다.
窮通(궁통)이 在天(재천)ᄒᆞ니 貧賤(빈천)을 시름ᄒᆞ랴.
玉堂(옥당) 金馬(금마)ᄂᆞᆫ 내의 願(원)이 아니로다.
泉石(천석)이 壽域(수역)이오 草屋(초옥)이 春臺(춘대)라.
於斯臥(어사와) 於斯眠(어사면) 俯仰宇宙(부앙우주) 流觀(유관) 品物(품물)ᄒᆞ야,
居居然(거거연) 浩浩然(호호연) 開襟獨酌(개금독작) 岸幘長嘯(안책장소) 景(경) 긔엇다 ᄒᆞ니잇고.

2장
草屋三間(초옥삼간) 容膝裏(용슬리) 昻昻(앙앙) 一閒人(일한인) 再唱(재창)
琴書(금서)를 벗을 삼고 松竹(송죽)으로 울을ᄒᆞ니
翛翛(소소) 生事(생사)와 淡淡(담담) 襟懷(금회)에 塵念(진념)이 어듸나리.
時時(시시)예 落照趁淸(낙조진청) 蘆花(노화) 岸紅(안홍)ᄒᆞ고,
殘烟帶風(잔연대풍) 楊柳(양류) 飛(비)ᄒᆞ거든,
一竿竹(일간죽) 빗기안고 忘機伴鷗(망기반구) 景(경) 긔엇다 ᄒᆞ니잇고.

> **현대역**
> (1장) 태평스럽고 성스러운 시대에, 시골에 은거하는 절행이 뛰어난 선비가 (재창)/구름 덮인 산기슭에 밭이랑을 갈고, 내 낀 강에 낚시를 드리우니, 이밖에는 일이 없다./빈궁과 영달이 하늘에 달렸으니, 가난함과 천함을 걱정 하리오. 한나라 때 궁궐 문이나 관아 앞에 동마(銅馬)를 세워 명칭한 금마문과, 한림원의 별칭인 옥당서가 있어, 이들은 임금을 가까이서 뫼시는 높은 벼슬아치로, 이것은 내가 원하는 바가 아니다. 천석으로 이루어진 자연에 묻혀 사는 것도, 인덕이 있고 수명이 긴 수역으로 성세가 되고, 초옥에 묻혀 사는 것도, 봄 전망이 좋은 춘대로 성세로다./어사와! 어사와! 천지를 굽어보고 쳐다보며, 삼라만상이 제각기 갖춘 형체를 멀리서 바라보며, 안정된 가운데 넓고도 큰 흥금을 열어 제쳐 놓고 홀로 술을 마시니, 두건이 높아 머리 뒤로 비스듬히 넘어가, 이마가 드러나 예법도 없는데다 길게 휘파람 부는 광경, 그것이야말로 어떻습니까.
>
> (2장) 초가삼간이 너무 좁아, 겨우 무릎을 움직일 수 있는 방에, 지행 높고 한가한 사람이, 가야금을 타고 책 읽는 일을 벗 삼아 집 둘레에는 소나무와 대나무로 울을 하였으니, 찢겨진 생계와 산뜻하게 가슴 깊이 품고 있는 회포는, 속세의 명리를 생각하는 마음이 어디서 나리오./저녁 햇빛이 맑게 갠 곳에 다다르고, 흰 갈대꽃이 핀 기슭에 비쳐서 붉게 물들었는데, 남아 있는 내에 섞여 부는 바람결에 버드나무가 날리거든, 하나의 낚싯대를 비스듬히 끼고 세속 일을 잊고서 갈매기와 벗이 되는 광경, 그것이야말로 어떻습니까.

(5) 고려시대의 시조

① 다정가(多情歌)

> 梨花(이화)에 月白(월백)ᄒᆞ고 銀漢(은한)이 三更(삼경)인제
> 一枝春心(일지춘심)을 子規(자규)야 알랴마ᄂᆞᆫ
> 多情(다정)도 病(병)인 냥ᄒᆞ여 ᄌᆞᆷ못 드러 ᄒᆞ노라.
>
> **현대역**
> 배꽃에 달이 하얗게 비치고 은하수는 자정 무렵을 알리는 때에
> 나뭇가지에 깃들어 있는 봄의 정서를 소쩍새야 알 리 있으랴마는
> 다정한 것도 그것이 병인 양, 잠 못 들어 하노라.

② 탄로가(嘆老歌)

> 春山(춘산)에 눈 녹인 바롬 건듯 불고 간 듸 업다.
> 져근덧 비러다가 마리 우희 불니고져
> 귀 밋틔 ᄒᆡ묵은 서리를 녹여 볼가 ᄒᆞ노라.

SEMI-NOTE

주요 단어 풀이
- 太平聖代(태평성대) : 어진 임금이 잘 다스려 태평한 세상 또는 시대
- 窮通(궁통) : 빈궁과 영달
- 泉石(천석) : 물과 돌로 이루어진 자연의 경치
- 壽域(수역) : 오래 살 수 있는 경지(境地)의 비유
- 於斯臥(어사와) : '어여차'를 예스럽게 이르는 의성어. 한자어 표기는 음만 빌린 것
- 開襟(개금) : 옷섶을 열어 가슴을 헤침
- 岸幘(안책) : '두건을 비스듬히 치올려 쓰고 이마를 드러냄'의 의미로 친한 사이에 예법을 무시하고 익숙한 모습을 이름
- 襟懷(금회) : 마음속에 깊이 품고 있는 생각
- 楊柳(양류) : 버드나뭇과 식물을 통틀어 이르는 말
- 伴鷗(반구) : 갈매기와 짝이 됨

다정가
- 작자 : 이조년
- 갈래 : 평시조
- 주제 : 봄밤의 애상
- 특징 : 직유법과 의인법의 사용 및 시각적 심상과 청각적 심상의 조화를 통해 애상적 분위기를 표현
- 출전 : 「청구영언」

탄로가
- 작자 : 우탁
- 갈래 : 평시조
- 주제 : 늙음에 대한 안타까움과 인생에 대한 달관
- 특징 : 가장 오래된 시조 중 하나로 비유법을 사용하여 달관의 여유를 표현
- 출전 : 「청구영언」

SEMI-NOTE

하여가
- 작자 : 이방원
- 갈래 : 평시조
- 주제 : 정적에 대한 회유(정치적 목적을 지닌 우회적 회유)
- 특징 : 직유법과 대구법을 사용하여 회유하고자 하는 의도 표출
- 출전 : 「청구영언」

단심가
- 작자 : 정몽주
- 갈래 : 평시조
- 주제 : 고려왕조에 대한 변함없는 일편단심
- 특징 : 반복법과 점층법을 사용하여 충절을 심화시킴. 이방원의 하여가(何如歌)와 대비됨
- 출전 : 「청구영언」

회고가
- 작자 : 길재
- 갈래 : 평시조
- 주제 : 망국의 한과 맥수지탄(麥秀之嘆)
- 특징 : 대조법, 영탄법을 통해 망국의 한과 무상함을 표현
- 출전 : 「청구영언」

현대역
봄 산에 쌓인 눈을 녹인 바람이 잠깐 불고 어디론지 간 데 없다.
잠시 동안 빌려다가 머리위에 불게 하고 싶구나.
귀 밑에 해묵은 서리(백발)를 녹여 볼까 하노라.

③ 하여가(何如歌)

이런들 엇더하며 져런들 엇더하료
만수산(萬壽山) 드렁칡이 얽어진들 긔 어떠하리
우리도 이갓치 얽어져 백 년까지 누리리라

현대역
이런들 어떠하며 저런들 어떠하리
만수산 칡덩굴이 얽혀져 있은들 그것이 어떠하리
우리도 이같이 하여 백년까지 누리리라.

④ 단심가(丹心歌)

이 몸이 주거주거 一百(일백) 番(번) 고쳐 주거
白骨(백골)이 塵土(진토)되여 넉시라도 잇고 업고
님 向(향)ᄒᆞᆫ 一片丹心(일편단심)이야 가싈줄이 이시랴.

현대역
이 몸이 죽고 죽어 일백 번 고쳐 죽어
백골이 진토되어 넋이라도 있고 없고
임 향한 일편단심이야 가실 줄이 있으랴.

⑤ 회고가(懷古歌)

오백 년(五百年) 도읍지(都邑地)를 필마(匹馬)로 도라드니
산천(山川)은 의구(依舊)하되 인걸(人傑)은 간 듸 업다.
어즈버 태평연월(太平烟月)이 꿈이런가 하노라.

현대역
오백 년이나 이어 온 고려의 옛 도읍지를 한 필의 말로 돌아 들어오니
산천(山川)은 예와 다름이 없으되 인재(고려의 유신)는 간 데 없구나.
아아, 태평하고 안락한 세월(고려의 융성기)은 꿈인가 하노라.

2. 조선시대 시가의 형성

(1) 조선 전기의 시가

① 강호사시가(江湖四時歌)

> 江湖(강호)에 봄이 드니 미친 興(흥)이 절로 난다.
> 濁醪溪邊(탁료계변)에 錦鱗魚(금린어)ㅣ안쥐로다.
> 이 몸이 閑暇(한가)히름도 亦軍恩(역군은)이샷다.
>
> 江湖(강호)에 녀름이 드니 草堂(초당)에 일이 업다.
> 有信(유신)호 江波(강파)는 보내느니 브람이로다.
> 이 몸이 서늘히옴도 亦軍恩(역군은)이샷다.
>
> 江湖(강호)에 マ울이 드니 고기마다 술져 잇다.
> 小艇(소정)에 그믈 시러 흘니 띄여 더뎌 두고
> 이 몸이 消日(소일)히옴도 亦軍恩(역군은)이샷다.
>
> 江湖(강호)에 겨월이 드니 눈 기픠 자히 남다.
> 삿갓 빗기 쓰고 누역으로 오슬 삼아
> 이 몸이 칩지 아니히옴도 亦軍恩(역군은)이샷다.
>
> **현대역**
> 강호에 봄이 드니 참을 수 없는 흥이 절로 난다./탁주를 마시며 노는 시냇가에 금린어(쏘가리)가 안주로다./이 몸이 한가롭게 지냄도 역시 임금의 은혜로다.
> 강호에 여름이 드니 초당에 일이 없다./신의 있는 강 물결은 보내는 것이 시원한 강바람이다./이 몸이 서늘하게 지내는 것도 역시 임금의 은혜로다.
> 강호에 가을이 드니 물고기마다 살이 올랐다./작은 배에 그물 실어 물결 따라 흐르게 던져 두고/이 몸이 고기잡이로 세월을 보내는 것도 역시 임금의 은혜로다.
> 강호에 겨울이 드니 눈의 깊이가 한 자가 넘는다./삿갓을 비스듬히 쓰고 도롱이를 둘러 덧옷을 삼아/이 몸이 춥지 않게 지내는 것도 역시 임금의 은혜로다.

② 동짓달 기나긴 밤을 ★ 빈출개념

> 冬至(동지)ㅅ둘 기나긴 밤을 한 허리를 버혀 내여
> 春風(춘풍) 니불 아레 서리서리 너헛다가
> 어론님 오신 날 밤이여든 구뷔구뷔 펴리라.
>
> **현대역**
> 동짓달 기나긴 밤 한가운데를 베어 내어
> 봄바람 이불 아래 서리서리 넣었다가
> 정든 서방님 오신 날 밤이거든 굽이굽이 펴리라.

SEMI-NOTE

강호사시가
- 작자 : 맹사성
- 갈래 : 평시조, 연시조(전 4수)
- 주제 : 유유자적한 삶과 임금의 은혜에 대한 감사
- 특징 : 강호가도(江湖歌道)의 선구적인 작품으로 이황의 「도산십이곡」과 이이의 「고산구곡가」에 영향을 끼침
- 출전 : 『청구영언』

작품의 구성
- 춘사(春思) : 냇가에서 쏘가리(금린어)를 안주삼아 탁주를 마시는 강호한정
- 하사(夏詞) : 초당에서 지내는 한가로운 생활
- 추사(秋詞) : 강가에서 살찐 고기를 잡는 생활
- 동사(冬詞) : 쌓인 눈을 두고 삿갓과 도롱이로 추위를 견디며 따뜻하게 지내는 생활

연시조(연형시조)
두 개 이상의 평시조가 하나의 제목으로 엮어져 있는 시조. 다양하고 체계적인 서정성을 표현할 수 있었음

동짓달 기나긴 밤을
- 작자 : 황진이
- 갈래 : 평시조
- 주제 : 임을 기다리는 절실한 그리움
- 특징 : 추상적인 시간을 구체화, 감각화하며 음성 상징어를 적절하게 사용함
- 출전 : 『청구영언』

③ 이화우 흣뿌릴 제

> 梨花雨(이화우) 흣쑌릴 제 울며 잡고 이별(離別)ᄒᆞᆫ 님
> 秋風落葉(추풍낙엽)에 저도 날 싱각는가.
> 千里(천 리)에 외로운 쑴만 오락가락 ᄒᆞ노매.
>
> **현대역**
> 배꽃이 비처럼 흩뿌릴 때 울며 잡고 이별한 임
> 가을바람에 떨어지는 나뭇잎에 임도 날 생각하시는가.
> 천 리에 외로운 꿈만 오락가락하는구나.

④ 조홍시가(早紅柿歌) ★ 빈출개념

> 盤中(반중) 早紅(조홍)감이 고아도 보이ᄂᆞ다.
> 유자(柚子)ㅣ 아니라도 품엄즉도 ᄒᆞ다마ᄂᆞᆫ
> 품어 가 반길 이 업슬씨 글노 설워ᄒᆞᄂᆞ이다.
>
> **현대역**
> 쟁반에 놓인 일찍 익은 홍시가 곱게도 보이는구나.
> 유자는 아니더라도 품어 가고 싶다마는
> 품어 가도 반겨줄 이(부모님) 안 계시니 그것을 서러워합니다.

⑤ 어부사시사(漁父四時詞) ★ 빈출개념

> 春詞 4
> 우는 거시 벅구기가, 프른 거시 버들숩가.
> 이어라, 이어라
> 漁村(어촌) 두어 집이 닛 속의 나락들락.
> 至匊悤(지국총) 至匊悤(지국총) 於思臥(어사와)
> 말가ᄒᆞᆫ 기픈 소희 온갇 고기 쒸노ᄂᆞ다.
>
> 夏詞 2
> 년닙희 밥싸 두고 반찬으란 쟝만마라.
> 닫 드러라 닫 드러라
> 靑蒻笠(청약립)은 써 잇노라 綠蓑衣(녹사의) 가져오냐.
> 至匊悤(지국총) 至匊悤(지국총) 於思臥(어사와)
> 無心(무심)ᄒᆞᆫ 白鷗(백구)는 내 좃ᄂᆞᆫ가, 제 좃ᄂᆞᆫ가.
>
> 秋詞 1
> 物外(물외)예 조흔 일이 漁父生涯(어부생애) 아니러냐.
> 빈 떠라 빈 떠라
> 漁翁(어옹)을 욷디마라 그림마다 그렷더라.
> 至匊悤(지국총) 至匊悤(지국총) 於思臥(어사와)

SEMI-NOTE

이화우 흣뿌릴 제
- 작자 : 계랑
- 갈래 : 평시조
- 주제 : 임을 그리는 마음
- 특징 : 은유법을 사용하여 임과 이별한 애상적인 분위기를 부각시킴
- 출전 : 「청구영언」

조홍시가
- 작자 : 박인로
- 갈래 : 평시조
- 주제 : 풍수지탄(風樹之嘆)
- 특징
  - 사친가(思親歌)로 '조홍시가'라고도 함
  - 부모의 부재(不在)가 전개의 바탕이 됨
- 출전 : 「노계집」

어부사시사
- 작자 : 윤선도
- 갈래 : 연시조(전 40수, 사계절 각 10수)
- 주제 : 사계절의 어부 생활과 어촌 풍경을 묘사, 강호한정과 물아일체의 흥취
- 특징
  - 후렴구가 있으며, 우리말의 아름다움을 잘 살림
  - 시간에 따른 시상 전개, 원근법 등이 나타남
  - 각수의 여음구를 제외하면 초, 중, 종장 형태의 평시조와 동일(동사(冬詞) 제10장은 제외)
- 출전 : 「고산유고」

작품의 구성
- 춘사(春詞) : 어부 일을 하며 자연 속에서 유유자적한 심정
- 하사(夏詞) : 한가로이 어부 일을 하는 도중에 자연과 물아일체의 경지에 도달
- 추사(秋詞) : 어지러운 속세를 떠나 자연 속에서 살아가는 즐거움
- 동사(冬詞) : 속세에 더 이상 물들지 않고 싶은 심정과 어부의 흥취

四時興(사시흥)이 호가지나 秋江(추강)이 은듬이라.

冬詞4
간밤의 눈 갠 後(후)에 景物(경물)이 달고야.
이어라 이어라
압희는 萬頃琉璃(만경유리) 뒤희는 千疊玉山(천첩옥산).
至匊悤(지국총) 至匊悤(지국총) 於思臥(어사와)
仙界(선계)ㄴ가 佛界(불계)ㄴ가 人間(인간)이 아니로다.

> **현대역**
> (춘사 4) 우는 것이 뻐꾸기인가, 푸른 것이 버들 숲인가./노 저어라 노 저어라/어촌 두어 집이 안개 속에 들락날락하는구나./찌그덩 찌그덩 어여차/맑고 깊은 못에 온갖 고기 뛰논다.
> (하사 2) 연잎에 밥 싸두고 반찬일랑 장만 마라./닻 올려라 닻 올려라/삿갓은 쓰고 있노라. 도롱이는 가져오느냐./찌그덩 찌그덩 어여차/무심한 갈매기는 내가 저를 좇는가, 제가 나를 좇는가.
> (추사 1) 세속을 떠난 곳에서의 깨끗한 일이 어부의 생애 아니더냐./배 띄워라 배 띄워라/늙은 어부라고 비웃지 마라. 그림마다 그렸더라./찌그덩 찌그덩 어여차/사계절의 흥취가 다 좋지만 그중에서도 가을 강이 으뜸이라.
> (동사 4) 간밤에 눈 갠 뒤에 경치가 달라졌구나./노 저어라 노 저어라/앞에는 유리처럼 반반하고 아름다운 바다, 뒤에는 수없이 겹쳐 있는 아름다운 산./찌그덩 찌그덩 어여차/신선의 세계인가, 부처의 세계인가. 사람의 세계는 아니로다.

(2) 조선 중후기의 시가

① 장진주사(將進酒辭)

> 한 盞(잔) 먹새 그려, 또 한 잔 먹새 그려
> 곳 것거 算(산)노코 無盡無盡(무진무진) 먹새 그려
> 이 몸 주근 後(후)에 지게 우히 거적 더퍼 주리혀 미여 가나
> 流蘇寶帳(유소보장)의 萬人(만인)이 우레 너나
> 어욱새 속새 덥가나무 白楊(백양)수페 가기곳 가면
> 누른 히 흰 들 가는 비 굴근 눈 쇼리 브람 불제 뉘 호 잔 먹쟈 호고
> 호믈며 무덤 우히 잔나비 프람 불 제 뉘우츤들 엇디리

> **현대역**
> 한 잔 마시세 그려 또 한 잔 마시세 그려/꽃 꺾어 술잔을 세며 무진무진 마시세 그려/이 몸 죽은 후면 지게 위에 거적 덮어 줄로 묶어 매어가니/유소보장에 수많은 사람이 울며 따라오더라도
> 어욱새, 속새, 덥가나무, 백양나무 숲으로 들어가기만 하면/누런 해와 흰 달, 가는 비, 굵은 눈, 회오리바람 불 때 누가 한 잔 마시자고 할 것인가?/하물며 무덤 위에 원숭이가 휘파람 불 때, 그제서 뉘우친들 어쩔 것인가?

SEMI-NOTE

주요 단어 풀이
- 닛 : '안개'의 옛말
- 至匊悤(지국총) : '찌그덩'의 의성어. 한자어는 음만 빌린 것
- 靑蒻笠(청약립) : 푸른 갈대로 만든 갓
- 綠蓑衣(녹사의) : 짚, 띠 다위로 엮은 비옷
- 景物(경물) : 계절에 따라 달라지는 자연의 경치
- 萬頃琉璃(만경유리) : 푸른 바다를 비유함
- 千疊玉山(천첩옥산) : 눈 덮인 산을 비유함

장진주사
- 작자 : 정철
- 갈래 : 사설시조
- 주제 : 술을 권함(술 들기를 청하는 노래)
- 특징 : 최초의 사설시조로 엄격한 시조의 형식에서 벗어나 대조적 분위기를 조성(낭만적 정경과 무덤가의 음산한 분위기가 대조됨)
- 출전 : 「송강가사」

사설시조
본래 평시조보다 긴 사설을 엮은 창(唱)의 명칭으로 불리다가 갈래로써 분화한 것으로, 계층에 관계없이 거칠면서도 활기찬 감상으로 불림

SEMI-NOTE

창을 내고자 창을 내고자
- 작자 : 미상
- 갈래 : 사설시조, 해학가
- 주제 : 답답한 심정의 하소연
- 특징 : 유사어의 반복과 사물의 열거, 과장법과 비유법의 사용하여 평민의 애환을 반영
- 출전 : 『청구영언』

귓도리 져 귓도리
- 작자 : 미상
- 갈래 : 사설시조, 연모가
- 주제 : 독수공방의 외롭고 쓸쓸함
- 특징 : 의인법, 반어법, 반복법의 사용으로 섬세한 감정이입을 나타냄
- 출전 : 『청구영언』

상춘곡
- 작자 : 정극인
- 갈래 : 정격가사, 서정가사, 양반가사
- 연대
  - 조선 성종(15세기) 때 창작
  - 정조(18세기) 때 간행
- 주제 : 상춘과 안빈낙도의 삶에 대한 예찬(만족)
- 특징
  - 3·4(4·4)조, 4음보, 전 79구의 연속체(가사체, 운문체)
  - 여러 표현 기교를 사용(설의법, 의인법, 대구법, 직유법 등)
  - 공간의 이동(공간 확장)을 통한 시상 전개
  - 창작자의 시대인 15세기의 표기법이 아니라 수록된 〈불우헌집〉이 간행된 18세기 음운과 어법이 반영됨
- 출전 : 『불우헌집』

② 창을 내고자 창을 내고자

窓(창) 내고쟈 窓(창)을 내고쟈 이 내 가슴에 窓(창) 내고쟈.
고모장지 셰살장지 들장지 열장지 암돌져귀 수돌져귀 비목걸새 크나큰 쟝도리로 쏭닥 바가 이 내 가슴에 窓(창) 내고쟈.
잇다감 하 답답할 제면 여다져 볼가 ᄒᆞ노라.

현대역
창 내고 싶다. 창을 내고 싶다. 이내 가슴에 창 내고 싶다.
고무래 장지, 세살(가는 살)장지, 들장지, 열장지, 암톨쩌귀, 수톨쩌귀, 배목걸쇠를 크나큰 장도리로 뚝딱 박아 이내 가슴에 창 내고 싶다.
이따금 너무 답답할 때면 여닫아 볼까 하노라.

③ 귓도리 져 귓도리

귓도리 져 귓도리 어엿부다 져 귓도리
어인 귓도리 지는 둘 새는 밤의 긴 소리 쟈른 소리 節節(절절)이 슬픈 소리 제 혼자 우러 녜어 紗窓(사창) 여윈 줌을 슬드리도 쇠오는고야.
두어라 제 비록 微物(미물)이나 無人洞房(무인동방)에 내 뜻 알 리는 저쑨인가 ᄒᆞ노라.

현대역
귀뚜라미, 저 귀뚜라미, 불쌍하다 저 귀뚜라미. 어찌된 귀뚜라미인가.
지는 달 새는 밤에 긴소리, 짧은 소리, 마디마디 슬픈 소리로 저 혼자 울면서 사창 안에서 살짝 든 잠을 잘도 깨우는구나.
두어라, 제 비록 미물이나 임이 안 계시는 외로운 방에서 내 뜻을 알 이는 저 귀뚜라미뿐인가 하노라.

(3) 가사문학

① 상춘곡(賞春曲)

紅塵(홍진)에 뭇친 분네 이내 生涯(생애) 엇더ᄒᆞ고, 녯 사ᄅᆞᆷ 風流(풍류)를 미츨가 못 미츨가. 天地間(천지간) 男子(남자) 몸이 날 만ᄒᆞᆫ 이 하건마ᄂᆞᆫ, 山林(산림)에 뭇쳐 이셔 至樂(지락)을 ᄆᆞ를 것가. 數間茅屋(수간모옥)을 碧溪水(벽계수) 앏픠두고, 松竹(송죽) 鬱鬱裏(울울리)에 風月主人(풍월주인) 되어셔라.

엊그제 겨을 지나 새봄이 도라오니, 桃花杏花(도화행화)ᄂᆞᆫ 夕陽裏(석양리)예 퓌여 잇고, 綠楊芳草(녹양방초)ᄂᆞᆫ 細雨中(세우중)에 프르도다. 칼로 ᄆᆞᆯ아 낸가, 붓으로 그려낸가, 造化神功(조화신공)이 物物(물물)마다 헌ᄉᆞ롭다. 수풀에 우ᄂᆞᆫ 새ᄂᆞᆫ 春氣(춘기)를 못내 계워 소리마다 嬌態(교태)로다. 物我一體(물아일체)어니, 興(흥)이이 다를소냐. 柴扉(시비)예 거러 보고, 亭子(정자)애 안자보니, 逍遙吟詠(소요음영)ᄒᆞ야, 山日(산일)이 寂寂(적적)ᄒᆞᄃᆡ, 閒中眞味(한중진미)를

알 니 업시 호재로다.

이바 니웃드라, 山水(산수)구경 가쟈스라. 踏靑(답청)으란 오늘 ᄒᆞ고, 浴沂(욕기)란 來日 ᄒᆞ새. 아ᄎᆞᆷ에 採山(채산)ᄒᆞ고, 나조ᄒᆡ 釣水(조수)ᄒᆞ새. ᄀᆞᆺ 괴여 닉은 술을 葛巾(갈건)으로 밧타 노코, 곳나모 가지 것거, 수 노코 먹으리라. 和風(화풍)이 건듯 부러 綠水(녹수)를 건너오니, 淸香(청향)은 잔에 지고, 落紅(낙홍)은 옷새진다.

樽中(준중)이 뷔엿거든 날ᄃᆞ려 알외여라. 小童(소동) 아ᄒᆡᄃᆞ려 酒家(주가)에 술을 믈어, 얼운은 막대 집고, 아ᄒᆡᄂᆞᆫ 술을 메고, 微吟緩步(미음완보)ᄒᆞ야 시냇ᄀᆞ의 호자 안자, 明沙(명사) 조ᄒᆞᆫ 믈에 잔 시어 부어 들고, 淸流(청류)를 굽어보니, ᄯᅥ오ᄂᆞᄂᆞ니 桃花(도화)ㅣ로다. 武陵(무릉)이 갓갑도다. 져 ᄆᆡ이 긘 거이고. 松間(송간) 細路(세로)에 杜鵑花(두견화)를 부치 들고, 峰頭(봉두)에 급피 올나 구름 소긔 안자 보니, 千村萬落(천촌만락)이 곳곳이 버려 잇ᄂᆡ. 煙霞日輝(연하일휘)는 錦繡(금수)를 재폇ᄂᆞᆫ 듯. 엇그제 검은 들이 봄빗도 有餘(유여)ᄒᆞ샤.

功名(공명)도 날 씌우고, 富貴(부귀)도 날 씌우니, 淸風明月(청풍명월) 外(외)예 엇던 벗이 잇ᄉᆞ올고, 簞瓢陋巷(단표누항)에 훗튼 혜음 아니 ᄒᆞᄂᆡ. 아모타, 百年行樂(백년행락)이 이만ᄒᆞᆫ ᄃᆞᆯ 엇지ᄒᆞ리.

현대역

속세에 묻혀 사는 사람들이여. 이내 생활이 어떠한가. 옛 사람들의 풍류에 미칠까 못 미칠까? 이 세상에 남자로 태어난 몸으로서 나만한 사람이 많건마는, 산림에 묻혀 사는 지극한 즐거움을 모르는 것인가. 초가삼간을 맑은 시냇물 앞에 두고, 소나무와 대나무가 울창한 속에 자연을 즐기는 사람이 되었구나.

엊그제 겨울 지나 새봄이 돌아오니, 복숭아꽃과 살구꽃은 석양 속에 피어 있고 푸른 버들과 꽃다운 풀은 가랑비 속에 푸르다. 칼로 재단해 내었는가, 붓으로 그려 내었는가. 조물주의 신기한 솜씨가 사물마다 야단스럽다. 수풀에 우는 새는 봄기운을 끝내 못 이겨 소리마다 아양을 떠는 모습이로다. 자연과 내가 한 몸이니 흥겨움이야 다르겠는가. 사립문 주위를 걸어 보고 정자에 앉아 보니 천천히 거닐며 나직이 시를 읊조려 산 속의 하루가 적적한데, 한가로움 속의 참된 즐거움을 아는 이 없이 혼자로구나.

여보게, 이웃 사람들이여. 산수 구경을 가자꾸나. 산책은 오늘 하고 냇물에서 목욕하는 것은 내일하세. 아침에 산나물을 캐고 저녁에 낚시질을 하세. 갓 익은 술을 갈건으로 걸러 놓고 꽃나무 가지 꺾어 잔 수를 세면서 먹으리라. 화창한 바람이 잠깐 불어 푸른 물을 건너오니, 맑은 향기는 잔에 지고, 떨어진 꽃은 옷에 진다.

술통 안이 비었거든 나에게 아뢰어라. 심부름하는 아이를 시켜 술집에서 술을 사 가지고 어른은 지팡이 짚고 아이는 술을 메고 나직이 읊조리며 천천히 걸어 시냇가에 혼자 앉아, 깨끗한 물에 잔 씻어 부어 들고, 맑게 흐르는 물을 굽어보니 떠오는 것이 복숭아꽃이로다. 무릉도원이 가깝도다. 저 들이 그곳인가? 소나무 사이 좁은 길에 진달래꽃을 붙들어 잡고, 산봉우리에 급히 올라 구름 속에

SEMI-NOTE

의의
- 우리나라 가사 문학의 효시
- 은일 가사의 첫 작품으로, 사림파 문학의 계기를 마련
- 강호가도의 시풍을 형성(상춘곡 → 면앙정가(송순) → 성산별곡(정철))

작품의 구성
- 서사 : 은일지사의 자연에 묻혀 사는 즐거움
- 본사 : 봄의 경치와 풍류와 흥취가 있는 삶
- 결사 : 안빈낙도의 삶 추구

주요 단어 풀이
- 紅塵(홍진) : 번거롭고 속된 세상을 비유하는 말
- 날 만ᄒᆞᆫ 이 하건마ᄂᆞᆫ : 나만한 사람이 많건마는
- 數間茅屋(수간모옥) : 몇 칸 되지 않는 작은 초가
- 알ᄑᆡ : 앞에
- 桃花杏花(도화행화) : 복숭아꽃과 살구꽃
- 綠楊芳草(녹양방초) : 푸른 버드나무와 향기로운 풀
- 逍遙吟詠(소요음영) : 천천히 거닐며 나직이 읊조림
- 葛巾(갈건) : 술을 거르는 체. 송서(宋書) 은일전(隱逸傳)의 도잠(陶潛)의 일화에서 유래
- 건듯 : 문득, 잠깐
- 부치 들고 : 붙들어 잡고
- 씌우고(론) : 꺼리고
- 재폇ᄂᆞᆫ 듯 : 펼쳐 놓고
- 훗튼 혜음 : 허튼 생각

가사문학

가사는 운문에서 산문으로 넘어가는 과도기적 형태의 문학으로서 시조와 함께 조선시대를 대표하는 문학 양식이다. 유교적 이념을 비롯하여 자연을 예찬하고, 기행(紀行)과 강호한정에 대한 내용이 많다.

앉아 보니, 수많은 촌락이 곳곳에 널려 있네. 안개와 노을과 빛나는 햇살은 수를 놓은 비단을 펼쳐 놓은 듯. 엊그제까지 검었던 들이 봄빛이 넘치는구나.

공명도 날 꺼리고, 부귀도 날 꺼리니, 맑은 바람과 밝은 달 외에 어떤 벗이 있을까. 누항에서 먹는 한 그릇의 밥과 한 바가지의 물에 잡스러운 생각 아니 하네. 아무튼 한평생 즐겁게 지내는 것이 이만하면 족하지 않겠는가.

SA UP 조선후기의 가사문학

조선후기에 이르러 평민층, 여자에 이르기까지 다양한 계층으로 확대되며 변격가사가 출현하는 계기가 되었고, 여자가 지은 가사문학을 규방가사(閨房歌詞)라고 함

② 사미인곡(思美人曲)

이 몸 삼기실 제 님을 조차 삼기시니, 혼 싱 緣分(연분)이며 하늘 모를 일이런가. 나 ᄒᆞ나 졈어 잇고 님 ᄒᆞ나 날 괴시니, 이 ᄆᆞᄋᆞᆷ 이 ᄉᆞ랑 견졸 듸 노여 업다.

平生(평ᄉᆡᆼ)애 願(원)ᄒᆞ요ᄃᆡ 혼ᄃᆡ 녜쟈 ᄒᆞ얏더니, 늙거야 므ᄉᆞ 일로 외오 두고 글이ᄂᆞᆫ고. 엇그제 님을 뫼셔 廣寒殿(광한뎐)의 올낫더니, 그 더듸 엇디ᄒᆞ야 下界(하계)예 ᄂᆞ려오니, 올 적의 비슨 머리 얼킈연디 三年(삼년)이라. 臙脂粉(연지분) 잇ᄂᆡ마ᄂᆞᆫ 눌 위ᄒᆞ야 고이 홀고. ᄆᆞᄋᆞᆷ의 미친 실음 疊疊(텹텹)이 싸혀 이셔, 짓ᄂᆞ니 한숨이오 디ᄂᆞ니 눈물이라. 人生(인ᄉᆡᆼ)은 有限(유혼)ᄒᆞᆫᄃᆡ 시름도 그지 업다.

(중략)
乾坤(건곤)이 閉塞(폐ᄉᆡᆨ)ᄒᆞ야 白雪(ᄇᆡᆨ셜)이 ᄒᆞᆫ 빗친 제, 사ᄅᆞᆷ은 ᄏᆞ니와 ᄂᆞᆯ새도 긋쳐 잇다. 瀟湘南畔(쇼상남반)도 치오미 이러커든 玉樓高處(옥누고쳐)야 더욱 닐너 므슴ᄒᆞ리.

陽春(양츈)을 부쳐내여 님 겨신 ᄃᆡ 쏘이고져. 茅簷(모쳠) 비쵠 히ᄅᆞᆯ 玉樓(옥루)의 올리고져. 紅裳(홍샹)을 니믜초고 翠袖(ᄎᆔ슈)를 半반만 거더 日暮脩竹(일모슈듁)의 혬가림도 하도 할샤. 댜른 히 수이 디여 긴 밤을 고초 안자, 靑燈(쳥등) 거른 鈿箜篌(뎐공후) 노하 두고, 꿈의나 님을 보려 ᄐᆞᆨ밧고 비겨시니, 鴦衾(앙금)도 ᄎᆞ도 찰샤 이 밤은 언제 샐고.

ᄒᆞᄅᆞ도 열두 ᄡᅢ, 혼 ᄃᆞᆯ도 셜흔 날, 져근덧 ᄉᆡᆼ각 마라. 이 시룸 닛쟈 ᄒᆞ니 ᄆᆞᄋᆞᆷ의 미쳐 이셔 骨髓(골슈)의 쎄텨시니, 扁鵲(편쟉)이 열히 오나 이 병을 엇디ᄒᆞ리. 어와 내 병이야 이 님의 타시로다. 출하리 싀어디여 범나븨 되오리라. 곳나모 가지마다 간ᄃᆡ 죡죡 안니다가, 향 므든 날애로 님의 오ᄉᆡ 올므리라. 님이야 날인줄 모ᄅᆞ샤도 내님 조ᄎᆞ려 ᄒᆞ노라.

현대역
이 몸이 태어날 때에 임을 좇아 태어나니, 한평생 함께 살 인연임을 하늘이 모를 일이던가. 나는 오직 젊어 있고 임은 오로지 나만을 사랑하시니 이 마음과

SEMI-NOTE

사미인곡
- 작자 : 정철
- 갈래 : 정격가사, 서정가사, 양반가사
- 연대 : 조선 선조
- 주제 : 연군지정(戀君之情)
- 특징
  - 동일 작자의 속미인곡과 더불어 가사문학의 극치를 보여줌
  - 자연의 변화에 따라 정서의 흐름을 표현하고 있음
  - 비유법, 변화법과 점층법을 사용하여 임에 대한 연정을 심화시킴
- 출전 : 「송강가사」

작품의 구성
- 서사 : 임과의 인연과 변함없는 그리움
- 본사 : 임의 선정(善政)의 기원과 멀리 떨어진 임에 대한 염려
- 결사 : 죽더라도 임을 따르겠다는 의지

이 사랑을 견줄 데가 다시없다.

평생에 원하되 함께 살아가려고 하였더니, 늙어서야 무슨 일로 홀로 두고 그리워하는가. 엊그제는 임을 모시고 광한전에 올라 있더니, 그동안에 어찌하여 속세에 내려왔는지, 내려올 때 빗은 머리가 헝클어진 지 삼 년이다. 연지와 분이 있지마는 누구를 위하여 곱게 단장할까. 마음에 맺힌 시름 겹겹이 쌓여 있어, 짓는 것이 한숨이요, 흐르는 것이 눈물이라. 인생은 유한한데 시름은 끝이 없다.
(중략)
천지가 얼어붙어 생기가 막히어 흰 눈이 일색으로 덮여 있을 때 사람은 말할 것도 없거니와 날짐승도 끊어져 있다. 따뜻한 지방이라 일컬어지는 중국에 있는 소상강 남쪽 둔덕(전남 창평)도 추움이 이렇거늘, 북쪽 임 계신 곳이야 더욱 말해 무엇 하리.

따뜻한 봄기운을 부쳐내어 임 계신 곳에 쏘이게 하고 싶다. 초가집 처마에 비친 해를 옥루에 올리고 싶다. 붉은 치마를 여미어 입고 푸른 소매를 반만 걷어, 해질 무렵 밋밋하게 자란 가늘고 긴 대나무에 기대서서 여러 가지 생각이 많기도 많구나. 짧은 해가 이내 넘어가고 긴 밤을 꼿꼿이 앉아, 청등을 걸어둔 곁에 자개로 장식한 공후(악기)를 놓아두고, 꿈에나 임을 보려 턱 받치고 기대어 있으니, 원앙을 수놓은 이불이 차기도 차구나. 이 밤은 언제나 샐까.

하루도 열두 때 한 달도 서른 날, 잠시라도 (임) 생각 말고 이 시름 잊자 하니, 마음에 맺혀 있어 뼛속까지 사무쳤으니, 편작(중국 전국 시대의 명의)이 열 명이 오더라도 이 병을 어찌 하리. 아, 내 병이야 임의 탓이로다. 차라리 죽어서 범나비가 되리라. 꽃나무 가지마다 간 데 족족 앉아 있다가, 향 묻은 날개로 임의 옷에 옮으리라.

③ 속미인곡(續美人曲)

뎨 가는 뎌 각시 본 듯도 ᄒᆞ더이고. 天텬上샹 白빅玉옥京경을 엇디ᄒᆞ야 離니別별ᄒᆞ고, 히 다 뎌 져믄 날의 눌을 보라 가시ᄂᆞᆫ고.

어와 녜여이고. 내 스셜 드러보오. 내 얼굴 이 거동이 님 괴얌즉 ᄒᆞ가마는 엇딘디 날보시고 네로다 녀기실ᄉᆡ 나도 님을 미더 군ᄠᅳ디 전혀 업서 이리야 교ᄐᆡ야 어즈러이 구돗ᄯᅥ디 반기시는 ᄂᆞᆺ비치 녜와 엇디 다ᄅᆞ신고. 누어 싱각ᄒᆞ고 니러 안자 혜여ᄒᆞ니 내 몸의 지은 죄 뫼ᄀᆞ티 ᄡᅡ혀시니 하늘히라 원망ᄒᆞ며 사ᄅᆞᆷ이라 허믈ᄒᆞ랴. 셜워 플텨 혜니 造조物믈의 타시로다.

글란 싱각마오. 미친 일이 이셔이다. 님을 뫼셔 이셔 님의 일을 내 알거니 믈ᄀᆞ툰 얼굴이 편ᄒᆞ실 적 몃 날일고. 春츈寒한 苦고熱열은 엇디ᄒᆞ야 디내시며 秋츄日일冬동天텬는 뉘라셔 뫼셧는고. 粥쥭무조飯반 朝됴夕셕뫼 녜와 ᄀᆞ티 셰시ᄂᆞᆫ가. 기나긴 밤의 좀은 엇디 자시ᄂᆞᆫ고.

님 다히 消쇼息식을 아므려나 아쟈 ᄒᆞ니 오늘도 거의로다. ᄂᆡ일이나 사ᄅᆞᆷ 올가. 내 ᄆᆞ음 둘 ᄃᆡ 업다. 어드로 가쟛말고. 잡거니 밀거니 놉픈 뫼히 올라가

SEMI-NOTE

주요 단어 풀이
- 삼기실(産) : 태어날, 생길
- ᄒᆞ나 : 오직
- 노여 : 전혀
- 廣寒殿(광한전) : 달 속에 있는 전각. 대궐을 비유함
- 디ᄂᆞ니 : 흐르는 것이
- ᄏᆞ니와 : 물론이거니와
- 놀새 : 날짐승
- 瀟湘南畔(소상남반) : 중국 소상강 남쪽 언덕. 전남 창평을 빗댐
- 玉樓高處(옥루고처) : 옥으로 된 누각. 임금이 계신 궁궐을 비유
- 茅簷(모첨) : 초가집 처마
- 翠袖(취수) : 푸른 소매
- 日暮脩竹(일모수죽) : 짧은 해가 이내 넘어가고 긴 밤을 꼿꼿이 앉아
- 퇴밧고 비겨시니 : 턱 받치고 기대어 있으니
- 鴛衾(앙금) : 원앙을 수놓은 이불
- ᄉᆡ텨시니 : 사무쳤으니
- 싀어디여 : 죽어서
- 안니다가 : 앉아 있다가
- 오ᄉᆡ : 옷에
- 조ᄎᆞ려 : 따르려

속미인곡
- 작자 : 정철
- 연대 : 조선 선조
- 갈래 : 양반가사, 서정가사, 유배가사
- 주제 : 연군의 정
- 특징
  - 두 여인의 대화 형식으로 구성해 참신함이 돋보임
  - 우리말 구사가 돋보이는 가사 문학의 백미
  - 화자의 정서에 따라 '기다림 → 방황 → 안타까움 → 소망' 순으로 시상이 변함
  - 화자가 자연물에 의탁해 외로움을 표현함
- 출전 : 「송강가사」

SEMI-NOTE

작품의 구성
- 서사 : 임과 이별하게 된 연유
- 본사 : 임에 대한 그리움과 사랑으로 인한 방황
- 결사 : 죽어서라도 이루려 하는 임에 대한 간절한 사랑

주요 단어 풀이
- 白玉京(백옥경) : 옥황상제의 거처. 임이 있는 궁궐을 비유함
- 소설 : 사설(辭說). 늘어놓는 이야기
- 괴얌즉 ᄒᆞ가마ᄂᆞᆫ : 사랑함직 한가마는
- 엇딘디 : 어쩐지
- 군ᄠᅳ디 : 딴 생각
- 이리야 : 아양
- 어ᄌᆞ러이 구돗썬디 : 어지럽게 굴었던지 → 지나치게 굴었던지
- ᄂᆞᆾ비치 : 낯빛이
- 녜와 : 옛날과
- 혜여ᄒᆞ니 : 헤아려 보니
- ᄡᅡ혀시니 : 쌓였으니
- 허믈ᄒᆞ랴 : 탓하랴
- 플텨 혜니 : 풀어내어 헤아려 보니
- 다히 : 방향, 쪽(方)
- 아므려나 : 어떻게라도
- 아쟈 ᄒᆞ니 : 알려고 하니
- 거의로다 : 거의 저물었구나
- 둘 ᄃᆡ 업다 : 둘 곳이 없다
- ᄏᆞ니와 : 물론이거니와
- 디ᄂᆞᆫ ᄒᆡᄅᆞᆯ : 지는 해를
- 결의 : 잠결의
- 조ᄎᆞᆯ ᄲᅮᆫ이로다 : 따라 있을 뿐이로다
- 돌이야ᄏᆞ니와 : 달은커녕

니 구롬은 ᄏᆞ니와 안개는 므스 일고. 山산川쳔이 어둡거니 日일月월을 엇디 보며 咫지尺쳑을 모ᄅᆞ거든 千쳔里리를 ᄇᆞ라보랴. ᄎᆞᆯ하리 믈ᄀᆞ의 가 비 길히나 보쟈 ᄒᆞ니 ᄇᆞ람이야 믈결이야 어둥졍 된뎌이고. 샤공은 어ᄃᆡ 가고 븬 비만 걸렷ᄂᆞ니 江강天쳔의 혼쟈 셔셔 디ᄂᆞᆫ ᄒᆡ를 구버보니 님다히 消쇼息식이 더욱 아득ᄒᆞ뎌이고.

茅모簷쳠 춘 자리의 밤듕만 도라오니 反반壁벽 靑쳥燈등은 눌 위ᄒᆞ야 볼갓는고. 오ᄅᆞ며 ᄂᆞ리며 헤쓰며 바니니 져근덧 力녁盡진ᄒᆞ야 픗ᄌᆞᆷ을 잠간 드니 精졍誠셩이 지극ᄒᆞ야 ᄭᅮᆷ의 님을 보니 玉옥 ᄀᆞᄐᆞᆫ 얼굴이 半반이나마 늘거셰라. ᄆᆞ음의 머근 말ᄉᆞᆷ 슬ᄏᆞ쟝 ᄉᆞᆲ쟈 ᄒᆞ니 눈믈이 바라 나니 말인들 어이ᄒᆞ며 情졍을 못 다ᄒᆞ야 목이조차 몌여ᄒᆞ니 오뎐된 鷄계聲셩의 ᄌᆞᆷ은 엇디 ᄭᅢ돗던고.

어와, 虛허事ᄉᆞ로다. 이 님이 어ᄃᆡ간고. 결의 니러 안자 窓창을 열고 ᄇᆞ라보니 어엿븐 그림재 날 조ᄎᆞᆯ ᄲᅮᆫ이로다. ᄎᆞᆯ하리 싀여디여 落낙月월이나 되야이셔 님 겨신 窓창 안히 번드시 비최리라. 각시님 ᄃᆞᆯ이야ᄏᆞ니와 구준비나 되쇼셔.

현대역

(갑녀) 저기 가는 저 부인, 본 듯도 하구나. 임금이 계시는 대궐을 어찌하여 이별하고, 해가 다 져서 저문 날에 누구를 만나러 가시는고?

(을녀) 아, 너로구나. 내 사정 이야기를 들어 보오. 내 몸과 이 나의 태도는 임께서 사랑함직 한가마는 어쩐지 나를 보시고 너로구나 하고 특별히 여기시기에 나도 임을 믿어 딴 생각이 전혀 없어, 응석과 아양을 부리며 지나치게 굴었던지 반기시는 낯빛이 옛날과 어찌 다르신고. 누워 생각하고 일어나 앉아 헤아려 보니, 내 몸의 지은 죄가 산같이 쌓였으니, 하늘을 원망하며 사람을 탓하랴. 서러워서 여러 가지 일을 풀어내어 헤아려 보니, 조물주의 탓이로다.

(갑녀) 그렇게 생각하지 마오. (을녀) 마음속에 맺힌 일이 있습니다. 예전에 임을 모시어서 임의 일을 내가 알거니, 물같이 연약한 몸이 편하실 때가 몇 날일까? 이른 봄날의 추위와 여름철의 무더위는 어떻게 지내시며, 가을날 겨울날은 누가 모셨는고? 자릿조반과 아침, 저녁 진지는 예전과 같이 잘 잡수시는가? 기나긴 밤에 잠은 어떻게 주무시는가?

(을녀) 임 계신 곳의 소식을 어떻게라도 알려고 하니, 오늘도 거의 저물었구나. 내일이나 임의 소식 전해 줄 사람이 있을까? 내 마음 둘 곳이 없다. 어디로 가자는 말인가? (나무 바위 등을) 잡기도 하고 밀기도 하면서 높은 산에 올라가니, 구름은 물론이거니와 안개는 또 무슨 일로 저렇게 끼어 있는고? 산천이 어두운데 일월을 어떻게 바라보며, 눈앞의 가까운 곳도 모르는데 천 리나 되는 먼 곳을 바라볼 수 있으랴? 차라리 물가에 가서 뱃길이나 보려고 하니 바람과 물결로 어수선하게 되었구나. 뱃사공은 어디 가고 빈 배만 걸렸는고? 강가에 혼자 서서 지는 해를 굽어보니 임 계신 곳의 소식이 더욱 아득하구나.

초가집 찬 잠자리에 한밤중에 돌아오니, 벽 가운데 걸려 있는 등불은 누구를 위하여 밝은고? 산을 오르내리며 (강가를) 헤매며 시름없이 오락가락하니, 잠깐 사이에 힘이 지쳐 풋잠을 잠깐 드니, 정성이 지극하여 꿈에 임을 보니, 옥과 같

이 곱던 얼굴이 반 넘어 늙었구나. 마음속에 품은 생각을 실컷 아뢰려고 하였더니, 눈물이 쏟아지니 말인들 어찌 하며, 정회(情懷)도 못 다 풀어 목마저 메니, 방정맞은 닭소리에 잠은 어찌 깨었던고?

아, 허황한 일이로다. 이 임이 어디 갔는고? 즉시 일어나 앉아 창문을 열고 밖을 바라보니, 가엾은 그림자만이 나를 따라 있을 뿐이로다. 차라리 사라져서(죽어서) 지는 달이나 되어서 임이 계신 창문 안에 환하게 비치리라. (갑녀) 각시님, 달은커녕 궂은비나 되십시오.

④ 누항사(陋巷詞)

어리고 우활(迂闊)ᄒᆞ산 이 닉 우히 더니 업다. 길흉화복(吉凶禍福)을 하날긔 부쳐 두고, 누항(陋巷) 깁픈 곳의 초막(草幕)을 지어 두고, 풍조우석(風朝雨夕)에 석은 딥히 셥히 되야, 셔 홉 밥 닷 홉 죽(粥)에 연기(煙氣)도 하도 할샤. 설데인 숙냉(熟冷)애 뷘배 쇡일 뿐이로다. 생애 이러ᄒᆞ다 장부(丈夫) 뜨슬 옴길년가. 안빈일념(安貧一念)을 젹을망정 품고 이셔, 수의(隨宜)로 살려 ᄒᆞ니 날로조차 저어(齟齬)ᄒᆞ다.

ᄀᆞ을히 부족(不足)거든 봄이라 유여(有餘)ᄒᆞ며, 주머니 뷔엿거든 병(瓶)의라 담겨시랴. 빈곤(貧困)ᄒᆞᆫ 인생(人生)이 천지간(天地間)의 나뿐이라. 기한(飢寒)이 절신(切身)ᄒᆞ다 일단심(一丹心)을 이질ᄂᆞᆫ가. 분의망신(奮義忘身)ᄒᆞ야 죽어야 말녀너겨, 우탁우랑(于槖于囊)의 줌줌이 모아 녀코, 병과(兵戈) 오재(五載)예 감사심(敢死心)을 가져이셔, 이시섭혈(履尸涉血)ᄒᆞ야 몃 백전(百戰)을 지니연고.
(중략)
헌 먼덕 수기 스고 측 업슨 집신에 설피설피 물너 오니, 풍채(風採) 저근 형용(形容)애 기 즈칠 뿐이로다. 와실(蝸室)에 드러간들 잠이 와사 누어시랴. 북창(北牕)을 비겨 안자 시배를 기다리니, 무정(無情)한 대승(戴勝)은 이닉 한(恨)을 도우ᄂᆞ다. 종조추창(終朝惆悵)ᄒᆞ며 먼 들흘 바라보니, 즐기는 농가(農歌)도 흥(興) 업서 들리ᄂᆞ다. 세정(世情) 모른 한숨은 그칠 줄을 모르ᄂᆞ다. 아까온 져 소뷔는 벗보님도 됴홀세고. 가시 엉귄 묵은 밧도 용이(容易)케 갈련마ᄂᆞᆫ, 허당반벽(虛堂半壁)에 슬듸업시 걸려고야. 춘경(春耕)도 거의거다 후리쳐 더뎌 두쟈.

강호(江湖) 한 꿈을 쑤언지도 오릭러니, 구복(口腹)이 위루(爲累)ᄒᆞ야 어지버 이져 써다. 첨피기욱(瞻彼淇燠)혼딕 녹죽(綠竹)도 하도 할샤. 유비군자(有斐君子)들아 낙딕 ᄒᆞ나 빌려사라. 노화(蘆花) 깁픈 곳에 명월청풍(明月淸風) 벗이 되야, 님직 업순 풍월강산(風月江山)애 절로절로 늘그리라. 무심(無心)한 백구(白鷗)야 오라 ᄒᆞ며 말라 ᄒᆞ랴. 다토리 업슬순 다문 인가 너기로라.

무상(無狀)한 이 몸애 무슨 지취(志趣) 이스리마ᄂᆞᆫ, 두세 이렁 밧논를 다 무겨 더두고, 이시면 죽(粥)이오 업시면 굴물망졍, 남의 집 남의 거슨 전혀 부러 말렷스라. 빈천(貧賤) 슬히 너겨 손을 헤다 물러가며, 남의 부귀(富貴) 불리 너겨 손을 치다 나아오랴. 인간(人間) 어닉일이 명(命) 밧긔 삼겨시리. 빈이무원(貧而無怨)을 어렵다 ᄒᆞ건마ᄂᆞᆫ 닉 생애(生涯) 이러호딕 설온 뜻은 업노왜라. 단사

SEMI-NOTE

누항사
- 작자 : 박인로
- 연대 : 조선 광해군
- 주제 : 누항에 묻혀 안빈낙도 하며 충효, 우애, 신의를 바라며 살고 싶은 마음
- 특징
  - 대화의 삽입을 통해 현장감을 살림
  - 일상 체험을 통해 현실과 이상 사이의 갈등을 표현
  - 조선 전기 가사와 후기 가사의 과도기적 성격을 지님
- 출전 : 「노계집」

작품의 구성
- 서사 : 길흉화복을 하늘에 맡기고 안빈일념(安貧一念 : 가난한 가운데 편안한 마음으로 한결같이 지냄)의 다짐
- 본사 : 전란 후, 몸소 농사를 지으며 농우(農牛)를 빌리지 못해 봄 경작을 포기함
- 결사 : 자연을 벗 삼아 살기를 희망하여 민이무원의 자세로 충효, 화형제, 신붕우에 힘씀

SEMI-NOTE

주요 단어 풀이

- 어리고 : 어리석고
- 우활(迂闊) : 세상물정에 어두움
- 더니 업다 : 더한 이가 없다
- 부쳐 두고 : 맡겨 두고
- 풍조우석(風朝雨夕) : 아침저녁의 비바람
- 숙냉(熟冷) : 숭늉
- 뷘 배 쇽일 뿐이로다 : 빈 배 속일 뿐이로다
- 수의(隨宜) : 옳은 일을 좇음
- 저어(齟齬) : 익숙치 아니하여 서서름하다
- ㄱ올히 : 가을이
- 기한(飢寒) : 굶주리고 헐벗어 배고프고 추움
- 분의망신(奮義忘身) : 의에 분발하여 제 몸을 잊고 죽어야
- 우탁우랑(于橐于囊) : 전대(허리에 매거나 어깨에 두르기 편하게 만든 자루)와 망태(어깨에 메고 다닐 수 있도록 만든 그릇)
- 이시섭혈(履尸涉血) : 주검을 밟고 피를 건너는 혈전
- 면덕 : 멍석
- 수기 스고 : 숙여 쓰고
- 와실(蝸室) : 작고 초라한 집
- 종조추창(終朝惆愴) : 아침이 끝날 때까지 슬퍼함
- 허당반벽(虛堂半壁) : 빈 집 벽 가운데
- 아까온 : 아까운
- 소뷔 : 밭 가는 기구의 하나
- 됴홀셰고 : 좋구나
- 후리쳐 더뎌 두쟈 : 팽개쳐 던져두자
- 지취(志趣) : 의지와 취향
- 불리 너겨 : 부럽게 여겨
- 어ᄂ일 : 어느 일
- 설온 : 서러운
- 뉘 이시리 : 누가 있겠느냐

졍격가사(正格歌辭)와 변격가사(變格歌辭)
- 졍격가사 : 3·4조의 음수율이 많고 결사는 시조 종장과 같은 구조로, 조선 전기 대부분의 가사가 이에 속함
- 변격가사 : 낙구가 음수율의 제한을 받지 않는 가사를 말하는 것으로, 조선 후기 가사가 이에 속함

표음(簞食瓢飮)을 이도 족(足)히 너기로라. 평생(平生) ᄒᆞᆫ 뜻이 온포(溫飽)애ᄂᆞᆫ 업노왜라. 태평천하(太平天下)애 충효(忠孝)를 일을 삼아 화형제(和兄弟) 신붕우(信朋友) 외다 ᄒᆞ리 뉘 이시리. 그 밧긔 남은 일이야 삼긴 딕로 살렷노라.

현대역

어리석고 세상 물정에 어두운 것은 나보다 더한 이가 없다. 길흉화복을 하늘에 맡겨 두고, 누추한 깊은 곳에 초가집을 지어 두고, 아침저녁 비바람에 썩은 짚이 섞이어, 세 홉 밥, 닷 홉 죽에 연기가 많기도 많다. 설 데운 숭늉에 빈 배 속일 뿐이로다. 생활이 이러하다고 장부가 품은 뜻을 바꿀 것인가. 가난하지만 편안하여, 근심하지 않는 한결같은 마음을 적을망정 품고 있어, 옳은 일을 좇아 살려 하니 날이 갈수록 뜻대로 되지 않는다.

가을이 부족하거든 봄이라고 넉넉하며, 주머니가 비었거든 술병이라고 술이 담겨 있겠느냐. 가난한 인생이 이 세상에 나뿐인가. 굶주리고 헐벗음이 절실하다고 한 가닥 굳은 마음을 잊을 것인가. 의에 분발하여 제 몸을 잊고 죽어야 그만두리라 생각한다. 전대와 망태에 한 줌 한 줌 모아 넣고, 임진왜란 5년 동안에 죽고 야 말리라는 마음을 가지고 있어, 주검을 밟고 피를 건너는 혈전을 몇 백 전이나 지내었는가.

(중략)

헌 멍석을 숙여 쓰고, 축이 없는 짚신에 맥없이 물러나오니 풍채 작은 모습에 개가 짖을 뿐이로다. 작고 누추한 집에 들어간들 잠이 와서 누워 있으랴? 북쪽 창문에 기대어 앉아 새벽을 기다리니, 무정한 오디새는 이내 원한을 재촉한다. 아침이 마칠 때까지 슬퍼하며 먼 들을 바라보니 즐기는 농부들의 노래도 흥이 없이 들린다. 세상 인정을 모르는 한숨은 그칠 줄을 모른다. 아까운 저 쟁기는 볏의 빔도 좋구나! 가시가 엉긴 묵은 밭도 쉽게 갈련마는, 텅 빈 집 벽 가운데 쓸데없이 걸렸구나! 봄갈이도 거의 지났다. 팽개쳐 던져두자.

자연을 벗 삼아 살겠다는 한 꿈을 꾼 지도 오래더니, 먹고 마시는 것이 거리낌이 되어, 아아! 슬프게도 잊었다. 저 기수의 물가를 보건대 푸른 대나무도 많기도 많구나! 교양 있는 선비들아, 낚싯대 하나 빌려 다오. 갈대꽃 깊은 곳에 밝은 달과 맑은 바람이 벗이 되어, 임자 없는 자연 속 풍월강산에 절로 늙으리라. 무심한 갈매기야 나더러 오라고 하며 말라고 하겠느냐? 다툴 이가 없는 것은 다만 이것뿐인가 여기노라.

보잘 것 없는 이 몸이 무슨 소원이 있으련마는 두세 이랑 되는 밭과 논을 다 묵혀 던져두고, 있으면 죽이요 없으면 굶을망정 남의 집, 남의 것은 전혀 부러워하지 않겠노라. 나의 빈천함을 싫게 여겨 손을 헤친다고 물러가며, 남의 부귀를 부럽게 여겨 손을 친다고 나아오랴? 인간 세상의 어느 일이 운명 밖에 생겼겠느냐? 가난하여도 원망하지 않음을 어렵다고 하건마는 내 생활이 이러하되 서러운 뜻은 없다. 한 주먹밥을 먹고, 한 바가지 물을 마시는 어려운 생활도 만족하게 여긴다. 평생의 한 뜻이 따뜻이 입고, 배불리 먹는 데에는 없다. 태평스런 세상에 충성과 효도를 일로 삼아, 형제간 화목하고 벗끼리 신의 있음을 그르다 할 사람이 누가 있겠느냐? 그 밖에 나머지 일이야 태어난 대로 살아가겠노라.

⑤ 농가월령가(農家月令歌) - 정월령(正月令)

천지(天地) 조판(肇判)하매 일월성신 비치거다. 일월은 도수 있고 성신은 전차 있어 일년 삼백 육십일에 제 도수 돌아오매 동지, 하지, 춘, 추분은 일행(日行)을 추측하고, 상현, 하현, 망, 회, 삭은 월륜(月輪)의 영휴(盈虧)로다. 대지상 동서남북, 곳을 따라 틀리기로 북극을 보람하여 원근을 마련하니 이십사절후를 십 이삭에 분별하여 매삭에 두 절후가 일망(一望)이 사이로다. 춘하추동 내왕하여 자연히 성세(成歲)하니 요순 같은 착한 임금 역법을 창제하사 천시(天時)를 밝혀내어 만민을 맡기시니 하우씨 오백 년은 인월(寅月)로 세수(歲首)하고 주나라 팔백 년은 자월(子月)로 신정(新定)이라. 당금에 쓰는 역법 하우씨와 한 법이라. 한서온량(寒暑溫凉) 기후 차례 사시에 맞추 드니 공부자의 취하심이 하령을 행하도다.

정월령(正月令)
정월은 맹춘(孟春)이라 입춘우수(立春雨水) 절기로다. 산중 간학(澗壑)에 빙설은 남았으나 평교 광야에 운물(雲物)이 변하도다. 어와 우리 성상 애민중농(愛民重農) 하오시니 간측하신 권농 윤음 방곡(坊曲)에 반포하니 슬프다, 농부들아 아무리 무지한들 네 몸 이해 고사(姑舍)하고 성의(聖意)를 어길소냐 산전수답(山田水畓) 상반(相半)하여 힘대로 하오리라. 일년 흉풍은 측량하지 못하여도 인력이 극진하면 천재는 면하리니 제각각 근면하여 게을리 굴지 마라.

일년지계 재춘하니 범사(凡事)를 미리 하라. 봄에 만일 실시하면 종년(終年) 일이 낭패되네. 농기(農器)를 다스리고 농우(農牛)를 살펴 먹여 재거름 재워 놓고 한편으로 실어 내어 보리밭에 오줌치기 작년보다 힘써 하라. 늙은이 근력 없어 힘든 일은 못하여도 낮이면 이엉 엮고 밤이면 새끼 꼬아 때 맞게 집 이으면 큰 근심 덜리로다. 실과 나무 보굿 깎고 가지 사이 돌 끼우기 정조(正朝)날 미명시(未明時)에 시험조로 하여 보자. 며느리 잊지 말고 소국주(小麴酒) 빚어라. 삼촌 백화시에 화전일취(花前一醉)하여 보자. 상원(上元)날 달을 보아 수한(水旱)을 안다하니 노농(老農)의 징험(徵驗)이라 대강은 짐작느니.

정초에 세배함은 돈후한 풍속이라. 새 의복 떨쳐입고 친척 인리(隣里) 서로 찾아 남녀노소 아동까지 삼삼오오 다닐 적에 와삭버석 울긋불긋 물색(物色)이 번화(繁華)하다. 사내아이 연날리기 계집아이 널뛰기요. 윷놀아 내기하니 소년들 놀이로다. 사당(祠堂)에 세알(歲謁)하니 병탕에 주과로다. 움파와 미나리를 무엄에 곁들이면 보기에 신선하여 오신채(五辛菜)를 부러 하랴. 보름날 약밥 제도 신라적 풍속이라. 묵은 산채 삶아 내니 육미(肉味)와 바꿀 소냐. 귀 밝히는 약술이며 부스럼 삭는 생밤이라. 먼저 불러 더위팔기 달맞이 횃불 켜기 흘러오는 풍속이요 아이들 놀이로다.

현대역
하늘땅이 생겨나며 해와 달, 별이 비쳤다. 해와 달은 뜨고 지고 별들은 길이 있어 일 년 삼백 육십일엔 제길로 돌아온다. 동지, 하지, 춘, 추분은 해로써 추측하고 상현달, 하현달, 보름, 그믐, 초하루는 달님이 둥글고 이즈러져 알 수 있다. 땅위의 동서남북 곳을 따라 다르지만 북극성을 표로 삼고 그것을 밝혀낸다. 이십사절기를 열두 달에 나누어 매달에 두 절기가 보름이 사이로다. 춘하추동

SEMI-NOTE

농가월령가
- 작자 : 정학유
- 갈래 : 월령체(달거리) 가사
- 연대 : 조선 헌종
- 주제 : 농가의 일과 풍속
- 특징
  - 각 월령의 구성이 동일함. 절기의 소개 → 감상 → 농사일 → 세시 풍속 소개
  - 농촌 생활의 부지런한 활동을 사실감 있게 제시
  - 월령체 가운데 규모가 가장 큼
  - 시간에 따른 시상의 전개
- 출전 : 『가사육종』

작품의 구성
- 서사 : 일월성신과 역대 월령, 역법에 대한 해설
- 정월령 : 맹춘(孟春) 정월의 절기와 일년 농사의 준비, 세배, 풍속 등을 소개
- 이월령 : 중춘(仲春) 2월의 절기와 춘경(春耕 : 봄갈이), 가축 기르기, 약재 등을 소개
- 삼월령 : 모춘(暮春) 3월의 절기와 논 및 밭의 파종(播種), 접붙이기, 장 담그기 등을 노래
- 사월령 : 맹하(孟夏) 4월의 절기와 이른 모내기, 간작(間作 : 사이짓기), 분봉(分蜂), 천렵 등을 노래
- 오월령 : 중하(中夏) 5월의 절기와 보리타작, 고치따기, 그네뛰기, 민요 등을 소개
- 유월령 : 계하(季夏) 6월의 절기와 북돋우기, 풍속, 장 관리, 길쌈 등을 소개
- 칠월령 : 맹추(孟秋) 7월의 절기와 칠월 칠석, 김매기, 피 고르기, 벌초하기 등을 노래
- 팔월령 : 중추(中秋) 8월의 절기와 수확 등을 노래함
- 구월령 : 계추(季秋) 9월의 절기와 가을 추수의 이모저모, 이웃 간의 온정을 노래
- 시월령 : 맹동(孟冬) 10월의 절기와 무, 배추 수확, 겨울 준비와 화목 등을 권면함
- 십일월령 : 중동(仲冬) 11월의 절기와 메주 쑤기, 동지 풍속과 가축 기르기, 거름 준비 등을 노래
- 십이월령 : 계동(季冬) 12월의 절기와 새해 준비
- 결사 : 농업에 힘쓰기를 권면함

SEMI-NOTE

주요 단어 풀이
- 조판(肇判) : 처음 쪼개어 갈라짐. 또는 그렇게 가름
- 간학(澗壑) : 물 흐르는 골짜기
- 상반(相半) : 서로 절반씩 어슷비슷함
- 소국주(小麴酒) : 막걸리의 하나
- 징험(徵驗) : 어떤 징조를 경험함
- 인리(隣里) : 이웃 마을
- 세알(歲謁) : 섣달그믐 또는 정초에 웃어른께 인사로 하는 절
- 오신채(五辛菜) : 자극성이 있는 다섯 가지 채소류로, 불가에서는 '마늘, 달래, 무릇, 김장파, 실파'를 가리킴

오고가며 저절로 한 해를 이루나니, 요임금, 순임금과 같이 착한 임금님은 책력을 만들어, 하늘의 때를 밝혀 백성을 맡기시니, 하나라 오백 년 동안은 정월로 해의 머리를 삼고, 주나라 팔백 년 동안은 십이월로 해의 머리를 삼기로 정하니라. 지금 우리들이 쓰고 있는 책력은 하나라 때 것과 한 가지니라. 춥고, 덥고, 따뜻하고, 서늘한 철의 차례가 봄, 여름, 가을, 겨울 네 때에 맞추어 바로 맞으니, 공자의 취하심도 하나라 때의 역법을 행하였도다.

(정월령) 정월은 초봄이라 입춘, 우수 절기일세. 산중 골짜기엔 눈과 얼음이 남아 있어도 저 들판 넓은 벌의 자연경치는 변한다. 어화 나라님 백성들을 사랑하고 농사를 중히 여겨 농사를 잘 지으라는 간절한 타이름을 온 나라에 전하니 어화 농부들아 나라의 뜻 어길소냐 논과 밭에 다함께 힘을 넣어 해보리라. 한 해의 풍년 흉년 헤아리진 못하여도 사람 힘이 극진하면 자연재해 피해가니 모두 다 부지런해 게을리 굴지 마소.

한 해 일은 봄에 달려 모든 일을 미리 하라 봄에 만일 때 놓치면 그해 일을 그르친다. 농기구 쟁기를 다스리고 부림소를 살펴 먹여 재거름 재워놓고 한편으로 실어 내여 보리밭에 오줌주기 세전보다 힘써하소. 노인들은 근력이 없어 힘든 일을 못하지만 낮이면 이영 엮고 밤이면 새끼 꼬아 때맞추어 이영하면 큰 근심 덜 수 있다. 과실나무 보굿 깎고 가지 사이 돌 끼우기 초하룻날 첫 새벽에 시험 삼아 해보세. 며느리는 잊지 말고 약주술을 담가야 한다. 봄날 꽃필 적에 화전놀이 하며 술 마시세. 정월보름 달을 보아 수재한재 안다하니 늙은 농군 경험이라 대강은 짐작하네.

설날에 세배함은 인정 후한 풍속이라. 새 의복 떨쳐입고 친척 이웃 서로 찾아 남녀노소 아동까지 삼삼오오 다닐 적에 스치는 울긋불긋 차림새가 변화하다. 사내아이는 연날리기를, 계집아이는 널뛰기를 하며 윷놀아 내기하는 것은 소년들의 놀이로다. 사당에 설 인사는 떡국에 술과 과일, 그리고 파와 미나리를 무엄에 곁들이면 보기에 신선하여 오신채가 부럽지 않다. 보름날 약밥제도 신라 적 풍속이라 묵은 산채 삶아내니 고기 맛을 바꿀쏘냐. 귀 밝히는 약술과 부스럼 삭는 생밤도 있다. 먼저 불러 더위팔기, 달맞이, 횃불 켜기 등은 풍속이며 아이들 놀이로다.

⑥ 시집살이 노래

> 형님 온다 형님 온다 보고 저즌 형님 온다
> 형님 마중 누가 갈까 형님 동생 내가 가지
> 형님 형님 사촌 형님 시집살이 어떱데까?
>
> 이애 이애 그 말 마라 시집살이 개집살이
> 앞밭에는 당추(唐椒) 심고 뒷밭에는 고추 심어
> 고추 당추 맵다 해도 시집살이 더 맵더라
>
> 둥글둥글 수박 식기(食器) 밥 담기도 어렵더라
> 도리도리 도리소반(小盤) 수저 놓기 더 어렵더라
> 오 리(五里) 물을 길어다가 십 리(十里) 방아 찧어다가
> 아홉 솥에 불을 때고 열두 방에 자리 걷고
> 외나무다리 어렵대야 시아버니같이 어려우랴?
> 나뭇잎이 푸르대야 시어머니보다 더 푸르랴?
>
> 시아버니 호랑새요 시어머니 꾸중새요
> 동세 하나 할림새요 시누 하나 뽀족새요
> 시아지비 뾰중새요 남편 하나 미련새요
> 자식 하난 우는 새요 나 하나만 썩는 샐세
>
> 귀먹어서 삼 년이요 눈 어두워 삼 년이요
> 말 못해서 삼 년이요 석 삼 년을 살고 나니
> 배꽃 같던 요 내 얼굴 호박꽃이 다 되었네
> 삼단 같던 요 내 머리 비사리춤이 다 되었네
> 백옥 같던 요 내 손길 오리발이 다 되었네
>
> 열새 무명 반물치마 눈물 씻기 다 젖었네
> 두 폭 붙이 행주치마 콧물 받기 다 젖었네
> 울었던가 말았던가 베개 머리 소(沼) 이겼네
> 그것도 소이라고 거위 한 쌍 오리 한 쌍
> 쌍쌍이 때 들어오네

04절 고전산문

1. 고전소설과 가전문학

(1) 고전소설

① 구운몽(九雲夢)

SEMI-NOTE

시집살이 노래
- 작자 : 미상
- 갈래 : 민요, 부요(婦謠)
- 형식 : 4·4조, 4음보의 부요
- 주제 : 고된 시집살이의 한과 체념
- 특징
  - 대화체, 가사체(4·4조, 4음보 연속체)
  - 생활감정의 진솔한 표현
  - 시댁 식구들의 특징을 비유적, 해학적으로 묘사
  - 경북, 경산 지방의 민요

작품의 구성
- 서사 : 형님 가족의 친정 방문과 동생의 시집살이 질문
- 본사 : 고되고 힘든 시집살이에 대한 육체적 정신적 고통
- 결사 : 고생 끝에 초라해진 모습을 한탄

주요 단어 풀이
- 보고 저즌 : 보고 싶은
- 당추 : 당초(고추)
- 할림새 : 남의 허물을 잘 고해 바치는 새
- 뾰중새 : 무뚝뚝하고 불만이 많은 새
- 삼단 같던 : 숱이 많고 길던
- 비사리춤 : 댑싸리비 모양으로 거칠고 뭉뚝해진 머리털
- 열새 무명 : 고운 무명
- 소(沼) 이겼네 : 연못을 이루었네

구운몽
- 작자 : 김만중
- 갈래 : 한글소설, 몽자류(夢字類)소설, 전기(傳奇)소설, 염정소설
- 연대 : 조선 숙종
- 주제 : 인생무상의 자각과 불도의 정진
- 배경 : 당나라 남악 형상의 연화봉(현실)과 중국 일대(꿈)
- 특징
  - 몽자류 소설의 효시
  - '발단 → 전개 → 위기 → 절정 → 결말' 순의 전개
  - 유(입신양명), 불(공空)사상, 선(신선 사상)의 혼합

SEMI-NOTE

작품의 구성
- 현실세계(선계) : 성진은 팔선녀에게 미혹되어 불도 수련은 뒷전이다가 파계(破戒)됨
- 환몽세계(인간계) : 양소유로 환생한 성진은 영웅으로서 입신양명과 8부인과 향락적인 생활을 함
- 현실세계(선계) : 인생무상을 느끼던 성진이 긴 꿈에서 깨어나 죄를 뉘우치고 대각(大覺 : 도를 닦아 크게 깨달음)의 경지에 이름

주요 단어 풀이
- 소화상 : 젊은 화상(和尙)
- 위의(威儀) : 위엄 있는 태도나 차림새
- 도량(道場) : 불도를 얻으려고 수행하는 곳
- 출장입상(出將入相) : 문무를 다 갖추어 장상의 벼슬을 모두 지냄
- 공명신퇴(功名身退) : 공을 세워 이름을 날리고 벼슬에서 물러남

호질
- 작자 : 박지원
- 갈래 : 한문소설, 풍자소설
- 연대 : 조선 영조
- 주제 : 양반 계급의 허위적이고, 이중적인 도덕관을 통렬하게 풍자적으로 비판
- 특징
  - 인간의 부정적인 이면을 희화화
  - 우의적인 수법을 사용하여 당시 지배층의 허위를 비판
- 출전 : 『열하일기』

호승이 소왈,
"상공이 오히려 춘몽을 깨지 못하였도소이다."
승상 왈,
"사부, 어쩌면 소유로 하여금 춘몽을 깨게 하리오?"
호승 왈,
"이는 어렵지 아니하니이다."
하고, 손 가운데 석장을 들어 석난간을 두어 번 두드리니, 홀연 네 녘 뫼골에서 구름이 일어나 대상에 끼이어 지척을 분별치 못하니, 승상이 정신이 아득하여 마치 취몽 중에 있는 듯하더니 오래게야 소리질러 가로되,
"사부가 어이 정도로 소유를 인도치 아니하고 환술로 서로 희롱하나뇨?"
말을 맞지 못하여 구름이 걷히니 호승 즉 육관대사가 간 곳이 없고, 좌우를 돌아보니 팔 낭자가 또한 간 곳이 없는지라 정히 경황(驚惶)하여 하더니, 그런 높은 대와 많은 집이 일시에 없어지고 제 몸이 한 작은 암자 중의 한 포단 위에 앉았으되, 향로(香爐)에 불이 이미 사라지고, 지는 달이 창에 이미 비치었더라.
스스로 제 몸을 보니 일백여덟 낱 염주(念珠)가 목에 걸렸고, 머리를 만지니 갓 깎은 머리털이 가칠가칠하였으니 완연히 소화상의 몸이요, 다시 대승상의 위의(威儀) 아니니, 정신이 황홀하여 오랜 후에 비로소 제 몸이 연화 도량(道場) 성진(性眞) 행자인 줄 알고 생각하니, 처음에 스승에게 수책(受責)하여 풍도(酆都)로 가고, 인세(人世)에 환도하여 양가의 아들 되어 장원 급제 한림학사 하고, 출장입상(出將入相)하여 공명신퇴(功名身退)하고, 양 공주와 육 낭자로 더불어 즐기던 것이 다 하룻밤 꿈이라. 마음에 이 필연(必然) 사부가 나의 염려(念慮)를 그릇함을 알고, 나로 하여금 이 꿈을 꾸어 인간 부귀(富貴)와 남녀 정욕(情慾)이 다 허사(虛事)인 줄 알게 함이로다.
급히 세수(洗手)하고 의관(衣冠)을 정제하며 방장(方丈)에 나아가니 다른 제자들이 이미 다 모였더라. 대사, 소리하여 묻되,
"성진아, 인간 부귀를 지내니 과연 어떠하더뇨?"
성진이 고두하며 눈물을 흘려 가로되,
"성진이 이미 깨달았나이다. 제자 불초(不肖)하여 염려를 그릇 먹어 죄를 지으니 마땅히 인세에 윤회(輪廻)할 것이어늘, 사부 자비하사 하룻밤 꿈으로 제자의 마음 깨닫게 하시니, 사부의 은혜를 천만 겁(劫)이라도 갚기 어렵도소이다."

② 호질(虎叱)

범이 사람을 잡아먹은 것이 사람이 서로 잡아먹은 것만큼 많지 않다. 지난해 관중(關中)이 크게 가물자 백성들이 서로 잡아먹은 것이 수만이었고, 전해에는 산동(山東)에 홍수가 나자 백성들이 서로 잡아먹은 것이 수만이었다. 그러나 사람들이 서로 많이 잡아먹기로야 춘추(春秋) 시대 같은 때가 있었을까? 춘추 시대에 공덕을 세우기 위한 싸움이 열에 일곱이었고, 원수를 갚기 위한 싸움이 열에 셋이었는데, 그래서 흘린 피가 천 리에 물들였고, 버려진 시체가 백만이나 되었더니라. 범의 세계는 큰물과 가뭄의 걱정을 모르기 때문에 하늘을 원망하지 않고, 원수도 공덕도 다 잊어버리기 때문에 누구를 미워하지 않으며, 운명을 알아서 따르기 때문에 무(巫)와 의(醫)의 간사에 속지 않고, 타고난 그대로 천성을 다하기 때문에 세속의 이해에 병들지 않으니, 이것이 곧 범이 예성(睿聖)한

것이다. 우리 몸의 얼룩무늬 한 점만 엿보더라도 족히 문채(文彩)를 천하에 자랑할 수 있으며, 한 자 한 치의 칼날도 빌리지 않고 다만 발톱과 이빨의 날카로움을 가지고 무용(武勇)을 천하에 떨치고 있다. 종이(宗彝)와 유준은 효(孝)를 천하에 넓힌 것이며, 하루 한 번 사냥을 해서 까마귀나 솔개, 청머구리, 개미 따위에게까지 대궁을 남겨 주니 그 인(仁)한 것이 이루 말할 수 없고, 굶주린 자를 잡아먹지 않고, 병든 자를 잡아먹지 않고, 상복(喪服) 입은 자를 잡아먹지 않으니 그 의로운 것이 이루 말할 수 없다. 불인(不仁)하기 짝이 없다, 너희들의 먹이를 얻는 것이구나! 덫이나 함정을 놓는 것만으로도 오히려 모자라서 새 그물, 노루 망(網), 큰 그물, 고기 그물, 수레 그물, 삼태그물 따위의 온갖 그물을 만들어 냈으니, 처음 그것을 만들어 낸 놈이야말로 세상에 가장 재앙을 끼친 자이다. 그 위에 또 가지각색의 창이며 칼 등속에다 화포(火砲)란 것이 있어서, 이것을 한번 터뜨리면 소리는 산을 무너뜨리고 천지에 불꽃을 쏟아 벼락 치는 것보다 무섭다. 그래도 아직 잔학(殘虐)을 부린 것이 부족하여, 이에 부드러운 털을 쪽 빨아서 아교에 붙여 붓이라는 뾰족한 물건을 만들어 냈으니, 그 모양은 대추씨 같고 길이는 한 치도 못 되는 것이다. 이것을 오징어의 시커먼 물에 적셔서 종횡으로 치고 찔러 대는데, 구불텅한 것은 세모창 같고, 예리한 것은 칼날 같고, 두 갈래 길이 진 것은 가시창 같고, 곧은 것은 화살 같고, 팽팽한 것은 활 같아서, 이 병기(兵器)를 한번 휘두르면 온갖 귀신이 밤에 곡(哭)을 한다. 서로 잔혹하게 잡아먹기를 너희들보다 심히 하는 것이 어디 있겠느냐?

③ 양반전

양반이라는 것은 선비계급을 높여 부르는 말이다.
정선(旌善) 고을에 양반이 한 명 살고 있었다. 그는 성품이 어질고 독서를 매우 좋아했으며, 매번 군수(郡守)가 새로 부임하면 반드시 그를 찾아 예의를 표하곤 했다. 그러나 집이 매우 가난해서 해마다 나라 곡식을 꾸어 먹었는데, 해가 거듭되니 꾸어 먹은 것이 천 석(石)에 이르게 되었다.
어느 날 관찰사(觀察使)가 여러 고을을 순행(巡行)하다가 정선에 이르러 관곡을 검열(檢閱)하고는 크게 노했다.
"그 양반이 대체 어떻게 생겨먹은 물건이건대, 이토록 군량(軍糧)을 축내었단 말이냐."
그리고 그 양반을 잡아 가두라는 명령을 내렸다. 군수는 그 양반을 불쌍히 여기지 않는 바 아니었지만, 워낙 가난해서 관곡을 갚을 길이 없으니, 가두지 않을 수도 없고 그렇다고 가둘 수도 없었다.
당사자인 양반은 밤낮으로 울기만 할 뿐 어려움에서 벗어날 계책도 세우지 않고 있었다. 그 처는 기가 막혀서 푸념을 했다.
"당신은 평생 글읽기만 좋아하더니 관곡을 갚는 데는 전혀 소용이 없구려. 허구한 날 양반, 양반 하더니 그 양반이라는 것이 한 푼의 값어치도 없는 것이었구려."
그 마을에는 부자가 살고 있었는데 이 일로 인해 의논이 벌어졌다.
"양반은 비록 가난하지만 늘 존경받는 신분이야. 나는 비록 부자지만 항상 비천(卑賤)해서 감히 말을 탈 수도 없지. 그뿐인가? 양반을 만나면 몸을 구부린 채 종종걸음을 쳐야 할 않나, 엉금엉금 마당에서 절하기를 코가 땅에 닿도록 해야 하며 무릎으로 기어야 하니, 난 항상 이런 더러운 꼴을 당하고 살았단 말이야.

SEMI-NOTE

작품의 구성
- **발단** : 선비로서 존경받는 북곽 선생은 과부인 동리자와 밀회를 즐김
- **전개** : 동리자의 다섯 아들이 천년 묵은 여우로 알고 방으로 쳐들어옴
- **위기** : 똥구덩이에 빠지는 북곽 선생과 먹잇감을 찾아 마을로 내려온 범
- **절정** : 범과 마주쳐 목숨을 구걸하는 북곽 선생과 그의 위선에 크게 호통치는 범
- **결말** : 범이 사라지고 연유를 묻는 농부와 자기변명을 하는 북곽 선생

양반전
- **작자** : 박지원
- **갈래** : 한문소설, 풍자소설
- **연대** : 조선 후기
- **주제** : 양반들의 무기력하고 위선적인 생활과 특권의식에 대한 비판과 풍자
- **배경**
  - 시간적 배경 : 18세기 말
  - 사상적 배경 : 실학사상
- **특징**
  - 풍자적, 고발적, 비판적 성격(몰락 양반의 위선을 묘사하고 양반의 전횡을 풍자적으로 비판)
  - 평민 부자의 새로운 인간형 제시
- **출전** : 「연암집」

작품의 구성
- **발단** : 무능한 양반이 관아에서 빌린 곡식을 제때 갚지 못해 투옥될 상황이 됨
- **전개** : 마을 부자가 양반 신분을 댓가로 빌린 곡식을 대신 갚아줌
- **위기** : 군수가 부자에게 양반으로서 지켜야 할 신분 매매 증서를 작성함
- **절정** : 부자의 요구로 양반이 누릴 수 있는 권리를 추가한 두 번째 신분 매매 증서를 작성함
- **결말** : 부자는 양반을 도둑놈 같은 존재라 생각해 양반이 되기를 포기함

그런데 지금 가난한 양반이 관가 곡식을 갚지 못해 옥에 갇히게 되었다고 하니, 더 이상 양반 신분을 지탱할 수 없지 않겠어? 이 기회에 우리가 빚을 갚아 주고 양반이 되어야겠어."

말을 마친 후 부자는 양반을 찾아가서 빌린 곡식을 대신 갚아 주겠다고 자청했다. 이 말을 들은 양반은 크게 기뻐하며 단번에 허락했다. 그리고 부자는 약속대로 곡식을 대신 갚아 주었다.

(2) 가전문학

① 국순전(麴醇傳)

국순(麴醇)의 자는 자후(子厚)다. 국순이란 '누룩술'이란 뜻이요, 자후는 글자 대로 '흐뭇하다'는 말이다. 그 조상은 농서(隴西) 사람으로 90대 할아버지 모(牟)가 순(舜)임금 시대에 농사에 대한 행정을 맡았던 후직(后稷)이라는 현인을 도와서 만백성을 먹여 살리고 즐겁게 해준 공로가 있었다.

모라는 글자는 보리를 뜻한다. 보리는 사람이 먹는 식량이 되고 있다. 그러니까 보리의 먼 후손이 누룩술이 되었다는 이야기다. 옛적부터 인간을 먹여 살린 공로를 『시경(詩經)』에서는 이렇게 노래했다.

"내게 그 보리를 물려주었도다."

모는 처음에 나아가서 벼슬을 하지 않고 농토 속에 묻혀 숨어 살면서 말했다.

"나는 반드시 농사를 지어야 먹으리라."

이러한 모에게 자손이 있다는 말을 임금이 듣고, 조서를 내려 수레를 보내어 그를 불렀다. 그가 사는 근처의 고을에 명을 내려, 그의 집에 후하게 예물을 보내도록 했다. 그리고 임금은 신하에게 명하여 친히 그의 집에 가서 신분이 귀하고 천한 것을 잊고 교분을 맺어서 세속 사람과 사귀게 했다. 그리하여 점점 상대방을 감화하여 가까워지는 맛이 있게 되었다. 이에 모는 기뻐하며 말했다.

"내 일을 성사시켜 주는 것은 친구라고 하더니 그 말이 과연 옳구나."

이런 후로 차츰 그가 맑고 덕이 있다는 소문이 퍼져 임금의 귀에까지 들리게 되었다.

임금은 그에게 정문(旌門)을 내려 표창했다. 그리고 임금을 좇아 원구(圓丘)에 제사 지내게 하고, 그의 공로로 해서 중산후(中山候)를 봉하고, 식읍(食邑), 공신에게 논공행상(論功行賞)으로 주는 영지(領地) 1만 호에 실지로 수입하는 것은 5천 호가 되게 하고 국씨(麴氏) 성 (姓)을 하사했다.

그의 5대 손은 성왕(成王)을 도와서 사직(社稷) 지키는 것을 자기의 책임으로 여겨 태평스러이 술에 취해 사는 좋은 세상을 이루었다. 그러나 강왕(康王)이 왕위에 오르면서부터 점점 대접이 시원찮아지더니 마침내는 금고형(禁錮刑)을 내리고 심지어 국가의 명령으로 꼼짝 못하게 했다. 그래서 후세에 와서는 현저한 자가 없이 모두 민간에 숨어 지낼 뿐이었다.

위(魏)나라 초년이 되었다. 순(醇)의 아비 주(酎)의 이름이 세상에 나기 시작했다. 그는 실상 소주다. 상서랑(尙書郎) 서막(徐邈)과 알게 되었다. 서막은 조정에 나아가서까지 주의 말을 하여 언제나 그의 말이 입에서 떠나지 않았다.

어느 날 임금에게 아뢰는 자가 있었다.

"서막이 국주(麴酎)와 사사로이 친하게 지내오니 이것을 그대로 두었다가는

SEMI-NOTE

국순전
- 작자 : 임춘
- 갈래 : 가전(假傳) 소설
- 연대 : 고려 중엽
- 주제 : 향락에 빠진 임금과 이를 따르는 간신들에 대한 풍자
- 특징
  - 일대기 형식의 순차적 구성
  - 인물의 성격과 행적을 주로 묘사
  - 사물(술)을 의인화하는 우화적 기법을 사용
  - 계세징인의 교훈성이 엿보임
  - 현전하는 가전체 문학의 효시로, 이규보의 「국선생전」에 영향
- 출전 : 『서하선생집』, 『동문선』

작품의 구성
- 발단 : 국순의 가계 소개
- 전개 : 국순의 성품과 정계 진출
- 절정 : 임금의 총애와 국순의 전횡, 국순의 은퇴와 죽음
- 결말 : 국순의 생애에 대한 평가

주요 단어 풀이
- 모(牟) : 모맥, 보리의 일종으로, 이것으로 술의 원료인 누룩을 만듦
- 후직(后稷) : 중국 주나라의 시조, 순임금을 섬겨 사람들에게 농사를 가르침
- 정문(旌門) : 충신, 효자, 열녀 들을 표창하기 위해 그 집 앞에 세우던 붉은 문
- 원구(圓丘) : 천자(天子)가 동지(冬至)에 하늘에 제사 지내던 곳

장차 조정을 어지럽힐 것이옵니다."
　이 말을 듣고 임금은 서막을 불러 그 내용을 물었다. 서막은 머리를 조아리면서 사과했다.
　"신(臣)이 국주와 친하게 지내는 것은 그에게 성인(聖人)의 덕이 있사옵기에 때때로 그 덕을 마셨을 뿐이옵니다."
　임금은 서막을 책망해 내보내고 말았다.

2. 판소리, 민속극과 수필

(1) 판소리, 민속극

① 흥보가(興甫歌)

[아니리]
　흥보, 좋아라고 박씨를 딱 주어들더니마는,
　"여보소, 마누라. 아, 제비가 박씨를 물어 왔네요."
　흥보 마누라가 보더니,
　"여보, 영감. 그것 박씨가 아니고 연실인갑소, 연실."
　"어소, 이 사람아. 연실이라는 말이 당치 않네. 강남 미인들이 초야반병 날 밝을 적에 죄다 따 버렸느데 제까짓 놈이 어찌 연실을 물어 와? 뉘 박 심은 데서 놀다가 물고 온 놈이제. 옛날 수란이가 배암 한 마리를 살려, 그 은혜 갚느라고 구실을 물어 왔다더니마는, 그 물고 오는 게 고마웁게 우리 이놈 심세."
　동편처마 담장 밑에 거름 놓고, 신짝 놓고 박을 따독따독 잘 묻었것다. 수일이 되더니 박순이 올라달아 오는듸 북채만, 또 수일이 되더니 홍두깨만, 지둥만, 박순이 이렇게 크더니마는, 박 잎사귀 삿갓만씩 하야 가지고 흥보 집을 꽉 얽어 놓으매, 구년지수 장마 져야 흥보 집 샐 배 만무허고, 지동해야 흥보 집 쓰러질 수 없것다. 흥보가 그때부터 박 덕을 보던가 보더라. 그때는 어느 땐고? 팔월 대 명일 추석이로구나. 다른 집에서는 떡을 헌다, 밥을 헌다, 자식들을 곱게곱게 입혀서 선산 성묘를 보내고 야단이 났는듸, 흥보 집에는 먹을 것이 없어, 자식들이 모다 졸라싸니께 흥보 마누라가 앉아 울음을 우는 게 가난타령이 되얏던가 보더라.

[진양]
　"가난이야, 가난이야, 원수년의 가난이야. 잘 살고 못 살기는 묘 쓰기에 매였는가? 북두칠성님이 집자리으 떨어질 적에 명과 수복을 점지허는거나? 어떤 사람 팔자 좋아 고대광실 높은 집에 호가사로 잘 사는듸 이년의 신세는 어찌허여 밤낮으로 벌었어도 삼순구식을 헐 수가 없고, 가장은 부황이 나고, 자식들을 아사지경이 되니, 이것이 모두 다 웬일이냐? 차라리 내가 죽을라네."
　이렇닷이 울음을 우니 자식들도 모두 따라서 우는구나.

SEMI-NOTE

흥보가
- 작자 : 미상
- 갈래 : 판소리 사설
- 주제 : 형제간의 우애와 권선징악
- 특징
  - 표현상 3·4조, 4·4조 운문과 산문이 혼합
  - 양반의 한문투와 서민들의 비속어 표현 공존
  - 박타령 → 흥보가 → 흥보전 → 연의 각 등으로 재창작됨
  - 「춘향가」, 「심청가」와 함께 3대 판소리계 소설로 평민문학의 대표작
- 배경설화 : 「방이설화」 몽골의 「박 타는 쳐녀」 동물 보은 설화

작품의 구성
- 발단 : 욕심이 많은 놀보는 부모님의 유산을 독차지하고 흥보를 내쫓음
- 전개 : 품팔이를 하지만 가난에서 벗어나지 못하는 흥보네 가족
- 위기 : 제비를 구해주고 받은 박씨를 심고, 금은보화를 얻음
- 절정 : 부자가 된 흥보를 따라하다 벌을 받는 놀보
- 결말 : 자신의 잘못을 깨닫는 놀보, 화목해진 형제

흥보가의 형성과 계승
근원설화(방이 설화, 박 타는 쳐녀, 동물 보은 설화) → 판소리 사설(흥보가) → 판소리계 소설(흥보전) → 신소설(연(燕)의 각(脚))

SEMI-NOTE

춘향가
- 작자 : 미상
- 갈래 : 판소리 사설
- 주제 : 신분적 갈등을 초월한 남녀 간의 사랑
- 특징
  - 율문체, 가사체, 만연체
  - 풍자적, 해학적, 서사적 성격
  - 인물과 사건에 대한 편집자적 논평이 많음
- 배경설화 : 열녀설화, 암행어사설화, 신원설화, 염정설화

작품의 구성
- 발단 : 몽룡이 광한루에서 그네를 뛰고 있는 춘향에게 반해 백년가약을 맺음
- 전개 : 서울로 올라간 몽룡은 과거에 급제하여 암행어사가 됨
- 위기 : 춘향은 변 사또가 수청을 들라는 것을 거절하고 옥고를 치름
- 절정 : 변 사또의 생일잔치에 몽룡이 어사출또하여 춘향을 구함
- 결말 : 몽룡이 춘향 모녀를 서울로 데려가 춘향을 부인으로 맞이하고 백년해로함

봉산 탈춤 – 제6과장 양반춤
- 작자 : 미상
- 갈래 : 탈춤(가면극)
- 주제 : 양반에 대한 서민들의 저항과 풍자의식
- 특징
  - 풍자적, 해학적, 비판적, 골계미
  - 옴니버스 구성으로 각 과장 사이의 연관성은 떨어짐
  - 각 재담은 '말뚝이의 조롱 → 양반의 호통 → 말뚝이의 변명 → 일시적 화해'로 구성

② 춘향가(春香歌)

[아니리]
어사또 다시 묻지 않으시고, 금낭(金囊)을 어루만저 옥지환을 내어 행수 기생을 불러주며,
"네, 이걸 갖다 춘향 주고 얼굴을 들어 대상을 살피래라."
춘향이 받어 보니, 서방님과 이별시에 드렸던 지가 찌든 옥지환이라. 춘향이 넋을 잃은 듯이 보드니만,
"네가 어데를 갔다 이제야 나를 찾어왔느냐?" 대상을 바라보고 "아이고, 서방님!"
부르더니, 그 자리에 엎드러져 정신없이 기절헌다. 어사또 기생들을 분부허사 춘향을 부축허여 상방에 누여 놓고, 찬물도 떠먹이며 수족을 주무르니, 춘향이 간신이 정신을 차려 어사또를 바라보니,

[창조]
어제 저녁 옥문 밖에 거지되어 왔던 낭군이 분명쿠나! 춘향이가 어사또를 물그러미 바라보더니,

[중모리]
"마오 마오, 그리 마오. 서울양반 독합디다. 기처불식(其妻不識)이란 말이 사기에난 있지마는 내게조차 이러시오? 어제저녁 모시었을 제, 날 보고만 말씀허였으면 마음놓고 잠을 자지. 지나간 밤 오날까지 간장 탄 걸 헤아리면 살어 있기가 뜻밖이오. 반가워라, 반가워라, 설리춘풍이 반가워라. 외로운 꽃 춘향이가 남원 옥중 추절이 들어 떨어지게 되얏드니, 동헌에 새봄이 들어 이화춘풍이 날 살렸네. 우리 어머니는 어디를 가시고 이런 경사를 모르시나."

③ 봉산 탈춤 – 제6과장 양반춤

말뚝이 : (벙거지를 쓰고 채찍을 들었다. 굿거리장단에 맞추어 양반 삼 형제를 인도하여 등장)
양반 삼 형제 : (말뚝이 뒤를 따라 굿거리장단에 맞추어 점잔을 피우나, 어색하게 춤을 추며 등장. 양반 삼 형제 맏이는 샌님[生員], 둘째는 서방님[書房], 끝은 도련님[道令]이다. 샌님과 서방님은 흰 창옷에 관을 썼다. 도련님은 남색 쾌자에 복건을 썼다. 샌님과 서방님은 언청이이며(샌님은 언청이 두줄, 서방님은 한 줄이다.) 부채와 장죽을 가지고 있고, 도련님은 입이 삐뚤어졌고, 부채만 가졌다. 도련님은 일절 대사는 없으며, 형들과 동작을 같이 하면서 형들의 면상을 부채로 때리며 방정맞게 군다.
말뚝이 : (가운데쯤에 나와서) 쉬. (음악과 춤 멈춘다.) 양반 나오신다아! 양반이라고 하니까 노론(老論), 소론(少論), 호조(戶曹), 병조(兵曹), 옥당(玉堂)을 다 지내고 삼정승(三政丞), 육판서(六判書)를 다 지낸 퇴로 재상(退老宰相)으로 계신 양반인 줄 아지 마시오. 개잘량이라는 '양'자에 개다리소반이라는 '반'자를 쓰는 양반이 나오신단 말이오.
양반들 : 야아! 이놈, 뭐야아!
말뚝이 : 아, 이 양반들. 어찌 듣는지 모르갔소. 노론, 소론, 호조, 병조, 옥당을

다 지내고 삼정승, 육판서 다 지내고 퇴로 재상으로 계신 이 생원네 삼 형제분이 나오신다고 그리 하였소.

양반들 : (합창) 이 생원이라네. (굿거리장단으로 모두 춤을 춘다. 도령은 때때로 형들의 면상을 치며 논다. 끝까지 그런 행동을 한다.)

말뚝이 : 쉬이. (반주 그친다.) 여보, 구경하시는 양반들, 말씀 좀 들어 보시오. 짤따란 곰방대로 잡숫지 말고 저 연죽전(煙竹廛)으로 가서 돈이 없으면 내게 기별이래도 해서 양칠간죽(洋漆竿竹), 자문죽(自紋竹)을 한 발가옷씩 되는 것을 사다가 육모깍지 희자죽(喜子竹), 오동수복(梧桐壽福) 연변죽을 이리저리 맞추어 가지고 저 재령(載寧) 나무리 거이 낚시 걸 듯 죽 걸어 놓고 잡수시오.

양반들 : 뭐야!

말뚝이 : 아, 이 양반. 어찌 듣소. 양반 나오시는데 담배와 훤화(喧譁)를 금하라 그리 하였소.

양반들 : (합창) 훤화(喧譁)를 금하였다네. (굿거리장단으로 모두 춤을 춘다.)

(2) 수필

① 조침문(弔針文)

아깝다 바늘이여, 어여쁘다 바늘이여, 너는 미묘(微妙)한 품질(品質)과 특별(特別)한 재치(才致)를 가졌으니, 물중(物中)의 명물(名物)이요, 철중(鐵中)의 쟁쟁(錚錚)이라. 민첩(敏捷)하고 날래기는 백대(百代)의 협객(俠客)이요, 굳세고 곧기는 만고(萬古)의 충절(忠節)이라. 추호(秋毫) 같은 부리는 말하는 듯하고, 두렷한 귀는 소리를 듣는 듯한지라. 능라(綾羅)와 비단(緋緞)에 난봉(鸞鳳)과 공작(孔雀)을 수놓을 제, 그 민첩하고 신기(神奇)함은 귀신(鬼神)이 돕는 듯하니, 어찌 인력(人力)의 미칠 바리요. 오호통재(嗚呼痛哉)라, 자식(子息)이 귀(貴)하나 손에서 놓일 때도 있고, 비복(婢僕)이 순(順)하나 명(命)을 거스릴 때 있나니, 너의 미묘(微妙)한 재질(才質)이 나의 전후(前後)에 수응(酬應)함을 생각하면, 자식에게 지나고 비복(婢僕)에게 지나는지라. 천은(天銀)으로 집을 하고, 오색(五色)으로 파란을 놓아 곁고름에 채였으니, 부녀(婦女)의 노리개라. 밥 먹을 적 만져 보고 잠잘 적 만져 보아, 널로 더불어 벗이 되어, 여름 낮에 주렴(珠簾)이며, 겨울밤에 등잔(燈盞)을 상대(相對)하여, 누비며, 호며, 감치며, 박으며, 공그릴 때에, 겹실을 꿰었으니 봉미(鳳尾)를 두르는 듯, 땀땀이 떠 갈 적에, 수미(首尾)가 상응(相應)하고, 솔솔이 붙여 내매 조화(造化)가 무궁(無窮)하다.

이생에 백년동거(百年同居)하렸더니, 오호애재(嗚呼哀哉)라, 바늘이여. 금년 시월초십일 술시(戌時)에, 희미한 등잔 아래서 관대(冠帶) 깃을 달다가, 무심중간(無心中間)에 자끈동 부러지니 깜짝 놀라와라. 아야 아야 바늘이여, 두 동강이 났구나. 정신(精神)이 아득하고 혼백(魂魄)이 산란(散亂)하여, 마음을 빻아 내는 듯, 두골(頭骨)을 깨쳐 내는 듯, 이윽토록 기색혼절(氣塞昏絶)하였다가 겨우 정신을 차려, 만져 보고이어 본들 속절없고 하릴없다. 편작(扁鵲)의 신술(神術)로도 장생불사(長生不死) 못하였네. 동네 장인(匠人)에게 때이련들 어찌 능히 때일손가. 한 팔을 베어 낸 듯, 한다리를 베어 낸 듯, 아깝다 바늘이여, 옷섶을 만져 보니, 꽂혔던 자리 없네.

오호통재(嗚呼痛哉)라, 내 삼가지 못한 탓이로다. 무죄(無罪)한 너를 마치니,

SEMI-NOTE

작품의 구성
- 제1과장(사상좌춤) : 사방신(四方神)에게 배례하며 놀이를 시작하는 의식무
- 제2과장(팔목중춤) : 팔목중들이 차례로 파계하는 춤놀이
- 제3과장(사당춤) : 사당과 거사들이 한 바탕 놂
- 제4과장(노장춤) : 노장이 신장수, 취발이와 대립하는 마당
- 제5과장(사자춤) : 사자가 노중을 파계시킨 먹중을 벌하려다 함께 놀다가는 마당
- 제6과장(양반춤) : 양반집 머슴인 말뚝이가 양반을 희롱하는 마당
- 제7과장(미얄춤) : 영감과 미얄 할멈, 첩(妾) 덜머리집의 삼각관계

조침문
- 작자 : 유씨 부인
- 갈래 : 수필, 제문(祭文), 추도문
- 연대 : 조선 순조
- 주제 : 부러진 바늘에 대한 애도
- 특징
  - 사물(바늘)을 의인화하여 표현(고려의 가전체 문학과 연결됨)
  - 여성 작자 특유의 섬세한 감정이 잘 표현됨
  - 「의유당 관북 유람일기」, 「규중칠우쟁론기」와 함께 여성 수필의 백미로 손꼽힘

작품의 구성
- 서사 : 바늘과 영원히 결별하게 된 취지
- 본사 : 바늘을 얻게 된 경위와 바늘의 신묘한 재주, 각별한 인연, 끝내 부러진 바늘
- 결사 : 바늘을 애도하는 심정과 후세에 다시 만날 것을 기약

주요 단어 해설
- 추호(秋毫) : 가는 털
- 능라(綾羅) : 두꺼운 비단과 얇은 비단
- 난봉(鸞鳳) : 난조(鸞鳥)와 봉황
- 재질(才質) : 재주와 기질
- 수응(酬應) : 요구에 응함
- 자식에게 지나다 : 자식보다 낫다
- 천은(天銀) : 품질이 가장 뛰어난 은
- 무심중간(無心中間) : 아무 생각이 없는 사이
- 유아이사(由我而死) : 나로 말미암아 죽음

SEMI-NOTE

> 백인(伯仁)이 유아이사(由我而死)라, 누를 한(恨)하며 누를 원(怨)하리요. 능란(能爛)한 성품(性品)과 공교(工巧)한 재질을 나의 힘으로 어찌 다시 바라리요. 절묘(絶妙)한 의형(儀形)은 눈 속에 삼삼하고, 특별한 품재(稟才)는 심회(心懷)가 삭막(索莫)하다. 네 비록 물건(物件)이나 무심(無心)치 아니하면, 후세(後世)에 다시 만나 평생 동거지정(平生同居之情)을 다시 이어, 백년 고락(百年苦樂)과 일시생사(一時生死)를 한 가지로 하기를 바라노라. 오호애재(嗚呼哀哉)라, 바늘이여.

② 한중록(閑中錄)

> 그러할 제 날이 늦고 재촉하여 나가시니, 대조(大朝)께서 휘녕전(徽寧殿)에 좌(坐)하시고 칼을 안으시고 두드리오시며 그 처분(處分)을 하시게 되니, 차마 차마 망극(罔極)하니 이 경상(景狀)을 차마 기록(記錄)하리오. 섧고 섧도다.
> 나가시며 대조께서 엄노(嚴怒)하오신 성음(聲音)이 들리오니, 휘녕전이 덕성합(德成閣)과 멀지 아니하니 담 밑에 사람을 보내어 보니, 벌써 용포(龍袍)를 벗고 디어 계시더라 하니, 대처분(大處分)이 오신 줄 알고 천지 망극(天地罔極)하여 흉장(胸腸)이 붕열(崩裂)하는지라.
> 게 있어 부질없어 세손(世孫) 계신 델 와서 서로 붙들고 어찌할 줄 모르더니, 신시전후(申時前後) 즈음에 내관(內官)이 들어와 밖소주방(燒廚房) 쌀 담는 궤를 내라 한다 하니, 어쩐 말인고 황황(遑遑)하여 내지 못하고, 세손궁(世孫宮)이 망극한 거조(擧措) 있는 줄 알고 문정(門庭) 전(前)에 들어가,
> "아비를 살려 주옵소서."
> 하니 대조께서
> "나가라."
> 엄히 하시니, 나와 왕자(王子) 재실(齋室)에 앉아 계시더니, 내 그 때 정경(情景)이야 천지고금간(天地古今間)하고 일월(日月)이 회색(晦塞)하니, 내 어찌 일시나 세상에 머물 마음이 있으리오. 칼을 들어 명(命)을 그치려 하니 방인(傍人)의 앗음을 인(因)하여 뜻같이 못하고, 다시 죽고자 하되 촌철(寸鐵)이 없으니 못하고, 숭문당(崇文堂)으로 말미암아 휘녕전(徽寧殿) 나가는 건복문(建福門)이라 하는 문 밑으로 가니, 아무것도 뵈지 아니하고 다만 대조께서 칼 두드리시는 소리와 소조(小朝)께서,
> "아바님 아바님, 잘못하였으니 이제는 하라 하옵시는 대로 하고, 글도 읽고, 말씀도 다 들을 것이니 이리 마소서."
> 하시는 소리가 들리니, 간장(肝腸)이 촌촌(寸寸)이 끊어지고 앞이 막히니 가슴을 두드려 한들 어찌하리오. 당신 용력(勇力)과 장기(壯氣)로 궤에 들라 하신들 아무쪼록 아니 드시지, 어이 필경(畢竟) 들어가시던고, 처음엔 뛰어나오려 하옵시다가 이기지 못하여 그 지경(地境)에 미치오시니 하늘이 어찌 이대도록 하신고. 만고(萬古)에 없는 설움뿐이며, 내 문 밑에서 호곡(號哭)하되 응(應)하심이 아니 계신지라.

한중록
- 작자 : 혜경궁 홍씨
- 갈래 : 궁정 수필, 한글 수필
- 연대 : 조선 정조
- 주제 : 사도세자의 참변을 중심으로 한 파란만장한 인생 회고
- 특징
  - 전아한 궁중 용어의 사용
  - 적절하고 간곡한 묘사로 내간체 문학의 백미

작품의 구성
- 1편 : 혜경궁 홍씨의 생애 및 입궁 이후의 생활
- 2편 : 동생 홍낙임의 사사(賜死)와 친정의 몰락에 대한 자탄
- 3편 : 정조가 말년에 외가에 대해 뉘우치고 효성이 지극하였다는 점을 서술
- 4편 : 임오화변에 대한 진상. 영조와 사도세자의 갈등 및 궁중비사를 서술

주요 단어 해설
- 용포(龍袍) : 임금이 입는 정복. 곤룡포(袞龍袍)의 준말
- 붕열(崩裂) : 무너지고 갈라짐
- 소주방(燒廚房) : 대궐 안의 음식을 만들던 곳
- 황황(遑遑) : 마음이 몹시 급하여 허둥지둥하는 모양
- 거조(擧措) : 행동거지
- 촌철(寸鐵) : 작고 날카로운 쇠붙이나 무기
- 소조(小朝) : 섭정하는 왕세자
- 촌촌(寸寸)이 : 한 치 한 치마다 또는 갈기갈기
- 용력(勇力) : 씩씩한 힘. 뛰어난 역량
- 장기(壯氣) : 건장한 기운. 왕성한 원기
- 안연(晏然)히 : 마음이 편안하고 침착한 모양

03장 국문학사

01절 고전 문학의 흐름

02절 현대 문학의 흐름

국문학사

01절 고전 문학의 흐름

1. 고대 문학의 갈래

(1) 전달 방식, 향유 계층에 따른 갈래

① 전달 방식에 따른 갈래
  ㉠ 구비 문학(口碑文學)
  - 문자의 발명 이전에 입에서 입으로 전해져 구연되는 문학
  - 사람들에 의해 개작, 첨삭되면서 전승되는 적층성(積層性)이 강해 민족의 보편적 성격이 반영됨(민중 공동작의 성격을 지님)
  - 기록 문학에 소재와 상상력을 제공하는 원초적 자산으로 작용함

  ㉡ 기록 문학(記錄文學)
  - 구비문학을 문자 언어로 기록하여 전승하는 문학으로, 오늘날 문학의 주류
  - 개인의 창의력과 상상력이 반영되는 문학이므로 지적, 개인적 성격을 지님

  ㉢ 시가 문학(운문 문학) : 일정한 율격을 지닌 운문 문학을 말하며, 가창(歌唱)되기에 용이함

  ㉣ 산문 문학(散文文學)
  - 의미 : 운율성보다 전달성을 중시하는 문학으로, 이야기 형태에 적합함(예 설화 문학, 패관 문학, 가전체 문학, 소설 등)
  - 산문 문학의 전개 : 운문성과 산문성이 혼재된 대표적 문학으로 가사와 판소리를 들 수 있음
  - 가사 : 3·4조(또는 4·4조), 4음보의 운문이면서 내용상 수필적 산문에 해당함
  - 판소리 : 연행 중심이 되는 창(唱)은 운문체이나, 아니리 부분은 산문체에 해당함

② 향유 계층에 따른 갈래
  ㉠ 귀족, 양반 문학
  - 경기체가 : 고려 중기 무신의 난 이후 새로 등장한 신흥 사대부들이 창안하여 귀족층에서만 향유한 문학 갈래로서, 일반 서민의 의식이나 삶과는 거리가 있음
  - 악장 : 궁중 음악으로 사용된 송축가에 해당하는 문학 갈래로서, 주로 특권 귀족층에서 향유됨

  ㉡ 평민 문학
  - 속요 : 평민층이 향유한 집단적, 민요적 성격의 노래
  - 사설시조 : 평민층의 의식과 체험을 노래한 시조
  - 민속극 : 일상적 구어(口語)를 토대로 평민층이 놀고 즐긴 놀이 문학

SEMI-NOTE

구비문학의 종류
설화, 고려가요, 민요, 판소리, 무가, 민속극, 속담 등

기록문학의 종류
향가, 패관문학, 가전체, 시조, 악장, 가사, 경기체가, 소설, 수필 등

시가문학의 전개
- 서정시가 : 민요(서정 민요) → 고대 가요 → 향가 → 향가계 여요 → 고려 속요 → 시조
- 교술시가 : 민요(교술 민요) → 경기체가 → 악장 → 가사

산문 문학의 전개
- 일반 소설 : 설화 → 패관 문학 → 가전체 문학 → 고소설
- 판소리계 소설 : 설화 → 판소리 사설 → 판소리계 소설

- 잡가 : 하층의 소리꾼들이 부른 세속적 성향의 노래로, 주로 평민층이 향유함
- ㉢ 양반과 평민이 공유한 대표 문학
  - 향가 : 4구체 향가의 작가층은 10구체 향가의 작가층과 달리 하층민까지 포함
  - 판소리 : 이전에 평민층의 문학이었으나, 19세기 이후 양반층이 가세하여 향유층이 확대됨

(2) 고대 문학사

① 고대 문학
  - ㉠ 고대 문학은 제의(祭儀) 형식에서 행하여진 집단 가무가 그 연원이며, 점차 분화되어 독자적 예술 장르로 변천
  - ㉡ 구비 전승되다가 2, 3세기경 한자와 한문이 유입되면서 문학으로 정착
  - ㉢ 집단적 서사 문학에서 점차 개인적 서정 문학으로 발달
  - ㉣ 신라 시대에 형성된 향가는 우리말로 기록된 최초의 정형시
  - ㉤ 설화는 서사 문학의 원류가 되었고, 고대 가요는 서정 문학의 원형이 됨

② 시가 문학
  - ㉠ 고대 시가의 개념 : 집단적, 서사적 문학에서 개인적, 서정적 시가(詩歌)로 분화되면서 형성된 것으로, 고려 이전의 노래 중 향가와 한시를 제외한 시가
  - ㉡ 고대 가요의 특징
    - 집단적이고 서사적인 원시 종합 예술에서 개인적이고 서정적인 시가로 분리 발전
    - 고대 가요는 설화 속에 삽입되어 전하는데, 이는 서사 문학과 시가가 완전히 분리되지 않은 상태를 보여주는 것
    - 고대 가요는 대부분 배경 설화를 가지며, 설화와 함께 구전되다 문헌에 한역되어 기록됨
  - ㉢ 부전가요(不傳歌謠)
    - 도솔가(兜率歌) : 신라 유리왕 5년에 창작됨. 최초의 정형시인 신라 향가의 모태가 된 작품으로 평가
    - 회소곡(會蘇曲) : 신라 유리왕 때, 한가위에 길쌈에서 패배한 무리에서 음식을 접대하며 부른 노동요
    - 치술령곡 : 박제상의 아내가 남편을 기다리다 죽자 후인들이 이를 애도한 노래로 백제 가요 「정읍사」, 「망부석 설화」와 연결
    - 목주가(木州歌) : 목주에 사는 어느 효녀에 대한 노래로, 효심(孝心)에 대한 노래라는 점에서 고려가요인 「사모곡」과 연결
    - 대악(碓樂) : 가난했던 백결 선생이 떡방아 찧는 소리로 아내를 위로한 노래로, 고려가요인 「상저가」와 연결

③ 향가(鄕歌)
  - ㉠ 개념
    - 넓게는 중국 노래에 대한 우리나라의 노래를 의미하며, 좁게는 향찰로 표기된 신라 시대에서 고려 초기까지의 정형화된 노래
    - 도솔가, 시내가(詩內歌), 사내악(思內樂) 등 여러 명칭으로 사용됨

SEMI-NOTE

기타 양반과 평민이 공유한 문학
- 시조, 가사 : 조선 전기까지는 사대부층의 전유물이었다가 그 이후 평민 가객들이 향유 계층으로 등장
- 소설 : 양반과 평민 계층이 모두 향유한 설화와 마찬가지로 이를 모태로 하는 소설도 국민 문학의 성격을 지님

고대 문학의 개념
- 국문학의 태동기부터 고려 시대 이전까지 창작된 모든 문학을 의미함
- 일반적으로 고대 제천의식에서 행해진 원시 종합예술 형태의 집단 가무(歌舞)에서 발생하였다고 봄

고대 시가의 대표 작품
- 집단 가요 : 구지가(龜旨歌), 해가(海歌) 등
- 개인 가요 : 공무도하가(公無渡河歌), 황조가(黃鳥歌), 정읍사(井邑詞) 등

부전가요
설화와 함께 이름만 전하는 고대 가요

고대 국가의 부전가요
- 신라 : 「원사」, 「대악」
- 백제 : 「방등산가」, 「지리산가」, 「무등산가」, 「선운산가」
- 고구려 : 「내원성가」, 「영양가」, 「명주가」

SEMI-NOTE

현재 전하는 향가의 연대
- 백제
  - 무왕 : 「서동요」
- 신라
  - 진평왕 : 「혜성가」
  - 선덕여왕 : 「풍요」
  - 문무왕 : 「원왕생가」
  - 효소왕 : 「모죽지랑가」, 「원가」
  - 성덕왕 : 「헌화가」
  - 경덕왕 : 「제망매가」, 「도솔가」, 「찬기파랑가」, 「안민가」, 「천수대비가」
  - 원성왕 : 「우적가」
  - 헌강왕 : 「처용가」

향가별 특징
- 민요로 정착된 향가 : 「서동요」, 「풍요」, 「헌화가」, 「처용가」
- 노동요의 일종 : 「풍요」
- 주술성을 지닌 향가 : 「도솔가」, 「처용가」, 「혜성가」, 「원가」
- 유교 이념을 반영한 향가 : 「안민가」
- 추모의 향가 : 「모죽지랑가」, 「제망매가」
- 높은 문학성을 지닌 향가 : 「제망매가」, 「찬기파랑가」

기타 향가 작품
- 풍요
  - 작자 : 만성 남녀
  - 형식 : 4구체
  - 내용 : 양지가 영묘사 장육존상을 주조할 때 성 안의 남녀들이 진흙을 나르며 불렀다는 노동요
- 원왕생가
  - 작자 : 광덕
  - 형식 : 10구체
  - 내용 : 극락왕생을 바라는 불교 신앙의 노래. 달을 서방정토의 사자로 비유
- 보현십원가
  - 작자 : 균여대사
  - 형식 : 10구체
  - 내용 : 불교의 교리를 대중에게 펴기 위해 지은 노래

- 4구체와 8구체, 10구체가 있으며, 10구체 향가를 '사뇌가(詞腦歌)'라 함

ⓒ 특징
- 불교적 내용과 사상이 주를 이루었고, 현전하는 향가의 작가로는 승려가 가장 많음
- 신라 때의 작품 14수가 『삼국유사』에 전하고 고려 초의 작품 11수가 『균여전』에 전하여, 현재 모두 25수가 전함
- 진성여왕 때 각간(角干) 위홍(魏弘)과 대구화상(大矩和尙)이 편찬하였다는 『삼대목(三代目)』에 대한 기록이 있으나, 현재 전하지 않음

ⓒ 형식
- 4구체 : 구전되던 민요가 정착되어 형성된 것으로 보이는 초기 향가 형식
- 8구체 : 4구체에서 10구체로 발전하던 과도기에 발생한 형식
- 10구체 : 가장 정제되고 완성된 향가 형식

ⓒ 문학사적 의의
- 우리나라 시가 중 최초의 정형화된 서정시
- 한글이 없던 시기에 민족적 주체성과 국문 의식을 반영
- 10구체 향가는 본격적 기록 문학의 효시가 되며, 이후 시조와 가사의 3단 형식과 종장에 영향

ⓒ 현재 전하는 대표 향가

작품명(작자)	형식	내용
서동요(백제 무왕)	4구체	서동(백제 무왕)이 선화 공주를 사모하여 아내로 맞기 위해 아이들에게 부르게 한 동요
혜성가(융천사)	10구체	최초의 10구체 향가로, 노래를 지어 내침한 왜구와 큰 별을 범한 혜성을 물리쳤다는 축사(逐邪) 성격의 주술적인 노래
모죽지랑가(득오)	8구체	죽지랑의 고매한 인품을 추모하여 부른 노래
헌화가(어느 노인)	4구체	소를 몰고 가던 노인이 수로 부인에게 꽃을 꺾어 바치며 불렀다는 노래
제망매가(월명사)	10구체	죽은 누이를 추모하여 재를 올리며 부른 추도의 노래
도솔가(월명사)	4구체	두 해가 나타난 괴변을 없애기 위해 부른 산화공덕(散花功德)의 노래
찬기파랑가(충담사)	10구체	기파랑을 찬양하여 부른 노래. 추모시. 문답식으로 된 최초의 노래
안민가(충담사)	10구체	군신민(君臣民)이 할 바를 노래한 치국의 노래
천수대비가(희명)	10구체	눈이 먼 아들을 위해 희명이 천수관음 앞에서 지어 아들에게 부르게 하자 눈을 떴다는 노래
처용가(처용)	8구체	아내를 침범한 역신에게 관용을 베풀어 역신을 감복시킨 주술적인 노래

④ 설화 문학
  ㉠ 설화 문학의 개념
    • 민족 집단이라는 공동체 속에서 공통의 의식을 바탕으로 구비, 전승되는 허구적 이야기
    • 평민층에서 창작, 전승되어 강한 민중성을 지니며, 민족 문학으로서 고전 소설과 판소리의 기원이 되기도 함
  ㉡ 설화의 성격 : 구전성(口傳性), 서사성, 허구성, 산문성, 민중성
  ㉢ 설화의 종류

구분	신화	전설	민담
의미	신(神) 또는 신이(神異)한 능력을 지닌 주인공을 통해 민족의 기원, 건국 등 신성한 업적을 그리는 이야기	신적인 요소 없이 비범한 인간과 그 업적, 특정 지역이나 사물, 사건 등을 다루는 이야기	신화, 전설과 달리 일상적 인물을 통해 교훈과 흥미를 주는 허구적 이야기
성격	민족을 중심으로 전승되며, 신성성과 숭고미가 강조됨	역사성, 진실성을 중시하며, 비장미가 강조됨	민족과 지역을 초월하여 전승되며, 골계미, 해학미가 강조됨
전승자의 태도	신성하다고 믿음	진실하다고 믿음	흥미롭다고 믿음
시간과 장소	태초, 신성한 장소	구체적인 시간과 장소	뚜렷한 시간과 장소 없음
증거물	포괄적(우주, 국가 등)	개별적(바위, 개울 등)	보편적
주인공과 그 행위	신적 존재, 초능력 발휘	비범한 인간, 비극적 결말	평범한 인간, 운명 개척
전승 범위	민족적 범위	지역적 범위	세계적 범위

⑤ 한문학
  ㉠ 개념 : 한자의 전래와 함께 성립하여 한자로 표기된 문학을 말하며, 통일 신라 이후 본격적으로 발달함
  ㉡ 작자층 : 구비 문학과 달리 귀족, 화랑, 승려 등 상류층이 주로 창작하여 상층의 귀족 문학으로 발달함
  ㉢ 주요 작품 : 을지문덕 「여수장우중문시」, 최치원 「추야우중」, 최치원 『계원필경』, 「토황소격문」, 진덕여왕 「치당태평송」, 설총 「화왕계」, 혜초 『왕오천축국전』

2. 고려시대의 문학

(1) 고려 문학사 개관
① 고려 문학의 개념 : 통일 신라 멸망 후부터 조선이 건국되기까지의 문학
② 고려 문학의 특징
  ㉠ 과도기적 문학의 성격을 지님
  ㉡ 문학의 계층적 분화가 발생하여 귀족 문학과 평민 문학으로 구분

SEMI-NOTE

설화문학의 전개
• 고조선
  - 단군 신화 : 우리나라의 건국 신화. 홍익인간의 이념 제시
• 고구려
  - 주몽 신화 : 시조인 동명왕의 출생에서부터 건국까지를 서술
• 신라
  - 박혁거세 신화 : 알에서 태어나 6촌 사람들의 추대로 임금이 된 박씨의 시조 설화
  - 석탈해 신화 : 알에서 나와 버려진 뒤 후일 임금으로 추대된 석씨의 시조 설화
  - 김알지 신화 : 계림의 나무에 걸렸던 금궤에서 태어났다고 전해지는 경주 김씨의 시조 설화
• 가락국
  - 수로왕 신화 : 알에서 태어나 가락국의 왕이 된 김해 김씨의 시조 설화

신라의 한문학자
• 강수(强首) : 외교 문서 작성에 뛰어남 (한문의 능숙한 구사)
• 설총(薛聰) : 「화왕계(花王戒)」를 지음
• 김대문(金大問) : 「화랑세기」를 지음
• 최치원(崔致遠) : 한문학의 본격적인 발달을 주도한 문인

고려 시대 시가 문학의 전개
• 귀족 문학 : 경기체가
• 평민 문학 : 고려속요
• 귀족 + 평민 문학 : 시조

SEMI-NOTE

고려속요의 수록
한글 창제 후 『악학궤범』, 『악장가사』, 『시용향악보』 등에 수록되었으나, 이 과정에서 당대 유학자들에 의해 '남녀상열지사(男女相悅之詞)'로 간주되어 많은 작품이 수록되지 못함

주요 고려 속요의 의의
- 동동 : 월령체(달거리) 노래의 효시
- 서경별곡 : 「가시리」와는 달리 이별의 정한을 직설적으로 노래함. 정지상의 「송인」과 연관됨
- 정석가 : 불가능한 상황 설정으로 만수무강을 송축
- 만전춘 : 속요 중 시조와 가장 유사
- 상저가 : 백결 선생의 「대악」의 후신

경기체가와 고려 속요의 비교
- 공통점 : 분연체, 분절체, 4음보 율격
- 차이점
  - 경기체가 : 귀족 문학으로 문자(한문)로 기록하였고, 조선 시대에 새로운 이념을 담은 악장으로 발전
  - 고려 속요 : 평민문학으로 구전(口傳)되다가 한글로 기록되었으며 남녀상열지사로 비판 받음

ⓒ 패관 문학이 발달하고, 가전(假傳)과 조선 시대에 발생하는 소설의 기반이 됨
ⓔ 고려 후기에 시조가 완성되면서, 조선대에 이르러 꽃을 피워 귀족 문학과 평민 문학이 통합되는 계기를 마련
ⓜ 과거 제도의 시행과 교육 기관의 설립으로 한문학은 크게 융성한 반면, 국문학은 위축되어 정형 시가인 향가가 고려 초에 소멸

(2) 고려 문학의 갈래

① 고려속요(고려 가요)
  ㉠ 고려속요의 개념
    - 고려 시대 평민들이 부르던 민요적 시가로, 고려 말 궁중의 속악 가사로 사용되다 한글 창제 후 기록 및 정착
    - 평민의 소박함과 함축적인 표현, 풍부한 정서를 반영한 고려 문학의 정수
  ㉡ 특징
    - 작자층 : 문자를 알지 못한 평민 계층으로, 대부분 미상
    - 형식 : 분절체(분장체, 연장체), 후렴구와 반복구, 감탄사 발달, 3음보 율격
    - 내용 : 평민들의 진솔한 생활 감정이 주된 내용(남녀 간의 사랑, 이별의 정한, 자연 예찬 등)
    - 성격 : 평민 문학, 구전 문학, 서정 문학
  ㉢ 대표적인 고려속요

작품명	형식	내용
동동(動動)	전 13연 분절체	월별로 그 달의 자연 경물이나 행사에 따라 남녀 사이의 애정을 읊음
처용가(處容歌)	비연시	향가인 「처용가」를 부연한 축사(逐邪)의 노래
청산별곡(靑山別曲)	전 8연 분절체	현실 도피적인 생활상과 실연의 슬픔
가시리(歸乎曲)	전 4연 분절체	연인과의 이별을 안타까워함
서경별곡(西京別曲)	전 3연 분절체	대동강을 배경으로 남녀 간의 이별의 정한
정석가(鄭石歌)	전 6연 분절체	임금의 만수무강을 축원
쌍화점(雙花店)	전 4연	유녀(遊女)가 남녀 간의 적나라한 애정을 표현
만전춘(滿殿春)	전 5연	남녀 간의 애정을 대담하고 솔직하게 읊음
상저가(相杵歌)	비연시	방아를 찧으면서 부르는 노동요
정과정곡(鄭瓜亭曲)	비연시	귀양살이의 억울함과 연군의 정을 노래
도이장가(悼二將歌)	8구체 2연	개국 공신 김낙과 신숭겸 두 장군의 공덕을 예종이 찬양

② 경기체가
  ㉠ 경기체가의 개념
    - 고려 중기 이후부터 조선 초까지 신흥 사대부 계층에서 유행한 정형시로, 사대부의 득의에 찬 삶과 향락적 여흥을 위해 만들어진 귀족 문학 양식
    - 후렴구에 '경기하여(景幾何如)' 또는 '경(景) 긔 엇더ᄒ니잇고'라는 후렴구가 반복되어 '경기체가(경기하여가)'라 불림

- ⓒ 경기체가의 특징
  - 형식 : 3음보의 분절체, 보통 3·3·2조의 율조(律調)를 갖춤, 각 절 끝마다 한자 어구의 나열과 이두식 후렴구 사용
  - 내용 : 문인 귀족층의 향락적 생활과 자부심, 호기를 반영
  - 의의 및 영향 : 가사 문학의 기원, 조선 전기에는 건국과 도덕적 이념을 노래
- ⓓ 대표적인 경기체가

작품명(작자)	내용
한림별곡 (한림제유)	• 현전하는 최초의 경기체가 • 시부, 서적, 명필, 명주, 음악, 누각, 추천, 화훼 등 8경을 노래하여 삶의 자부심을 표현
관동별곡 (안축)	강원도 순찰사로 갔다 돌아오는 길에 관동의 절경을 노래함. 전 8연
죽계별곡 (안축)	고향인 풍기 땅 순흥의 경치를 노래함. 전 5연
상대별곡 (권근)	• 조선 문물제도의 왕성함을 칭송. 전 5장 • 궁중연락(宮中宴樂)으로 사용됨
독락팔곡 (권호문)	• 자연에서 노닐며 도학을 닦는 자세를 노래 • 경기체가의 마지막 작품

③ 시조
- ⓒ 시조의 개념
  - 신라의 향가와 고려 속요의 영향을 받아 고려 중기에 발생해 고려 말에 완성된 정형 시가로, 조선 시대를 거쳐 지금까지 전승되고 있는 정형시
  - 고려 중엽 이후 신흥 사대부들의 유교적 이념을 표출하고 정서를 담을 수 있는 장르를 찾는 과정에서 창안되었으며, 기원은 10구체 향가의 3단 구성과 「만전춘별사」와 같은 속요의 분장 과정에서 형성되었다고 보는 것이 일반적
- ⓒ 시조의 갈래

구분		내용
형식상 갈래	평시조(단형시조)	3장 6구의 기본 형식을 갖춘 시조
	엇시조(중형시조)	종장 첫 구를 제외하고 어느 한 구절이 평시조보다 긴 시조
	사설시조(장형시조)	종장 첫 구를 제외하고 두 구절 이상이 평시조보다 긴 시조로, 정철의 '장진주사'가 효시
	연시조	2수 이상의 평시조가 모여서 된 시조(3장 한 수만으로 된 시조는 단시조)
배행상 갈래	장별 배행 시조	초장, 중장, 종장이 각 한 행으로 되어, 3행으로 한 수(首)가 이루어진 시조
	구별 배행 시조	장(章)을 한 행으로 하지 않고, 구(句)를 한 행으로 하여 6행으로 한 수가 이루어진 시조

- ⓓ 대표적인 시조
  - 다정가(이조년) : 봄밤의 애상적인 정서가 유려하게 표현

SEMI-NOTE

경기체가의 창작 연대
- 고려 고종 : 「한림별곡」
- 고려 충숙왕 : 「관동별곡」, 「죽계별곡」
- 조선 세종 : 「상대별곡」, 「화산별곡」
- 조선 성종 : 「불우헌곡」
- 조선 중종 : 「화전별곡」, 「도동곡」
- 조선 선조 : 「독락팔곡」

시조의 역사
- 고려 말~조선 초 : 역사적 전환기에 처한 고뇌를 반영하는 회고가(回顧歌) 등이 주로 만들어짐
- 조선 전기 : 유교 이념과 규범, 충의(忠義)의 내용이 주류를 이루다 점차 도학, 애정 등의 내용으로 확대됨
- 조선 후기 : 관념적 내용에서 탈피해 다양한 삶의 현실을 반영하는 내용으로 변모

시조의 형식
- 3·4 또는 4·4조의 4음보 음격에 3장 6구 45자 내외로 구성
- 각 장은 2구, 4음보, 15자 내외로 구성
- 각 음보는 3·4조 또는 4·4조의 기본 음수율
- 종장의 첫 구 3자는 고정(조선 후기의 사설시조에서도 지켜짐)

시조 명칭의 변천
단가(短歌), 시여(詩餘), 영언(永言), 신조(新調) 등으로 불리다. 영조 때 가객 이세춘이 당대 유행하는 곡조라는 의미로 '시절가조(時節歌調)'라 명명한데서 '시조'라는 명칭이 탄생되었음

- 하여가(이방원) : 정적에 대한 우회적, 간접적인 회유를 표현
- 단심가(정몽주) : 고려 왕조에 대한 강한 충성심을 노래한 작품. 이방원의 「하여가」에 대한 화답가
- 탄로가(우탁) : 늙음을 한탄하지만, 인생을 달관한 여유가 돋보이는 작품

④ 서사 문학 : 구비로 전승되던 것을 문자로 기록한 설화와 고려 시대에 와서 창작된 패관 문학이나 가전체 문학으로 나눌 수 있음

㉠ 패관 문학
- 민간의 가담(街談)과 항설(巷說) 등을 토대로 한 문학
- 채록자인 패관이 수집한 설화에 자기 취향에 따라 윤색함

㉡ 대표적인 패관 문학

작품명(작자)	내용
수이전(박인량)	최초의 순수 설화집이나 오늘날 전하지 않으며, 그 중 9편만이 「해동고승전」, 「삼국유사」, 「대동운부군옥」 등에 전함
파한집(이인로)	최초의 시화집으로 시화, 문담, 기사, 자작, 고사, 풍물 등을 기록
역옹패설(이제현)	「익재난고」의 권말에 수록. 이문(異聞), 기사(奇事), 시문, 서화, 인물에 관한 이야기 수록
용재총화(성현)	「대동야승」에 수록. 풍속, 지리, 역사, 문물, 음악, 예술, 인물, 설화 등 각 방면에 대하여 유려한 산문으로 생생하게 묘사한 글

㉢ 가전체 문학
- 사물을 의인화하여 전기적 형식으로 기록한 글
- 계세징인(戒世懲人)을 목적으로 하는 의인(擬人)전기체로 물건을 의인화함
- 순수한 개인의 창작물로 소설의 발생에 한 발짝 접근한 형태

㉣ 대표적인 가전체 문학

작품명(작자)	내용
국순전(임춘)	술을 의인화하여 술이 사람에게 미치는 영향을 말함
공방전(임춘)	돈을 의인화하여 재물을 탐하는 것을 경계함
국선생전(이규보)	술과 누룩을 의인화. 군자의 처신을 경계함
청강사자현부전(이규보)	거북을 의인화하여 어진 사람의 행적을 기림
죽부인전(이곡)	대나무를 의인화하여 절개를 나타냄
저생전(이첨)	종이를 의인화

⑤ 한문학
㉠ 과거 제도의 실시, 국자감의 설치, 불교의 발달 등으로 한문학 융성
㉡ 대표적 작가로는 최승로, 박인량, 김부식, 정지상, 이인로, 이규보, 이제현, 임춘 등이 있음
㉢ 한문학 작품 및 작품집

작품명(작자)	내용
송인(정지상)	이별의 정서를 표현한 칠언절구(七言絕句)의 노래

SEMI-NOTE

패관 문학의 연대
- 고려 문종 : 「수이전」
- 고려 고종 : 「백운소설」, 「파한집」, 「보한집」
- 고려 충혜왕 : 「역옹패설」
- 조선 연산군 : 「용재총화」

기타 패관 문학 작품
- 백운소설(이규보) : 삼국 시대부터 고려 문종 때까지의 시인과 시에 대한 논평과 잡기 등이 수록된 시화집
- 보한집(최자) : 파한집의 자매편. 거리에 떠도는 이야기나 흥미 있는 사실 등을 기록

가전체 문학의 창작 연대
- 서하선생집 : 「국순전」, 「공방전」
- 동국이상국집 : 「국선생전」, 「청강사자현부전」
- 가정집 : 「죽부인전」
- 동문선 : 「저생전」, 「정시자전」, 「국순전」, 「공방전」, 「국선생전」, 「청강사자현부전」

한문학의 특징
- 당대(唐代)에 완성된 형식인 근체시(近體詩)는 매우 복잡한 규칙을 가지고 있음
- 어수(語數), 압운(押韻), 평측(平仄)의 안배, 대구(對句)에 따라 엄격하게 전개되며 배열에 따라 각각 5언과 7언으로 나뉨
- 창작 상 채용한 형식으로는 근체시가 가장 많으며, 그 다음으로는 고시(古詩)로 나타남

부벽루(이색)	고려에 대한 회고와 국운 회복의 소망을 표현한 오언(五言) 율시
삼국사기(김부식)	삼국의 정사의 성격을 띠고 있음
삼국유사(일연)	건국 이래 삼국 시대까지의 이면사를 다룸
동명왕편(이규보)	동명왕의 영웅적 행위를 노래한 서사시
해동고승전(각훈)	고구려, 신라 시대의 고승의 전기
제왕운기(이승휴)	중국 역대 사적과 우리의 사적을 노래한 서사시

3. 조선 전기 문학

(1) 조선 전기 문학사 개관

① 조선 전기 문학의 개념 : 조선 건국으로부터 임진왜란까지의 약 200년간의 문학

② 조선 전기 문학의 특징

㉠ 훈민정음 창제는 진정한 의미에서의 국문학의 출발을 가져왔으며, 문자 생활의 일대 변혁을 가져왔고, 기존의 구비 문학이 기록 문학으로 정착되어 각종 언해 작업이 진행되었음

㉡ 형식면에서는 운문 문학이 주류를 이루어 시조, 악장, 경기체가, 가사 등이 지어졌고, 내용 면에서는 유교적인 이념과 상류 사회의 생활이 중심이 되었음

㉢ 문화의 향유 계급은 주로 상류층인 귀족 양반들이었으며, 평민의 참여는 거의 없었음

㉣ 시조가 확고한 문학 양식으로 자리 잡았고, 선초 건국을 정당화하는 악장이 발생하였다 곧 소멸하고 뒤이어 운문과 산문의 중간 형태인 가사가 출현

(2) 조선 전기 문학의 갈래

① 악장(樂章)

㉠ 악장의 개념

- 조선의 창업과 번영을 정당화하고 송축하기 위한 조선 초기의 송축가
- 작자층이 주로 개국 공신인 유학자들이었으므로 일반 백성들과는 동떨어진 문학

㉡ 대표적인 악장(樂章)

작품명(작자)	내용
용비어천가 (정인지, 권제, 안지 등)	• 조선 육조의 위업을 찬양하고 번영을 송축하며, 후대의 왕에게 권계의 뜻을 일깨움 • 한글로 기록된 최초의 작품(서사시) • 제2장 '뿌리 깊은 나무…'는 한자어가 없는 순우리말로 높은 평가를 받음
월인천강지곡 (세종)	• 「석보상절」을 보고 세종이 악장 형식으로 고쳐 쓴 석가모니 찬송가 • 석가의 인격과 권능을 신화적으로 미화하여 전형적인 서사시의 구조를 지님 • 형식이 「월인석보」로 이어졌을 가능성이 있음

SEMI-NOTE

기타 조선 전기 문학의 특징

- 설화 문학의 발전과 중국 소설의 영향으로 소설 발생, 산문 문학과 자연 문학이 태동
- 성리학이 발달하였으며, 문학 작품에 있어서도 유교적이며 철학적인 사상의 형상화

악장의 문학성

새 왕조에 대한 송축과 과장, 아유(阿諛)가 심하여 문학성이 떨어졌고, 세종 때 유행하다 15세기 중엽 이후에 소멸

기타 악장 작품

- 조선 태조의 공덕을 찬양한 작품
  - 정도전 : 「납씨가」, 「문덕곡」, 「정동방곡」, 「궁수분곡」, 「신도가」
  - 하륜 : 「근천정」
- 조선의 개국을 찬양한 작품
  - 윤회 : 「봉황음」, 「유림가」
  - 권근 : 「상대별곡」
  - 변계량 : 「화산별곡」

SEMI-NOTE

가사의 발생 견해
경기체가가 붕괴되면서 악장이라는 과도기적 형태를 거쳐 형성되었다는 견해와, 교술 민요가 기록 문학으로 전환되면서 형성되었다는 견해가 있음

기타 가사 작품
- 강촌별곡(차천로) : 벼슬을 버리고 자연에 묻혀 생활하는 정경을 노래
- 일동장유가(김인겸) : 일본에 가는 사신의 일행이 되어 다녀온 체험을 노래한 장편 기행 가사

시조의 발달 양상
- 평시조를 여러 수로 묶어 한 주제를 나타내는 연시조도 창작됨
- 16세기에 들어 송순, 황진이 등에 의하여 문학성이 심화됨

주요 한시 작품
- 봄비(허난설헌) : 고독한 정서를 나타냄
- 습수요(이달) : 수탈에 시달리는 농촌의 모습을 노래함

---

② 가사(歌辭)
  ㉠ 가사의 개념 : 연속체 장가(長歌) 형태의 교술 시가로, 조선 초 정극인의 「상춘곡」을 가사 문학의 효시로 봄
  ㉡ 내용 : 유교적 이념, 연군, 자연 예찬, 강호한정, 음풍농월, 기행(紀行) 등
  ㉢ 형식 : 3·4조, 4·4조의 음수율과 4음보격을 취하는 운문
  ㉣ 가사의 특징
    • 운문과 산문의 중간적, 과도기적 형태로, 운문의 형식과 산문적 내용으로 이루어졌으며 서정성과 서사성, 교술성 등 다양한 특성이 혼재
    • 시조와 함께 조선 전기를 대표하는 갈래이며, 시조와 상보적 관계를 이루며 발전
  ㉤ 대표적인 가사(歌辭)

작품명(작자)	내용
상춘곡(정극인)	태인에 은거하면서 봄 경치를 노래. 가사의 효시
면앙정가(송순)	담양에 면앙정을 짓고 주위의 아름다움과 정취를 노래한 작품으로, 「상춘곡」이 「성산별곡」으로 넘어가는 교량적 역할을 한 작품
관동별곡(정철)	관동의 산수미에 감회를 섞은 기행 가사. 홍만종이 『순오지』에서 '악보의 절조'라 이른 작품
사미인곡(정철)	임금을 그리는 정을 비유적으로 노래한 연가(충신연주지사). 홍만종이 『순오지』에서 초의 「백설곡」에 비유한 작품
속미인곡(정철)	• 김만중이 최고의 수작으로 평가한 작품으로, 송강 가사의 백미로 손꼽힘 • 두 여인의 문답으로 된 연군가로, 「사미인곡」의 속편
규원가(허난설헌)	가정에 묻혀 있으면서 남편을 기다리는 여인의 애원을 노래한 내방 가사로, '원부가(怨婦歌)'라고도 함
농가월령가(정학유)	농촌에서 다달이 해야 할 연중행사와 풍경을 월령체로 노래한 최대 규모의 월령체 가요

③ 시조
  ㉠ 고려 말에 완성된 시조는 조선 시대에 들어와 유학자들의 검소하고 담백한 정서 표현에 알맞아 크게 발전
  ㉡ 건국 초에는 왕조 교체에 따른 지식인의 고뇌와 유교적 충의와 절의를 표현한 노래, 회고가(懷古歌) 등이 만들어졌고, 왕조의 안정 후에는 자연 예찬, 애정, 도학 등에 대한 노래가 다수 만들어짐

④ 한시(漢詩)
  ㉠ 감성과 서정, 당과 송의 시풍을 중시한 사장파(詞章派)와 이성적이며 실천적인 도의 추구와 경학을 강조한 도학파(道學派)로 나뉨
  ㉡ 사장파는 서거정, 성현, 남곤, 도학파는 길재, 김종직, 조광조 등에 의해 주도됨
  ㉢ 선조 무렵에 송시풍(宋詩風)에서 당시풍(唐詩風)으로 전환됨

(3) 서사 문학

① 고대 소설

- ㉠ 고대 소설의 개념과 대표 작품
  - 고대 소설은 설화를 바탕으로 형성된 서사 문학으로, 설화적인 단순성을 지양하고 소설의 조건인 허구성을 갖춤
  - 조선 전기의 한문 소설은 고려의 패관 문학과 가전체 문학, 중국의 전기 소설의 영향으로 전기적(傳奇的) 요소를 지님
- ㉡ 대표 작품 : 최초의 고대 소설인 김시습의 「금오신화」, 몽유록계 소설인 임제의 「원생몽유록」, 「수성지(愁城志)」, 「화사(花史)」, 심의의 「대관재몽유록」 등

② 고대 수필
- ㉠ 고대 수필의 개념 : 고려의 수필부터 갑오개혁 이전까지 창작된 수필을 지칭하며, 한문 수필과 한글 수필로 구분됨
- ㉡ 고대 수필의 구분
  - 한문 수필 : 고려와 조선 전기의 패관 문학 작품, 조선 후기의 대부분의 문집이 여기에 속하며, 독창적, 개성적 성격보다 보편적, 객관적 성격
  - 한글 수필 : 조선 후기 산문정신의 영향으로 한글로 창작된 일기나 서간, 기행, 잡기류 등이 여기에 속하며, 관념성, 규범성을 벗어나 일상 체험과 느낌을 진솔하게 표현
- ㉢ 고대 수필과 평론
  - 고대 수필과 평론은 장르 의식에 따른 격식이 제대로 갖춰지지 않음
  - 설화, 전기, 야담(野談), 시화(詩話), 견문, 기행, 일기, 신변잡기(身邊雜記) 등 다양한 내용을 서술
  - 패관 문학집, 시화집, 개인 문집에 수록되어 전함
  - 고려 시대부터 출발한 비평 문학은 문학을 인간의 성정(性情)을 교화하는 계몽적 성격으로 파악

4. 조선 후기 문학

(1) 조선 후기 문학사 개관
① 조선 후기 문학의 개념 : 임진왜란(1592) 이후부터 갑오경장(1894)에 이르는 약 300년간의 문학
② 조선 후기 문학의 특징
- ㉠ 현실에 대한 비판과 평민 의식을 구가하는 새로운 내용이 작품 속에 투영
- ㉡ 현실적이고 구체적인 삶의 의미를 추구하는 실학 문학으로 발전
- ㉢ 운문 중심에서 산문 중심의 문학으로 이행과 평민 의식 소설, 사설시조의 발달, 여성 문학의 등장

(2) 조선 후기 문학의 갈래
① 소설
- ㉠ 소설 시대의 형성
  - 평민 의식의 자각, 산문 정신, 실학사상 등이 소설 발생의 배경
  - 조선 후기에는 한문 소설 외에도 한글 소설이 다양하게 창작

SEMI-NOTE

고대 소설, 금오신화의 구성
- 만복사저포기(萬福寺樗蒲記) : 양생과 여귀(女鬼)와의 교환
- 이생규장전(李生窺牆傳) : 최랑이 이생과 부부로 살다 죽은 후, 여귀로 화하여 다시 교환
- 취유부벽정기(醉遊浮碧亭記) : 홍생이 하늘의 선녀와 교환
- 남염부주지(南炎浮洲志) : 박생의 염왕과의 대담
- 용궁부연록(龍宮赴宴錄) : 한생의 수부 용왕과의 교환

고대 수필 및 비평집
- 필원잡기(서거정) : 서거정이 일화 등을 엮은 수필 문학집
- 동문선(서거정) : 신라부터 조선 초까지의 시문을 정리
- 촌담해이(강희맹) : 음담패설과 설화를 엮은 기담집
- 용재총화(성현) : 문물, 풍속, 지리, 역사, 음악, 설화, 인물평 등을 수록한 수필집
- 패관잡기(어숙권) : 설화와 시화에 해설을 붙임

기타 조선 후기 문학의 특징
비현실적, 소극적인 유교 문학에서 현실적이고 구체적인 삶의 의미를 추구하는 실학 문학으로 발전

SEMI-NOTE

소설 시대의 특징
- 일대기적, 행복한 결말, 순차적 구성
- 사건의 비현실적, 우연성
- 운문체, 문어체, 만연체
- 유교, 도교, 불교, 무속 사상
- 전형적, 평면적 인물이며 작가가 직접 제시하는 방법을 사용
- 대부분이 권선징악(勸善懲惡), 인과응보(因果應報)의 주제를 담음
- 중국(명)을 배경으로 한 것이 많음

조선 후기 소설의 대표작
- 군담 소설
  - 역사 군담 소설 : 「임진록」, 「임경업전」, 「박씨전」 등
  - 창작 군담 소설 : 「유충렬전」 등
- 가정 소설 : 「장화홍련전」, 「사씨남정기」, 「콩쥐팥쥐전」 등
- 대하 소설 : 「완월회맹연」, 「임화정연」 등
- 애정 소설 : 「운영전」, 「영영전」, 「춘향전」, 「숙향전」, 「숙영낭자전」, 「채봉감별곡」, 「구운몽」 등
- 풍자 소설 : 「배비장전」, 「양반전」, 「호질」, 「삼선기」 등
- 사회 소설 : 「홍길동전」, 「전우치전」 등
- 몽자류 소설 : 「구운몽」, 「옥루몽」, 「옥련몽」 등
- 의인화 소설 : 「수성지」, 「토끼전」, 「장끼전」, 「두껍전」, 「호질」 등
- 판소리계 소설 : 「춘향전」, 「흥부전」, 「심청전」, 「토끼전」, 「배비장전」, 「옹고집전」, 「장끼전」, 「숙영낭자전」

> **윤선도의 주요 작품**
> - 오우가 : 다섯 가지 자연의 대상을 노래
> - 어부사시사 : 어부의 흥취를 계절마다 10수씩 노래, 모두 40수로 구성된 연시조

- 최초의 국문 소설인 「홍길동전」의 출현과, 평민 문학이 본격화되기 시작

ⓒ 대표적인 소설

분류	내용
군담 소설	주인공이 전쟁에서 영웅적 활약을 전개하는 소설
가정 소설	가정 내의 문제를 주요 내용으로 하는 소설
대하 소설	흔히 여러 편이 연작 형태를 띠고 있으며 고소설의 모든 유형이 융합되어 복합적인 구성을 보임
애정 소설	남녀 간의 사랑 이야기를 다룬 소설
풍자 소설	동물을 의인화한다든지 하는 수법을 사용하여 당시의 시 대상을 풍자한 소설
사회 소설	사회 모순에 대한 저항과 개혁 의식을 담은 소설
몽자류 소설(몽유록)	꿈과 현실의 이중 구조로 된 소설
의인화 소설	꿈과 현실의 이중 구조로 된 소설
판소리계 소설	판소리와 밀접하게 관련을 맺고 있는 소설을 통칭하는 것으로 현실적인 경험을 생동감있게 표현

ⓒ 박지원의 한문 소설

작품명	출전	내용 및 특성
허생전	열하일기	선비 '허생'의 상행위를 통해 양반 사대부의 무능과 당시의 경제체제의 취약점을 비판, 이용후생의 실학정신 반영
호질	열하일기	도학자들의 위선과 '정절부인'의 가식적 행위를 폭로
양반전	방경각외전	양반 사회의 허위와 부패, 무능, 특권의식을 폭로하고 풍자
광문자전	방경각외전	거지인 '광문'을 통해 교만에 찬 양반생활과 부패를 풍자하고 신분에 귀천이 없음을 표현
예덕선생전	방경각외전	인분을 나르는 '예덕선생(엄 행수)'을 통해 양반의 위선을 비판하고 직업 차별의 타파를 표현
열녀함양박씨전	방경각외전	'박 씨 부인'의 불운한 삶을 통해 개가(改嫁) 금지 등 당대 사회의 모순을 비판

② 시조
  ㉠ 조선 후기 시조의 특징
  - 조선 후기에는 산문 의식, 평민 의식의 성장 등으로 엇시조, 사설시조와 같은 장형(長型) 형태의 증가 및 유교적, 관념적 내용에서 탈피
  - 평민 작자층의 등장과 평민 중심의 가단 형성, 시조집의 편찬, 시조창(時調唱)과 전문 가객의 등장 등 시조의 대중화가 이루어짐
  ㉡ 시조 문학의 대표 작가, 윤선도
  - 「고산유고」에 시조 35수, 「어부사시사(漁父四時詞)」를 남김
  - 윤선도는 자연 속에서의 풍류와 물아일체의 경지를 아름다운 우리말로 표

현하였고, 수사법과 문학적 기교가 뛰어나 시조 문학의 수준을 높임
- 조선 전기 사대부들이 이룩한 강호가도(江湖歌道)의 성과를 한층 더 끌어올리는데 기여함

ⓒ 대표적인 연시조

작품명(작자)	내용 및 특징
강호사시사(맹사성)	• 강호에서 자연을 즐기고 사계절을 노래하며 임금에 대한 충정을 표현 • 최초의 연시조로서, 총 4수로 구성
어부사(이현보)	늙은 어부의 즐거움을 노래한 것으로, 윤선도의 「어부사시사」에 영향을 미침
도산십이곡(이황)	전 6곡은 '언지(言志)'를, 후 6곡은 '언학(言學)'을 노래한 12수의 연시조
고산구곡가(이이)	주자의 「무이구곡가」를 본 따 학문 정진을 노래한 10수의 연시조

③ 사설시조
  ㉠ 사설시조의 등장
   - 17세기에 등장해 18세기에 유행하였으며, 전 3장 중 2장 이상이 평시조보다 길어 시조의 산문화 경향을 반영함
   - 서민들의 생활 감정과 일상의 모습, 사회 모순에 대한 비판 등을 표현
   - 가사투와 민요풍의 혼합, 반어와 풍자, 해학미 등도 두드러짐
  ㉡ 대표 시조집
   - 『청구영언』 : 영조 때 김천택이 지은 최초의 시조집, 곡조별로 998수를 분류
   - 『해동가요』 : 영조 때 김수장이 지은 것으로, 작가별로 883수를 분류
   - 『병와가곡집(악학습령)』 : 정조 때 이형상이 지어 곡조별로 1,100여 수를 분류
   - 『가곡원류』 : 고종 때 박효관과 안민영이 지어 곡조별로 800수를 분류

④ 가사 문학
  ㉠ 가사의 변모
   - 작자층이 다양화되면서 작품 계열도 여러 방향으로 분화
   - 현실적인 문제에 많은 관심을 갖기 시작했으며 여성 및 평민 작자층의 성장
  ㉡ 주요 작품
   - 허전, 이원익의 가사 : 「고공가」는 허전이 국정을 개탄하고 근면을 권하는 내용의 가사이며, 이원익의 「고공답주인가」는 이에 대한 화답의 가사임
   - 박인로의 가사 : 중후한 문체로 「선상탄」, 「누항사」, 「태평사」 등의 작품을 통해 현실의 문제를 인식하는 길을 개척
   - 내방 가사 : 주로 영남 지방의 부녀자들에 의해서 지어진 규방 가사
   - 유배 가사 : 안조환 「만언사」, 김진형 「북천가」 등

⑤ 잡가
  ㉠ 잡가의 개념 : 조선 후기 하층계급의 전문 소리꾼(사계춘)이나 기생들이 부르던 긴 노래를 말하며, 양반 가사에 대비하여 '잡가(雜歌)'라 칭함
  ㉡ 내용 : 자연의 아름다움과 풍류, 삶의 애환, 남녀 간의 애정, 해학과 익살 등

SEMI-NOTE

기타 연시조 작품
- 훈민가(정철) : 유교적 이념을 토대로 하여 백성을 교화하는 연시조로, 총 16수가 전함
- 매화사(안민영) : 스승인 박효관의 매화를 보고 지은 8수의 연시조

대표적인 가단(歌壇)
영조 때 김천택, 김수장이 결성한 '경정산가단'과 고종 때 박효관, 안민영 등이 중심이 된 '승평계'가 대표적

기타 시조집
- 고금가곡 : 영조 때 송계 연월홍이 지은 것으로, 주제별로 313수를 분류
- 남훈태평가 : 철종 때 순 한글로 표기된 시조집으로, 음악적 의도에서 종장, 종구를 생략함

조선 후기 가사의 특징
- 조선 후기의 가사는 작자층이 평민층과 부녀자층으로 다양화되었고, 작품 계열도 여러 감정으로 분화됨
- 현실적인 문제에 관심을 갖기 시작했으며, 일상적인 체험과 감정을 사실적으로 표현함

휘몰이 잡가와 십이장가
- 휘몰이 잡가 : 맹꽁이 타령, 바위 타령
- 십이장가 : 유산가, 적벽가, 선유가, 소춘향가, 평양가, 십장가, 형장가, 제비가, 월령가, 방물가, 출인가 등

SEMI-NOTE

남도 잡가
전라도에서 유행한 것으로 전라도 지방의 억양을 느낄 수 있음

기타 한문학 작품
- **시화총림(홍만종)** : 역옹패설, 어우야담, 이봉유설에서 시화만을 뽑아 기록한 시화집
- **순오지(홍만종)** : 정철, 송순 등의 시가에 대한 평론을 수록한 평론집
- **북학의(박제가)** : 청나라를 시찰하고 돌아와서 우리 사회 개혁의 필요성을 적은 책
- **연려실기술(이긍익)** : 조선의 야사(野史)를 기록한 문집

기타 수필 작품
- **인현왕후전(궁녀)** : 인현왕후의 폐비 사건과 숙종과 장희빈과의 관계를 그린 글
- **을병연행록(홍대용)** : 계부 홍억의 군관으로 연경에 가서 쓴 기행문. 국문 연행록 중 최장편
- **무오연행록(서유문)** : 중국에 서장관으로 갔다 보고 들은 것을 기록한 글
- **제문(숙종)** : 숙종이 막내아들 연령군의 죽음에 대하여 그 애통한 심정을 기록한 글
- **어우야담(유몽인)** : 민간의 야담과 설화를 모아 엮은 설화적인 창작 수필

ⓒ 형식 : 4 · 4조 4음보 가사의 율격을 기본으로 하나 파격이 심함
ⓓ 특징
- 기본적으로 세속적, 유흥적, 쾌락적 성격을 지님
- 상층 문화에 대한 모방심리로 현학적 한자 어구와 중국 고사 등이 나열되는 것이 많음

ⓔ 잡가의 종류
- 경기 잡가 : 서울, 경기도 지방에서 유행한 것으로 맑고 깨끗한 느낌을 줌
- 서도 잡가 : 평안도, 황해도 지방에서 유행한 것으로 애절한 느낌을 줌

⑥ 한문학
  ㉠ 한문학의 특징
  - 전기의 사장파(詞章派) 문학을 계승하고 경전에 따른 관념적 문학을 추구
  - 현실적 실리 추구, 평이하고 사실적인 표현, 고문체의 배격 등을 특징으로 하는 실학파 문학이 대두

  ㉡ 대표적인 한문학 작품

작품명(작자)	내용
서포만필(김만중)	신라 이후의 시에 대한 평론이 실린 평론집
반계수록(유형원)	여러 제도에 대한 고증을 적고, 개혁의 경위를 기록한 책
성호사설(이익)	평소에 기록해 둔 글과 제자들의 질문에 답한 내용을 집안 조카들이 정리한 것. 주제에 따라 다섯 부분으로 나누어짐
열하일기(박지원)	열하의 문인들과 사귀고 연경 문물제도를 견문한 것을 적은 책
목민심서(정약용)	지방 장관의 치민에 관한 도리를 논한 책

⑦ 수필
  ㉠ 국문 수필 : 주로 여인들에 의해 쓰인 수필로, 주로 기행문이나 일기 형식으로 쓰임
  ㉡ 궁정 수필 : 궁중에서 생활하던 여인들에 의해 쓰인 수필로 분량이 가장 많음
  ㉢ 대표적인 수필

분류	작품명(작자)	내용 및 특징
궁정	한중록(혜경궁 홍씨)	남편인 사도세자의 비극과 궁중의 음모, 당쟁과 더불어 자신의 기구한 생애를 회고
일기	의유당일기(의유당)	순조 29년 함흥 판관으로 부임한 남편 이희찬을 따라가 부근의 명승 고적을 찾아다닌 감흥을 적은 글
제문	윤씨 행장(김만중)	모친인 윤 씨 부인을 추모하여 생전의 행장을 적은 추도문
	조침문(유씨 부인)	자식 없는 미망인이 바느질로 생계를 유지하다가 바늘이 부러지자 그 섭섭한 감회를 적은 글
기담	요로원야화기(박두세)	선비들의 병폐를 대화체로 파헤친 풍자 문학
	규중칠우쟁론기(미상)	부인들이 쓰는 바늘, 자, 가위, 인두, 다리미, 실, 고무 등의 쟁공(爭功)을 의인화하여 쓴 글

(3) 판소리와 민속극, 민요의 성장

① 판소리
  ㉠ 판소리의 개념
  - 직업적 소리꾼인 광대가 고수(鼓手)의 북 장단에 맞추어 창(唱)과 아니리, 발림으로 연행하는 구비 서사시
  - '창(唱)과 아니리, 발림'의 요소로 이루어진다는 점에서, 노래와 문학, 연극적 요소가 결합되어 형성된 종합 예술 양식이라 할 수 있음

  ㉡ 형성 및 발전과정
  - 형성 : 17세기 말에서 18세기 초반 무렵에 설화나 소설을 창으로 만들어 생계를 삼은 광대들에 의해 새로운 양식으로 형성
  - 18세기 : 판소리가 지방의 민속 예술에서 벗어나 중앙 무대에 진출하고, 중, 상류층까지 향유층이 확대
  - 19세기 : 본격적인 대중 예술의 성격을 갖게 되면서 급격히 발전
  - 20세기 : 창극(唱劇)으로의 변신을 모색하고 극장 체제를 갖추었으나, 점차 쇠퇴

  ㉢ 판소리의 특징
  - 서사성 : 서민들의 현실적 생활을 이야기 구조로 표현
  - 극성 : 음악적 요소와 연극적 요소가 강한 종합예술의 성격을 지님
  - 율문성 : 노래 형식의 가창
  - 전문성 : 전문 가객인 광대가 연행
  - 풍자 및 해학성 : 당대 사회에 대한 풍자와 해학을 표현
  - 다양성 : 표현과 수식, 율격, 구성 원리 등이 다른 구비 문학보다 다양
  - 구전성과 공유성 : 연행 방식이 구전되었으며, 서민층에서 양반층까지 폭넓게 향유
  - 부분의 독자성 : 정해진 대본이 있는 것이 아니라 전승되는 이야기를 근간으로 흥미로운 부분을 확장, 부연하는 방식으로 발전
  - 문체의 이중성 : 양반과 평민들의 언어가 함께 공존
  - 주제의 양면성 : 유교 이념에 따른 표면적 주제와 서민의 비판 정신에 기반한 이면적 주제가 공존

② 민속극
  ㉠ 민속극의 개념 : 일정한 역할로 가장한 배우가 대화와 몸짓으로 사건을 표현하는 전승형태를 말하며, '전통극'이라고도 함
  ㉡ 민속극의 특징
  - 서민 정신과 풍자와 해학이 있음
  - 춤, 대사, 음악으로 인물, 관객이 어우러지는 축제성을 지님
  ㉢ 유형
  - 무극(巫劇) : 굿에서 연행되는 굿놀이
  - 가면극 : 탈춤, 산대놀이, 오광대놀이, 야유 등으로 불림
  - 인형극 : 배우 대신 인형을 쓰는 극. 꼭두각시놀음은 우리나라 유일의 인형극

SEMI-NOTE

주요 단어 풀이
- 창 : 판소리 또는 잡가 따위를 가락에 맞춰 높은 소리로 부름
- 아니리 : 창을 하는 중간마다 가락을 붙이지 않고 이야기하듯 엮는 사설
- 발림 : 소리의 극적 전개를 돕기 위해 몸짓, 손짓으로 하는 동작

판소리 열두 마당과 여섯 마당
- 열두 마당 : 춘향가, 심청가, 흥부가, 수궁가, 적벽가, 변강쇠타령, 배비장타령, 강릉매화전, 옹고집, 장끼타령, 무숙이타령, 가짜신선타령
- 여섯 마당 : 춘향가, 심청가, 흥보가(박타령), 적벽가, 수궁가(토끼 타령), 변강쇠타령(현재 변강쇠타령을 제외한 다섯 마당이 전함)

대표 무극
- 제주도 : 입춘굿, 세경놀이, 영감놀이
- 경기도 : 소놀이굿
- 평안도 : 재수굿 방아놀이

대표 가면극
- 서울, 경기도 : 송파 산대놀이, 양주 별산대놀이, 퇴계원 산대놀이
- 황해도 : 봉산 탈춤, 강령 탈춤, 은율 탈춤
- 경남 : 수영 야유, 동래 야유, 통영 오광대, 고성 오광대, 진주 오광대

SEMI-NOTE

- 창극 : 여러 가객들이 무대에서 연기하며 판소리조로 연행하는 극
③ 민요
  ㉠ 민요의 개념 : 민중 속에서 자연스럽게 구전되어 온 노래로, 민족성과 국민성을 나타내기도 하며 민중의 보편적 정서가 담겨 있고, 입에서 입으로 전해지기 때문에 가사와 곡조가 시대에 따라 변하기도 함
  ㉡ 민요의 특징
    - 구전성, 서민성, 향토성이 특징
    - 민중의 정서를 직접 표출하여 서정성을 지님
    - 누구나 부를 수 있어 비전문성을 지니며, 창자(唱子)와 청자(聽子)가 일치
    - 두 연이 대칭구조를 이루고, 3·4조, 4·4조의 율격을 가짐
  ㉢ 대표적인 민요(民謠)

분류		내용
기능요	노동요	농업, 어업, 벌채, 길쌈, 제분, 잡역 노동요 등(예 논매기 노래, 타작 노래, 해녀 노래)
	의식요	세시, 장례, 신앙 의식요 등(예 지신밟기 노래, 상여 노래, 달구질 노래)
	유희요	놀이에 박자를 맞추면서 부르는 노래(예 강강술래, 줄다리기 노래, 널뛰기 노래, 놋다리 노래)
비기능요		특정한 행동에 관련 없이 언제든 흥이 나면 부르는 노래이며, 내용 및 형태상의 제약이 크게 없음(예 아리랑, 강원도 아리랑, 정선 아리랑, 밀양 아리랑)

민요의 내용상 특징
- 부녀자들의 애환을 표현한 부요(婦謠)가 많음
- 생활고와 삶의 어려움이 폭넓게 드러남
- 농업을 기반으로 하는 농가(農歌)가 많으며, 여기에 남녀의 애정을 함께 담아냄
- 현실의 문제를 우회적으로 표현하여 해학성이 풍부

기타 민요의 특징
- 관용구, 애용구가 빈번히 사용되고, 음의 반복이 많음
- 민속, 음악, 문학의 복합체
- 민요의 가창 방식은 선후창, 교환창, 독창, 합창으로 구분

02절 현대 문학의 흐름

1. 개화기 문학

(1) 개화기 문학사 개관

① 개화기 문학의 시대 배경 : 갑오개혁에서 삼일절에 이르는 시기의 문학, 이 시기의 문학은 새로운 서구의 문화와 독립 의식을 강조
② 개화기 문학의 특징
  ㉠ 문어체 문장에서 구어체에 가까운 문장으로 변화하였고, 국한문 혼용체와 국문체 등 새로운 문체가 확립됨
  ㉡ 자주 정신의 각성으로 계몽적 이념을 강조하는 내용이 주를 이룸
  ㉢ 전통적 문학 형식을 기반으로 개화 가사, 창가, 신체시, 신소설 등 새로운 장르가 모색됨
  ㉣ 신교육의 영향으로 국문 문학이 확대되었고, 신문의 보급과 인쇄술 발달 등의 영향으로 문학의 대중화가 진행됨

언문일치
글로 쓰는 문장이 말하는 언어와 일치하는 현상으로 중국에 대한 대타의식 및 자국 의식의 강화와 국문의 지위 향상과 맞물려 있음

서유견문
조선후기 정치가 유길준이 저술한 서양 기행문으로 환경 및 인종과 정치 체계 등을 서술하고 있음

(2) 대표 개화기 문학의 갈래 및 작품

① 개화 가사
  ㉠ 개화 가사의 개념 : 가사의 운율 형식을 계승하고 개화기 계몽사상을 담아 노래한 가사를 말함
  ㉡ 개화 가사의 특징 : 가사의 율격인 4·4조 4음보의 율격을 토대로 하여 분절체, 후렴구 등의 민요적 요소를 가미하였고, 자주 독립정신과 신교육 강조, 외세에 대한 비판 등의 내용을 주로 표현

② 창가(唱歌)
  ㉠ 창가의 개념 : 전통적 가사체에 개화사상을 담은 시가와, 찬송가 및 서양음악 등의 영향으로 형성된 새로운 시가로, 개화 가사가 변모되는 과정에서 만들어져 신체시 발생의 모태가 됨
  ㉡ 창가의 특징
    • 문명개화의 시대적 필연성, 신교육 예찬, 새 시대의 의욕 고취, 청년들의 진취적 기상 등 계몽적 내용을 주로 담음
    • 초기에는 3·4조, 4·4조 율격으로 짧았다가 후기로 가면서 7·5조, 8·5조 등으로 길어지고 다양화됨

③ 신체시
  ㉠ 신체시의 개념 : 개화 가사, 창가의 단계를 거쳐 종래의 정형시 형식을 탈피하여 자유로운 율조로 새로운 사상을 담으려 했던 실험적이고 과도기적인 시
  ㉡ 신체시의 특징
    • 이전의 형식을 깨뜨리고 부분적인 7·5조, 3·4·5조의 새로운 형태를 취하고 있으며 정형시와 자유시 사이의 과도기적 형식
    • 『소년(少年)』의 창간호에 실린 최남선의 「해에게서 소년에게」(1908)가 효시

④ 신소설
  ㉠ 신소설의 개념 : 1900년대 중반부터 1917년 이광수의 「무정」이 발표되기까지 당대의 시대적 문제와 사회의식을 반영했던 과도기적 소설의 형태. 계몽사상의 구체적인 실천에 대한 이야기를 다루고 있지만, 현실에 대한 깊은 인식의 결여로, 낙관적인 개화의 꿈에 그쳤다는 평가를 받음
  ㉡ 신소설의 특징
    • 주제 : 개화와 계몽사상의 고취(자주독립사상, 자유연애, 인습과 미신 타파, 신교육 장려, 유교적 가치관과 질서 비판 등)를 주로 표현
    • 구성 : 평면적 구성을 탈피해 역전적 구성을 시도 주로 시간적 역행, 사건과 장면의 뒤바꿈 등이 있음
    • 문체 : 언문일치 문체에 근접, 전기체 형식에서 벗어나 묘사체로 전환
  ㉢ 신소설의 의의
    • 고대 소설과 현대 소설의 과도기적 역할을 수행
    • 비현실적 내용에서 현실적 사건 중심 내용으로 전환

SEMI-NOTE

개화 가사의 출현
최초의 작품으로 평가받는 최제우의 「용담유사」를 비롯하여 19세기 후반 다수의 애국 가사들이 「독립신문」, 「대한매일신보」 등에 발표됨

창가의 출현
초창기 창가로 최병헌의 「독립가」, 이용우의 「애국가」, 이중원의 「동심가」, 김교익의 「신문가」 등이 있으며, 최남선의 창가로 「경부철도가」, 「한양가」, 「세계일주가」가 있음

주요 신체시 작품
최남선 「해에게서 소년에게」를 시작으로 「구작 3편」, 「꽃두고」, 이광수 「우리 영웅」 등이 있음

이해조의 개작 신소설

근원 설화	판소리계 소설	개작 소설
열녀 설화	춘향전	옥중화 (獄中花)
연권녀 설화	심청전	강상련 (江上蓮)
방이 설화	흥부전	연(燕)의 각(脚)
구토 설화	별주부전	토(兔)의 간(肝)

SEMI-NOTE

기타 신소설 작품
- 은세계(이인직) : 원각사에서 공연된 최초의 신극 대본, 정치 소설의 성격
- 모란봉(이인직) : 이인직「혈의 누」의 속편으로, 애정 소설
- 추월색(최찬식) : 남녀 간의 애정 문제와 외국 유학을 통해, 새로운 혼인관과 교육관 제시

ⓔ 대표적인 신소설

작품	작가	특징 및 내용
혈의 누	이인직	최초의 신소설로, 자유결혼과 신문명 수용 및 신교육 사상의 고취
귀의 성	이인직	양반층의 부패, 신구의 대립을 폭로하고, 처첩 간의 갈등과 가정의 비극 등을 드러냄
자유종	이해조	축첩으로 인한 폐단과 패가망신하는 가정을 묘사
금수회의록	안국선	8가지 동물들의 토의를 통해 인간세태와 사회부패를 풍자

⑤ 번안 신소설
  ㉠ 번안 신소설의 개념 : 외국 소설의 내용을 원작대로 유지하면서 배경이나 인물 등을 자기 것으로 고쳐서 번역한 소설
  ㉡ 주요 작품
    - 박은식「서사건국지」: 스위스의 건국 영웅 '빌헬름 텔'의 이야기를 번안
    - 장지연「애국 부인전」: 프랑스의 '잔 다르크'의 이야기를 번안
    - 이해조「철세계」: 줄 베르너의「철세계」를 번안
    - 구연학「설중매」: 일본 소설「설중매」를 번안한 것으로, 이인직이 각색하여 원각사에서 공연
    - 조중환「장한몽」: 일본 소설「금색야차」를 번안한 애정 소설
    - 이상협「해왕성」: 뒤마의「몽테크리스토 백작」을 번안한 소설
    - 민태원「애사(哀史)」: 위고의「레미제라블」을 번안한 소설

2. 1910년대 문학

(1) 1910년대 문학사 개관

① 1910년대 문학의 배경 : 1910년대에는 일제의 식민 통치가 본격화되어, 서양 문학의 영향을 받아 우리나라 현대 문학사의 근간을 이루게 됨
② 1910년대 문학의 특징
  ㉠ 계몽주의적 경향으로 최남선, 이광수 2인 문단 시대가 도래
  ㉡ 서구 문예 사조의 유입으로 서구 문학의 개념을 따른 문학의 출현
  ㉢ 개인의 내면과 개성의 자각으로 시대적 문제를 작품에 투영

(2) 1910년대 문학의 갈래

① 자유시
  ㉠ 자유시의 형성 배경 : 근대적 잡지의 간행, 서구 근대 문학의 영향
  ㉡ 자유시의 특징
    - 계몽의식으로부터의 탈피
    - 운율에 대한 새로운 모색과 실험 정신 추구
    - 관습적 형태에서 벗어나 미의식의 표현에 집착
    - 서구의 상징주의 시와 시론 소개를 통해 개성적 내면 탐구와 사물에 대한

근대 잡지의 출현
- 민족의식 재고와 외국 문학을 통한 계몽의식 고취를 위한 잡지가 주류
- 이 시기의 잡지로「소년」,「청춘」,「학지광」,「태서문예신보」 등이 있고, 대표 작품으로는 김억「봄은 간다」, 주요한「불놀이」, 황석우「벽모의 묘」 등이 있음

감각적 조응의 시적 태도를 지니게 됨

② 근대 소설
- ㉠ 근대 소설의 형성 배경 : 출판업이 활발해지며 신소설과 근대소설이 쏟아졌으며 고전소설에 익숙하던 독자를 대상으로 개작한 작품과 외국 문학을 수입하여 번안한 작품이 주를 이루었음
- ㉡ 근대 소설의 특징
  - 현실적 소재를 바탕으로 한 작품의 등장
  - 사실적 문체를 바탕으로 시대정신을 반영
  - 서술과 묘사를 통한 이야기 전개로 이야기의 전개를 구체화
  - 플롯의 다양성으로 고전문학에서는 한정되었던 이야기의 범위를 확장

③ 희곡
- ㉠ 희곡의 형성 배경 : 판소리, 산대놀이, 탈춤으로 대표되는 고전희곡은 민중에 의한 자연발생적인 갈래였기 때문에 서양처럼 일정한 작가가 없는 것이 특징이었고, 근대에 들어서 서양 희곡을 수용한 신극이 등장하였음
- ㉡ 새로운 희곡의 출현
  - 창작극 : 1912년 조중환이 우리나라 최초의 창작 희곡인 「병자삼인」을 발표, 윤백남의 「운명」, 이광수의 「규한」 등이 함께 등장
  - 번역극 : 신극 운동의 전개와 함께 서양과 일본의 희곡이 번역됨
  - 신파극 : 1910년대 유행하기 시작해 1930년대까지 대중적으로 이어진 연극으로, 흥미 위주의 통속적, 상업적 성격이 강함, 임성구의 '혁신단'을 통해 본격적으로 출발

3. 1920년대 문학

(1) 1920년대 문학의 갈래

① 1920년대 문학의 배경 : 3·1운동의 실패로 좌절감과 패배 의식이 증가하였고, 일제의 수탈 등으로 큰 위기를 맞았지만 국내외의 독립운동이 활성화되는 한편, 각종 신문과 동인지가 등장

② 시
- ㉠ 1920년대 시의 특징
  - 낭만적, 퇴폐적 상징시의 유행
  - 경향시의 등장과 사회의식의 대두
  - 전통 계승의 시와 시조 부흥 운동의 전개를 통해 전통 지향의 흐름 형성
- ㉡ 낭만주의 시의 등장 배경 : 3·1운동의 실패, 서구 상징주의 시의 영향으로 퇴폐주의의 만연

③ 경향파 시
- ㉠ 경향파 시의 등장 배경 : 지식인들의 일본 유학을 통해 사회주의 사상을 유입, 일제 식민 통치에 대응하려는 사회단체 결성, 계급주의 문학 단체인 카프(KAPF)의 결성과 본격적인 사회주의 문학 이론의 도입

SEMI-NOTE

주요 신문 및 잡지
- 신문 : 「대한매일신보」를 일제가 강제 매수하여 발행한 「매일신보」
- 잡지
  - 「붉은저고리」, 「새별」, 「아이들보이」 : 최남선이 주재한 어린이 계몽 잡지
  - 「청춘」 : 최남선 주재의 월간 종합지
  - 「학지광」 : 최팔용, 현상윤 등이 주관한 동경 유학생회 기관지
  - 「유심」 : 한용운이 주재하여 불교 계몽과 근대적 교리 해석을 목적으로 한 잡지
  - 「태서문예신보」 : 순 국문 문예 주간지로 김억, 장두철 등이 서구 문단의 동향과 시론 도입 및 번역시 소개

1920년대 대표 시인과 대표작
- 이상화 : 「나의 침실로」, 「빼앗긴 들에도 봄은 오는가」
- 박영희 : 「월광으로 짠 병실」
- 홍사용 : 「나는 왕이로소이다」

낭만주의 시의 경향
퇴폐적, 유미적, 허무적, 감상적 경향을 전제로, 산문투의 서술적인 문체와 자연으로의 도피 및 동양적 체념과 무상감을 표출

경향파 시의 대표 시인과 작품
- 임화 : 「우리 오빠와 화로」
- 김기진 : 「한개의 불빛」

SEMI-NOTE

1920년대의 시조
- 민족 정서의 회복을 위한 시어를 사용
- 연시조, 양장시조 등 현대 시조로서의 형태 혁신
- 님에 대한 그리움, 국토 예찬, 조국의 역사 회고 등의 주제 형상화

전통적, 민요적 서정시의 대표 시인
김동환, 주요한, 김소월, 한용운 등

1920년대 소설의 경향
- 식민지 궁핍 체험의 소설화
- 계급 대립의 구도와 노동 소설의 등장
- 살인과 방화 등 극단적인 결말 처리
- 자아의 각성을 통한 사회와 현실의 재인식

기타 대표 소설가와 특징
- **전영택** : 사실주의 경향의 작가로, 인간애와 인도주의정신에 기초한 작품을 남겼으며 대표작으로 「화수분」, 「흰 닭」, 「생명의 봄」이 있음
- **나도향** : 낭만적 감상주의 경향. 어두운 농촌 현실을 묘사했으며 대표작으로 「물레방아」, 「벙어리 삼룡이」, 「뽕」이 있음

ⓒ 경향파 시의 특징
- 막연한 울분으로부터 당대의 현실에 대한 인식과 저항 의식으로 확대
- 무산 계급(노동자, 농민)의 현실을 부각시키는 소재를 선택
- 사회주의 사상의 주입과 선전을 목적으로 한 선전, 선동적인 구호나 개념서술의 표현
- 산문투의 문체 및 인물과 사건 전개의 요소를 도입하여 서사적인 양식 개발

④ 민족주의 시
ⓐ 민족주의 시의 등장 배경 : 1920년대 중반 최남선, 주요한, 이은상 등을 중심으로 한 '국민문학파'가 대두되어 전통적 문화유산의 계승과 역사를 연구함
ⓑ 민족주의 시의 특징
- 창작에 있어서 민족주의 이념의 구현
- 모국어에 대한 애정과 찬양의 태도
- 문화, 학술적 연대에 의한 문예 부흥 운동
- 민족적 개성 및 향토성의 옹호
ⓒ 전통적, 민요적 서정시
- 민중적 정서와 향토적 정조의 표현
- 일상적이고 평이한 우리말 구사
- 민족 현실에 대한 자각을 전통적인 시(詩)정신에 입각하여 형상화하려는 태도를 지님

(2) 1920년대 소설과 기타 갈래

① 1920년대 소설의 배경 : 단편소설의 등장으로 새로운 서사양식을 확립하여 다양한 소설적 경향을 보여줌. 서사 주체의 내면 분석이 가능해지면서 일인칭 소설이 등장하게 됨

② 1920년대 소설의 특징
ⓐ 근대적 소설 문체의 발전 : 문장 어미의 시제 표현, 3인칭 단수인 '그'의 사용
ⓑ 사실주의적 소설 인식 : 개화기의 계몽주의 문학관을 버리고, 문학의 자율성을 인정하는 한편 인생과 사회의 모습을 있는 그대로 그리려는 사실주의 및 자연주의 문학관을 수용
ⓒ 소설 기법의 발전 : 어휘의 신중한 선택, 치밀한 구성과 객관적 묘사, 인상적인 결말 처리 방법 등 기법상의 두드러진 변화를 가져옴
ⓓ 사회 비판 의식의 소설화 : 1925년 카프 결성을 계기로 사회적 비판과 투쟁 의식을 강조하는 경향 소설 등장

③ 1920년대 소설가의 특징 및 대표작

작가	특징	대표작
김동인	현대 단편소설 확립, 순수문학 주장	「감자」, 「배따라기」, 「운현궁의 봄」
염상섭	식민지적 암울한 현실에서 지식인의 고뇌, 도시 중산층의 일상적인 삶을 다룸	「표본실의 청개구리」, 「만세전」, 「두 파산」, 「삼대」
현진건	치밀한 구성과 객관적 묘사로 사실주의적 단편소설을 씀	「빈처」, 「운수좋은 날」, 「불」

최서해	체험을 바탕으로 한 하층민의 가난을 주요문제로 삼음	「탈출기」, 「홍염」
주요섭	신경향파 문학에서 출발하여 서정적이고 휴머니즘적인 소설을 씀	「사랑손님과 어머니」, 「인력거꾼」

④ 수필
  ㉠ 수필의 등장 배경 : 수필의 체계가 정립되며 기행수필과 수상수필이 병립됨
  ㉡ 특징
    • 현대 수필의 초창기로서 수필의 형태가 아직 정립되지 못함
    • 우리 국토에 대한 애정을 담은 기행 수필이 많음
⑤ 희곡
  ㉠ 신극 단체가 결성되고 근대 희곡이 창작됨
  ㉡ '극예술 협회'와 '토월회' 등의 연극 단체 결성, 영화의 분립과 시나리오가 창작됨
⑥ 주요 민족 신문과 동인

구분	특징	동인
창조(1919)	최초의 순문예 동인지	김동인, 주요한, 전영택
폐허(1920)	퇴폐주의적 성향의 동인지	염상섭, 오상순, 황석우, 김억
개벽(1920)	천도교 기관지, 카프의 기관지화됨	박영희, 김기진
백조(1922)	낭만주의적 경향의 문예지	현진건, 나도향, 이상화, 박종화
조선문단(1924)	카프에 대항한 민족주의 문예지	이광수, 방인근
해외문학(1927)	외국 문학 소개에 치중함	김진섭, 김광섭, 정인섭, 이하윤
문예공론(1929)	민족주의와 사회주의의 절충	양주동

4. 1930년대 문학

(1) 1930년대 문학의 갈래

① 1930년대 문학의 등장 배경 : 일제의 탄압이 더욱 심해진 시기로, 특히 사상 통제가 심화되었으며, 국제적으로는 중일 전쟁, 만주 사변 등이 발생하였음
② 시문학파 시
  ㉠ 배경
    • 1920년대 중반 이후 프로 문학과 민족주의 문학의 대립으로 인한 이념적 문학 풍토에 반발
    • 박용철, 김영랑의 주도로 『시문학』, 『문예월간』, 『문학』 등의 순수시 잡지가 간행되고, 구인회 및 해외문학파와 같은 순수 문학 동인을 결성
  ㉡ 특징
    • 시어의 조탁과 시의 음악성 중시

SEMI-NOTE

수필의 대표 작가와 작품
민태욱의 「청춘예찬」, 방정환의 「어린이 찬미」, 최남선의 「심춘순례」, 「백두산 근참기」, 이병기의 「낙화암을 찾는 길에」 등

기타 민족 신문과 동인
• 장미촌(1921) : 최초의 시 전문 동인지로, 박종화, 변영로, 황석우, 노자영 등이 활동
• 금성(1923) : 낭만주의적 경향의 시 중심 동인지로, 양주동, 이장희, 유엽, 백기만 등이 활동
• 영대(1924) : 창조의 후신으로 평양에서 창간된 순 문예 동인지로, 주요한, 김소월, 김억, 김동인, 이광수 등이 활동

1930년대 시의 경향
• 순수시 : 순수 서정시의 등장
• 주지시 : 모더니즘 시의 등장
• 저항시, 참회시 : 화자 내면의 저항과 참회의 관점으로 노래함
• 청록파의 등장 : 자연과의 친화를 노래
• 생명파의 등장 : 반주지적 관점으로 생명성의 탐구

SEMI-NOTE

시문학파 시인의 대표작
- 김영랑 : 「모란이 피기까지는」, 「오월」
- 정지용 : 「떠나가는 배」, 「싸늘한 이마」
- 박용철 : 「유리창」, 「향수」, 「바다」
- 이하윤 : 「들국화」, 「물레방아」

모더니즘 시의 경향
서구의 신고전주의 철학 및 초현실주의, 다다이즘, 입체파, 미래파, 이미지즘 등 현대적 문예 사조의 이념을 본격적으로 수용

모더니즘 시인의 대표작
- 김기림 : 「바다와 나비」
- 이상 : 「오감도」, 「거울」
- 김광균 : 「와사등」, 「외인촌」, 「추일서정」, 「설야」, 「뎃상」
- 장만영 : 「달 포도 잎사귀」

전원파 시인의 대표작
- 신석정 : 「슬픈 구도」, 「그 먼 나라를 알으십니까」
- 김동명 : 「파초」, 「내 마음은」, 「진주만」
- 김상용 : 「남으로 창을 내겠소」, 「마음의 조각」

생명파 시의 경향
- 1930년대 후반 시문학 전반의 침체 현상에 대한 타개 노력

- 시적 변용에 의거하는 순수 서정시의 창작 과정 강조
- 자율적인 존재로서 시의 본질 탐구

ⓒ 대표 시인 및 문학적인 경향

시인	경향
김영랑	투명한 감성의 세계를 운율감 있는 고운 시어로 표현
정지용	감각적 인상을 세련된 시어와 향토적 정취로 표현
박용철	감상적인 가락으로 삶에 대한 회의 노래

③ 모더니즘 시
  ㉠ 배경 : 1920년대 감상적 낭만주의와 같은 전근대적인 요소를 배격하고 현대적인 시의 면모를 확립하고자 하는 의도
  ㉡ 특징
  - 구체적 이미지에 의한 즉물적(卽物的)이고 지성적인 시 강조
  - 현대 도시 문명에 대한 상황적 인식과 비판적 감수성 표출
  - 객관적이고 과학적인 시학에 의거한 의도적인 시의 창작
  - 전통에 대한 거부와 언어에 대한 실험 의식 및 내면 심리 탐구
  ㉢ 대표 시인 및 문학적인 경향

시인	경향
김기림	현대 문명을 현상적으로 관찰하였으며, 해학과 기지를 동반한 감각적 시어 사용
이상	전통적 관습에서 벗어난 초현실주의적 언어 실험의 난해시 창작
김광균	회화적 이미지의 구사로 도시적 서정과 소시민 의식을 표현
장만영	농촌과 자연을 소재로 감성과 시각을 기교적으로 표현

④ 전원파 시
  ㉠ 배경 : 1930년대 후반 극심한 일제의 탄압으로 현실 도피 의식의 반영
  ㉡ 특징
  - 이상향으로서의 전원생활에 대한 동경과 안빈낙도의 세계관
  - 서경적 묘사를 토대로 한 자족적 정서, 자연 친화적이며 관조적인 태도
  ㉢ 대표 시인 및 문학적인 경향

시인	경향
신석정	자연 친화의 목가적 시풍으로 이상향에 대한 동경의 노래
김동명	낭만적인 어조로 전원적 정서와 민족적 비애를 노래
김상용	농촌 귀의의 자연 친화적 태도가 두드러지며, 동양적인 관조의 세계 노래

⑤ 생명파 시
  ㉠ 배경
  - 모더니즘 시의 서구 지향적 태도와 기교 위주의 시 창작에 대한 반발
  - 『시인부락』, 『자오선』, 『생리』지를 중심으로 한 시인들의 부각

ⓒ 특징
- 삶의 깊은 고뇌와 본원적 생명력의 탐구 정신 강조
- 토속적인 소재와 전통적인 가치 의식 추구
- 철학적 사색으로 시의 내부 공간 확대

ⓓ 대표 시인 및 문학적인 경향

시인	경향
서정주	원시적 생명의식과 전통적 정서에 의거한 인생의 성찰
유치환	삶의 허무와 본원적 생명에 대한 형이상학적, 사변적 탐구

⑥ 청록파 시
ⓐ 배경
- 일제 말 군국주의 통치에 따른 문학적 탄압에 대한 소극적 대응
- 『문장』을 통해 순수 서정을 지향하는 시인들의 등단

ⓑ 특징
- 자연을 소재로 한 자연 친화적인 태도 표출
- 향토적 정조와 전통 회귀 정신의 강조, 해방 후 전통적 서정시의 흐름 주도

ⓒ 대표 시인 및 문학적인 경향

시인	경향
박목월	민요적 율조에 의한 향토적 정서의 표현
박두진	이상향으로서 자연에 대한 신앙과 생명력 넘치는 교감의 표현
조지훈	고전적 감상을 바탕으로 옛것에 대한 향수와 선적 관조를 노래함

⑦ 저항시
ⓐ 배경
- 일제에 대한 저항 의지를 승화한 시
- 현실에 대한 철저한 내면적 인식을 바탕

ⓑ 특징
- 식민지 현실에 대한 비판적인 인식을 구현, 민족적 자기 정체성을 시로 형상화
- 끝까지 포기하지 않는 저항 의지를 구체화

ⓒ 대표 시인 및 문학적인 경향

시인	경향
이육사	고도의 상징성 및 절제된 언어, 남성적 어조로 불굴의 지사적 기개와 강인한 대결 정신을 노래함
윤동주	자기 반성적 사색, 양심적인 삶에 대한 의지와 순교자적 정신을 노래함
심훈	격정적 언어와 예언자적 어조를 통해 해방의 열망을 노래함

⑧ 전통적 현실주의
ⓐ 배경
- 1930년대 중반 카프의 해산으로 이념 지향적인 시가 퇴조

SEMI-NOTE

생명파 시인의 대표작
- 서정주 : 「화사」, 「자화상」, 「귀촉도」
- 유치환 : 「깃발」, 「울릉도」, 「일월」, 「생명의 서」, 「바위」

청록파 시의 경향과 작가
- 물질문명에 대한 거부로서 운둔과 관조의 태도 형성
- 모더니즘 시의 퇴조 이후, 김상용, 김동명, 신석정 등의 목가풍 전원시 창작

청록파 시인의 대표작
- 박목월 : 「나그네」, 「이별가」
- 박두진 : 「도봉」, 「향현」, 「해」
- 조지훈 : 「승무」, 「봉황수」, 「민들레꽃」

저항시의 경향
미래에 대한 전망을 구도자 내지 예언자적인 자세로 표현

저항시 시인의 대표작
- 이육사 : 「광야」, 「절정」, 「청포도」, 「교목」
- 윤동주 : 「서시」, 「자화상」, 「참회록」, 「또 다른 고향」, 「쉽게 씌어진 시」
- 심훈 : 「그 날이 오면」

SEMI-NOTE

전통적 현실주의 시인의 대표작
- 백석 : 「산중음」, 「남신의주 유동 박시봉방」, 「여우난 곬족」, 「여승」, 「고향」
- 이용악 : 「낡은 집」, 「오랑캐꽃」, 「분수령」

- 전통적인 민중들의 삶을 소재로 민중적 정서를 그려냄
  ⓒ 대표 시인 및 문학적인 경향

시인	경향
백석	민속적 소재와 서사적 이야기 시의 구조로 향토적 정서와 공동체 의식을 추구함
이용악	일제 치하 만주 유민의 생활 현실과 감정을 사실적으로 표현하여 민중시적 전통을 확립함

⑨ 소설
  ㉠ 특징
    - 장편소설의 활발한 창작과 농촌을 제재로 한 소설의 확산
    - 일제하 지식인 문제와 역사 소설의 유행
    - 현대 문명과 세태에 대한 비판 및 인간의 근원적 문제에 대한 탐구
  ㉡ 대표 소설가 및 대표작

농촌을 제재로 한 소설
- 농촌 계몽을 목적으로 한 작품 : 이광수 「흙」, 심훈 「상록수」
- 농촌의 소박한 삶을 다룬 작품 : 김유정 「동백꽃」
- 농민의 고통스러운 생활상을 다룬 작품 : 김유정 「만무방」, 박영준 「모범 경작생」
- 사실주의 경향에서 농촌 현실을 다룬 작품 : 이상 「날개」, 채만식 「레디메이드 인생」, 유진오 「김강사와 T교수」 등

소설가	경향	대표작
채만식	일제하 사회 현실을 풍자적으로 그림	「태평천하」, 「탁류」, 「치숙」
심훈	민족주의와 사실주의적 경향의 농촌 계몽 소설	「상록수」, 「직녀성」
김유정	농촌의 현실을 해학적으로 그림	「동백꽃」, 「봄봄」, 「만무방」
이상	심리주의적 내면 묘사 기법인 의식의 흐름을 추구	「날개」, 「종생기」
김동리	토속적, 신비주의적, 사실주의적 경향과 무속	「무녀도」, 「황토기」, 「바위」, 「역마」
황순원	범생명적 휴머니즘 추구	「카인의 후예」, 「독 짓는 늙은이」

(2) 기타 문단의 동향

① 극문학
  ㉠ 본격적 근대극과 시나리오의 창작(극예술 연구회를 중심으로 사실주의적인 희곡 창작)
  ㉡ 대표작으로는 유치진의 「토막」, 「소」, 채만식의 「제향날」 등

② 수필
  ㉠ 근대적 수필의 본격화(해외문학파를 중심으로 서구의 근대 수필 이론 도입)
  ㉡ 잡지 『동광』, 『조광』 등을 통해 다수 작품이 발표되었고, 김진섭, 이양하 등 전문적 수필가 등장
  ㉢ 대표작으로는 이양하의 「신록 예찬」, 「나무」, 김진섭의 「생활인의 철학」, 「매화찬」, 이희승의 「청추 수제」 등

기타 1930년대의 잡지
- 삼사문학(1934) : 의식의 흐름에 따른 초현실주의적 기법. 신백수, 이시우 주관
- 인문평론(1939) : 월간 문예지, 작품 발표와 비평 활동에 주력함. 최재서 주관

③ 1930년대 주요 잡지

잡지명(연도)	특징	발행인, 주관
시문학(1930)	언어의 기교, 순수한 정서를 중시하는 순수시 지향	박용철 주관

시인부락(1936)	시 전문지, 창작시 및 외국의 시와 시론 소개	서정주 발행
자오선(1937)	시 전문지, 모든 경향과 유파를 초월함	민태규 발행
문장(1939)	월간 종합 문예지, 고전 발굴에 주력, 신인 추천제	김연만 발행

5. 해방 이후 문학

(1) 해방 공간의 문학

① 해방 공간의 시

㉠ 배경 : 8·15 해방의 감격과 역사적 의미에 대한 시적 인식의 보편화 및 이념적 갈등의 반영

㉡ 특징
- 해방의 현실에 대한 시대적 소명 의식을 예언자적 목소리로 표출
- 직접적 체험에 의한 열정적 정서 표출과 급박한 호흡의 언어 구사
- 해방 전사를 추모하는 헌사(獻詞)나 찬가(讚歌)의 성격을 띤 대중적인 시
- 인생에 대한 관조와 전통 정서의 추구

㉢ 작품 경향

좌익 진영의 시	우익 진영의 시
• 인민 민주주의 노선에 의거하여 강렬한 투쟁의식과 선전, 선동의 정치성 짙은 이념적 작품 • 문학의 적극적 현실 참여를 강조하려는 목적 아래, 혁명적 낭만주의를 계기로 한 진보적 리얼리즘 문학 노선을 따름	• 이념적, 정치적 색채를 동반하지 않은 순수 서정시 계열의 작품 및 민족의 전통적 문화유산과 가치관을 옹호하려는 입장 • 인생에 대한 관조와 전통 정서의 탐구로 집약되는 순수 서정시의 성격은 분단 이후 시단의 주도적 흐름을 형성함

② 해방 공간의 소설

㉠ 특징
- 식민지적 삶의 극복 : 일제 시대를 반성하고 그 체험을 승화시켜 해방의 의미를 되새기고자 함
- 귀향 의식과 현실적 삶의 인식 : 해방 직후의 삶에 대한 인식을 바탕으로 지식인 문제와 귀향 의식을 묘사함
- 분단 의식 : 분단의 문제 및 미국과 소련 양측의 진주와 군정을 그림
- 순수 소설 : 순수 문학적 입장에서 보편적 삶을 다룬 소설이 부각됨
- 역사 소설 : 민족의식을 고취하기 위한 역사 소설이 창작됨

(2) 전후 문학(1950년대 문학)

① 전후 시

㉠ 특징
- 전쟁 체험과 전후의 사회 인식을 바탕으로 한 시적 소재의 영역 확산
- 현실 참여적인 주지시와 전통 지향적인 순수시의 대립

SEMI-NOTE

해방 이후 문학의 배경
- 광복은 우리 민족 문학의 역사적 전환점이 되었음
- 이데올로기의 갈등으로 문단이 좌익과 우익으로 양분되어 대립이 심화되어 문학 발전이 저해되는 데에 영향을 줌

해방 직후의 시집 분류
- 민족 정서의 표현 : 정인보 「담원 시조」, 김상옥 「초적」, 박종화 「청자부」
- 생명파 : 신석초 「석초 시집」, 유치환 「생명의 서」, 서정주 「귀촉도」
- 청록파(자연파) : 청록파 공동시집 「청록집」
- 유고 시집 : 이육사 「육사 시집」, 윤동주 「하늘과 바람과 별과 시」

해방 공간 문학의 대표 작품
- 식민지적 삶의 극복 : 채만식 「논 이야기」, 김동인 「반역자」, 계용묵 「바람은 그냥 불고」
- 분단 의식 : 염상섭 「삼팔선」, 「이합」, 채만식 「역로」, 계용묵 「별을 헨다」
- 순수 소설 : 염상섭 「임종」, 김동리 「역마」, 황순원 「독 짓는 늙은이」

전후 시의 대표작
- 전쟁 체험의 형상화 : 신석정 「산의 서곡」, 유치환 「보병과 더불어」, 구상 「초토의 시」
- 후기 모더니즘 시
  - 문명 비판 : 박인환 「목마와 숙녀」, 조향 「바다의 층계」
  - 내면적 의지 표현 : 김춘수 「꽃을 위한 서시」, 송욱 「하여지향」
- 전통적 서정시
  - 휴머니즘 지향 : 정한모 「가을에」, 박남수 「새」
  - 고전주의 지향 : 박재삼 「울음이 타는 가을 강」, 이동주 「강강술래」

- 실존주의의 영향에 따른 존재에 대한 형이상학적 통찰 및 휴머니즘의 회복 강조
- 풍자와 역설의 기법과 현실에 대한 지적 인식을 통한 비판 정신의 첨예화

ⓒ 작품 경향

전쟁 체험을 형상화한 시	후기 모더니즘 시	전통적 서정시
• 시대에 대한 적극적인 대응 방식을 모색 • 절망적 인식을 민족적 차원으로 끌어올려 시적 보편성 획득	• 문명 비판 • 내면적 의지를 표현	• 휴머니즘 지향 • 고전주의 지향

② 전후 소설
  ㉠ 인간 문제를 다룬 작품의 특징
   • 인간의 삶의 문제를 서정적 필치로 다룬 순수 소설의 대두(예 오영수 「갯마을」, 강신재 「절벽」, 전광용 「흑산도」)
   • 인간의 본질 문제, 인간 존재의 해명 등을 다룬 서구 실존주의 문학 작품들이 등장(예 김성한 「오분간」, 장용학 「요한시집」)
  ㉡ 전쟁 체험을 다룬 작품의 특징
   • 전쟁 체험의 작품화 및 현실 참여 의식(예 오상원 「유예」, 안수길 「제3인간형」, 김성한 「바비도」, 선우휘 「불꽃」)
   • 전쟁의 상처와 고통의 극복과 전후 사회의 고발(예 하근찬 「수난 이대」, 황순원 「학」, 이범선 「오발탄」, 손창섭 「비오는 날」, 「잉여 인간」)

③ 기타 갈래의 동향
  ㉠ 희곡 : 전후 문학의 성격을 띤 것과 현실 참여적인 성격의 희곡이 중심이고, 기타 개인과 사회의 갈등, 문명 비판을 다룸(예 이근삼 「원고지」)
  ㉡ 시나리오 : 전쟁극이 주류를 이루었으며, 오영진은 전통적 삶을 해학적으로 표현(예 이범선 「오발탄」)
  ㉢ 수필 : 예술적 향기가 짙은 작품들이 다수 등장(예 조지훈 「지조론」)

(3) 1960년대 문학

① 시
  ㉠ 현실 참여의 시
   • 시민 의식의 각성과 사회 현실의 모순 비판(예 박두진 「우리는 아직 깃발을 내린 것이 아니다」, 김수영 「푸른 하늘은」, 「폭포」)
   • 분단의 비극과 민중적 역사의식의 형상화(예 신동엽 「껍데기는 가라」, 「금강」, 박봉우 「휴전선」)
  ㉡ 순수 서정시
   • 휴머니즘적 서정시(예 정한모 「가을에」, 조병화 「의자」)
   • 전원적 서정시(예 이동주 「혼야」, 「강강술래」, 박재삼 「춘향이 마음」)
② 현대 시조의 활성화

SEMI-NOTE

기타 전후 문학의 대표작
• 희곡 : 유치진 「나도 인간이 되련다」, 「왜 싸워」, 차범석 「불모지」, 하유상 「젊은 세대의 백서」
• 수필 : 노천명 「나의 생활 백서」, 마해송 「사회와 인생」, 이희승 「벙어리 냉가슴」, 계용묵 「상아탑」

1960~1970년대 문학의 시대적 배경
• 산업화와 근대화 등으로 인해 인간 소외, 빈부 격차의 문제 등 사회적 문제가 심화되는 시기
• 현실 참여적인 성격이 강화되면서 사실주의 문학이 주류를 이루었고, 민족의 분단에 대한 인식이 심화됨

㉠ 주제가 다양하고 여러 수가 이어지는 연시조가 많음
㉡ 고향에 대한 그리움과 어린 시절의 추억 및 마을의 정경을 표현(예 김상옥「사향」, 「봉선화」, 이호우「살구꽃 피는 마을」)
㉢ 분단된 조국의 현실과 생명의 경이로움을 표현(예 정완영「조국」, 이호우「개화」)

(4) 1970년대 문학

① 시
  ㉠ 민중시
   - 민중의 현실적 삶과 정서의 형상화(예 조태일「국토」, 신경림「농무」)
   - 정치, 사회적 현실 비판(예 김지하「타는 목마름으로」, 「오적」)
   - 소외된 사람들에 대한 관심(예 정호승「맹인 부부 가수」, 김창완「인동 일기」)
  ㉡ 모더니즘 시
   - 지성과 서정의 조화(예 황동규「기항지」, 오세영「그릇」)
   - 현대적 언어 탐구(예 김영태「첼로」, 이승훈「어휘」)
   - 자유로운 상상력의 확장(예 정현종「사물의 꿈」)

② 소설
  ㉠ 농촌 공동체 파괴의 현실 고발(예 이문구「관촌수필」)
  ㉡ 산업화와 노동자의 삶의 조건 반성(예 황석영「삼포 가는 길」, 조세희「난장이가 쏘아올린 작은 공」)
  ㉢ 일상적 삶의 모럴과 휴머니즘 탐구(예 박완서「지렁이 울음소리」, 최인호「별들의 고향」)
  ㉣ 분단 현실의 조망(예 박완서「나목」, 윤흥길「장마」)
  ㉤ 민족사의 재인식(예 박경리「토지」)

SEMI-NOTE

1960년대 기타 문학의 동향
- 희곡 : 사실주의를 토대로 현실을 객관적으로 투영(예 차범석「산불」, 천승세「만선」)
- 수필 : 다양한 삶의 의미와 모습을 표현한 작품이 다수 창작(예 윤오영「마고자」, 「방망이 깎던 노인」)

1970년대 기타 소설 작품
- 농촌 공동체 파괴의 현실 고발 : 송기숙「자랏골의 비가」
- 산업화와 노동자의 삶의 조건 반성 : 황석영「객지」
- 일상적 삶의 모럴과 휴머니즘 탐구 : 최일남「노란 봉투」
- 분단 현실의 조망 : 박완서「엄마의 말뚝」
- 민족사의 재인식 : 황석영「장길산」

9급공무원
국어

나두공

04장 현대 문법

01절 언어와 국어

02절 문법의 체계

03절 국어 생활과 규범

04장 현대 문법

01절 언어와 국어

1. 언어와 국어의 본질

(1) 언어의 이해

① **언어의 정의** : 언어는 음성과 문자를 형식으로 하여 일정한 뜻을 나타내는 사회적 성격을 띤 자의적 기호 체계이며, 창조력이 있는 무한한 개방적 기호 체계

② **언어의 구조** : 음운 → 형태소 → 단어 → 어절 → 문장 → 이야기의 단위들이 체계적으로 모여 이루어진 구조

③ **언어의 특성** ★ 빈출개념

특성	내용
자의성	• 형식인 음성과 내용인 의미의 결합은 자의적, 임의적 결합관계 • 지시되는 사물과 지시하는 기호 사이의 관계에 아무런 필연적 인과 관계가 없음(예 동음이의어, 이음동의어, 음성상징어(의성어, 의태어), 시간에 따른 언어 변화(역사성) 등)
사회성 (불가역성)	언어는 사회적 약속이므로 임의로 바꾸거나 변화시켜 사용할 수 없음(예 표준어의 지정)
기호성	의미를 내용으로 하고, 음성을 형식으로 하는 하나의 기호
창조성 (개방성)	언어를 통해 상상의 사물이나 관념적이고 추상적인 개념까지도 무한하게 창조적으로 표현(예 연속체인 계절의 개념을 '봄 – 여름 – 가을 – 겨울' 등으로 경계 지음)
분절성	연속되어 존재하는 사물을 불연속적인 것으로 인식하고 표현하는 것 → 언어의 불연속성
역사성 (가역성)	언어는 시간의 흐름, '신생 → 성장 → 사멸'에 따라 변화함(예 컴퓨터(생겨난 말), 어리석다 → 나이가 어리다(의미의 변화), 온 : 百 (사라져 버린 말)
추상성	언어는 구체적인 낱낱의 대상에서 공통적 속성만을 뽑아내는 추상화 과정을 통해서 개념을 형성함. 즉, 개념은 언어에 의해서 분절이 이루어져 형성된 한 덩어리의 생각을 말함(예 장미, 수선화, 벚꽃, 진달래, 국화 → 꽃)

(2) 국어의 이해

① **국어의 분류**

㉠ **계통상 분류** : 우랄 알타이어족(만주어, 몽고어, 터키어, 한국어, 일본어 등)에 속함

㉡ **형태상 분류** : 첨가어(교착어, 부착어)에 속함

㉢ **문자상 분류** : 표음 문자, 단음 문자

SEMI-NOTE

언어의 일반적 요소
- 주체 : 언어의 주체는 인간
- 형식 : 언어의 형식은 음성 기호
- 내용 : 언어의 내용은 의미(사상과 감정)

언어의 주요 기능
- **정보 전달 및 보존 기능** : 말하는 이가 듣는 이에게 정보 전달 기능 및 지식을 보존, 축적하는 기능
- **표출적 기능** : 표현 의도나 전달 의도 없이 거의 본능적으로 사용하는 기능
- **감화적(지령적) 기능** : 듣는 사람으로 하여금 특정 행동을 하도록 하는 기능
- **미학적 기능** : 언어를 예술적 재료로 삼는 문학에서 주로 사용되는 기능으로 음성이 주는 효과를 중시
- **표현적 기능** : 화자의 심리(감정이나 태도)를 표현하는 기능
- **친교적 기능** : 말하는 이와 듣는 이의 친교를 돕는 기능
- **관어적 기능** : 언어 수행에 필요한 매체로서 언어가 관계하는 기능

국어의 개념
- 언어는 일반성과 함께 특수성을 가진 개별적이고 구체적 언어로서 국가를 배경으로 함
- 한 나라의 국민들이 공동으로 쓰는 말로서, 정치상 공식이자 교육상 표준어를 의미
- 원칙적으로 한 국가 안에서는 하나의 국어가 사용되지만, 경우에 따라 둘 이상이 사용되기도 함

② 국어의 종류

어원에 따라	고유어		우리 민족이 옛날부터 사용해 오던 토박이 말(예) 생각, 고뿔, 고주망태, 후미지다)
	외래어	귀화어	차용된 후에 거의 우리말처럼 되어 버린 말
		차용어	우리말로 되지 않고 외국어 의식이 조금 남아 있는 외래어(예) 타이어, 빵, 오뎅)
사회성에 따라	표준어		한 나라의 기본, 표준이 되는 말(예) 교양 있는 사람들이 두루 쓰는 현대 서울말)
	방언		지역에 따라 각기 특이한 언어적 특징을 가진 말
	은어		어떤 특수한 집단에서 비밀을 유지하기 위해 사용하는 말(예) 심마니, 히데기(雪), 왕초, 똘마니)
	속어		통속적이고 저속한 말(예) 큰집(교도소), 동그라미(돈), 짝퉁(가짜))
	비어		점잖지 못하고 천한 말(예) 촌놈, 주둥아리, 죽여준다)

③ 국어의 특질

구분	내용
음운상 특질	• 두음법칙, 구개음화, 음절의 끝소리 규칙, 모음조화, 자음동화, 동화 작용, 활음조, 연음현상 등 • 파열음과 파찰음은 예사소리, 된소리, 거센소리의 삼지적 상관속을 이룸 • 음의 장단이나 음상의 차이로 뜻이나 어감이 달라지며, 의미 분화가 일어남 • 외래어 중 한자어가 많음
어휘상 특질	• 높임말 발달 • 감각어, 의성어, 의태어 등 상징어 발달 • 친족관계를 표현하는 어휘 발달 • 문법적 관계를 나타내는 조사와 어미 발달 • 수식어는 피수식어 앞에 위치 • 서술어가 문장 맨 끝에 위치
문법상 특질	• 문장 요소를 생략하는 일이 많음 • 단어에 성과 수의 구별이 없음 • 관계대명사, 관사, 접속사 등이 없음 • 문장 구성 요소의 자리 이동이 비교적 자유로움 • 높임법 발달

(3) 국어의 순화

① 국어 순화의 의미 : 외래어(외국어)나 비속어를 순 우리말 등을 활용하여 다듬는 것
② 국어 순화의 대상 ★ 빈출개념

한자어	순화어	한자어	순화어
가면무도회	탈놀이	가부동수	찬반 같음

SEMI-NOTE

국어가 된 귀화어의 종류
- 한자어 : 종이, 글자, 점심, 채소, 어차피, 당연, 을씨년스럽다, 익숙하다
- 만주, 여진어 : 호미, 수수, 메주, 가위
- 몽골어 : 매, 말, 송골, 수라
- 일본어 : 냄비, 고구마, 구두
- 서구어 : 가방, 깡통, 고무, 담배, 빵, 망토
- 범어(산스크리트어) : 절, 불타, 만다라, 중, 달마, 부처, 석가, 열반, 찰나 등

언어의 유형
- 교착어(첨가어) : 뜻을 나타내는 실질 형태소를 붙임으로써 문법적 관계를 나타내는 언어(한국어, 몽골어, 일본어, 터키어)
- 굴절어 : 실질형태소와 형식형태소의 구별이 뚜렷하지 않고, 어형의 변화로 어법 관계를 나타내는 언어(영어, 불어, 독일어, 산스크리트어)
- 고립어 : 형식형태소가 없이 오직 개념을 나타내는 말의 위치(어순)가 문법적 관계를 나타내는 언어(중국어, 태국어, 티베트어)
- 포합어 : 한 말(단어)로써 한 문장과 같은 형태를 가지는 언어(이누이트어, 아메리카 인디언어)
- 집합어 : 포합어보다 더 많은 성분이 한데 뭉쳐 한 문장처럼 쓰이는 말(아메리카 인디언어, 이누이트어)

SEMI-NOTE

일본식 단어의 순화

일본어	순화어
공구리	콘크리트
노가다	노동자
구루마	수레
명찰	이름표
야끼만두	군만두
오봉	쟁반
찌라시	선전물
고참	선임자
기라성	빛나는 별
백묵	분필
사라	접시
시다	보조원
오뎅	어묵
가라오케	노래방
덴푸라	튀김
추리닝	운동복
화이바	안전모

기타 일본식 한자어의 순화

일본식 한자어	순화어
고지(告知)	알림
구좌(口座)	계좌
가필(加筆)	고쳐 씀
고사(固辭)	끝내 사양함
공람(供覽)	돌려봄
급사(給仕)	사환, 사동
매점(買占)	사재기
부락(部落)	마을
견본(見本)	본(보기)
과년도(過年度)	지난해
담수어(淡水魚)	민물고기
시말서(始末書)	경위서
투기(投棄)하다	버리다
취사(炊事)	밥 짓기
예인(曳引)하다	끌다
할증료(割增料)	웃돈, 추가금

가전(加錢)	웃돈	각선미	다리맵시
각반병	모무늿병	간석지	개펄
간선도로	중심도로, 큰 도로	간언(間言)	이간질
검인(檢印)	확인도장	게기하다	붙이거나 걸어서 보게 하다
견적하다	어림셈하다	공탁하다	맡기다
구랍(舊臘)	지난해 섣달	근속하다	계속 근무하다
기부채납	기부 받음, 기부받기	기장하다	장부에 적다
내사하다	은밀히 조사하다	법에 저촉(抵觸)되다	법에 걸리다
보결	채움	비산(飛散)먼지주의	날림 먼지 주의
병역을 필하다	병역을 마치다	사고 다발 지역	사고 잦은 곳
사실을 지득한 경우	사실을 안 경우	선하차 후승차	내린 다음 타기
순치(馴致)	길들이기	식별이 용이하다	알아보기 쉽다
약을 복용하다	약을 먹다	장물을 은닉하다	장물을 숨기다
적색등이 점등되다	빨간 등이 켜지다	전력을 경주하다	온 힘을 기울이다
지난(至難)한 일	매우 어려운 일	초도순시	처음 방문, 첫 방문
촉수를 엄금하시오	손대지마시오	총기 수입(手入)	총기손질
콘크리트 양생중	콘크리트 굳히는 중	품행이 방정함	행실이 바름
화재를 진압하다	불을 끄다	화훼 단지	꽃 재배지

③ 주요 일본식 한자어의 순화

일본식 한자어	순화어	일본식 한자어	순화어
견습(見習)	수습(收拾)	담합(談合)	짬짜미
도료(塗料)	칠	보정(補正)하다	바로잡다
선택사양	선택사항	게양(揭揚)하다	달다, 걸다
노임(勞賃)	품삯	독거노인	홀로 사는 노인
고수부지(高水敷地)	둔치(마당)	간극(間隙)	틈
대하(大蝦)	큰새우, 왕새우	망년회(忘年會)	송년회, 송년모임
오지(奧地)	두메(산골)	수취(受取)	수령, 받음
취조(取調)	문초	택배(宅配)	집 배달, 문 앞 배달
혹성(惑星)	행성	십장(什長)	반장, 작업반장

④ 서구어의 순화

서구어	순화어	서구어	순화어
그린벨트	개발제한구역, 녹지대	데코레이션	장식(품)
러시아워	혼잡 시간	리사이클링	재활용
마타도어	흑색선전, 모략 선전	모니터링	감시, 검색

바캉스	여름 휴가, 휴가	백미러	뒷거울
부킹	예약	브랜드	상표
비하인드 스토리	뒷이야기	스타트	출발
스폰서	후원자, 광고 의뢰자	스프레이	분무(기)
써클	동아리	시드	우선권
아웃사이더	문외한, 국외자	에러	실수
엠티(M.T)	수련 모임	오리엔테이션	예비교육, 안내(교육)
워밍업	준비(운동), 몸 풀기	이미테이션	모조, 모방, 흉내
인테리어	실내 장식	카운터	계산대, 계산기
카탈로그	목록, 일람표	캐주얼	평상(복)
커트라인	한계선, 합격선	티타임	휴식 시간
파트타임	시간제 근무	펀드	기금
프러포즈	제안, 청혼	프리미엄	웃돈
하모니	조화	헤게모니	주도권
헤드라인	머리기사	호치키스	박음쇠
홈시어터	안방극장	히든카드	숨긴 패, 비책

02절 문법의 체계

1. 음운론

(1) 음운의 종류

① 분절음운과 비분절 음운
  ㉠ 분절 음운 : 자음, 모음과 같이 분절되는 음운(음소)
  ㉡ 비분절 음운 : 소리의 장단과 높낮이, 세기 등으로 말의 뜻을 분화시킴
② 자음 : 발음기관의 장애를 받고 나는 소리(19개)

조음방법 \ 조음위치		입술소리 (순음)	혀끝소리 (설단음)	구개음	연구개음	목청소리 (후음)
안울림 소리 (무성음)	파열음	ㅂ, ㅃ, ㅍ	ㄷ, ㄸ, ㅌ		ㄱ, ㄲ, ㅋ	
	파찰음			ㅈ, ㅉ, ㅊ		
	마찰음		ㅅ, ㅆ			ㅎ
울림 소리 (유성음)	비음	ㅁ	ㄴ		ㅇ	
	유음		ㄹ			

음운의 개념
말의 뜻을 구별해 주는 최소의 소리 단위로 자음과 모음의 변화를 통해 단어의 의미가 달라짐

비분절 음운의 종류

짧은소리	긴소리
말[馬, 斗]	말:[言]
눈[眼]	눈:[雪]
밤[夜]	밤:[栗]
성인[成人]	성:인[聖人]
가정[家庭]	가:정[假定]

③ **단모음** : 발음할 때 입술이나 혀가 고정되어 움직이지 않는 모음(10개)

구분	전설모음		후설모음	
	평순	원순	평순	원순
고모음	ㅣ	ㅟ	ㅡ	ㅜ
중모음	ㅔ	ㅚ	ㅓ	ㅗ
저모음	ㅐ		ㅏ	

④ **이중모음** : 발음할 때 입술 모양이나 혀의 위치가 처음과 나중이 달라지는 모음 (11개)

상향 이중모음	'ㅣ'계 상향 이중 모음	ㅑ, ㅒ, ㅕ, ㅖ, ㅛ, ㅠ
	'ㅜ'계 상향 이중 모음	ㅘ, ㅙ, ㅝ, ㅞ
하향 이중모음		ㅢ

(2) 음운의 변동

① **교체**
  ㉠ 음절의 끝소리 규칙 : 음절의 끝소리가 'ㄱ, ㄴ, ㄷ, ㄹ, ㅁ, ㅂ, ㅇ' 중 하나로 바뀌어 발음되는 현상
  ㉡ 7가지 이외의 자음이 끝소리 자리에 오면, 7가지 중 하나로 바뀌어 발음됨(예) 낮[낟], 앞[압])
  ㉢ 끝소리에 두 개의 자음이 올 때, 둘 중 하나로 소리 남(예) 넋[넉], 값[갑])

② **동화**
  ㉠ 자음동화 : 음절의 끝 자음이 그 뒤에 오는 자음과 만날 때 서로 같아지거나 비슷하게 바뀌는 현상
  ㉡ 구개음화 : 끝소리가 'ㄷ, ㅌ'인 음운이 'ㅣ'모음을 만나 센 입천장 소리 'ㅈ, ㅊ'으로 바뀌어 발음되는 현상
  ㉢ 모음동화 : 'ㅏ, ㅓ, ㅗ, ㅜ' 뒤 음절에 전설모음 'ㅣ'가 오면 'ㅐ, ㅔ, ㅚ, ㅟ'로 변하는 현상
  ㉣ 모음조화 : 양성모음(ㅗ, ㅏ)은 양성모음끼리, 음성모음(ㅓ, ㅜ, ㅡ)은 음성모음끼리 어울리는 현상으로 의성어와 의태어에서 뚜렷이 나타남
  ㉤ 원순모음화 : 순음 'ㅁ, ㅂ, ㅍ'의 영향을 받아서 평순모음인 'ㅡ'가 원순모음인 'ㅜ'로 바뀌는 현상
  ㉥ 전설모음화 : 치음인 'ㅅ, ㅈ, ㅊ'의 바로 밑에 있는 'ㅡ(후설모음)'가 치음의 영향으로 'ㅣ(전설모음)'로 변하는 현상
  ㉦ 연구개음화 : 'ㄴ, ㄷ, ㅁ, ㅂ'이 연구개음인 'ㄱ, ㅇ, ㅋ, ㄲ'을 만나 연구개음으로 잘못 발음하는 현상
  ㉧ 양순음화 : 'ㄴ, ㄷ'이 양순음인 'ㅂ, ㅃ, ㅍ, ㅁ'를 만나 양순음으로 잘못 발음하는 현상

SEMI-NOTE

모음
발음기관의 장애를 받지 않고 순조롭게 나오는 소리(21개)

이중모음
• 상향 이중모음 : 이중모음에서 활음(滑音 : 국어에서 반모음 따위)이 단모음 앞에 오는 모음
• 하향 이중모음 : 활음이 단모음 뒤에 오는 이중 모음

대표적인 자음동화 현상
• 비슷한 자음으로 바뀌는 경우 : 국물[궁물], 정릉[정능]
• 같은 소리로 바뀌는 경우 : 신래[실라], 칼날[칼랄], 광한루[광할루]
• 두 소리 모두 변하는 현상 : 백로[뱅노], 십리[심니], 독립[동닙]

대표적인 동화의 예
• 구개음화 : 해돋이[해도지], 같이[가티→가치]
• 모음동화 : 아비[애비], 어미[에미], 고기[괴기]
• 모음조화 : 알록달록/얼룩덜룩, 촐랑촐랑/출렁출렁
• 전설모음화 : 즛>짓, 거츨다>거칠다
• 연구개음화 : 옷감>옥감, 한강>항강
• 양순음화 : 신문>심문, 꽃바구니>꼽빠구니

③ 축약과 탈락
  ㉠ 축약 : 두 음운이 합쳐져서 하나의 음운이 되는 현상
    • 자음축약 : 'ㄱ, ㄷ, ㅂ, ㅈ'이 'ㅎ'과 만나 거센소리 'ㅋ, ㅌ, ㅍ, ㅊ'으로 발음되는 현상
    • 모음축약 : 'ㅣ'나 'ㅗ, ㅜ'가 다른 모음과 결합해 이중모음이 되는 현상
  ㉡ 탈락 : 두 형태소가 만나면서 한 음운이 아예 발음되지 않는 현상

종류	조건	예시
모음탈락	• 'ㅐ, ㅔ'가 'ㅏ, ㅓ'와 결합할 때 • 같은 모음이 연속할 때(동음탈락)	가- + -아서 → 가서 따르- + -아 → 따라
'ㅡ' 탈락	'ㅡ'가 모음으로 시작하는 어미를 만날 때	쓰- + -어 → 써
자음탈락	• 앞 자음이 탈락할 때 • 뒤 자음이 탈락할 때	울- + -는 → 우는 딸 + 님 → 따님
'ㄹ' 탈락	• 파생어나 합성어가 될 때 • 어간 받침 'ㄹ'이 탈락할 때	불나비 → 부나비 가을내 → 가으내
'ㅎ' 탈락	'ㅎ' 뒤에 모음으로 시작하는 어미와 결합할 때	좋은[조은] 낳은[나은]

④ 된소리와 사잇소리 현상
  ㉠ 된소리되기(경음화)
    • 받침 'ㄱ(ㄲ, ㅋ, ㄳ, ㄺ), ㄷ(ㅅ, ㅆ, ㅈ, ㅊ, ㅌ), ㅂ(ㅍ, ㄼ, ㄿ, ㅄ)' 뒤에 연결되는 예사소리는 된소리로 발음
    • 'ㄹ'로 발음되는 어간 받침 'ㄼ, ㄾ'이나 관형사형 '-ㄹ' 뒤에 연결되는 예사소리는 된소리로 발음
    • 끝소리가 'ㄴ, ㅁ'인 용언 어간에 예사소리로 시작되는 활용어미가 이어지면 그 소리는 된소리로 발음
  ㉡ 사잇소리 현상
    • 두 개의 형태소 또는 단어가 합쳐져서 합성 명사를 이룰 때, 앞말의 끝소리가 울림소리이고 뒷말의 첫소리가 안울림 예사소리이면 뒤의 예사소리가 된소리로 변하는 현상
    • 합성어에서, 뒤에 결합하는 형태소의 첫소리로 'ㅣ, ㅑ, ㅕ, ㅛ, ㅠ' 등의 소리가 올 때 'ㄴ'이 첨가되는 현상이나, 앞말이 모음으로 끝나 있고, 뒷말이 'ㄴ, ㅁ'으로 시작되면 'ㄴ' 소리가 덧나는 현상

⑤ 두음법칙과 활음조 현상
  ㉠ 두음법칙 : 첫음절 첫소리에 오는 자음이 본래의 음가를 잃고 다른 음으로 발음되는 현상

SEMI-NOTE

음운 축약의 예
• 자음축약 : 좋고[조코], 많다[만타], 잡히다[자피다]
• 모음축약 : 뜨 + 이다 → 띄다, 되 + 어 → 돼, 오 + 아서 → 와서

음운 변동 핵심요약
• 교체 : 어떤 음운이 형태소의 끝에서 다른 음운으로 바뀌는 현상
• 동화 : 한 쪽의 음운이 다른 쪽 음운의 성질을 닮아가는 현상
• 축약 : 두 음운이 하나의 음운으로 줄어드는 현상
• 탈락 : 두 음운 중 어느 하나가 없어지는 현상
• 첨가 : 형태소가 합성될 때 그 사이에 음운이 덧붙는 현상

된소리되기(경음화)의 예
• 받침 'ㄱ, ㄷ, ㅂ' 뒤에 연결되는 예사소리 : 국밥[국빱], 옷고름[옫꼬름], 낯설다[낟썰다], 넓죽하다[넙쭈카다], 값지다[갑찌다], 입고[입꼬]
• 'ㄹ'로 발음되는 어간받침과 관형사형 '-ㄹ' 뒤에 연결되는 예사소리 : 넓게[널께], 핥다[할따]
• 끝소리가 'ㄴ, ㅁ'인 용언 어간에 예사소리 활용어미가 이어짐 : 넘고[넘꼬], 더듬지[더듬찌], 넘더라[넘떠라]

사잇소리 현상의 예
• 울림소리인 끝소리 뒤에 안울림 예사소리일 경우 : 문-고리[문꼬리], 눈-동자[눈똥자], 손-재주[손째주], 그믐-달[그믐딸], 초-불[초뿔], 강-줄기[강쭐기], 강-개[강까], 밤-길[밤낄]
• 'ㄴ' 첨가 현상 또는 뒷말이 'ㄴ, ㅁ'일 경우 : 꽃 + 잎[꼰닙], 집 + 일[짐닐], 물 + 액[물략], 코 + 날[콘날], 이 + 몸[인몸]

SEMI-NOTE

종류	예시
'ㄹ'이 'ㄴ'으로 발음	락원(樂園) → 낙원, 래일(來日) → 내일, 로인(老人) → 노인
'ㅣ' 모음이나 'ㅣ' 선행 모음에서 'ㄹ'과 'ㄴ'이 탈락	• 'ㄹ' 탈락 : 리발(理髮) → 이발, 력사(歷史) → 역사 • 'ㄴ' 탈락 : 녀자(女子) → 여자, 닉사(溺死) → 익사
예외로, 'ㄴ'이나 '모음' 다음에 오는 '렬'과 '률'은 '열'과 '율'로 발음	나렬(羅列) → 나열, 환률(換率) → 환율

ⓒ 활음조 현상 : 듣기 좋고 말하기 부드러운 소리로 변화하는 현상

종류	예시
'ㄴ'이 'ㄹ'로 변화	한아버지 → 할아버지, 한나산(漢拏山) → 한라산, 희노(喜怒)[희로]
'ㄴ' 첨가	그양 → 그냥, 마양 → 마냥
'ㄹ' 첨가	지이산(智異山) → 지리산, 폐염(肺炎) → 폐렴

2. 형태론

(1) 형태소

① 형태소 : 뜻을 가진 가장 작은 말의 단위로 자립성의 여부와 실질적 의미의 여부에 따라 그 종류가 나뉨

② 자립성 여부

종류	의미	문법요소	예시
자립형태소	홀로 쓰일 수 있는 형태소	명사, 대명사, 수사, 관형사, 부사, 감탄사	꽃, 나비
의존형태소	자립형태소에 붙어서 쓰이는 형태소	조사, 접사, 용언의 어간/어미	-의, -는, 먹-, -다, -이

③ 의미 여부

종류	의미	문법요소	예시
실질형태소	구체적 대상이나 상태를 나타내는 실질적 의미를 지닌 형태소	자립형태소 모두, 용언의 어간	강, 낮-
형식형태소	문법적 관계나 의미만을 더해주는 형태소	조사, 접사, 용언의 어미	-가, -았-, -다

(2) 단어의 형성

① 단일어 : 하나의 어근으로 된 단어로 더 이상 나눌 수 없음
② 파생어 : 어근의 앞이나 뒤에 파생접사가 붙어서 만들어진 단어

문법 단위
- 문장 : 이야기의 기본 단위(예 동생이 빠르게 걷고 있다.)
- 어절 : 문장을 구성하고 있는 마디(예 동생이/빠르게/걷고/있다.)
- 단어 : 일정한 뜻을 가지는 말의 최소 단위(예 동생/이/빠르게/걷고/있다.)
- 형태소 : 뜻을 가진 가장 작은 말의 단위(예 동생/이/빠르/게/걷/고/있/다.)

단어
자립할 수 있거나, 자립형태소에 붙어서 쉽게 분리되는 말

파생어 형성의 예
- 접두사에 의한 파생어 : 군말, 짓밟다, 헛고생, 풋사랑, 엿듣다, 샛노랗다
- 접미사에 의한 파생어
  - 어근의 뜻을 제한하는 경우 : 구경꾼, 살림꾼, 풋내기, 시골내기, 사람들, 밀치다
  - 품사를 바꾸는 경우 : 가르침, 걸음, 물음, 슬픔, 말하기, 읽기, 크기, 공부하다, 구경하다, 이용되다, 가난하다, 값지다, 어른답다, 많이, 없이, 끝내

③ 합성어
  ㉠ 합성어 형성법(합성법의 유형에 따른 분류)

유형	설명	예시
통사적 합성어	우리말의 문장이나 구절의 배열 구조, 즉 통사적 구성과 일치하는 합성어	밤낮, 새해, 젊은이, 큰집, 작은아버지, 장가들다, 애쓰다, 돌아가다, 앞서다, 힘쓰다, 돌다리, 곧잘
비통사적 합성어	우리말의 문장이나 단어의 배열 구조, 즉 통사적 구성과 일치하지 않는 합성어	높푸르다, 늦잠, 부슬비, 굳세다, 검푸르다, 굶주리다, 산들바람

  ㉡ 합성어의 종류(합성법의 의미에 따른 분류)

유형	설명	예시
병렬 합성어 (대등 합성어)	단어나 어근이 원래의 뜻을 유지하면서 대등하게 연결된 말	마소(馬牛)
유속 합성어 (종속 합성어)	단어나 어근이 서로 주종 관계(수식 관계)로 연결되어 '의'를 넣을 수 있는 말	밤나무, 소금물, 싸움터
융합 합성어	단어와 어근이 본래의 의미를 상실하고, 새로운 제3의 뜻으로 바뀐 말	春秋(나이), 돌아가다(죽다), 밤낮

④ 통사적 합성어와 비통사적 합성어의 유형
  ㉠ 통사적 합성어
    • 명사 + 명사(예 논밭, 눈물)
    • 관형어 + 체언 : 첫사랑, 새해, 군밤, 어린이
    • 조사가 생략된 유형 : 본받다, 힘들다, 애쓰다, 꿈같다
    • 연결어미로 이어진 경우 : 어간 + 연결어미 + 어간(예 뛰어가다, 돌아가다, 찾아보다)
  ㉡ 비통사적 합성어
    • 관형사형 어미가 생략된 경우(어근 + 명사) : 검버섯(검은 + 버섯)
    • 용언의 연결어미(아, 어, 게, 지, 고)가 생략된 경우 : 굳세다(굳고 + 세다)

(3) 품사

① 품사의 개념 : 문법적 성질이 공통된 것끼리 모아 놓은 단어의 갈래
② 품사의 분류

형태적	통사적	의미적	기능적
불변어	체언	명사, 대명사, 수사	주어, 목적어, 보어
	수식언	관형사, 부사	수식어
	독립언	감탄사	독립어
	관계언	조사	성분 간의 관계 표시
가변어	용언	동사, 형용사	주로 서술어

기타 통사적, 비통사적 합성어의 유형
• 통사적 합성어
  – 부사 + 부사(예 곧잘, 더욱더, 이리저리)
  – 부사 + 용언(예 앞서다, 잘나다, 못나다, 그만두다)
• 부사가 직접 명사를 수식하는 경우 : 부사 + 명사의 결합(예 부슬비, 산들바람, 척척박사)

SEMI-NOTE

명사, 대명사의 개념
- 명사 : 구체적인 대상이나 사물의 명칭을 표시하는 단어
- 대명사 : 사람의 이름, 장소, 사건 등을 대신하여 가리키는 단위

인칭대명사(미지칭, 부정칭)
- 미지칭 대명사 (예) 어느, 누구
- 부정칭 대명사 (예) 아무, 누구, 어느

조사의 개념
- 격조사 : 체언 뒤에서 선행하는 체언에 문법적 기능을 부여하는 조사
- 보조사 : 체언 뒤에서 선행하는 체언에 특정한 의미를 부여하는 조사
- 접속조사 : 단어나 문장을 대등하게 연결하는 조사

보조사의 분류
- −은/−는 : '대조' 또는 '주체'를 나타냄
- −도 : '동일', '첨가'를 나타냄
- −만/−뿐 : '단독', '한정'을 나타냄
- −까지/−마저/−조차 : '미침', '추종', '극단(한계)' 또는 '종결'을 나타냄
- −부터 : '시작', '출발점'을 나타냄
- −마다 : '균일'을 나타냄
- −(이)야 : '필연', '당위'를 나타냄
- −야말로 : '한정'을 나타냄
- −커녕/−(이)나 : '불만'을 나타냄(예) 사람은커녕 개미 한 마리도 없더라.
- 밖에 : '더 없음'을 나타냄(예) 믿을 사람이라고는 너밖에 없다.
- −(이)나 : '최후 선택'을 나타냄
- −든지 : '수의적 선택'을 나타냄

접속조사의 종류
와/과, −하고, −에(다), −(이)며, −(이)랑, −(이)나

③ 명사, 대명사

명사	쓰이는 범위	보통명사	같은 종류의 사물에 두루 쓰이는 명사
		고유명사	특정한 사람이나 물건에 붙는 명사
	자립성 유무	자립명사	다른 말의 도움을 받지 않고 여러 성분으로 쓰이는 명사
		의존명사	의미가 형식적이어서 다른 말 아래에 쓰이는 명사
대명사	인칭대명사	1인칭	말하는 이를 가리킴(예) 나, 우리, 저, 저희)
		2인칭	듣는 이를 가리킴(예) 너, 자네, 그대, 당신)
		3인칭	다른 사람을 가리킴(예) 저이, 그이, 그분, 이분, 이이)
	지시대명사	사물대명사	사물을 대신하여 가리킴(예) 이것, 무엇, 아무것)
		처소대명사	처소나 방향을 가리킴(예) 거기, 어디)

④ 조사 ★ 빈출개념

격조사	주격 조사	선행하는 체언에 주어의 자격을 부여하는 조사로, '−이/−가, −은/−는, −께서, −이서, −에서, −서'가 있음(예) 친구가 한 명 있었다. 그 친구는 친구였다. 둘이서 자주 놀았다. 친구가 오면 어머니께서 용돈을 주셨고, 동네가게에서 과자를 사먹었다.)
	서술격 조사	'체언 + −(이)다'의 형태로 사용되는 격조사로, 활용을 하는 특성을 지님(예) 나는 학생이다.)
	목적격 조사	체언이 타동사의 목적어가 되게 하는 격조사로 '−을/−를'이 있음(예) 그는 수영을 잘한다.)
	보격 조사	체언에 보어의 자격을 부여하는 격조사로, 이/가가 있으며 '되다', '아니다' 앞에 위치힘(예) 그녀는 교사가 되었다. 학생들은 실험 대상이 아니다.)
	부사격 조사	• 선행하는 체언에 부사의 자격을 부여하는 동사 • −에게(에), −에서, −한테 : '처소', '소유', '때'를 나타냄(예) 집에서 공부한다. 너한테 주었다.) • −에(게), −(으)로, −한테 : '지향', '방향', '낙착'을 나타냄(예) 집에 돌아왔다. 학교로 갔다.) • −에(게)서, −한테서 : '출발'을 나타냄(예) 집에서 왔다. 영희한테 그 말을 들었다.) • −에, −으로 : '원인', '이유'를 나타냄(예) 기침 소리에 잠을 깼다. 병으로 앓아 누웠다.) • −으로(써) : '재료(원료)', '도구(방법)', '경로'를 나타냄 • −으로(서) : '자격(지위, 신분)'을 나타냄 • −(으)로 : '변화(변화 방향)'를 나타냄(예) 물이 얼음으로 되었다.) • 와/−과, −하고 : '동반'을 나타냄(예) 그는 그 노인과 같이 갔다.) • 와/−과, −보다, −처럼, −만큼 : '비교'를 나타냄(예) 그는 나와 동갑이다. 배보다 배꼽이 크다.)
	호격 조사	부름의 자리에 놓여 독립어의 자격을 부여하는 격조사(예) 님이여. 동수야.)

⑤ 동사와 형용사
   ㉠ 동사 : 문장의 주체가 되는 사람의 동작이나 자연의 작용을 표시

- ㉡ 형용사 : 사물의 속성이나 상태를 표시
- ㉢ 동사 및 형용사의 구별
  - 동작을 의미하는 어미와 결합하면 동사, 결합할 수 없으면 형용사
  - 명령형, 청유형 어미와 결합하면 동사, 그렇지 않으면 형용사
  - 동작의 양상과 결합하면 동사, 그렇지 않으면 형용사
  - '없다, 계시다, 아니다'는 형용사, '있다'는 동사, 형용사로 통용
⑥ 용언의 활용 ★ 빈출개념
  - ㉠ 형태가 바뀌지 않는 규칙 활용 : 먹다 → 먹어, 먹어라
  - ㉡ 형태가 바뀌는 규칙 활용
    - 'ㄹ' 탈락 : 어간의 끝이 'ㄹ'인 용언 다음에 'ㄴ, ㄹ/-ㄹ수록, ㅂ, ㅅ, -(으)ㄹ, (으)오' 등이 오는 경우 용언의 'ㄹ'이 탈락함(예 밀다 → 미시오/밉시다, 살다 → 사네/사세/살수록(살 + ㄹ수록 → 살수록))
    - 'ㅡ' 탈락 : 어간의 끝이 'ㅡ'인 용언 다음에 'ㅏ', 'ㅓ' 어미가 올 때(예 잠그다 → 잠가, 담그다 → 담가, 들르다 → 들러)
  - ㉢ 용언의 어간이 바뀌는 불규칙 활용
    - 'ㅅ' 불규칙 : 어간의 끝소리 'ㅅ'이 모음 앞에서 탈락함
    - 'ㄷ' 불규칙 : 어간의 끝소리 'ㄷ'이 모음 앞에서 'ㄹ'로 바뀜
    - 'ㅂ' 불규칙 : 어간의 끝소리 'ㅂ'이 모음 앞에서 '오/우'로 바뀜
    - '르' 불규칙 : 어간의 끝소리 'ㅡ'가 탈락하고 'ㄹ'이 덧 생김
    - '우' 불규칙 : 어간의 끝소리 '우'가 사라짐
  - ㉣ 용언의 어미가 바뀌는 불규칙 활용
    - '여' 불규칙 : 어미의 첫소리 '아/어'가 '여'로 바뀜
    - '러' 불규칙 : 어미의 첫소리 '어'가 '러'로 바뀜
    - '너라' 불규칙 : 명령형 어미 '아라/어라'가 '너라'로 바뀜
  - ㉤ 용언의 어간, 어미가 모두 바뀌는 불규칙 활용
    - 'ㅎ' 불규칙 : 어간의 'ㅎ'이 탈락하고 어미의 '아/어'가 '애/에'로 바뀜
⑦ 관형사 : 내용을 자세하게 꾸며 주는 말로 조사가 붙지 않고, 어미가 붙어 활용하지 않음
  - ㉠ 성상관형사 : 체언이 가리키는 사물의 성질이나 상태를 '어떠한'의 방식으로 꾸며 줌
  - ㉡ 지시관형사 : 지시성을 띠는 관형사
  - ㉢ 수관형사 : 뒤에 오는 명사의 수량을 표시함
⑧ 부사
  - ㉠ 개념 : 오는 용언이나 다른 말을 꾸며 그 의미를 분명히 함
  - ㉡ 부사의 종류

성분부사	성상(性狀)부사	'어떻게'의 방식으로 꾸며 주는 부사
	지시부사	방향, 거리, 시간, 처소 등을 지시하는 부사
	부정부사	용언의 의미를 부정하는 부사

SEMI-NOTE

규칙 활용
문법적 관계를 표시하기 위해 용언의 어간 또는 어미를 다른 형태로 바꾸는 것

불규칙 활용의 예
- 'ㅅ' 불규칙 : 붓다 → 부어, 잇다 → 이어, 짓다 → 지어
- 'ㄷ' 불규칙 : 걷다 → 걸어, 묻다 → 물어, 싣다 → 실어
- 'ㅂ' 불규칙 : 곱다 → 고와, 눕다 → 누워, 돕다 → 도와, 줍다 → 주워
- '르' 불규칙 : 가르다 → 갈라, 누리다 → 눌러, 부르다 → 불러, 오르다 → 올라, 흐르다 → 흘러
- '우' 불규칙 : 푸다 → 퍼(하나뿐임)
- '여' 불규칙 : -하다 → -하여
- '러' 불규칙 : 이르다(到, 도달하다) → 이르러, 푸르다 → 푸르러
- '너라' 불규칙 : 명령형 어미 '아라/어라'가 '너라'로 바뀜
- 'ㅎ' 불규칙 : 어간의 'ㅎ'이 탈락하고 어미의 '아/어'가 '애/에'로 바뀜

자주 사용하는 부사
- 성상(性狀)부사 : 너무, 자주, 매우, 몹시, 아주
- 지시부사 : 이리, 내일, 그리
- 부정부사 : 못, 안, 잘못
- 양태부사 : 과연, 다행히, 제발
- 접속부사 : 그리고, 즉, 및, 또는
- 파생부사 : 깨끗 + 이

문장부사	양태부사	말하는 이의 마음이나 태도를 표시하는 부사
	접속부사	앞뒤 문장을 이어주면서 뒷말을 꾸며주는 부사
파생부사		부사가 아닌 것에 부사 파생 접미사를 붙여만든 부사

⑨ 접속어
  ㉠ 개념 : 단어와 단어, 구절과 구절 또는 문장과 문장을 잇는 문장성분
  ㉡ 접속어의 종류 ★빈출개념

접속 관계		접속어
순접	원인	왜냐하면
	결과	그러므로, 따라서, 그러니까, 그런즉
	해설	그래서, 그러면, 요컨대, 이른바
역접		그러나, 그래도, 그렇지만, 하지만
병렬		그리고, 또한(또), 한편, 또는, 및
첨가		또, 더욱, 특히, 더욱이
전환		그런데, 아무튼, 하여튼

⑩ 수사
  ㉠ 수사의 개념 : 명사의 수량이나 순서를 가리키는 단위
  ㉡ 수사의 종류
    • 양수사 : 수량을 가리키는 단어(예 하나, 열, 일, 이, 백)
    • 서수사 : 순서를 가리키는 수사(예 첫째, 둘째, 제일, 제이)

3. 통사론

(1) 문장의 성분

① 문장 성분의 개념 : 어느 어절에 다른 어절이나 단어에 대해 갖는 관계, 즉 한 문장을 구성하는 요소들
② 문장 성분의 재료
  ㉠ 단어 : 자립할 수 있는 말
  ㉡ 구(句) : 중심이 되는 말과 그것에 부속되는 말들을 한데 묶은 것
  ㉢ 절(節) : 하나의 온전한 문장으로 한 문장의 재료가 되는 것
③ 문장 성분의 갈래

주성분	주어	문장의 주체가 되는 문장 성분, 즉 '무엇이'에 해당하는 말
	서술어	주어를 풀이하는 기능을 수행하는 문장 성분, 즉 '어찌한다, 어떠하다, 무엇이다'에 해당하는 말
	목적어	서술어(행위, 상태)의 대상이 되는 문장 성분, 즉 '무엇을, 누구를'에 해당하는 말
	보어	'되다', '아니다'와 같은 서술어를 꼭 필요로 하는 문장 성분

SEMI-NOTE

감탄사의 개념과 특징
• 감탄사의 개념 : 말하는 이의 본능적 놀람이나 느낌, 부름과 대답, 입버릇으로 내는 단어들을 말함
• 감탄사의 특징
  – 활용(용언의 어간이나 서술격 조사에 붙어 문장의 성격을 바꾸는 것) 하지 않음
  – 위치가 아주 자유로워서 문장의 아무데나 놓을 수 있음
  – 조사가 붙지 않고 언제나 독립어로만 쓰임

수사의 수식

구분	관형사	형용사
명사	받음	받음
대명사	받지 못함	받음
수사	받지 못함	받지 못함

구와 절의 종류
• 구(句) : 명사구, 동사구, 형용사구, 관형사구, 부사구, 독립어구
• 절(節) : 명사절, 서술절, 관형절, 부사절, 인용절

문장 성분의 품사 및 구조
• 주성분
  – 주어 : '체언 + 주격 조사', '체언 + 보조사'
  – 서술어 : 동사, 형용사, '체언 + 서술격 조사'
  – 목적어 : '체언 + 목적격 조사', '체언 + 보조사'
  – 보어 : '체언 + 보격 조사(이/가) + 되다/아니다'

주성분	관형어	체언을 수식하는 문장 성분('어떠한, 무엇이'에 해당하는 말)
	부사어	용언이나 부사어 등을 수식하는 문장 성분('어떻게, 어찌' 등에 해당하는 말)
독립성분	독립어	문장의 어느 성분과도 직접적인 관계가 없는 말(감탄, 부름, 응답)

④ 부속성분 ★빈출개념
㉠ **관형어** : 관형사, 체언 + 관형격 조사(의), 용언 어간 + 관형사형 어미
㉡ **부사어** : 부사, '체언 + 부사격 조사', 부사 + 보조사
㉢ **독립어** : 감탄사, '체언 + 호격 조사', 제시어(표제어), 문장 접속 부사('및, 또는'은 제외)

(2) 문장의 짜임새
① **홀문장** : 주어와 서술어가 각각 하나씩 있는 문장
② **겹문장** : 한 개의 홀문장이 한 성분으로 안겨 들어가서 이루어지거나, 홀문장 여러 개가 이어져서 여러 겹으로 된 문장

분류	형태	예문
안은 문장	명사절을 안은문장	• 목적어 : 나는 그가 승리했음을 안다. • 목적어 : 나는 그가 승리했다는 것을 안다. • 부사어 : 아직은 승리를 확신하기에 이르다. • 주어 : 그가 승리했음이 밝혀졌다.
	서술절을 안은문장	• 나는 키가 크다. • 선생님께서는 정이 많으시다. • 그녀는 얼굴이 예쁘다.
	관형절을 안은문장	• 이 책은 선생님께서 주신 책이다. • 나는 그가 좋은 교사라는 생각이 들었다. • 도서관은 공부를 하는 학생들로 가득했다.
	부사절을 안은문장	• 비가 소리도 없이 내린다. • 철수는 발에 땀이 나도록 뛰었다.
	인용절을 안은문장	• 선생님은 당황하여 "무슨 일이지?"라고 물으셨다. • 그 사람은 자기가 학생이라고 주장하였다.
이어진문장	대등하게 이어진문장	• 낮말은 새가 듣고 밤 말은 쥐가 듣는다. • 나는 파란색을 좋아하지만 그녀는 노란색을 좋아한다. • 여름이라 아이스크림이라든지 팥빙수라든지 잘 팔린다. • 지금은 고통스러울지 모르지만 먼 미래에 반드시 성공할 것이다.
	종속적으로 이어진문장	• 비가 와서 경기가 연기되었다. • 당신이 오지 못하면 내가 직접 가겠다. • 아버지가 출장길에서 돌아오시거든 꼭 안부 여쭤 보거라. • 푹 자고 일어나니까 공부가 더 잘 되는 것 같다.

SEMI-NOTE

안은문장과 안긴문장의 개념
• 안은문장 : 속에 다른 문장을 안고 있는 겉의 전체 문장
• 안긴문장 : 절의 형태로 바뀌어서 전체 문장 속에 안긴문장

안은문장의 형태와 개념
• **명사절을 안은문장** : 문장 속에서 주어, 목적어, 부사어 등의 역할을 하며, '-ㅁ, -기, ㄴ + 것'의 형태가 됨
• **서술절을 안은문장** : 서술어 부분이 절로 이루어진 형태
• **관형절을 안은문장** : 절이 관형사형으로 활용하거나, 용언에 관형사형 어미가 붙은 형태
• **부사절을 안은문장** : 절이 부사어 구실을 하여 서술어를 수식하며, '-없이, -달리, -도록' 등의 형태를 취함
• **인용절을 안은문장** : 남의 말을 인용한 부분을 말하며, '-고, -라고, -하고' 등의 형태를 취함

이어진문장의 형태와 개념
• **대등하게 이어진문장** : 대등적 연결어미, 즉 나열(-고, -며, -아서), 대조(-나, -지만 -아도/어도), 선택(-거나, -든지)의 연결어미를 사용하여 대등한 관계로 결합된 문장
• **종속적으로 이어진문장** : 종속적 연결어미, 즉 이유(-므로, -니까, -아서), 조건(-면, -거든, -라면), 의도(-려고, -고자)의 연결어미를 통해 문장을 연결하여 종속적인 관계를 표시한 문장

(3) 문법의 기능

① 사동과 피동 ★ 빈출개념
  ㉠ 사동사 : 남으로 하여금 어떤 동작을 하도록 하는 것
  ㉡ 피동사 : 남의 행동을 입어서 행해지는 동작을 나타냄

② 잘못된 사동 표현
  ㉠ '-시키다'는 표현을 '-하다'로 할 수 있는 경우 그렇게 고침
    • 내가 소개시켜 줄게 → 내가 소개해 줄게
    • 근무환경을 개선시켜 나가야 한다. → 근무환경을 개선해 나가야 한다.
  ㉡ 의미상 불필요한 사동 표현은 사용하지 않음
    • 그녀를 보면 가슴이 설레인다. → 그녀를 보면 가슴이 설렌다.
    • 다른 차선에 함부로 끼여들면 안 된다. → 다른 차선에 함부로 끼어들면 안 된다.

③ 잘못된 피동 표현(이중 피동 표현)
  ㉠ '이, 히, 리, 기' 다음에 '-어지다'의 표현을 붙이는 것은 이중 피동 표현에 해당
    • 개선될 것으로 보여집니다. → 개선될 것으로 보입니다.
    • 열려져 있는 대문 → 열려 있는 대문
    • 게임 중독의 한 유형으로 꼽혀지고 있다. → 게임 중독의 한 유형으로 꼽히고 있다.
  ㉡ '-되어지다', '-지게 되다'는 이중 피동 표현에 해당
    • 잘 해결될 것이라 생각되어진다. → 잘 해결될 것이라 생각된다.
    • 합격이 예상되어집니다. → 합격이 예상됩니다.
    • '갈리우다', '불리우다', '잘리우다', '팔리우다' 등은 피동사(갈리다, 불리다, 잘리다, 팔리다)에 다시 접사가 붙은 형태이므로 잘못된 표현임

④ 부정문
  ㉠ '안' 부정문의 예
    • 긴 부정문 : 그는 오늘 밀린 일을 해결하느라 점심을 먹지 않았다.
    • 짧은 부정문 : 오늘은 겨울인데도 안 춥다.
    • 중의성 : '점심시간에 예약한 손님이 다 오지 않았다. → 점심시간에 온 손님이 한명도 없음, 손님이 오긴 왔지만 모두 온 것이 아님'으로 해석될 수 있음
  ㉡ '못' 부정문의 예
    • 긴 부정문 : 철수는 제 시간에 일을 처리하지 못해 퇴근하지 못했다.
    • 짧은 부정문 : 철수는 당직으로 새벽까지 일해 그날 집에 못 갔다.
    • 중의성 : 내가 간이침대에 누워있는 철수를 보지 못했다. → '철수를 보지 못한 것은 나, 내가 보지 못한 것은 철수, 내가 철수를 보지만 못했을 뿐'으로 해석될 수 있음

SEMI-NOTE

사동문과 피동문의 형성
• 사동문
  - 자동사 어근 + 접사(이, 히, 리, 기, 우, 구, 추)
  - 타동사 어근 + 접사
  - 형용사 어근접사
  - 어근 + '-게'(보조적 연결어미) + '하다'(보조동사)
  - 일부 용언은 사동 접미사 두 개를 겹쳐 씀(예) 자다 → 자이우다 → 재우다)
• 피동문
  - 타동사 어근 + 접사(이, 히, 리, 기)
  - 모든 용언의 어간 + '-아/-어'(보조적 연결어미) + '지다'(보조동사)

부정문의 개념과 형식
• '안' 부정문 : 주체의 의지에 의한 행동의 부정을 나타냄
  - 긴 부정문 : '용언의 어간 + -지 + 않다(아니하다)'로 쓰임
  - 짧은 부정문 : '안(아니) + 동사, 형용사'로 쓰임
  - 중의성 : 어떤 대상에 부정을 수식하는지, 전체 또는 부분적으로 부정을 수식하는 지에 따라 문장의 의미가 달라짐
• '못' 부정문 : 주체의 의지가 아닌, 그의 능력상 불가능하거나 또는 외부의 어떤 원인 때문에 그 행위가 일어나지 못하는 것을 표현
  - 긴 부정문 : '동사의 어간 + -지 + 못하다'로 쓰임
  - 짧은 부정문 : 못 + 동사(서술어)로 쓰임
  - 중의성 : '안' 부정문의 중의성 구조와 같음

(4) 높임과 낮춤

① 높임법
- ㉠ 주체높임법 : 서술어의 주체를 높이는 방법으로, 높임 선어말 어미 '-(으)시-'를 붙이고 주어에는 주격 조사 '께서'나 접사 '-님' 등을 붙여 높이며, '계시다', '잡수시다' 등의 일부 특수 어휘를 사용하여 높이기도 함
- ㉡ 객체높임법 : 동작의 대상인 서술의 객체를 높이는 방법으로, 통상 부사격 조사 '께'를 사용해 높이며, '드리다', '뵈다', '여쭙다', '모시다'와 같은 특수 어휘를 사용하기도 함(예 나는 선생님께 책을 드렸다.)
- ㉢ 상대 높임법 : 화자가 청자에 대하여 높이거나 낮추어 말하는 방법으로, 일정한 종결어미를 사용하여 듣는 상대방을 높이거나 낮춤

격식체	해라체(아주 낮춤)	-다, -냐, -자, -어라, -거라, -라
	하게체(보통 낮춤)	-게, -이, -나
	하오체(보통 높임)	-오, -(으)ㅂ시다
	합쇼체(아주 높임)	-습니다/-ㅂ니다, -습니까/-ㅂ니까, -으십시오/-ㅂ시오
비격식체	해체(두루 낮춤)	-아/-어, -지, -을까 (해라체 + 하게체)
	해요체(두루 높임)	-아/어요, -지요, -을까요 (하오체 + 합쇼체)

② 기타 높임법의 사용
- ㉠ 해라체와 하라체 : 문어체로 쓰일 때 '해라' 대신 높임과 낮춤이 중화된 '하라'를 쓰기도 함. '해라'의 변형인 '하라'는 격식체나 비격식체가 간접 인용문으로 바뀔 때도 쓰임
- ㉡ 말씀의 쓰임 : '말씀'은 높임말도 되고 낮춤말도 됨
- ㉢ 계시다와 있으시다 : '계시다, 안 계시다'는 직접 높임에 사용하고, '있으시다, 없으시다'는 간접 높임에 사용함

4. 의미론

(1) 의미

① 의미의 개념 : 언어가 가지는 용법, 기능, 내용 등을 이르지만 '의미'를 정의하기는 매우 어려운 일이며 지시설, 개념설, 반응설, 용법설 등을 들어 정의하기도 함

② 의미의 종류

중심적 의미	가장 기본적이고 핵심적인 의미(기본적 의미)
주변적 의미	문맥이나 상황에 따라 그 의미가 확장되어 다르게 쓰이는 의미(문맥적 의미, 전의적 의미)
사전적 의미	가장 기본적, 객관적인 의미로 정보 전달이 중심이 되는 설명문 같은 경우에 사용(개념적, 외연적, 인지적 의미)
함축적 의미	사전적 의미에 덧붙여 연상이나 관습 등에 의해 형성되는 개인적, 정서적인 의미로, 시 등의 문예문에 사용(연상적, 내포적 의미)

SEMI-NOTE

주체높임법의 조건
- 문장의 주어가 말하는 이도, 말 듣는 이도 아닌 제삼자인 경우
- 듣는 이가 동시에 문장의 주어가 되는 경우
- 주체가 말하는 이보다 높아서 높임의 대상이 된다 하더라도, 듣는 이가 주체보다 높은 경우에는 '-시-'를 쓰지 않음(압존법)

높임말과 낮춤말
- 직접 높임 : 아버님, 선생님, 주무시다, 계시다, 잡수시다
- 간접 높임 : 진지, 댁(집), 따님(딸), 치아(이), 약주(술), 말씀(말)
- 직접 낮춤 : 저(나), 어미(어머니)
- 간접 낮춤 : 졸고(원고), 말씀(말)

언어의 개념
언어는 말소리와 의미로 이루어진 것으로 말소리는 언어의 형식, 의미는 언어의 내용이 되며 말소리가 있어도 의미가 없으면 언어가 될 수 없음

단어들의 의미 관계
- 동의 관계 : 두 개 이상의 단어가 서로 소리는 다르나 의미가 같은 경우 → 이음동의어
- 이의 관계 : 두 개 이상의 단어가 소리는 같으나 의미는 다른 경우 → 동음이의어

사회적 의미	사용하는 사람의 사회적 환경과 관련되는 의미를 전달할 때 사회적 의미라 하며, 선택된 단어의 종류나 말투, 글의 문체 등에 의해 전달
정서적 의미	말하는 사람의 태도나 감정을 드러내는 의미
주제적 의미	특별히 드러나는 의미, 이는 흔히 어순을 바꾸거나 특정 부분을 강조하여 발음함으로써 드러남
반사적 의미	어떤 말을 사용할 때 그 말의 원래 의미와는 아무런 관계없이 특정한 반응을 불러일으키게 되는 경우를 말함

③ 의미의 사용
　㉠ 중의적 표현 ★ 빈출개념
　　• 어휘적 중의성 : 그것이 정말 사과냐? → 과일인 '사과(沙果)'인지, 용서를 비는 '사과(謝過)'인지 불분명함
　　• 구조적 중의성 : 철수는 아내보다 딸을 더 사랑한다. → 철수가 아내보다 딸을 더 사랑하는지, 철수가 딸을 더 사랑하는지, 아내보다 딸을 더 사랑하는지 불분명함
　　• 은유적 중의성 : 김 선생님은 호랑이다. → 김 선생님이 호랑이처럼 무섭다는 것인지, (연극에서) 호랑이 역할을 맡았다는 것인지 불분명함
　㉡ 간접적 표현 : 에어컨 좀 꺼 줄래요? → 에어컨을 끄는 것은 표면적인 의미이지만 화자의 상황에 따라 몸이 춥거나, 에어컨에서 나는 소리 등이 원인이 되어 청자에게 명령 또는 요청하는 표현
　㉢ 잉여적 표현 : 역전 앞, 빈 공간, 참고 인내하다 → 각각 의미가 중복된 표현
　㉣ 관용적 표현 : 마른벼락을 맞다 → 문자 그대로 마른벼락을 맞은 것이 아니라 '갑자기 뜻밖의 재난을 당함'이라는 특별한 의미를 담고 있음

(2) 의미의 변화

① 의미 변화의 원인
　㉠ 언어적 원인 : 하나의 단어가 다른 단어와 자주 인접하여 나타남으로써 그 의미까지 변화된 경우
　㉡ 역사적 원인 : 단어가 가리키는 대상은 변모하였음에도 불구하고 단어는 그대로 남아 있는 경우
　㉢ 사회적 원인 : 일반적 단어가 특수 사회 집단에서 사용되거나, 특수 집단에서 사용 되던 단어가 일반 사회에서 사용됨으로써 의미에 변화가 일어나는 경우
　㉣ 심리적 원인 : 비유적 용법이나 완곡어 등에 자주 사용되는 동안 해당 단어의 의미에 대한 인식이 변화하면서 단어의 의미까지 변화된 경우

② 의미 변화의 유형 ★ 빈출개념
　㉠ 의미의 확장(확대) : 단어의 의미 영역이 넓어진 것
　　• 의미가 확장된 경우 : 온(백(百) → 모든), 겨레(종친 → 동포, 민족), 왕초(거지 두목 → 두목, 직장상사 등), 세수(손을 씻다 → 손과 얼굴을 씻다)
　㉡ 의미의 축소 : 단어의 외연적 의미가 좁아진 것
　　• 의미가 축소된 경우 : 중생(모든 생물체 → 인간), 얼굴(형체 → 안면), 계집

SEMI-NOTE

중의적 표현의 개념
• 어휘적 중의성 : 한 단어가 둘 이상의 의미를 지님
• 구조적 중의성 : 수식 구조나 문법적 성질로 인해 둘 이상의 의미로 해석되는 경우
• 은유적 중의성 : 둘 이상의 의미로 해석되는 은유적 표현

간접, 잉여, 관용적 표현의 개념
• 간접적 표현 : 문장의 표면적 의미와 속뜻이 다른 표현
• 잉여적 표현 : 의미상 불필요한 단어가 사용된 표현으로, 의미의 중복(중첩)이라 함
• 관용적 표현 : 두 개 이상의 단어로 이루어져 있으면서 그 단어들의 의미만으로 전체적 의미를 알 수 없는 특별한 의미를 담고 있는 표현

의미 변화의 원인과 사례
• 언어적 원인 : 생략이나 전염에 의해 발생(예 아침밥 → 아침, 아파트먼트 → 아파트, 콧물이 흐른다 → 코가 흐른다, 머리털을 깎다 → 머리를 깎다)
• 역사적 원인 (예 감옥소 → 형무소 → 교도소, 돛단배 → 증기선 → 잠수함)
• 사회적 원인 (예 복음 : 기쁜 소식 → 그리스도의 가르침, 왕 : 왕정의 최고 권력자 → 1인자, 최대, 최고)
• 심리적 원인
　- 다른 분야의 어휘가 관심 있는 쪽의 어휘로 견인된 경우 (예 바가지 → 철모, 갈매기 → 하사관)
　- 금기(Taboo)에 의한 변화 (예 산신령 → 호랑이, 손님 → 홍역)

(여성의 일반적 지칭어 → 여성의 낮춤말), 미인(남녀에게 사용 → 여성에게만 사용)

ⓒ 의미의 이동 : 가치관의 변화, 심리적 연상으로 의미가 달라진 것
- 의미가 이동된 경우 : 어리다(어리석다 → 나이가 적다), 수작(술잔을 주고받음 → 말을 주고받음), 젊다(나이가 어리다 → 혈기가 한창 왕성하다)

03절 국어 생활과 규범

1. 한국어 어문 규범

(1) 한글 맞춤법

① 총칙

> 제1항 한글 맞춤법은 표준어를 소리대로 적되, 어법에 맞도록 함을 원칙으로 한다.
> 제2항 문장의 각 단어는 띄어 씀을 원칙으로 한다.
> 제3항 외래어는 '외래어 표기법'에 따라 적는다.

② 자모

> 제4항 한글 자모의 수는 스물넉 자로 하고, 그 순서와 이름은 다음과 같이 정한다.

ㄱ(기역)	ㄴ(니은)	ㄷ(디귿)	ㄹ(리을)	ㅁ(미음)	ㅂ(비읍)	ㅅ(시옷)
ㅇ(이응)	ㅈ(지읒)	ㅊ(치읓)	ㅋ(키읔)	ㅌ(티읕)	ㅍ(피읖)	ㅎ(히읗)
ㅏ(아)	ㅑ(야)	ㅓ(어)	ㅕ(여)	ㅗ(오)	ㅛ(요)	ㅜ(우)
ㅡ(으)	ㅣ(이)					

③ 소리에 관한 것

㉠ 된소리

> 제5항 한 단어 안에서 뚜렷한 까닭 없이 나는 된소리는 다음 음절의 첫소리를 된소리로 적는다.

- 두 모음 사이에서 나는 된소리(예 소쩍새, 어깨, 오빠, 으뜸, 아끼다, 깨끗하다, 가끔, 거꾸로 등)
- 'ㄴ, ㄹ, ㅁ, ㅇ' 받침 뒤에서 나는 된소리(예 산뜻하다, 잔뜩, 훨씬, 담뿍, 움찔, 몽땅 등)

다만, 'ㄱ, ㅂ' 받침 뒤에서 나는 된소리는, 같은 음절이나 비슷한 음절이 겹

SEMI-NOTE

소리대로 적기와 어법대로 적기
- 소리대로 적기 : 한국어를 적는데 소리를 충실하게 표기하는 방식을 말함(예 백분율, 비율, 실패율, 스포츠난, 드러나다, 쓰러지다, 어우러지다, 가까워, 괴로워, 그어, 무덤, 미덥다, 너비)
- 어법대로 적기 : 소리보다는 뜻을 쉽게 파악할 수 있도록 단어나 형태소의 모양을 한 가지로 고정시키는 방식을 말함(예 합격률, 등록률, 성공률, 넘어지다, 떨어지다, 지껄이다, 가깝다, 괴롭다, 긋다)

한글 맞춤법 제7항
'ㄷ' 소리로 나는 받침 중에서 'ㄷ'으로 적을 근거가 없는 것은 'ㅅ'으로 적는다(예 덧저고리, 돗자리, 엇셈, 웃어른, 핫옷, 무릇, 사뭇, 얼핏, 자칫하면, 뭇[衆], 옛, 첫, 헛).

SEMI-NOTE

모음

- 한글 맞춤법 제8항 : '계, 례, 몌, 폐, 혜'의 'ㅖ'는 'ㅔ'로 소리나는 경우가 있더라도 'ㅖ'로 적는다(예 계수, 혜택, 사례, 계집, 연몌, 핑계, 폐품, 계시다). 다만, 게송(偈頌), 게시판(揭示板), 휴게실(休憩室) 등의 말은 본음대로 적는다.

- 한글 맞춤법 제9항 : '의'나, 자음을 첫소리로 가지고 있는 음절의 'ㅢ'는 'ㅣ'로 소리 나는 경우가 있더라도 'ㅢ'로 적는다(예 의의, 본의, 무늬, 보늬, 오늬, 하늬바람, 늴리리, 늿큼, 띄어쓰기).

한글 맞춤법 제11항 [붙임 4, 5]

- [붙임 4] : 접두사처럼 쓰이는 한자가 붙어서 된 말이나, 합성어에서 뒷말의 첫소리가 'ㄴ' 또는 'ㄹ' 소리로 나더라도 두음법칙에 따라 적는다(예 역이용(逆利用), 연이율(年利率), 열역학(熱力學), 해외여행(海外旅行)).

- [붙임 5] : 둘 이상의 단어로 이루어진 고유명사를 붙여 쓰는 경우나 십진법에 따라 쓰는 수(數)도 [붙임 4]에 준하여 적는다(예 서울여관, 신흥이발관, 육천육백육십육(六千六百六十六)).

쳐 나는 경우가 아니면 된소리로 적지 아니한다(예 국수, 깍두기, 딱지, 색시, 법석, 갑자기, 몹시).

ⓒ 구개음화

> 제6항 'ㄷ, ㅌ' 받침 뒤에 종속적 관계를 가진 '-이(-)'나 '-히-'가 올 적에는, 그 'ㄷ, ㅌ'이 'ㅈ, ㅊ'으로 소리 나더라도 'ㄷ, ㅌ'으로 적는다(예 마지 → 맏이, 해도지 → 해돋이, 가치 → 같이, 다치다 → 닫히다, 무치다 → 묻히다).

ⓒ 두음법칙 ★ 빈출개념

> 제10항 한자음 '녀, 뇨, 뉴, 니'가 단어 첫머리에 올 적에는, 두음법칙에 따라 '여, 요, 유, 이'로 적는다(예 녀자 → 여자(女子), 년세 → 연세(年歲), 뇨소 → 요소(尿素), 닉명 → 익명(匿名)).

다만, 냥(兩), 냥쭝(兩重), 년(年)(몇 년) 같은 의존명사에서는 '냐, 녀' 음을 인정한다.

[붙임 1] 단어의 첫머리 이외의 경우에는 본음대로 적는다(예 남녀(男女), 당뇨(糖尿), 결뉴(結紐), 은닉(隱匿)).

[붙임 2] 접두사처럼 쓰이는 한자가 붙어서 된 말이나 합성어에서, 뒷말의 첫소리가 'ㄴ' 소리로 나더라도 두음법칙에 따라 적는다(예 신여성(新女性), 공염불(空念佛), 남존여비(男尊女卑)).

[붙임 3] 둘 이상의 단어로 이루어진 고유명사를 붙여 쓰는 경우에도 [붙임 2]에 준하여 적는다(예 한국여자대학, 대한요소비료회사).

> 제11항 한자음 '랴, 려, 례, 료, 류, 리'가 단어의 첫머리에 올 적에는, 두음 법칙에 따라 '야, 여, 예, 요, 유, 이'로 적는다(예 양심(良心), 용궁(龍宮), 역사(歷史)). 다만, 다음과 같은 의존명사는 본음대로 적는다.(예 리(里) : 몇 리냐?, 리(理) : 그럴 리가 없다.)

[붙임 1] 단어의 첫머리 이외의 경우에는 본음대로 적는다(예 개량(改良), 선량(善良), 수력(水力), 협력(協力), 사례(謝禮), 혼례(婚禮), 와룡(臥龍), 쌍룡(雙龍), 하류(下流)).

다만, 모음이나 'ㄴ' 받침 뒤에 이어지는 '렬, 률'은 '열, 율'로 적는다(예 나열(羅列), 분열(分裂), 치열(齒列), 선열(先烈), 비열(卑劣), 진열(陳列), 규율(規律), 선율(旋律), 비율(比率)).

[붙임 2] 외자로 된 이름을 성에 붙여 쓸 경우에도 본음대로 적을 수 있다(예 신립(申砬), 최린(崔麟), 채륜(蔡倫), 하륜(河崙)).

[붙임 3] 준말에서 본음으로 소리 나는 것은 본음대로 적는다(예 국련(국제연합), 대한교련(대한교육연합회)).

> 제12항 한자음 '라, 래, 로, 뢰, 루, 르'가 단어의 첫머리에 올 적에는, 두음법칙에 따라 '나, 내, 노, 뇌, 누, 느'로 적는다(예 낙원(樂園), 내일(來日), 노인(老人)).

[붙임 1] 단어의 첫머리 이외의 경우에는 본음대로 적는다(예 쾌락(快樂), 극락(極樂), 거래(去來), 왕래(往來), 부로(父老), 연로(年老), 지뢰(地雷), 낙뢰(落雷), 고루(高樓), 광한루(廣寒樓), 동구릉(東九陵)).

[붙임 2] 접두사처럼 쓰이는 한자가 붙어서 된 단어는 뒷말을 두음법칙에 따라 적는다(예 내내월(來來月), 상노인(上老人), 중노동(重勞動), 비논리적(非論理的)).

④ 형태에 관한 것
  ㉠ 체언과 조사

> 제14항 체언은 조사와 구별하여 적는다(예 떡이, 떡을, 떡에, 떡도, 떡만/손이, 손을, 손에, 손도, 손만).

  ㉡ 어간과 어미

> 제15항 용언의 어간과 어미는 구별하여 적는다(예 먹다, 먹고, 먹어, 먹으니/신다, 신고, 신어, 신으니).

[붙임 1] 두 개의 용언이 어울려 한 개의 용언이 될 적에, 앞말의 본뜻이 유지되고 있는 것은 그 원형을 밝히어 적고, 그 본뜻에서 멀어진 것은 밝히어 적지 아니한다.
- 앞말의 본뜻이 유지되고 있는 것(예 넘어지다, 늘어나다, 늘어지다, 돌아가다, 되짚어가다, 들어가다, 떨어지다, 벌어지다, 엎어지다, 접어들다, 틀어지다, 흩어지다)
- 본뜻에서 멀어진 것(예 드러나다, 사라지다, 쓰러지다)

[붙임 2] 종결형에서 사용되는 어미 '-오'는 '요'로 소리 나는 경우가 있더라도 그 원형을 밝혀 '오'로 적는다(예 이것은 책이오, 이리로 오시오, 이것은 책이 아니오).

[붙임 3] 연결형에서 사용되는 '이요'는 '이요'로 적는다.(예 이것은 책이요, 저것은 붓이요, 또 저것은 먹이다.)

  ㉢ 접미사가 붙어서 된 말 ★빈출개념

> 제19항 어간에 '-이'나 '-음/-ㅁ'이 붙어서 명사로 된 것과 '-이'나 '-히'가 붙어서 부사로 된 것은 그 어간의 원형을 밝히어 적는다.

- '-이'가 붙어서 명사로 된 것(예 길이, 깊이, 높이, 다듬이, 땀받이, 달맞이, 먹이, 미닫이, 벌이, 벼훑이, 살림살이, 쇠붙이, 넓이)

SEMI-NOTE

겹쳐 나는 소리
- 한글 맞춤법 제13항 : 한 단어 안에서 같은 음절이나 비슷한 음절이 겹쳐 나는 부분은 같은 글자로 적는다.
- 용례
  - 씩식 → 씩씩
  - 똑닥똑닥 → 똑딱똑딱
  - 유류상종 → 유유상종
  - 꼿곳하다 → 꼿꼿하다
  - 눅눅하다 → 눅눅하다
  - 민밋하다 → 밋밋하다
  - 싹삭하다 → 싹싹하다
  - 씁슬하다 → 씁쓸하다
  - 짭잘하다 → 짭짤하다

형태에 관한 것
- 한글 맞춤법 제16항 : 어간의 끝음절 모음이 'ㅏ, ㅗ'일 때에는 어미를 '-아'로 적고, 그 밖의 모음일 때에는 '-어'로 적는다.
  - '-아'로 적는 경우 : 나아 – 나아도 – 나아서, 막아 – 막아도 – 막아서, 얇아 – 얇아도 – 얇아서, 돌아 – 돌아도 – 돌아서, 보아 – 보아도 – 보아서
  - '-어'로 적는 경우 : 개어 – 개어도 – 개어서, 겪어 – 겪어도 – 겪어서, 되어 – 되어도 – 되어서, 베어 – 베어도 – 베어서, 쉬어 – 쉬어도 – 쉬어서, 저어 – 저어도 – 저어서, 주어 – 주어도 – 주어서
- 한글 맞춤법 제17항 : 어미 뒤에 덧붙는 조사 '-요'는 '-요'로 적는다(예 읽어 – 읽어요, 참으리 – 참으리요, 좋지 – 좋지요).

SEMI-NOTE

접미사가 붙어서 된 말

- **한글 맞춤법 제22항** : 용언의 어간에 다음과 같은 접미사들이 붙어서 이루어진 말들은 그 어간을 밝히어 적는다.
  - '-기-, -리-, -이-, -히-, -구-, -우-, -추-, -으키-, 이키-, -애-'가 붙는 것 : 맡기다, 옮기다, 웃기다, 쫓기다, 뚫리다

  다만, '-이-, -히-, -우-'가 붙어서 된 말이라도 본뜻에서 멀어진 것은 소리대로 적는다(예 도리다(칼로 -). 드리다(용돈을 -). 고치다, 미루다, 이루다).
  - '-치-, -뜨리-, -트리-'가 붙는 것 : 놓치다, 덮치다, 떠받치다, 받치다, 밭치다, 부딪치다, 뻗치다, 엎치다, 부딪뜨리다/부딪트리다

  [붙임] '-업-, -읍-, -브-'가 붙어서 된 말은 소리대로 적는다(예 미덥다, 우습다, 미쁘다).

- **한글 맞춤법 제24항** : '-거리다'가 붙을 수 있는 시늉말 어간에 '-이다'가 붙어서 된 용언은 그 어근을 밝히어 적는다.(예 끄더기다 → 끄덕이다, 지꺼리다 → 지껄이다, 퍼더기다 → 퍼덕이다, 망서리다 → 망설이다)

- **한글 맞춤법 제26항** : '-하다'나 '-없다'가 붙어서 된 용언은 그 '-하다'나 '-없다'를 밝히어 적는다.
  '-하다'가 붙어서 용언이 된 것(예 딱하다, 숱하다, 착하다, 텁텁하다, 푹하다)
  '-없다'가 붙어서 용언이 된 것(예 부질없다, 상없다, 시름없다, 열없다, 하염없다)

- '-음/-ㅁ'이 붙어서 명사로 된 것(예 걸음, 묶음, 믿음, 얼음, 엮음, 울음, 웃음, 졸음, 죽음, 앎, 만듦, 삶)
- '-이'가 붙어서 부사로 된 것(예 같이, 굳이, 길이, 높이, 많이, 실없이, 좋이, 짓궂이, 깊이, 깨끗이)
- '-히'가 붙어서 부사로 된 것(예 밝히, 익히, 작히, 부지런히)

다만, 어간에 '-이'나 '-음'이 붙어서 명사로 바뀐 것이라도 그 어간의 뜻과 멀어진 것은 원형을 밝히어 적지 아니한다(예 굽도리, 다리[髢], 목거리(목병), 무녀리, 코끼리, 거름(비료), 고름[膿]).

[붙임] 어간에 '-이'나 '-음' 이외의 모음으로 시작된 접미사가 붙어서 다른 품사로 바뀐 것은 그 어간의 원형을 밝히어 적지 아니한다.

> **제20항** 명사 뒤에 '-이'가 붙어서 된 말은 그 명사의 원형을 밝히어 적는다.

- 부사로 된 것(예 곳곳이, 낱낱이, 몫몫이, 살살이, 앞앞이, 집집이)
- 명사로 된 것(예 곰배팔이, 바둑이, 삼발이, 애꾸눈이, 육손이, 절뚝발이/절름발이)

[붙임] '-이' 이외의 모음으로 시작된 접미사가 붙어서 된 말은 그 명사의 원형을 밝히어 적지 아니한다(예 꼬락서니, 끄트머리, 모가치, 바가지, 바깥, 사타구니, 싸라기, 이파리, 지붕, 지푸라기, 짜개).

> **제21항** 명사나 혹은 용언의 어간 뒤에 자음으로 시작된 접미사가 붙어서 된 말은 그 명사나 어간의 원형을 밝히어 적는다.

- 명사 뒤에 자음으로 시작된 접미사가 붙어서 된 것(예 값지다, 홑지다, 넋두리, 빛깔, 옆댕이, 잎사귀)
- 어간 뒤에 자음으로 시작된 접미사가 붙어서 된 것(예 낚시, 늙정이, 덮개, 뜯게질, 굵다랗다)

다만, 다음과 같은 말은 소리대로 적는다.

- 겹받침의 끝소리가 드러나지 아니하는 것(예 할짝거리다, 널따랗다, 널찍하다, 말끔하다, 말쑥하다)
- 어원이 분명하지 아니하거나 본뜻에서 멀어진 것(예 넙치, 올무, 골막하다, 납작하다)

> **제23항** '-하다'나 '-거리다'가 붙는 어근에 '-이'가 붙어서 명사가 된 것은 그 원형을 밝히어 적는다(예 살살이 → 살살이, 오뚜기 → 오뚝이, 홀쭈기 → 홀쭉이, 배불뚜기 → 배불뚝이).

[붙임] '-하다'나 '-거리다'가 붙을 수 없는 어근에 '-이'나 또는 다른 모음으로 시작되는 접미사가 붙어서 명사가 된 것은 그 원형을 밝히어 적지 아니한다(예 개구리, 귀뚜라미, 기러기, 깍두기, 꽹과리).

제25항 '-하다'가 붙는 어근에 '-히'나 '-이'가 붙어서 부사가 되거나, 부사에 '-이'가 붙어서 뜻을 더하는 경우에는 그 어근이나 부사의 원형을 밝히어 적는다.

- '-하다'가 붙는 어근에 '-히'나 '-이'가 붙는 경우(예 급히, 꾸준히, 도저히, 딱히, 어렴풋이, 깨끗이)

[붙임] '-하다'가 붙지 않는 경우에는 소리대로 적는다(예 갑자기, 반드시(꼭), 슬며시).

- 부사에 '-이'가 붙어서 역시 부사가 되는 경우(예 곰곰이, 더욱이, 생긋이, 오뚝이, 일찍이, 해죽이)

ㄹ 합성어 및 접두사가 붙는 말 ★빈출개념

제27항 둘 이상의 단어가 어울리거나 접두사가 붙어서 이루어진 말은 각각 그 원형을 밝히어 적는다(예 국말이, 꽃잎, 끝장, 물난리, 젖몸살, 첫아들, 칼날, 팥알, 헛웃음, 샛노랗다).

[붙임 1] 어원은 분명하나 소리만 특이하게 변한 것은 변한 대로 적는다(예 할아버지, 할아범).

[붙임 2] 어원이 분명하지 아니한 것은 원형을 밝히어 적지 아니한다(예 골병, 골탕, 끌탕, 며칠).

[붙임 3] '이[齒, 虱]'가 합성어나 이에 준하는 말에서 '니' 또는 '리'로 소리날 때에는 '니'로 적는다(예 송곳니, 앞니, 어금니, 윗니, 젖니, 톱니, 틀니, 가랑니, 머릿니).

제30항 사이시옷은 다음과 같은 경우에 받치어 적는다.

- 순우리말로 된 합성어로서 앞말이 모음으로 끝난 경우

뒷말의 첫소리가 된소리로 나는 것	고랫재, 귓밥, 나룻배, 나뭇가지, 냇가, 댓가지, 뒷갈망, 맷돌, 핏대
뒷말의 첫소리 'ㄴ, ㅁ' 앞에서 'ㄴ' 소리가 덧나는 것	멧나물, 아랫니, 텃마당, 아랫마을, 뒷머리, 잇몸, 깻묵, 냇물, 빗물
뒷말의 첫소리 모음 앞에서 'ㄴㄴ' 소리가 덧나는 것	도리깻열, 뒷윷, 두렛일, 뒷일, 뒷입맛, 베갯잇, 욧잇, 깻잎, 나뭇잎

- 순우리말과 한자어로 된 합성어로서 앞말이 모음으로 끝난 경우

뒷말의 첫소리가 된소리로 나는 것	귓병, 머릿방, 뱃병, 봇둑, 사잣밥, 샛강, 아랫방
뒷말의 첫소리 'ㄴ, ㅁ' 앞에서 'ㄴ' 소리가 덧나는 것	곗날, 제삿날, 훗날, 툇마루, 양칫물
뒷말의 첫소리 모음 앞에서 'ㄴㄴ' 소리가 덧나는 것	가욋일, 사삿일, 예삿일, 훗일

SEMI-NOTE

합성어 및 접두사가 붙는 말

- 한글 맞춤법 제28항 : 끝소리가 'ㄹ'인 말과 딴 말이 어울릴 적에 'ㄹ' 소리가 나지 아니하는 것은 아니 나는 대로 적는다(예 다달이(달-달-이), 따님(딸-님), 마되(말-되), 마소(말-소)).
- 한글 맞춤법 제29항 : 끝소리가 'ㄹ'인 말과 딴 말이 어울릴 적에 'ㄹ' 소리가 'ㄷ' 소리로 나는 것은 'ㄷ'으로 적는다(예 반짇고리(바느질~), 사흗날(사흘~), 삼짇날(삼질~), 숟가락(술~), 이튿날(이틀~)).
- 한글 맞춤법 제31항 : 두 말이 어울릴 적에 'ㅂ' 소리나 'ㅎ' 소리가 덧나는 것은 소리대로 적는다.
  - 'ㅂ' 소리가 덧나는 것 : 멥쌀(메ㅂ쌀), 볍씨(벼ㅂ씨), 입때(이ㅂ때))
  - 'ㅎ' 소리가 덧나는 것 : 머리카락(머리ㅎ가락), 안팎(안ㅎ밖), 암탉(암ㅎ닭))

SEMI-NOTE

준말

- 한글 맞춤법 제38항 : 'ㅏ, ㅗ, ㅜ, ㅡ' 뒤에 '-이어'가 어울려 줄어질 적에는 준 대로 적는다(◉ 싸이어 : 쌔어/싸여, 보이어 : 뵈어/보여, 쓰이어 : 씌어/쓰여, 트이어 : 틔어/트여).
- 한글 맞춤법 제39항 : 어미 '-지' 뒤에 '않-'이 어울려 '-잖-'이 될 적과 '-하지' 뒤에 '않-'이 어울려 '-찮-'이 될 적에는 준 대로 적는다(◉ 적지않은(본말) → 적잖은(준말), 변변하지 않다(본말) → 변변찮다(준말)).

띄어쓰기

- 한글 맞춤법 제43항 : 단위를 나타내는 명사는 띄어 쓴다(◉ 한 개, 차 한 대, 금 서 돈, 소 한 마리, 열 살, 연필 한 자루, 조기 한 손).
- 한글 맞춤법 제44항 : 수를 적을 적에는 '만(萬)'단위로 띄어 쓴다(◉ 십이억 삼천사백오십육만 칠천팔백구십팔, 12억 3456만 7898).
- 한글 맞춤법 제46항 : 단음절로 된 단어는 연이어 나타날 적에는 붙여 쓸 수 있다(◉ 그때 그곳, 좀더 큰것, 이 말 저말, 한잎 두잎).

- 두 음절로 된 다음 한자어 : 곳간(庫間), 셋방(貰房), 숫자(數字), 찻간(茶間), 툇간(退間), 횟수(回數)

ⓔ 준말 ★ 빈출개념

> 제35항 모음 'ㅗ, ㅜ'로 끝난 어간에 '-아/-어, -았-/-었-'이 어울려 'ㅘ/ㅝ, ㅘㅆ/ㅝㅆ'으로 될 적에는 준 대로 적는다(◉ 보아(본말) → 봐(준말), 두었다(본말) → 뒀다(준말), 쑤었다(본말) → 쒔다(준말)).

[붙임 1] '놓아'가 '놔'로 줄 적에는 준 대로 적는다.
[붙임 2] 'ㅚ' 뒤에 '-어, -었-'이 어울려 'ㅙ, ㅙㅆ'으로 될 적에도 준 대로 적는다(◉ 쇠었다(본말) → 쇘다(준말), 되었다(본말) → 됐다(준말)).

> 제40항 어간의 끝 음절 '하'의 'ㅏ'가 줄고 'ㅎ'이 다음 음절의 첫소리와 어울려 거센소리로 될 적에는 거센소리로 적는다(◉ 간편하게(본말) → 간편케(준말), 흔하다(본말) → 흔타(준말)).

[붙임 1] 'ㅎ'이 어간의 끝소리로 굳어진 것은 받침으로 적는다(◉ 아무렇지, 어떻든지, 이렇고).
[붙임 2] 어간의 끝음절 '하'가 아주 줄 적에는 준 대로 적는다(◉ 생각하건대 → 생각건대, 넉넉하지 않다 → 넉넉지 않다, 익숙하지 않다 → 익숙지 않다).
[붙임 3] 다음과 같은 부사는 소리대로 적는다(◉ 결단코, 결코, 아무튼, 요컨대, 하마터면, 하여튼).

⑤ 띄어쓰기

㉠ 조사

> 제41항 조사는 그 앞말에 붙여 쓴다(◉ 꽃이, 꽃마저, 꽃밖에, 꽃입니다, 어디까지나, 거기도, 멀리는, 웃고만).

㉡ 의존명사, 단위를 나타내는 명사 및 열거하는 말 등

> 제42항 의존명사는 띄어 쓴다(◉ 아는 것이 힘이다, 나도 할 수 있다, 먹을 만큼 먹어라, 그가 떠난 지가 오래다).

> 제45항 두 말을 이어 주거나 열거할 적에 쓰이는 말들은 띄어 쓴다(◉ 국장 겸 과장, 열 내지 스물, 청군 대 백군, 이사장 및 이사들, 사과, 귤 등등).

㉢ 보조용언 ★ 빈출개념

> 제47항 보조용언은 띄어 씀을 원칙으로 하되, 경우에 따라 붙여 씀도 허용한다.

원칙	허용
불이 꺼져 간다.	불이 꺼져간다.
어머니를 도와 드린다.	어머니를 도와드린다.
그릇을 깨뜨려 버렸다.	그릇을 깨뜨려버렸다.
비가 올 듯하다.	비가 올듯하다.
그 일은 할 만하다.	그 일은 할만하다.

다만, 앞말에 조사가 붙거나 앞말이 합성동사인 경우, 그리고 중간에 조사가 들어갈 적에는 그 뒤에 오는 보조용언은 띄어 쓴다.

잘도 놀아만 나는구나!	책을 읽어도 보고	네가 덤벼들어 보아라.
강물에 떠내려가 버렸다.	그가 올 듯도 하다.	잘난 체를 한다.

ㄹ **고유명사 및 전문 용어** ★ 빈출개념

제48항 성과 이름, 성과 호 등은 붙여 쓰고, 이에 덧붙는 호칭어, 관직명 등은 띄어 쓴다(예 김양수(金良洙), 서화담(徐花潭), 채영신 씨, 최치원 선생, 박동식 박사).

다만, 성과 이름, 성과 호를 분명히 구분할 필요가 있을 경우에는 띄어 쓸 수 있다(예 남궁억/남궁 억, 독고준/독고 준, 황보지봉(皇甫芝峰)/황보 지봉).

⑥ **그 밖의 것** ★ 빈출개념

제51항 부사의 끝음절이 분명히 '이'로만 나는 것은 '-이'로 적고, '히'로만 나거나 '이'나 '히'로 나는 것은 '-히'로 적는다.

- '이'로만 나는 것 : 깨끗이, 산뜻이, 겹겹이, 반듯이, 틈틈이, 버젓이, 번번이, 따뜻이, 가까이, 고이, 번거로이, 헛되이, 일일이
- '히'로만 나는 것 : 딱히, 극히, 정확히, 족히, 엄격히, 속히, 급히
- '이, 히'로 나는 것 : 솔직히, 가만히, 꼼꼼히, 상당히, 능히, 분명히, 도저히, 각별히, 소홀히, 쓸쓸히, 열심히, 답답히, 섭섭히, 공평히, 조용히, 고요히

제53항 다음과 같은 어미는 예사소리로 적는다(예 -(으)ㄹ꺼나 → -(으)ㄹ거나, -(으)ㄹ껄 → -(으)ㄹ걸, -(으)ㄹ께 → -(으)ㄹ게, -(으)ㄹ찌언정 → -(으)ㄹ지언정).

다만, 의문을 나타내는 다음 어미들은 된소리로 적는다(예 -(으)ㄹ까?, -(으)ㄹ꼬?, -(으)리까?, -(으)ㄹ쏘냐?).

SEMI-NOTE

고유명사 및 전문 용어
- 한글 맞춤법 제49항 : 성명 이외의 고유명사는 단어별로 띄어 씀을 원칙으로 하되, 단위별로 띄어 쓸 수 있다(예 한국 대학교 사범 대학(원칙)/한국대학교 사범대학(허용)).
- 한글 맞춤법 제50항 : 전문 용어는 단어별로 띄어 씀을 원칙으로 하되, 붙여 쓸 수 있다(예 골수성 백혈병(원칙)/만성골수성백혈병(허용), 중거리 탄도 유도탄(원칙)/중거리탄도유도탄(허용)).

그 밖의 것
- 한글 맞춤법 제54항 : 다음과 같은 접미사는 된소리로 적는다(예 심부름군 → 심부름꾼, 귓대기 → 귀때기, 익살군 → 익살꾼, 볼대기 → 볼때기, 일군 → 일꾼, 뒷굼치 → 뒤꿈치).
- 한글 맞춤법 제56항 : '-더라, -던'과 '-든지'는 다음과 같이 적는다.
  - 지난 일을 나타내는 어미는 '-더라, -던'으로 적는다.(예 지난겨울은 몹시 춥드라. → 지난겨울은 몹시 춥더라./그렇게 좋든가? → 그렇게 좋던가?)
  - 물건이나 일의 내용을 가리지 아니하는 뜻을 나타내는 조사와 어미는 '-든지'로 적는다.(예 배던지 사과던지 마음대로 먹어라. → 배든지 사과든지 마음대로 먹어라.)

SEMI-NOTE

기타 구별하여 적는 말
- **안치다** : 밥을 안친다.
- **앉히다** : 윗자리에 앉힌다.
- **어름** : 두 물건의 어름에서 일어난 현상
- **얼음** : 얼음이 얼었다.
- **거치다** : 영월을 거쳐 왔다.
- **걷히다** : 외상값이 잘 걷힌다.
- **다리다** : 옷을 다린다.
- **달이다** : 약을 달인다.
- **-느니보다(어미)** : 나를 찾아오느니보다 집에 있거라.
- **-는 이보다(의존명사)** : 오는 이가 가는 이보다 많다.
- **-(으)러(목적)** : 공부하러 간다.
- **-(으)려(의도)** : 서울 가려 한다.

제57항 다음 말들은 각각 구별하여 적는다.

가름 : 둘로 가름	갈음 : 새 책상으로 갈음하였다.
거름 : 풀을 썩인 거름	걸음 : 빠른 걸음
걷잡다 : 걷잡을 수 없는 상태	겉잡다 : 겉잡아서 이틀 걸릴 일
그러므로(그러니까) : 그는 부지런하다. 그러므로 잘 산다.	그럼으로(써)(그렇게 하는 것으로) : 그는 열심히 공부한다. 그럼으로(써) 은혜에 보답한다.
노름 : 노름판이 벌어졌다.	놀음(놀이) : 즐거운 놀음
느리다 : 진도가 너무 느리다.	• 늘이다 : 고무줄을 늘인다. • 늘리다 : 수출량을 더 늘린다.
다치다 : 부주의로 손을 다쳤다.	• 닫히다 : 문이 저절로 닫혔다. • 닫치다 : 문을 힘껏 닫쳤다.
마치다 : 벌써 일을 마쳤다.	맞히다 : 여러 문제를 더 맞혔다.
목거리 : 목거리가 덧났다.	목걸이 : 금 목걸이, 은 목걸이
바치다 : 나라를 위해 목숨을 바쳤다.	• 받치다 : 우산을 받치고 간다. • 받히다 : 쇠뿔에 받혔다. • 밭치다 : 술을 체에 밭친다.
반드시 : 약속은 반드시 지켜라.	반듯이 : 고개를 반듯이 들어라.
부딪치다 : 차와 차가 마주 부딪쳤다.	부딪히다 : 마차가 화물차에 부딪혔다.
부치다 : 힘이 부치는 일이다.	붙이다 : 우표를 붙인다.
시키다 : 일을 시킨다.	식히다 : 끓인 물을 식힌다.
아름 : 세 아름 되는 둘레	• 알음 : 전부터 알음이 있는 사이 • 앎 : 앎이 힘이다.
이따가 : 이따가 오너라.	있다가 : 돈은 있다가도 없다.
저리다 : 다친 다리가 저린다.	절이다 : 김장 배추를 절인다.
조리다 : 생선을 조리다.	졸이다 : 마음을 졸인다.
주리다 : 여러 날을 주렸다.	줄이다 : 비용을 줄인다.
-노라고 : 하노라고 한 것이 이 모양이다.	-느라고 : 공부하느라고 밤을 새웠다.
-(으)리만큼(어미) : 나를 미워하리만큼 그에게 잘못한 일이 없다.	-(으)ㄹ 이만큼(의존명사) : 찬성할 이도 반대할 이만큼이나 많을 것이다.
(으)로서(자격) : 사람으로서 그럴 수는 없다.	(으)로써(수단) : 닭으로써 꿩을 대신했다.
-(으)므로(어미) : 그가 나를 믿으므로 나도 그를 믿는다.	(-ㅁ, -음)으로(써)(조사) : 그는 믿음으로(써) 산 보람을 느꼈다.

(2) 표준어 규정

① 표준어 사정 원칙 – 총칙

> 제1항 표준어는 교양 있는 사람들이 두루 쓰는 현대 서울말로 정함을 원칙으로 한다.
> 제2항 외래어는 따로 사정한다.

② 발음 변화에 따른 표준어 규정

㉠ 자음

> 제5항 어원에서 멀어진 형태로 굳어져서 널리 쓰이는 것은, 그것을 표준어로 삼는다(예 강남콩 → 강낭콩, 삭월세 → 사글세).

다만, 어원적으로 원형에 더 가까운 형태가 아직 쓰이고 있는 경우에는, 그것을 표준어로 삼는다(예 저으기 → 적이, 구젓 → 굴젓).

> 제7항 수컷을 이르는 접두사는 '수-'로 통일한다(예 숫놈 → 수놈, 숫소 → 수소, 수펑, 수퀑 → 수꿩).

다만 1. 다음 단어에서는 접두사 다음에서 나는 거센소리를 인정한다. 접두사 '암-'이 결합되는 경우에도 이에 준한다(예 숫-강아지 → 수캉아지, 숫-개 → 수캐, 숫-닭 → 수탉, 숫-당나귀 → 수탕나귀, 숫-돼지 → 수퇘지, 숫-병아리 → 수평아리).
다만 2. 다음 단어의 접두사는 '숫-'으로 한다(예 숫양, 숫염소, 숫쥐).

㉡ 모음

> 제8항 양성모음이 음성모음으로 바뀌어 굳어진 다음 단어는 음성모음 형태를 표준어로 삼는다(예 깡총깡총 → 깡충깡충, 오똑이 → 오뚝이, 바람동이 → 바람둥이, 발가송이 → 발가숭이, 봉족 → 봉죽, 뻗장다리 → 뻗정다리, 주초 → 주추(주춧돌)).

다만, 어원 의식이 강하게 작용하는 다음 단어에서는 양성모음 형태를 그대로 표준어로 삼는다(예 부주금 → 부조금(扶助金), 사둔 → 사돈(査頓), 삼춘 → 삼촌(三寸)).

> 제9항 'ㅣ' 역행동화 현상에 의한 발음은 원칙적으로 표준 발음으로 인정하지 아니하되, 다만 다음 단어들은 그러한 동화가 적용된 형태를 표준어로 삼는다(예 풋나기 → 풋내기, 남비 → 냄비, 동당이치다 → 동댕이치다).

[붙임 1] 다음 단어는 'ㅣ' 역행동화가 일어나지 아니한 형태를 표준어로 삼는다(예 아지랭이 → 아지랑이).

SEMI-NOTE

표준어 규정(자음)

- **표준어 규정 제3항** : 다음 단어들은 거센소리를 가진 형태를 표준어로 삼는다(예 끄나풀 → 끄나풀, 새벽녁 → 새벽녘, 부엌 → 부엌, 간 → 칸).
  단, 초가삼간, 윗간의 경우에는 '간'이 표준어
- **표준어 규정 제4항** : 다음 단어들은 거센소리로 나지 않는 형태를 표준어로 삼는다(예 가을카리 → 가을갈이, 거시키 → 거시기, 푼침 → 분침).
- **표준어 규정 제6항** : 다음 단어들은 의미를 구별함이 없이, 한 가지 형태만을 표준어로 삼는다(예 돐 → 돌, 두째 → 둘째, 세째 → 셋째, 네째 → 넷째, 빌다 → 빌리다).
  다만, '둘째'는 십 단위 이상의 서수사에 쓰일 때에 '두째'로 한다(예 열둘째 → 열두째).

표준어 규정(모음)

- **표준어 규정 제10항** : 다음 단어는 모음이 단순화한 형태를 표준어로 삼는다(예 괴팍하다 → 괴팍하다, 으례 → 으레, 계계묵다 → 케케묵다, 미류나무 → 미루나무, 미력 → 미륵, 허위대 → 허우대, 허위적거리다 → 허우적거리다).
- **표준어 규정 제11항** : 다음 단어에서는 모음의 발음 변화를 인정하여, 발음이 바뀌어 굳어진 형태를 표준어로 삼는다(예 -구료 → -구려, 나무래다 → 나무라다, 상치 → 상추, 깍정이 → 깍쟁이, 바래다 → 바라다, 허드래 → 허드레, 주착 → 주책, 실업의아들 → 시러베아들, -지리하다 → 지루하다, 호루루기 → 호루라기).

SEMI-NOTE

[붙임 2] 기술자에게는 '-장이', 그 외에는 '-쟁이'가 붙는 형태를 표준어로 삼는다(예 미쟁이 → 미장이, 유기쟁이 → 유기장이, 멋장이 → 멋쟁이, 골목장이 → 골목쟁이, 소금장이 → 소금쟁이, 담장이 덩굴 → 담쟁이 덩굴).

> 제12항 '웃-' 및 '윗-'은 명사 '위'에 맞추어 '윗-'으로 통일한다(예 웃니 → 윗니, 웃도리 → 윗도리, 웃목 → 윗목, 웃몸 → 윗몸).

다만 1. 된소리나 거센소리 앞에서는 '위-'로 한다(예 웃쪽 → 위쪽, 웃층 → 위층).
다만 2. '아래, 위'의 대립이 없는 단어는 '웃-'으로 발음되는 형태를 표준어로 삼는다(예 윗어른 → 웃어른, 윗옷 → 웃옷, 윗돈 → 웃돈, 윗국 → 웃국, 윗비 → 웃비).

> 제13항 한자 '구(句)'가 붙어서 이루어진 단어는 '귀'로 읽는 것을 인정하지 아니하고, '구'로 통일한다(예 귀절 → 구절(句節), 경귀 → 경구(警句), 대귀 → 대구(對句), 문귀 → 문구(文句), 성귀 → 성구(成句), 시귀 → 시구(詩句), 어귀 → 어구(語句)).

다만, 다음 단어는 '귀'로 발음되는 형태를 표준어로 삼는다(예 구글 → 귀글, 글구 → 글귀).

ⓒ 준말

> 제16항 준말과 본말이 다 같이 널리 쓰이면서 준말의 효용이 뚜렷이 인정되는 것은 두 가지를 다 표준어로 삼는다.

거짓-부리/거짓-불	노을/놀
막대기/막대	망태기/망태
머무르다/머물다	서두르다/서둘다
서투르다/서툴다	석새-삼베/석새-베
시-누이/시-뉘, 시-누	오-누이/오-뉘, 오-누
외우다/외다	이기죽-거리다/이죽-거리다

③ 어휘 선택의 변화에 따른 표준어 규정
㉠ 고어

> 제20항 사어(死語)가 되어 쓰이지 않게 된 단어는 고어로 처리하고, 현재 널리 사용되는 단어를 표준어로 삼는다. ( )안은 쓰이지 않는 말이다(예 난봉(봉), 낭떠러지(낭), 설거지-하다(설겆다), 애달프다(애닯다), 오동-나무(머귀나무), 자두(오얏)).

표준어 규정(준말)
- **표준어 규정 제14항** : 준말이 널리 쓰이고 본말이 잘 쓰이지 않는 경우에는, 준말만을 표준어로 삼는다(예 귀치않다 → 귀찮다, 또아리 → 똬리, 무우 → 무, 설비음 → 설빔, 새앙쥐 → 생쥐, 소리개 → 솔개, 장사아치 → 장사치).
- **표준어 규정 제15항** : 준말이 쓰이고 있더라도, 본말이 널리 쓰이고 있으면 본말을 표준어로 삼는다(예 경없다 → 경황없다, 귀개 → 귀이개, 낌 → 낌새, 돗 → 돗자리, 막잡이 → 마구잡이, 뒝박 → 뒤웅박, 부럼 → 부스럼, 암 → 암죽, 죽살 → 죽살이).

ⓒ 복수 표준어

> 제26항 한 가지 의미를 나타내는 형태 몇 가지가 널리 쓰이며 표준어 규정에 맞으면, 그 모두를 표준어로 삼는다.

가는-허리/잔-허리	가락-엿/가래-엿
가뭄/가물	가엾다/가엽다
감감-무소식/감감-소식	개수-통/설거지-통
게을러-빠지다/게을러-터지다	고깃-간/푸줏-간
곰곰/곰곰-이	관계-없다/상관-없다
극성-떨다/극성-부리다	기세-부리다/기세-피우다
기승-떨다/기승-부리다	넝쿨/덩굴
녘/쪽	다달-이/매-달
-다마다/-고말고	다박-나룻/다박-수염
덧-창/겉-창	돼지-감자/뚱딴지
들락-날락/들랑-날랑	딴-전/딴-청
-뜨리다/-트리다	마-파람/앞-바람
만큼/만치	멀찌감치/멀찌가니/멀찍이
모-내다/모-심다	모쪼록/아무쪼록
물-봉숭아/물-봉선화	민둥-산/벌거숭이-산
밑-층/아래-층	변덕-스럽다/변덕-맞다
보-조개/볼-우물	보통-내기/여간-내기/예사-내기
서럽다/섧다	성글다/성기다
-(으)세요/-(으)셔요	송이/송이-버섯
아무튼/어떻든/어쨌든/하여튼/여하튼	알은-척/알은-체
어이-없다/어처구니-없다	어저께/어제
여쭈다/여쭙다	여태-껏/이제-껏/입때-껏
옥수수/강냉이	욕심-꾸러기/욕심-쟁이
우레/천둥	을러-대다/을러-메다
의심-스럽다/의심-쩍다	-이에요/-이어요
자물-쇠/자물-통	재롱-떨다/재롱-부리다
제-가끔/제-각기	좀-처럼/좀-체
차차/차츰	척/체
천연덕-스럽다/천연-스럽다	철-따구니/철-딱서니/철-딱지
한턱-내다/한턱-하다	혼자-되다/홀로-되다
흠-가다/흠-나다/흠-지다	

SEMI-NOTE

표준어 규정(복수 표준어)

- 표준어 규정 제18항 : 다음 언어는 전자를 원칙으로 하고, 후자도 허용한다(예 쇠-/소-, 괴다/고이다, 꾀다/꼬이다, 쐬다/쏘이다, 죄다/조이다).
- 표준어 규정 제19항 : 어감의 차이를 나타내는 단어 또는 발음이 비슷한 단어들이 다 같이 널리 쓰이는 경우에는 그 모두를 표준어로 삼는다(예 거슴츠레-하다/게슴츠레-하다, 고까/꼬까, 고린-내/코린-내, 구린-내/쿠린-내, 꺼림-하다/께름-하다, 나부랭이/너부렁이).

표준어 규정(한자어)

- 표준어 규정 제21항 : 고유어 계열의 단어가 널리 쓰이고 그에 대응되는 한자어 계열의 단어가 용도를 잃게 된 것은, 고유어 계열의 단어만을 표준어로 삼는다(예 말약 → 가루약, 방돌 → 구들장, 보행삯 → 길품삯, 맹눈 → 까막눈, 노닥다리 → 늙다리, 병암죽 → 떡암죽, 건빨래 → 마른빨래, 배달나무 → 박달나무, 답/전 → 논/밭, 화곽 → 성냥, 벽지다 → 외지다, 솟을문 → 솟을무늬, 피죽 → 죽데기, 분전 → 푼돈).
- 표준어 규정 제22항 : 고유어 계열의 단어가 생명력을 잃고 그에 대응되는 한자어 계열의 단어가 널리 쓰이면, 한자어 계열의 단어를 표준어로 삼는다(예 개다리 밥상 → 개다리 소반, 맞상 → 겸상, 높은 밥 → 고봉밥, 마바리집 → 마방집, 민주스럽다 → 민망스럽다, 구들고래 → 방고래, 뜸단지 → 부항단지, 둥근 파 → 양파, 군달 → 윤달, 알무 → 총각무, 잇솔 → 칫솔).

(3) 표준 발음법

① 자음과 모음의 발음

> 제4항 'ㅏ, ㅐ, ㅓ, ㅔ, ㅗ, ㅚ, ㅜ, ㅟ, ㅡ, ㅣ'는 단모음(單母音)으로 발음한다.

[붙임] 'ㅚ, ㅟ'는 이중 모음으로 발음할 수 있다.

> 제5항 'ㅑ, ㅒ, ㅕ, ㅖ, ㅘ, ㅙ, ㅛ, ㅝ, ㅞ, ㅠ, ㅢ'는 이중 모음으로 발음한다.

다만 1. 용언의 활용형에 나타나는 '져, 쪄, 쳐'는 [저, 쩌, 처]로 발음한다(예 가지어 → 가져[가저], 찌어 → 쪄[쩌], 다치어 → 다쳐[다처]).
다만 3. 자음을 첫소리로 가지고 있는 음절의 'ㅢ'는 [ㅣ]로 발음한다(예 늴리리, 닁큼, 무늬, 띄어쓰기, 씌어, 틔어, 희어, 희떱다, 희망, 유희).
다만 4. 단어의 첫음절 이외의 '의'는 [ㅣ]로, 조사 '의'는 [ㅔ]로 발음함도 허용한다(예 주의[주의/주이], 협의[혀븨/혀비], 우리의[우리의/우리에], 강의의[강:의의/강:이에]).

② 음의 길이

> 제6항 모음의 장단을 구별하여 발음하되, 단어의 첫음절에서만 긴소리가 나타나는 것을 원칙으로 한다(예 눈보라[눈:보라], 말씨[말:씨], 밤나무[밤:나무], 많다[만:타], 멀리[멀:리], 벌리다[벌:리다]).

다만, 합성어의 경우에는 둘째 음절 이하에서도 분명한 긴소리를 인정한다(예 반신반의[반:신바:늬/반:신바:니], 재삼재사[재:삼재:사]).
[붙임] 용언의 단음절 어간에 어미 '-아/-어'가 결합되어 한 음절로 축약되는 경우에도 긴소리로 발음한다(예 보아 → 봐[봐:], 기어 → 겨[겨:], 되어 → 돼[돼:], 두어 → 둬[둬:], 하여 → 해[해:]).
다만, '오아 → 와, 지어 → 져, 찌어 → 쪄, 치어 → 쳐' 등은 긴소리로 발음하지 않는다.

> 제7항 긴소리를 가진 음절이라도, 다음과 같은 경우에는 짧게 발음한다.

- 단음절인 용언 어간에 모음으로 시작된 어미가 결합되는 경우(예 감다[감:따] - 감으니[가므니], 밟다[밥:따] - 밟으면[발브면])
  다만, 다음과 같은 경우에는 예외적이다(예 끌다[끌:다] - 끌어[끄:러], 떫다[떨:따] - 떫은[떨:븐], 벌다[벌:다] - 벌어[버:러], 썰다[썰:다] - 썰어[써:러]).
- 용언 어간에 피동, 사동의 접미사가 결합되는 경우(예 감다[감:따] - 감기다[감기다], 꼬다[꼬:다] - 꼬이다[꼬이다], 밟다[밥:따] - 밟히다[발피다])
  다만, 다음과 같은 경우에는 예외적이다(예 끌리다[끌:리다], 벌리다[벌:리다], 없애다[업:쌔다]).

SEMI-NOTE

표준 발음법 제 5항(다만 2.)
다만 2. '예, 례' 이외의 'ㅖ'는 [ㅔ]로도 발음한다(예 계집[계:집/게:집], 계시다[계:시다/게:시다], 시계[시계/시게], 개폐[개폐/개페](開閉), 혜택[혜:택/혜:택], 지혜[지혜/지혜](智慧)).

주요 고유어의 장단음 구분
- 굴[먹는 것] - 굴:[窟]
- 눈[신체의 눈] - 눈:[雪]
- 말[馬] - 말:[言語]
- 말다[감다] - 말:다[그만두다]
- 묻다[매장] - 묻:다[질문하다]
- 발[신체] - 발:[가늘게 쪼갠 대나 갈대 같은 것을 실로 엮어서 만든 가리개]
- 밤[夜] - 밤:[栗]
- 벌[罰] - 벌:[곤충]
- 새집[새로 지은 집] - 새:집[새의 집]
- 섬[수량단위] - 섬:[島]
- 종[鐘] - 종:[비복, 노비]
- 적다[필기하다] - 적:다[少]
- 줄[끈] - 줄:[쇠를 자르는 연장]

[붙임] 다음과 같은 복합어에서는 본디의 길이에 관계없이 짧게 발음한다(예 밀-물, 썰-물, 쏜-살-같이, 작은-아버지).

③ 받침의 발음

> 제10항 겹받침 'ㄳ', 'ㄵ', 'ㄼ, ㄽ, ㄾ', 'ㅄ'은 어말 또는 자음 앞에서 각각 [ㄱ, ㄴ, ㄹ, ㅂ]으로 발음한다(예 넋[넉], 넋과[넉꽈], 앉다[안따], 여덟[여덜], 넓다[널따], 외곬[외골], 핥다[할따], 값[갑]).

다만, '밟-'은 자음 앞에서 [밥]으로 발음하고, '넓-'은 다음과 같은 경우에 [넙]으로 발음한다(예 밟다[밥:따], 밟소[밥:쏘], 밟지[밥:찌], 밟는[밥:는 → 밤:는], 밟게[밥:께], 밟고[밥:꼬], 넓-죽하다[넙쭈카다], 넓-둥글다[넙뚱글다]).

> 제12항 받침 'ㅎ'의 발음은 다음과 같다.

- 'ㅎ(ㄶ, ㅀ)' 뒤에 'ㄱ, ㄷ, ㅈ'이 결합되는 경우에는, 뒤 음절 첫소리와 합쳐서 [ㅋ, ㅌ, ㅊ]으로 발음한다(예 놓고[노코], 좋던[조:턴], 쌓지[싸치], 많고[만:코], 않던[안턴], 닳지[달치]).
[붙임 1] 받침 'ㄱ(ㄺ), ㄷ, ㅂ(ㄼ), ㅈ(ㄵ)'이 뒤 음절 첫소리 'ㅎ'과 결합되는 경우에도, 역시 두 음을 합쳐서 [ㅋ, ㅌ, ㅍ, ㅊ]으로 발음한다(예 각하[가카], 먹히다[머키다], 밝히다[발키다], 맏형[마텽], 좁히다[조피다], 넓히다[널피다], 꽂히다[꼬치다], 앉히다[안치다]).
[붙임 2] 규정에 따라 'ㄷ'으로 발음되는 'ㅅ, ㅈ, ㅊ, ㅌ'의 경우에도 이에 준한다(예 옷 한 벌[오탄벌], 낮 한때[나탄때], 꽃 한 송이[꼬탄송이], 숱하다[수타다]).
- 'ㅎ(ㄶ, ㅀ)' 뒤에 'ㅅ'이 결합되는 경우에는, 'ㅅ'을 [ㅆ]으로 발음한다(예 닿소[다:쏘], 많소[만:쏘], 싫소[실쏘]).
- 'ㅎ' 뒤에 'ㄴ'이 결합되는 경우에는, [ㄴ]으로 발음한다(예 놓는[논는], 쌓네[싼네]).
[붙임] 'ㄶ, ㅀ' 뒤에 'ㄴ'이 결합되는 경우에는, 'ㅎ'을 발음하지 않는다(예 않네[안네], 않는[안는], 뚫네[뚤네 → 뚤레], 뚫는[뚤는 → 뚤른]).
- 'ㅎ(ㄶ, ㅀ)' 뒤에 모음으로 시작된 어미나 접미사가 결합되는 경우에는, 'ㅎ'을 발음하지 않는다(예 낳은[나은], 놓아[노아], 쌓이다[싸이다], 많아[마:나], 않은[아는], 닳아[다라], 싫어도[시러도]).

> 제15항 받침 뒤에 모음 'ㅏ, ㅓ, ㅗ, ㅜ, ㅟ'들로 시작되는 실질형태소가 연결되는 경우에는, 대표음으로 바꾸어서 뒤 음절 첫소리로 옮겨 발음한다(예 밭 아래[바다래], 늪 앞[느밥], 젖어미[저더미], 겉옷[거돋], 꽃 위[꼬뒤]).

다만, '맛있다, 멋있다'는 [마싣따], [머싣따]로도 발음할 수 있다.
[붙임] 겹받침의 경우에는, 그 중 하나만을 옮겨 발음한다(예 넋 없다[너겁따], 닭 앞에[다가페], 값어치[가버치], 값있는[가빈는]).

SEMI-NOTE

표준 발음법(받침의 발음)

- **표준 발음법 제9항** : 받침 'ㄲ, ㅋ', 'ㅅ, ㅆ, ㅈ, ㅊ, ㅌ', 'ㅍ'은 어말 또는 자음 앞에서 각각 대표음[ㄱ, ㄷ, ㅂ]으로 발음한다(예 닦다[닥따], 키읔[키윽], 키읔과[키윽꽈], 옷[옫], 웃다[욷:따], 있다[읻따], 젖[젇]).

- **표준 발음법 제11항** : 겹받침 'ㄺ, ㄻ, ㄿ'은 어말 또는 자음 앞에서 각각 [ㄱ, ㅁ, ㅂ]으로 발음한다(예 닭[닥], 흙과[흑꽈], 맑다[막따], 늙지[늑찌], 삶[삼:], 젊다[점:따], 읊고[읍꼬], 읊다[읍따]). 다만, 용언의 어간 말음 'ㄺ'은 'ㄱ' 앞에서 [ㄹ]로 발음한다(예 맑게[말께], 묽고[물꼬], 얽거나[얼꺼나]).

- **표준 발음법 제14항** : 겹받침이 모음으로 시작된 조사나 어미, 접미사와 결합되는 경우에는, 뒤엣것만을 뒤 음절 첫소리로 옮겨 발음한다. 이 경우, 'ㅅ'은 된소리로 발음한다(예 넋이[넉씨], 앉아[안자], 닭을[달글], 젊어[절머], 곬이[골씨], 핥아[할타], 읊어[을퍼], 값을[갑쓸], 없어[업:써]).

SEMI-NOTE

표준 발음법(음의 동화)
- 표준 발음법 제19항 : 받침 'ㅁ, ㅇ' 뒤에 연결되는 'ㄹ'은 [ㄴ]으로 발음한다(예 담력[담:녁], 침략[침:냑], 강릉[강능], 항로[항:노], 대통령[대:통녕]).
- 표준 발음법 제20항 : 'ㄴ'은 'ㄹ'의 앞이나 뒤에서 [ㄹ]로 발음한다.
  - 난로[날:로], 신라[실라], 천리[철리], 광한루[광:할루], 대관령[대:괄령]
  - 칼날[칼랄], 물난리[물랄리], 줄넘기[줄럼끼], 할는지[할른지]
  [붙임] 첫소리 'ㄴ'이 'ㅎ', 'ㅌ' 뒤에 연결되는 경우에도 이에 준한다(예 닳는[달른], 뚫는[뚤른], 핥네[할레]).

표준 발음법(된소리되기)
- 표준 발음법 제23항 : 받침 'ㄱ(ㄲ, ㅋ, ㄳ, ㄺ), ㄷ(ㅅ, ㅆ, ㅈ, ㅊ, ㅌ), ㅂ(ㅍ, ㄼ, ㄿ, ㅄ)' 뒤에 연결되는 'ㄱ, ㄷ, ㅂ, ㅅ, ㅈ'은 된소리로 발음한다(예 국밥[국빱], 깎다[깍따], 넋받이[넉빠지], 삯돈[삭똔], 닭장[닥짱], 칡범[칙뻠], 뻗대다[뻗때다], 옷고름[옫꼬름], 꽃다발[꼳따발], 낯설다[낟썰다], 밭갈이[받까리], 곱돌[곱똘], 덮개[덥깨], 옆집[엽찝], 넓죽하다[넙쭈카다], 읊조리다[읍쪼리다]).
- 표준 발음법 제28항 : 표기상으로는 사이시옷이 없더라도, 관형격 기능을 지니는 사이시옷이 있어야 할(휴지가 성립되는) 합성어의 경우에는, 뒤 단어의 첫소리 'ㄱ, ㄷ, ㅂ, ㅅ, ㅈ'을 된소리로 발음한다(예 산-새[산쌔], 굴-속[굴:쏙], 손-재주[손째주], 그믐-달[그믐딸]).

④ 음의 동화

> 제17항 받침 'ㄷ, ㅌ(ㄾ)'이 조사나 접미사의 모음 'ㅣ'와 결합되는 경우에는, [ㅈ, ㅊ]으로 바꾸어서 뒤 음절 첫소리로 옮겨 발음한다(예 곧이듣다[고지듣따], 굳이[구지], 미닫이[미:다지], 땀받이[땀바지], 밭이[바치]).

[붙임] 'ㄷ' 뒤에 접미사 '히'가 결합되어 '티'를 이루는 것은 [치]로 발음한다(예 굳히다[구치다], 닫히다[다치다], 묻히다[무치다]).

> 제18항 받침 'ㄱ(ㄲ, ㅋ, ㄳ, ㄺ), ㄷ(ㅅ, ㅆ, ㅈ, ㅊ, ㅌ, ㅎ), ㅂ(ㅍ, ㄼ, ㄿ, ㅄ)'은 'ㄴ, ㅁ' 앞에서 [ㅇ, ㄴ, ㅁ]으로 발음한다(예 먹는[멍는], 국물[궁물], 깎는[깡는], 키읔만[키응만], 몫몫이[몽목씨], 긁는[긍는], 흙만[흥만]).

[붙임] 두 단어를 이어서 한 마디로 발음하는 경우에도 이와 같다(예 책 넣는다[챙넌는다], 흙 말리다[흥말리다], 옷 맞추다[온맏추다], 밥 먹는다[밤멍는다]).

> 제21항 위에서 지적한 이외의 자음 동화는 인정하지 않는다(예 감기[감:기](×[강:기]), 옷감[옫깜](×[옥깜]), 있고[읻꼬](×[익꼬]), 꽃길[꼳낄](×[꼭낄]), 젖먹이[전머기](×[점머기]), 문법[문뻡](×[뭄뻡])).

⑤ 된소리되기(경음화) ★ 빈출개념

> 제24항 어간 받침 'ㄴ(ㄵ), ㅁ(ㄻ)' 뒤에 결합되는 어미의 첫소리 'ㄱ, ㄷ, ㅅ, ㅈ'은 된소리로 발음한다(예 신고[신:꼬], 껴안다[껴안따], 앉고[안꼬], 더듬지[더듬찌], 닮고[담:꼬], 젊지[점:찌]).

다만, 피동, 사동의 접미사 '-기-'는 된소리로 발음하지 않는다(예 안기다, 감기다, 굶기다, 옮기다).

> 제25항 어간 받침 'ㄼ, ㄾ' 뒤에 결합되는 어미의 첫소리 'ㄱ, ㄷ, ㅅ, ㅈ'은 된소리로 발음한다(예 넓게[널께], 핥다[할따], 훑소[훌쏘], 떫지[떨:찌]).

> 제26항 한자어에서, 'ㄹ' 받침 뒤에 연결되는 'ㄷ, ㅅ, ㅈ'은 된소리로 발음한다(예 갈등[갈뜽], 발전[발쩐], 갈증[갈쯩]).

다만, 같은 한자가 겹쳐진 단어의 경우에는 된소리로 발음하지 않는다(예 허허실실(虛虛實實)[허허실실], 절절하다(切切-)[절절하다]).

> 제27항 관형사형 '-(으)ㄹ' 뒤에 연결되는 'ㄱ, ㄷ, ㅂ, ㅅ, ㅈ'은 된소리로 발음한다(예 바를[할빠를], 할 도리[할또리], 할 적에[할쩌게]).

다만, 끊어서 말할 적에는 예사소리로 발음한다.
[붙임] '-(으)ㄹ'로 시작되는 어미의 경우에도 이에 준한다(예 할걸[할껄], 할밖에[할빠께], 할세라[할쎄라], 할수록[할쑤록], 할지라도[할찌라도]).

⑥ 음의 첨가

> 제29항 합성어 및 파생어에서, 앞 단어나 접두사의 끝이 자음이고 뒤 단어나 접미사의 첫음절이 '이, 야, 여, 요, 유'인 경우에는, 'ㄴ' 음을 첨가하여 [니, 냐, 녀, 뇨, 뉴]로 발음한다(예 솜-이불[솜:니불], 홑-이불[혼니불], 삯-일[상닐], 맨-입[맨닙], 내복-약[내:봉냑], 한-여름[한녀름], 남존-여비[남존녀비], 색-연필[생년필], 직행-열차[지캥녈차], 늑막-염[능망념], 콩-엿[콩녇], 눈-요기[눈뇨기], 식용-유[시굥뉴], 밤-윷[밤:뉻]).

다만, 다음과 같은 말들은 'ㄴ'음을 첨가하여 발음하되, 표기대로 발음할 수 있다(예 이죽-이죽[이중니죽/이주기죽], 야금-야금[야금냐금/야그먀금], 검열[검:녈/거:멸], 욜랑-욜랑[욜랑뇰랑/욜랑욜랑], 금융[금늉/그뮹]).
[붙임 1] 'ㄹ' 받침 뒤에 첨가되는 'ㄴ' 음은 [ㄹ]로 발음한다(예 들-일[들:릴], 솔-잎[솔립], 설-익다[설릭따], 물-약[물략], 서울-역[서울력], 물-엿[물렫], 유들-유들[유들류들]).
[붙임 2] 두 단어를 이어서 한 마디로 발음하는 경우에도 이에 준한다(예 한 일[한닐], 옷 입다[온닙따], 서른여섯[서른녀섣], 3연대[삼년대], 1연대[일련대], 할 일[할릴], 잘 입다[잘립따], 스물여섯[스물려섣], 먹을 엿[머글렫]).
다만, 다음과 같은 단어에서는 'ㄴ(ㄹ)' 음을 첨가하여 발음하지 않는다(예 6·25[유기오], 3·1절[사밀쩔], 송별-연[송:벼련], 등-용문[등용문]).

> 제30항 사이시옷이 붙은 단어는 다음과 같이 발음한다.

- 'ㄱ, ㄷ, ㅂ, ㅅ, ㅈ'으로 시작하는 단어 앞에 사이시옷이 올 때는 이들 자음만을 된소리로 발음하는 것을 원칙으로 하되, 사이시옷을 [ㄷ]으로 발음하는 것도 허용한다(예 냇가[내:까/낻:까], 샛길[새:낄/샏:낄], 콧등[코뜽/콛뜽], 깃발[기빨/긷빨]).
- 사이시옷 뒤에 'ㄴ, ㅁ'이 결합되는 경우에는 [ㄴ]으로 발음한다(예 콧날[콛날 → 콘날], 아랫니[아랟니 → 아랜니], 툇마루[퇻:마루 → 퇸:마루]).
- 사이시옷 뒤에 '이' 음이 결합되는 경우에는 [ㄴㄴ]으로 발음한다(예 베갯잇[베갣닏 → 베갠닏], 깻잎[깯닙 → 깬닙], 나뭇잎[나묻닙 → 나문닙]).

(4) 외래어 표기법

① 본문

> 제1항 외래어는 국어의 현용 24자모만으로 적는다.
> 제2항 외래어의 1음운은 원칙적으로 1기호로 적는다.

SEMI-NOTE

표준 발음법('ㄴ'음의 첨가 조건)
- '영업용'과 같이 접미사 '-용'이 결합된 경우에도 'ㄴ'이 첨가되지만 이때의 '-용'은 어휘적인 의미를 강하게 지님
- 소리적인 측면에서 앞말은 자음으로 끝나고 뒷말은 단모음 '이' 또는 이중모음 '야, 여, 요, 유'로 시작해야 하므로, 이때 첨가되는 'ㄴ'은 뒷말의 첫소리에 놓임

표준 발음법(사이시옷 표기)
- 다음 단어들은 사잇소리현상은 있으되 한자와 한자 사이에 사이시옷 표기를 하지 않는다는 규정을 따른다(예 소주잔(燒酒盞)[—짠], 맥주잔(麥酒盞)[—쭈짠]).
- 한자와 고유어로 이루어진 다음의 단어들은 사이시옷 표기를 한다(예 소줏집, 맥줏집, 전셋집).

SEMI-NOTE

꼭 알아 두어야 할 외래어 표기 규정

- 7종성 받침만 쓰는 규정(ㄱ, ㄴ, ㄹ, ㅁ, ㅂ, ㅅ, ㅇ) : 케잌(×) → 케이크(○), 커피숖(×) → 커피숍(○), 맑스(×) → 마르크스, 테잎(×) → 테이프(○), 디스켇(×) → 디스켓(○)
- 장모음 금지 규정 : 보오트(×) → 보트(○), 처칠(×) → 처칠(○), 티임(×) → 팀(○)
- 'ㅈ'계 후행 모음의 단모음 표기 규정(복모음 금지) : 비젼(×) → 비전(○), 쥬스(×) → 주스(○), 스케쥴(×) → 스케줄(○), 레져(×) → 레저(○), 챠트(×) → 차트(○)
- 파열음 표기에서의 된소리 금지 규정 : 까스(×) → 가스(○), 써비스(×) → 서비스(○), 도꾜(×) → 도쿄(○), 꽁트(×) → 콩트(○), 빠리(×) → 파리(○)
- 한 음운을 한 기호로 표기('f'는 'ㅍ'로 적음) : 후라이(×) → 프라이(○), 플렛홈(platform)(×) → 플랫폼(○), 화이팅(×) → 파이팅(○)
- 어말의 [ʃ]는 '시'로, 자음 앞의 [ʃ]는 '슈'로, 모음 앞의 [ʃ]는 뒤에 오는 모음 따라 표기 : flash[플래시], shrub[슈러브], fashion[패션], supermarket[슈퍼마켓]
- 어중의 [l]이 모음 앞에 오거나 모음이 따르지 않는 비음 [m], [n] 앞에 올 때는 'ㄹㄹ'로 표기 하는데 비해, 비음 [m], [n] 뒤의 [l]은 모음이 뒤에 오는 경우 'ㄹ'로 표기 : slide[슬라이드], film[필름], Hamlet[햄릿]

제3항 받침에는 'ㄱ, ㄴ, ㄹ, ㅁ, ㅂ, ㅅ, ㅇ'만을 쓴다(7종성법 적용, 'ㄷ'은 제외됨).
제4항 파열음 표기에는 된소리를 쓰지 않는 것을 원칙으로 한다.
제5항 이미 굳어진 외래어는 관용을 존중하되, 그 범위와 용례는 따로 정한다.

② 제 2장 표기 일람표(표1 국제 음성 기호와 한글 대조표)

자음			반모음		모음	
국제 음성 기호	한글		국제 음성 기호	한글	국제 음성 기호	한글
	모음 앞	자음 앞				
p	ㅍ	ㅂ, 프	j	이	i	이
b	ㅂ	브	ɥ	위	y	위
t	ㅌ	ㅅ, 트	w	오, 우	e	에
d	ㄷ	드			ø	외
k	ㅋ	ㄱ, 크			ɛ	에
g	ㄱ	그			ɛ̃	앵
f	ㅍ	프			œ	외
v	ㅂ	브			œ̃	욍
θ	ㅅ	스			æ	애
ð	ㄷ	드			a	아
s	ㅅ	스			ɑ	아
z	ㅈ	즈			ã	앙
ʃ	시	슈, 시			ʌ	어
ʒ	ㅈ	지			ɔ	오
ts	ㅊ	츠			ɔ̃	옹
dz	ㅈ	즈			o	오
ʧ	ㅊ	치			u	우
ʤ	ㅈ	지			ə	어
m	ㅁ	ㅁ			ɚ	어
n	ㄴ	ㄴ				
ɲ	니	뉴				
ŋ	ㅇ	ㅇ				
l	ㄹ, ㄹㄹ	ㄹ				
r	ㄹ	르				
h	ㅎ	흐				
ç	ㅎ	히				
x	ㅎ	흐				

③ 외래어 표기법 제3장 제1절 영어의 표기 ★ 빈출개념

제1항 무성 파열음([p], [t], [k])
- 짧은 모음 다음의 어말 무성 파열음([p], [t], [k])은 받침으로 적는다(예 gap[gæp] 갭, cat[kæt] 캣, book[buk] 북).
- 짧은 모음과 유음, 비음([l], [r], [m], [n]) 이외의 자음 사이에 오는 무성 파열음([p], [t], [k])은 받침으로 적는다(예 apt[æpt] 앱트, setback[setbæk] 셋백, act[ækt] 액트).
- 위 경우 이외의 어말과 자음 앞의 [p], [t], [k]는 '으'를 붙여 적는다(예 stamp[stæmp] 스탬프, cape[keip] 케이프, part[pa:t] 파트, desk[desk] 데스크, make[meik] 메이크, apple[æpl] 애플, mattress[mætris] 매트리스, sickness[siknis] 시크니스).

제3항 마찰음([s], [z], [f], [v], [θ], [ð], [ʃ], [ʒ])
- 어말 또는 자음 앞의 [s], [z], [f], [v], [θ], [ð]는 '으'를 붙여 적는다(예 mask[mɑ:sk] 마스크, jazz[dʒæz] 재즈, graph[græf] 그래프, olive[ɔliv] 올리브, thrill[θril] 스릴, bathe[beið] 베이드).
- 어말의 [ʃ]는 '시'로 적고, 자음 앞의 [ʃ]는 '슈'로, 모음 앞의 [ʃ]는 뒤따르는 모음에 따라 '샤', '섀', '셔', '셰', '쇼', '슈', '시'로 적는다(예 flash[flæʃ] 플래시, shrub[ʃrʌb] 슈러브, shark[ʃa:k] 샤크, shank[ʃæŋk] 섕크, fashion[fæʃən] 패션, sheriff[ʃerif] 셰리프, shopping[ʃɔpiŋ] 쇼핑, shoe[ʃu:] 슈).
- 어말 또는 자음 앞의 [ʒ]는 '지'로 적고, 모음 앞의 [ʒ]는 'ㅈ'으로 적는다(예 mirage[mira:ʒ] 미라지, vision[viʒən] 비전).

제6항 유음([l])
- 어말 또는 자음 앞의 [l]은 받침으로 적는다(예 hotel[houtel] 호텔, pulp[pʌlp] 펄프).
- 어중의 [l]이 모음 앞에 오거나, 모음이 따르지 않는 비음([m], [n]) 앞에 올 때에는 'ㄹㄹ'로 적는다. 다만, 비음([m], [n]) 뒤의 [l]은 모음 앞에 오더라도 'ㄹ'로 적는다(예 slide[slaid] 슬라이드, film[film] 필름, helm[helm] 헬름, swoln[swouln] 스월른, Hamlet[hæmlit] 햄릿, Henley[henli] 헨리).

제9항 반모음([w], [j])
- [w]는 뒤따르는 모음에 따라 [wə], [wɔ], [wou]는 '워', [wa]는 '와', [wæ]는 '왜', [we]는 '웨', [wi]는 '위', [wu]는 '우'로 적는다(예 word[wə:d] 워드, want[wɔnt] 원트, woe[wou] 워, wander[wandə] 완더, wag[wæg] 왜그, west[west] 웨스트, witch[witʃ] 위치, wool[wul] 울).
- 자음 뒤에 [w]가 올 때에는 두 음절로 갈라 적되, [gw], [hw], [kw]는 한 음절로 붙여 적는다(예 swing[swiŋ] 스윙, twist[twist] 트위스트, penguin[peŋgwin] 펭귄, whistle[hwisl] 휘슬, quarter[kwɔ:tə] 쿼터).

SEMI-NOTE

외래어 표기법 제3장

- 2항 유성 파열음([b], [d], [g]) : 어말과 모든 자음 앞에 오는 유성 파열음은 '으'를 붙여 적는다(예 bulb[bʌlb] 벌브, land[lænd] 랜드, zigzag[zigzæg] 지그재그, lobster[lɔbstə] 로브스터, kidnap[kidnæp] 키드냅, signal[signəl] 시그널).

- 제4항 파찰음([ts], [dz], [tʃ], [dʒ])
 - 어말 또는 자음 앞의 [ts], [dz]는 '츠', '즈'로 적고, [tʃ], [dʒ]는 '치', '지'로 적는다(예 keats[ki:ts] 키츠, odds[ɔdz] 오즈, switch[switʃ] 스위치, bridge[bridʒ] 브리지, hitchhike[hitʃhaik] 히치하이크).
 - 모음 앞의 [tʃ], [dʒ]는 'ㅊ', 'ㅈ'으로 적는다(예 chart[tʃa:t] 차트, virgin[və:dʒin] 버진).

- 제5항 비음([m], [n], [ŋ])
 - 어말 또는 자음 앞의 비음은 모두 받침으로 적는다(예 steam[sti:m] 스팀, corn[kɔ:n] 콘, ring[riŋ] 링, lamp[læmp] 램프, hint[hint] 힌트, ink[iŋk] 잉크).
 - 모음과 모음 사이의 [ŋ]은 앞 음절의 받침 'ㅇ'으로 적는다(예 hanging[hæŋiŋ] 행잉, longing[lɔŋiŋ] 롱잉).

- 제7항 장모음 : 장모음의 장음은 따로 표기하지 않는다(예 team[ti:m] 팀, route[ru:t] 루트).

- 제8항 중모음([ai], [au], [ei], [ɔi], [ou], [auə]) : 중모음은 각 단모음의 음가를 살려서 적되, [ou]는 '오'로, [auə]는 '아워'로 적는다(예 time[taim] 타임, house[haus] 하우스, skate[skeit] 스케이트, oil[ɔil] 오일, boat[bout] 보트, tower[tauə] 타워).

SEMI-NOTE

• 반모음 [j]는 뒤따르는 모음과 합쳐 '야', '얘', '여', '예', '요', '유', '이'로 적는다. 다만, [d], [l], [n] 다음에 [jə]가 올 때에는 각각 '디어', '리어', '니어'로 적는다(예 yard[jɑːd] 야드, yearn[jəːn] 연, yellow[jelou] 옐로, yawn[jɔːn] 욘, you[juː] 유, year[jiə] 이어, Indian[indiən] 인디언, union[juːnjən] 유니언).

제10항 복합어
• 따로 설 수 있는 말의 합성으로 이루어진 복합어는 그것을 구성하고 있는 말이 단독으로 쓰일 때의 표기대로 적는다(예 cuplike[kʌplaik] 컵라이크, bookend[bukend] 북엔드, headlight[hedlait] 헤드라이트, touchwood[tʌtʃwud] 터치우드, sit-in[sitin] 싯인, bookmaker[bukmeikə] 북메이커, flashgun[flæʃgʌn] 플래시건).
• 원어에서 띄어 쓴 말은 띄어 쓴 대로 한글 표기를 하되, 붙여 쓸 수도 있다(예 Los Alamos[lɔs æləmous] 로스 앨러모스/로스앨러모스, top class[tɔpklæs] 톱 클래스/톱클래스).

주의해야 할 기타 외래어 표기법

단어	표기
handling	핸들링
chocolate	초콜릿
jacket	재킷
ambulance	앰뷸런스
juice	주스
balance	밸런스
montage	몽타주
business	비즈니스
original	오리지널
cake	케이크
finale	피날레
champion	챔피언
calendar	캘린더
sunglass	선글라스
symbol	심벌

④ 주의해야 할 외래어 표기법

단어	표기	단어	표기	단어	표기
accelerator	액셀러레이터	carpet	카펫	accessory	액세서리
adapter	어댑터	catalog	카탈로그	imperial	임피리얼
christian	크리스천	climax	클라이맥스	coffee shop	커피숍
badge	배지	conte	콩트	margarine	마가린
barbecue	바비큐	counselor	카운슬러	massage	마사지
battery	배터리	cunning	커닝	mass-game	매스게임
biscuit	비스킷	curtain	커튼	message	메시지
boat	보트	cut	컷	milkshake	밀크셰이크
body	보디	data	데이터	dessin	데생
Burberry	바바리	dynamic	다이내믹	narration	내레이션
endorphin	엔도르핀	enquete	앙케트	eye-shadow	아이섀도
offset	오프셋	centimeter	센티미터	pamphlet	팸플릿
chandelier	샹들리에	frontier	프런티어	pierrot	피에로
chassis	섀시	caramel	캐러멜	shadow	섀도
sponge	스펀지	royalty	로열티	trot	트로트
washer	와셔	sandal	샌들	tumbling	텀블링
sash	새시	ValentineDay	밸런타인데이	sausage	소시지
symposium	심포지엄	windows	윈도	workshop	워크숍
saxophone	색소폰	talent	탤런트	yellow-card	옐로카드
scarf	스카프	target	타깃	schedule	스케줄
teamwork	팀워크	leadership	리더십	buffet	뷔페

(5) 국어의 로마자 표기법

① 제1장 표기의 기본 원칙

> 제1항 국어의 로마자 표기는 국어의 표준 발음법에 따라 적는 것을 원칙으로 한다.
> 제2항 로마자 이외의 부호는 되도록 사용하지 않는다.

② 제2장 표기 일람

> 제1항 모음은 다음 각호와 같이 적는다.

단모음	ㅏ	ㅓ	ㅗ	ㅜ	ㅡ	ㅣ	ㅐ	ㅔ	ㅚ	ㅟ
	a	eo	o	u	eu	i	ae	e	oe	wi
이중모음	ㅑ	ㅕ	ㅛ	ㅠ	ㅒ	ㅖ	ㅘ	ㅙ	ㅝ	ㅞ	ㅢ
	ya	yeo	yo	yu	yae	ye	wa	wae	wo	we	ui

> 제2항 자음은 다음 각호와 같이 적는다.

파열음						파찰음		마찰음			비음			유음
ㄱ	g, k	ㄲ	kk			ㅈ	j	ㅅ	s		ㄴ	n		ㄹ	r, l
ㅋ	k	ㄷ	d, t			ㅉ	jj	ㅆ	ss		ㅁ	m			
ㄸ	tt	ㅌ	t			ㅊ	ch	ㅎ	h		ㅇ	ng			
ㅂ	b, p	ㅃ	pp												

③ 제3장 표기상의 유의점

> 제1항 음운 변화가 일어날 때에는 변화의 결과에 따라 다음 각호와 같이 적는다.

- 자음 사이에서 동화 작용이 일어나는 경우(예 백마[뱅마] Baengma, 신문로[신문노] Sinmunno, 종로[종노] Jongno, 왕십리[왕심니] Wangsimni)
- 'ㄴ, ㄹ'이 덧나는 경우(예 학여울[항녀울] Hangnyeoul)
- 구개음화가 되는 경우(예 해돋이[해도지] haedoji, 같이[가치] gachi)
- 'ㄱ, ㄷ, ㅂ, ㅈ'이 'ㅎ'과 합하여 거센소리로 소리 나는 경우(예 좋고[조코] joko, 놓다[노타] nota)

다만, 체언에서 'ㄱ, ㄷ, ㅂ' 뒤에 'ㅎ'이 따를 때에는 'ㅎ'을 밝혀 적는다(예 집현전 (Jiphyeonjeon)).

[붙임] 된소리되기는 표기에 반영하지 않는다(예 압구정(Apgujeong), 낙성대 (Nakseongdae)).

SEMI-NOTE

제2장 표기 일람
- 제1항 붙임
  - [붙임 1]: 'ㅢ'는 'ㅣ'로 소리 나더라도 ui로 적는다(예 광희문 Gwanghuimun).
  - [붙임 2]: 장모음의 표기는 따로 하지 않는다.
- 제2항 붙임
  - [붙임 1]: 'ㄱ, ㄷ, ㅂ'은 모음 앞에서는 'g, d, b'로, 자음 앞이나 어말에서는 'k, t, p'로 적는다(예 구미 Gumi, 영동 Yeongdong).
  - [붙임 2]: 'ㄹ'은 모음 앞에서는 'r'로, 자음 앞이나 어말에서는 'l'로 적는다. 단, 'ㄹㄹ'은 'll'로 적는다(예 옥천 Okcheon, 태백 Taebaek).

제3장 표기상의 유의점
- 제2항: 발음상 혼동의 우려가 있을 때에는 음절 사이에 붙임표(-)를 쓸 수 있다(예 중앙(Jung-ang), 해운대(Hae-undae)).
- 제3항: 고유 명사는 첫 글자를 대문자로 적는다(예 부산(Busan), 세종(Sejong)).
- 제5항: '도, 시, 군, 구, 읍, 면, 리, 동'의 행정 구역 단위와 '가'는 각각 'do, si, gun, gu, eup, myeon, ri, dong, ga'로 적고, 그 앞에는 붙임표(-)를 넣는다. 붙임표(-) 앞뒤에서 일어나는 음운 변화는 표기에 반영하지 않는다(예 충청북도(Chungcheongbuk-do), 제주도(Jeju-do)).
  [붙임] '시, 군, 읍'의 행정 구역 단위는 생략할 수 있다.
- 제7항: 인명, 회사명, 단체명 등은 그동안 써 온 표기를 쓸 수 있다.

SEMI-NOTE

제4항 인명은 성과 이름의 순서로 띄어 쓴다. 이름은 붙여 쓰는 것을 원칙으로 하되 음절 사이에 붙임표(-)를 쓰는 것을 허용한다(예 민용하 Min Yongha (Min Yong-ha), 송나리 Song Nari (Song Na-ri)).

- 이름에서 일어나는 음운 변화는 표기에 반영하지 않는다.
- 성의 표기는 따로 정한다.

제6항 자연 지물명, 문화재명, 인공 축조물명은 붙임표(-) 없이 붙여 쓴다(예 남산(Namsan), 속리산(Songnisan), 경복궁(Gyeongbokgung)).

05장 논리적인 말과 글

01절 쓰기 및 말하기, 듣기의 본질
02절 논리적 전개와 독해

05장 논리적인 말과 글

01절 쓰기 및 말하기, 듣기의 본질

1. 쓰기 및 말하기와 듣기

(1) 쓰기

① 쓰기의 개념 : 글 쓰는 사람의 생각이나 느낌을 글로 정확하게 표현하는 일

② 쓰기의 과정 : 주제 설정 → 재료의 수집 및 선택 → 구성 및 개요 작성 → 집필 → 퇴고

③ 구성 및 개요 작성

전개식 구성 (자연적 구성)	시간적 구성	사건의 시간적 순서에 따라 전개되는 구성(기행문, 일기, 전기문, 기사문 등)
	공간적 구성	사물의 위치, 공간의 변화에 따라 전개되는 구성
종합적 구성 (논리적 구성)	단계식 구성	구성 단계에 따라 전개되는 구성(3단, 4단, 5단 구성)
	포괄식 구성	중심 문장과 뒷받침 문장을 효과적으로 배열하는 방식(두괄식, 미괄식, 양괄식, 중괄식)
	열거식 구성 (병렬식 구성)	글의 중심 내용이 여러 곳에 산재해 있는 방식(대등한 문단들이 병렬적으로 배열되는 구성)열거식 구성(병렬식 구성)
	점층식 구성	중요성이 작은 것에서 큰 것으로 전개(↔ 점강식 구성)
	인과식 구성	원인 + 결과, 결과 + 원인

④ 집필
- 집필의 개념 : 조직된 내용을 목적과 절차에 따라 글로 표현하는 것(구상의 구체화)
- 집필의 순서 : 제목 정하기 → 서두 쓰기 → 본문 쓰기 → 결말 쓰기

⑤ 퇴고(고쳐 쓰기)
- 퇴고의 개념 : 글을 쓰고 나서 내용, 맞춤법이나 띄어쓰기 등을 검토하여 바르게 고치는 것으로 글 전체를 다듬는 마지막 과정

⑥ 글 다듬기 ★빈출개념
  ㉠ 잘못된 단어의 선택
  - 어젯밤에는 눈이 많이 내리더니 밤에는 강추위까지 겹쳤다. → 어젯밤에는 눈이 많이 내리더니 밤에는 추위까지 겹쳤다.
  - 서울에서 대구까지 비행기 값이 얼마냐? → 서울에서 대구까지 비행기 삯이 얼마냐?
  - 나는 광장히 작은 찻잔을 보았다. → 나는 무척 작은 찻잔을 보았다.

SEMI-NOTE

주제의 개념과 기능
- 주제의 개념 : 글을 통해서 나타내고자 하는 글쓴이의 중심 생각
- 주제의 기능
  - 글의 내용에 통일성 부여
  - 소재 선택의 기준이 됨
  - 글쓴이의 생각과 의도를 명확하게 만들어 줌

구성, 개요의 개념
- 구성의 개념 : 수집, 정리한 제재에 질서에 알맞게 배열하는 것으로 글의 짜임 또는 글의 뼈대가 되는 설계도
- 개요의 개념 : 주제와 목적에 맞게 글감을 효과적으로 배치하는 글의 설계도

주제문의 위치에 따른 구성

두괄식	주제문 + 뒷받침 문장 → 연역적 구성
미괄식	뒷받침 문장 + 주제문 → 귀납적 구성
양괄식	주제문 + 뒷받침 문장 + 주제문
중괄식	뒷받침 문장 + 주제문 + 뒷받침 문장

잘못된 단어의 선택
- 강추위 : 눈도 오지 않고 바람도 불지 않으면서 몹시 추운 추위
- 값과 삯
  - 값 : 물건에 일정하게 매긴 액수
  - 삯 : 어떤 물건이나 시설을 이용하고 주는 대가
- 광장하다 : 규모가 아주 크고 훌륭함

ⓒ 잘못된 시제의 사용
- 영화를 보고 나니 열두 시가 넘겠다. → 영화를 보고 나니 열두 시가 넘었다.
- 많은 관심 부탁드리겠습니다. → 많은 관심 부탁드립니다.
- 내가 일본에 2년 전에 갔을 때보다 지금이 훨씬 좋았다. → 내가 일본에 2년 전에 갔었을 때보다 지금이 훨씬 좋았다.

ⓒ 잘못된 높임의 사용
- 철우야, 너 선생님이 빨리 오래. → 철우야, 너 선생님께서 빨리 오라셔.
- 총장님의 말씀이 계시겠습니다. → 총장님의 말씀이 있으시겠습니다.
- 우리 아버지께서는 눈이 참 밝아요. → 우리 아버지께서는 눈이 참 밝으세요.

ⓔ 필수 성분의 생략
- 본격적인 도로 복구공사가 언제 시작되고, 언제 개통될지 모르는 상황이다. → 본격적인 도로 복구공사가 언제 시작되고, (도로가) 언제 개통될지 모르는 상황이다.
- 인간은 자연을 정복하기도 하고, 때로는 순응하기도 하면서 살아간다. → 인간은 자연을 정복하기도 하고, 때로는 (자연에) 순응하기도 하면서 살아간다.
- 이 차에는 짐이나 사람을 더 태울 수 있는 자리가 남아 있다. → '이나'는 둘 이상의 사물을 같은 자격으로 이어 주는 접속 조사고, 이에 의해 구문을 잇는 과정에서는 공통된 요소만 생략할 수 있다.

ⓜ 불필요한 성분
- 방학 기간 동안 잠을 실컷 잤다.
- 돌이켜 회고해 보건대 나는 파란만장한 삶을 살았다.
- 순간 그녀의 머릿속에는 뇌리를 스치는 기억이 있었다.

(2) 말하기, 듣기의 정의와 유형

① 말하기, 듣기의 정의 : 자신의 생각과 감정을 말로써 표현하고, 상대방의 생각과 감정을 말로써 이해하는 것

② 말하기의 유형
㉠ 설명 : 정보 전달을 통해 상대를 이해시키는 것을 목적으로 하는 말하기 유형
㉡ 설득 : 주장 입증을 통해 상대를 설득하는 것을 목적으로 하는 말하기 유형
㉢ 대화 : 대표적 유형으로 토의와 토론이 있음
㉣ 대담(對談) : 마주 대하고 말함. 또는 그런 말
㉤ 좌담(座談) : 여러 사람이 한자리에 모여 앉아서 어떤 문제에 대하여 의견이나 견문을 나누는 일이나 그런 이야기
㉥ 정담(鼎談) : 세 사람이 솥발처럼 벌려 마주 앉아서 하는 이야기

SEMI-NOTE

잘못된 시제의 사용
- 넘겠다 : '-겠-'은 미래의 일이나 추측을 나타내는 어미로 현재 또는 과거에 있었던 일에 쓰지 않음
- 갔을 : 과거를 나타내지만 현재와 비교하여 단절된 과거에 있었던 일에 쓰지 않음

필수 성분의 생략
- 도로가 : '도로 복구공사'가 개통되는 것이 아니므로 주어인 '도로가'를 보충
- 자연에 : '순응하다'에 호응하는 부사어가 빠져있으므로 '자연에'를 보충

불필요한 성분
- 기간 : '방학'에 '기간'의 의미가 포함
- 회고해 : '돌이켜'와 '회고해'의 의미가 중복
- 뇌리 : '머릿속'과 '뇌리'가 중복

말하기, 듣기의 특성
- 내용을 주고받는 언어 행위
- 음성 언어로 이루어지는 언어 행위
- 문제 해결 과정
- 말하는 이와 듣는 이 간의 협동이 있어야 가능

2. 토의와 토론

(1) 토의 ★빈출개념

① 토의의 개념과 목적
  ㉠ 토의의 개념 : 두 사람 이상이 모여 집단 사고의 과정을 거쳐 어떤 문제의 해결을 시도하는 논의의 형태
  ㉡ 토의의 목적: 집단 사고를 통한 최선의 문제 해결방안 모색
② 토의의 절차 : 문제에 대한 의미 확정 → 문제의 분석과 음미 → 가능한 모든 해결안 제시와 검토 → 최선의 해결안 선택 → 해결안 시행 방안 모색
③ 토의의 종류

구분	특징
심포지엄	• 공통 주제에 대한 전문가의 다양하고 권위적, 체계적인 설명이 이루어짐(강연과 유사한 형태로 진행되며, 전문성이 강조됨) • 사회자는 청중이 토의 문제와 주제를 잘 파악할 수 있게 하고, 토의의 요점을 간략히 정리해 이해를 도움
포럼	• 청중이 처음부터 참여하여 주도하는 형태로, 간략한 주제 발표 외에 강연이나 연설은 없음(공청회와 유사한 형태로, 공공성이 강조됨) • 사회자는 질문 시간을 조정하고 산회(散會) 시간을 결정(사회자의 비중이 큰 토의 유형)
패널	• 시사적, 전문적 문제해결 수단으로 적합하며, 이견 조정 수단으로 의회나 일반 회의에서 자주 사용됨(대표성이 강조되는 토의 형태) • 배심원의 토의 후 청중과의 질의응답을 수행함
원탁 토의	• 주제의 범위가 넓고 개방적이며, 사회자 없이 자유롭게 이야기하는 형태(평등성이 강조됨) • 사회자가 없는 것이 일반적이나, 진행을 위한 의장을 따로 두기도 함 • 참가자가 토의에 익숙하지 않은 경우 산만할 수 있고, 시간낭비를 초래할 수 있다는 단점이 있음

(2) 토론

① 토론의 개념 및 목적
  ㉠ 개념 : 어떤 의견이나 제안에 대해 찬성과 반대의 뚜렷한 의견 대립을 가지는 사람들이 논리적으로 상대방을 설득하는 형태
  ㉡ 목적 : 논리적 설득을 통해 상대의 주장을 논파하고 자기주장의 정당성을 인정하게 함으로써, 궁극적으로 집단의 의견 일치를 구하는 것
② 토론의 절차 : 자기주장의 제시 → 상대 논거의 확인 → 자기주장의 근거 제시 → 상대 주장에 대한 논파 → 자기주장의 요점 반복(상대의 행동화 촉구)
③ 토론의 종류

구분	특징
2인 토론	2인의 토론자와 사회자가 토론을 진행하는 형태로, 단시간에 논리적인 주장을 선택하는 것이 목적

SEMI-NOTE

각 토의의 의의
- **심포지엄의 의의** : 어떤 논제를 가지고 그 분야의 전문가 및 권위자(3~6명)가 사회자의 진행 아래 강연식으로 발표하고, 다수의 청중과 질의 응답하는 형식
- **포럼의 의의** : 개방된 장소에서 공공문제에 대해 청중과 질의 응답하는 공개 토의
- **패널의 의의** : 배심 토의라고도 하며 특정 문제에 관심과 경험이 있는 배심원(4~8명)들을 뽑아 청중 앞에서 각자의 지식, 견문, 정보를 발표하고 여러 가지 의견을 제시하는 공동 토의
- **원탁 토의의 의의** : 10명 내외의 소규모 집단이 평등한 입장에서 자유롭게 의견을 나누는 비공식적인 토의

토론 시작 시, 사회자의 역할
- 장소와 참가자 자리 선정
- 지나친 대립 상황의 조정
- 논점 환기, 발언 내용 요약
- 보다 유연한 토론 진행
- 가능한 한 사회자 자신의 발언은 억제함

토론의 논제
- 논제는 원칙적으로 '~해야 한다.' 또는 '~인가?'의 형식으로 표현되어야 함
- 명백한 긍정, 부정의 양측에 설 수 있는 형식이어야 함
- 내용이 분명해야 하고, 하나의 명백한 주장에 한정되어야 함

직파 토론	2~3인이 짝을 이루어 함께 대항하는 토론 형태로, 한정된 시간에 논의의 핵심을 파악해 논점에 집중하기 위한 형태	
반대 신문식 토론	토론의 형식에 법정의 반대 신문을 도입한 형태로 유능하고 성숙한 토론자에게 적합하며, 청중의 관심을 유도하는 것이 목적	

SEMI-NOTE

실력UP 토론과 토의의 비교

구분	토론	토의
목적	자기주장의 관철 및 집단의 의견 일치	최선의 문제 해결안 모색 및 선택
참가자	찬성, 반대의 의견 대립자	특정 문제에 대한 공통 인식의 이해자
태도	상대방 주장의 모순, 취약점 등을 지적하는 비판적인 태도	다른 사람의 제안이나 의견을 모두 검토, 수용하려는 협력적인 태도
문제 해결 방법	자기주장의 근거, 증거 제시 → 정당성의 입증과 상대방 주장의 모순을 논박	전원 협력하여 최대한 공동 이익을 반영할 수 있는 최선의 해결안 선택

토론과 토의의 공통점과 의의
- 공통점
  - 집단 사고를 통한 문제 해결
  - 해결안 모색
  - 둘 이상의 참가자
- 의의
  - 토론 : 대립적 주장을 통한 바람직한 의견 일치
  - 토의 : 집단적이고 협력적인 사고 과정

02절 논리적 전개와 독해

1. 글의 진술 방식과 논리적 전개

(1) 설명의 정의와 방법

① 설명의 정의 : 어떤 '말'이 가지고 있는 '뜻'을 설명하는 것, 즉 어떤 대상이나 용어의 의미, 법칙 등을 명백히 밝혀 진술하는 방식

② 설명의 방법(글의 전개 방식) ★빈출개념

　㉠ 비교와 대조
　　• 비교 : 둘 이상의 사물이나 현상 등을 견주어 공통점이나 유사점을 설명하는 방법
　　• 대조 : 둘 이상의 사물이나 현상 등을 견주어 상대되는 성질이나 차이점을 설명하는 방법

　㉡ 분류와 구분
　　• 분류 : 작은 것(부분, 하위 항목 또는 범주, 종개념)을 일정한 기준에 따라 큰 것(전체, 상위 항목 또는 범주, 유개념)으로 묶어 가면서 전개하는 방식
　　　(예) 시는 내용상 서정시, 서사시, 극시로 나누어진다.)
　　• 구분 : 큰 항목을 일정한 기준에 따라 작은 항목으로 나누어 설명하는 방법
　　　(예) 시, 소설, 희곡, 수필은 모두 문학에 속한다.)

　㉢ 예시 : 일반적, 추상적, 관념적인 것 또는 알기 어려운 것을 이해하기 쉽게 예를 들어 설명하는 방법

설명의 개념과 목적
- 설명의 개념 : 청자가 잘 모르고 있는 사실, 사물, 현상, 사건 등을 알기 쉽게 풀어서 말하는 것
- 설명의 목적 : 객관적인 정보나 사실을 전달하여 독자를 이해시키는 것으로, 주로 설명문에 사용됨

분류의 조건
- 분류는 반드시 일정한 기준이 있어야 함
- 분류된 하위 개념은 모두 대등함

기타 설명의 방법
- 지정 : '그는 누구인가?', '그것은 무엇인가?'와 같은 질문에 대답하는 것으로 설명 방법 중 가장 단순함
- 인과(因果) : 어떤 결과를 가져오게 한 원인 또는 그 원인에 의해 결과적으로 초래된 현상에 초점을 두고 글을 전개하는 방식

SEMI-NOTE

다양한 논증의 개념
- 명제의 개념 : 사고 내용 및 판단을 단적으로 진술한 주제문, 완결된 평서형 문장 형식으로 표현
- 논거의 개념 : 명제를 뒷받침하는 논리적 근거로, 주장의 타당함을 밝히기 위해 선택된 자료
- 묘사의 개념 : 대상을 그림 그리듯이 글로써 생생하게 표현해 내는 진술 방식으로, 독자에게 현장감과 생동감을 전달하는 것을 목적으로 함

진술(전개) 방식의 범주
- 정태적 진술 방식(시간성 고려하지 않음) : 분석, 분류, 예시, 비교, 대조, 정의, 유추, 묘사
- 동태적 진술 방식(시간성 고려) : 서사, 과정, 인과

서사의 3요소
행동(움직임), 시간, 의미

ⓔ 유추 : 생소하고 복잡한 개념이나 현상을 친숙하고 단순한 것과 비교하여 설명하는 것
ⓕ 과정(過程) : 어떤 특정한 목표나 결말을 가져오게 하는 일련의 행동, 변화, 기능, 단계, 작용 등에 초점을 두고 글을 전개하는 방식으로, '어떻게'와 관련된 사항이 주가 됨

(2) 논증의 개념과 종류

① 논증의 개념
  ㉠ 아직 밝혀지지 않은 사실이나 문제에 대하여 자신의 의견을 밝히고 진실 여부를 증명하여, 그에 따라 행동하도록 하는 진술 방식
  ㉡ 여러 가지 명제를 근거로 하여 어느 하나의 결론이 참이라는 사실을 증명하는 것으로, 주로 논설문에 사용됨

② 논증의 분류와 종류 및 유형
  ㉠ 명제의 분류

사실 명제	진실성과 신빙성에 근거하여 존재의 진위를 판별할 수 있는 명제
정책 명제	타당성에 근거하여 어떤 대상에 대한 의견을 내세운 명제
가치 명제	공정성에 근거하여 주관적 가치 판단을 내린 명제

  ㉡ 논거의 종류

사실 논거	누구나 객관적으로 의심 없이 인정할 수 있는 확실한 사실로 자연 법칙, 역사적 사실, 상식, 실험적 사실 등을 들 수 있음. 그러나 사람에 따라 다르게 판단할 수 있는 것은 사실 논거로 볼 수 없음
소견 논거	그 방면의 권위자, 전문가, 목격자, 경험자의 의견으로 확실성이 있다고 인정되는 것

  ㉢ 묘사의 유형

객관적(과학적, 설명적) 묘사	대상의 세부적 사실을 객관적으로 표현하는 진술 방식으로, 정확하고 사실적인 정보 전달이 목적
주관적(인상적, 문학적) 묘사	대상에 대한 글쓴이의 주관적인 인상이나 느낌을 그려내는 것으로, 상징적인 언어를 사용하며 주로 문학 작품에 많이 쓰임

  ㉣ 서사
   - 행동, 상태가 진행되어 가는 움직임 또는 사건의 전개 양상을 시간의 경과에 따라 진술하는 방식
   - '사건', 즉 '무엇이 발생하였는가?'에 관한 답과 관련된 것으로, 사건에 대한 기본적인 이해와 충분한 검토를 전제로 함

③ 일반적 진술과 구체적 진술
  ㉠ 일반적 진술
   - 구체적 사실을 포괄하여 일반적으로 진술하는 방법을 말하며, 추상적 진술이라고도 함
   - 문단의 중심적 화제와 그 속성을 포괄적으로 담고 있는 중심 문장에 해당됨

ⓒ 구체적 진술
- 중심 문장을 구체적으로 뒷받침하는 내용을 표현하는 진술 방법을 말함
- 뒷받침 문장에 해당하며, 구체적 진술 방법으로는 상세화(상술)와 예시, 비유, 인용, 이유 제시 등이 있음

(3) 논리적 전개와 사고

① 문단의 개념과 요건
  ㉠ 문단의 개념 : 문단이란 생각의 완결 단위로서, 진술의 완결 단위인 문장으로 구성됨
  ㉡ 문단의 요건
  - 통일성 : 문단 또는 단락의 내용이 하나의 주제나 중심 생각으로 통일
  - 완결성 : 주제문이나 소주제문과 이를 뒷받침하는 문장(구체적 진술)들이 함께 제시되어야 함
  - 일관성 : 문단이나 단락을 구성하는 문장들이 논리적이며, 긴밀하게 연결되어야 함(글의 배열하는 방식과 관련된 요건)

② 문단의 유형
  ㉠ 주지 문단(중심 문단) : 필자가 말하고자 하는 중심 내용이 담긴 문단으로, 일반적 진술로 이루어짐
  ㉡ 보조 문단(뒷받침 문단)
  - 도입 문단 : 시작 부분에 위치하여 글의 동기나 방향, 새로운 논제를 제시
  - 전제 문단 : 주장이나 결론을 이끌어 내는 데 필요한 근거나 이유를 제시하는 문단
  - 예증, 예시 문단 : 중심 문단의 내용을 예를 통해 뒷받침하는 문단
  - 부연, 상술 문단 : 중심 문단에서 다룬 내용에 덧붙이거나 좀 더 상세하게 설명하는 문단
  - 전환 문단 : 다음에 나올 논의의 방향을 전환하는 문단
  ㉢ 문단의 관계
  - 문제 제기와 해결 방안 : 문제 제기 → 문제 규명 → 해결 방안 제시
  - 주장과 근거 : 주장 제시 → 이유, 근거 제시
  - 인과 관계 : 원인 → 결과 제시, 원인 규명
  - 추론 관계 : 전제 제시 → 결론 유도(사례 제시 → 일반적 진술 유도)
  - 부연 관계 : 주지 → 보충적 내용
  - 상세화 관계 : 주지 → 구체적 설명(비교, 대조, 유추, 분류, 분석, 인용, 예시, 비유 등)
  - 비판 관계 : 일반적 견해 → 긍정(부연, 첨가, 심화), 부정(반론, 논박)
  - 열거 관계 : 주장에 부합되는 두 개 이상의 사례 연결
  - 대조 관계 : 주장에 상반되는 사례를 연결(주로 역접의 접속어로 연결)
  - 전환 관계 : 앞의 내용(문장)과 다른 내용(문장)을 제시

SEMI-NOTE

구체적 진술 방식
- **상세화(상술)** : 구체적 사례를 들거나 자세히 풀어서 명확히 밝히는 방식
- **예시(例示)** : 구체적인 사례를 직접 제시하는 방식
- **비유** : 보조 관념에 비유하여 쉽고 구체적으로 표현하는 방식
- **인용** : 특정 권위자의 말이나 글 등을 자신의 말과 글 속에 끌어들여 표현하는 방식

문단의 구성
하나의 문단은 주제문(일반적 진술)과 뒷받침 문장(구체적 진술)로 구성됨

보조 문단
중심 문단의 내용을 뒷받침해 주는 문단

기타 보조 문단
- **첨가, 보충 문단** : 중심 문단에서 빠뜨린 내용을 덧붙여 설명하는 문단
- **발전 문단** : 제기된 문제를 구체적으로 논의하는 문단

문단 간의 관계
문단과 문단 간의 관계는 대등한 경우도 있고, 원인과 결과, 주지와 부연, 주장과 논거, 문제 제기와 문제 해결 등과 같이 다양하게 존재할 수 있음

③ 추론의 종류

구분	추론의 방식	추론의 단점
연역추론	일반적인 주장으로부터 구체적이고 특수한 주장으로 나아가는 방식	완전한 새로운 지식이 성립되지 못함
귀납추론	구체적이고 특수한 근거로부터 일반적인 결론으로 나아가는 방식	모든 표본을 관찰한 결과가 아니므로 반론을 제기할 수 있는 사례가 없을 것이라고 확신할 수 없음
변증법	정(正)과 반(反)을 대립시키고 정과 반의 합(合), 즉 새로운 주장을 제시하는 방식	회피적 결과나 오류가 생길 수 있음

④ 추론의 오류(비형식적 오류)
  ㉠ 오류의 개념
    • 언어적 오류 : 언어를 잘못 사용하거나 이해하는 데서 발생하는 오류
    • 심리적 오류 : 어떤 주장에 대해 논리적으로 타당한 근거를 제시하지 않고, 심리적인 면에 기대어 상대방을 설득하려고 할 때 발생하는 오류
    • 자료적 오류 : 주장의 전제 또는 논거가 되는 자료를 잘못 해석하거나 판단하여 결론을 이끌어 내거나 원래 적합하지 못한 것임을 알면서도 의도적으로 논거를 삼음으로써 범하게 되는 오류
  ㉡ 언어적 오류
    • 애매어(문)의 오류(은밀한 재정의의 오류) : 둘 이상의 의미를 가진 단어나 문장을 달리 해석해서 생기는 오류
    • 강조의 오류 : 일부 단어만 강조해서 생기는 오류
    • 범주의 오류 : 단어의 범주를 잘못 인식해서 생기는 오류
  ㉢ 심리적 오류
    • 인신공격의 오류 : 타인의 단점을 잡아 비판하는 오류
    • 대중에 호소하는 오류 : 다수의 의견에 호소하여 그것이 옳다고 주장하는 오류
    • 연민에 호소하는 오류 : 논점에 관계없이 동정이나 연민 등의 감정을 이용하는 오류
    • 권위에 호소하는 오류 : 인용을 들어 주장을 정당화하려는 오류
    • 원천 봉쇄의 오류 : 반론의 가능성을 원천적으로 봉쇄하여 자신의 주장을 옹호하는 오류
    • 역공격(피장파장)의 오류 : 상대에게도 같은 잘못을 지적하여 그 상황을 피하는 오류
  ㉣ 자료적 오류
    • 성급한 일반화의 오류 : 부분으로 전체를 말해서 생기는 오류
    • 논점 일탈(무관한 결론)의 오류 : 논점과 관계없는 것을 제시하여 생기는 오류
    • 우연의 오류 : 일반적인 것으로 특수한 것을 말해서 생기는 오류

SEMI-NOTE

추론의 세부적 종류
• 연역추론 : 삼단논법(대전제 → 소전제 → 결론)으로 정언삼단논법, 가언삼단논법, 선언삼단논법으로 구성됨
• 귀납추론 : 일반화(추상화)로 통계적 귀납추론, 인과적 귀납추론, 유추적 귀납추론(유비추론)으로 구성됨

기타 심리적 오류
• 정황에 호소하는 오류 : 개인적 주변 정황을 이유로 비판하는 오류
• 위력(공포)에 호소하는 오류 : 공포나 위협 등의 감정을 이용하여 어떤 결론을 받아들이게 하는 오류

- 잘못된 인과 관계의 오류 : 인과 관계를 혼동하여 생기는 오류
- 의도 확대의 오류 : 의도하지 않은 것에 대해 의도가 성립했다고 보는 오류
- 순환 논증의 오류 : 전제와 결론의 내용을 비슷하게 제시하는 오류
- 흑백 사고의 오류 : 논의의 대상을 두 가지로만 구분하는 오류
- 발생학적 오류 : 발생 기원이 갖는 성격을 어떤 사실도 갖는다고 생각하는 오류

SEMI-NOTE

기타 자료적 오류
- **잘못된 유추의 오류** : 부당하게 적용된 비유가 결론을 이끌어 내는 오류
- **무지에 호소하는 오류** : 증명(입증, 증거)하지 못하는 사실로 결론을 내는 오류
- **분할 또는 합성의 오류** : 나누거나 합쳤을 때 그 의미가 옳다고 생각하는 오류
- **복합 질문의 오류** : '예, 아니오'로 답하기 곤란한 것을 질문함으로서 수긍하게 하는 오류

2. 독해

(1) 독해와 배경지식

① 독해의 개념 : 글을 읽어 뜻을 이해하는 것으로 단어와 문장이 의미하는 것만 이해하는 것뿐만 아니라 독해 자료의 각 부분에 있는 유기적인 관계를 결합하여 만든 의미를 이해하는 것도 포함됨

② 배경지식의 정의 : 직접, 간접 경험을 통해 독자의 머릿속에 구조화, 조직화되어 저장되어 있는 경험의 총체로 사전 지식 혹은 스키마(schema)라고도 함

③ 배경지식의 이해

구분		내용
사실적 이해	내용의 사실적 이해	주어진 내용의 정보와 그 관계를 정확하게 이해하고 표현하는 능력
	구조의 사실적 이해	글 전체의 구조나 문장 또는 단락 간의 관계를 파악하는 능력
추리 상상적 이해	내용의 추리 상상적 이해	글에 제시된 정보나 사실을 바탕으로 드러나 있지 않은 내용을 논리적 추리나 상상력을 통해 미루어 짐작하는 사고능력
	과정의 추리 상상적 이해	글의 바탕에 놓여 있는 필자나 작중 인물의 입장, 태도 또는 필자의 집필 동기나 의도 등을 추리해 내는 사고 능력
	구조의 추리 상상적 이해	글의 구성상 특징이나 논리적 전개 방식 등을 통해 필자의 의도, 글의 특징적인 표현 효과와 작품의 분위기 등을 추리해 내는 사고 능력
비판적 이해	내적 준거에 의한 비판	글의 표현이나 내용에 대하여 글의 부분들과 전체의 관계를 중심으로 비판하는 것
	외적 준거에 의한 비판	사회와 시대적 상황, 독자의 배경지식과 관련하여 글의 가치를 평가하는 것

배경지식의 특징
- 경험의 소산으로 사람마다 다르므로 글에 대한 해석과 반응도 달라짐
- 유기적으로 구조된 배경지식은 상호 위계적인 관계를 지님
- 독서 과정 중에 동원된 내용을 추론, 예견하며 정보를 선별
- 배경지식과 독해 능력의 관계는 서로 상보적 관계를 지님

(2) 논설문 ★빈출개념

① 논설문의 정의와 짜임
  ㉠ 논설문의 정의 : 독자를 설득하거나 이해시키기 위하여 자신의 주장을 논리적으로 쓴 글
  ㉡ 논설문의 짜임
   - 대체로 '서론 → 본론 → 결론'의 3단 구성을 취함
   - 서론 : 중심 논제 제시, 집필 동기, 서술 방법, 용어의 개념 등을 씀

논설문의 특징
- 독자를 설득하거나 이해시키기 위하여 자신의 주장을 논리적으로 쓴 글
- 주장에는 근거가 제시되어 있음
- 간결하고 명료한 문장으로 구성
- 독창적인 내용, 일관적인 논지, 통일된 구성을 유지
- 논증문 – 건조체, 설득문 – 강건체

SEMI-NOTE

논설문 형식을 사용하는 유형
- 논증적 논설문 : 학술적 논문, 평론
- 설득적 논설문 : 사설, 칼럼, 연설문

논설문의 논증
논증이란 아직 명백하지 않은 사실이나 문제에 대해 타당한 이유와 자료를 근거로 그 진실 여부를 증명하고, 독자를 설득하는 진술 방식을 말함

논설문의 요건
- 명제의 공정성
- 명제의 명료성
- 논거의 적합성
- 추론의 논리성
- 용어의 정확성

설명문의 특징
- 객관성 : 사전적 의미의 언어를 사용하며 객관적으로 사실을 과장 없이 설명하고 주관적인 의견이나 느낌은 배제함
- 평이성 : 간단하고 분명한 문장으로 독자들이 이해하기 쉽게 써야 함
- 정확성 : 뜻이 정확하게 전달되도록 문장을 분명히 씀
- 사실성 : 정확한 지식이나 정보를 사실에 근거하여 전달
- 체계성 : 내용을 짜임새 있게 구성

- 본론 : 글의 중심 부분으로, 논제에 대한 자신의 의견과 주장을 제시하고, 이를 입증하기 위한 과제 해명과 논거의 제시, 논리적 반박, 해결 방안 등을 씀
- 결론 : 글을 끝맺는 부분으로 논지(주장)의 요약 또는 정리, 행동의 촉구, 앞으로의 전망, 새로운 과제의 제시 등을 내용으로 함

ⓒ 논설문의 갈래
- 논증적 논설문 : 어떤 일이나 문제에 대해 객관적인 증거를 제시하여 그 일이나 문제의 옳고 그름을 분명하게 드러내는 글로, 객관적 논거와 언어를 통해 독자의 지적, 논리적 측면에 호소함
- 설득적 논설문 : 의견을 논리적으로 전개하여 독자로 하여금 글쓴이의 의견에 찬동하여 따르게 하는 글로, 독자의 지적이면서 감성적인 측면에 호소함

② 논증의 3요소
㉠ 명제
- 사실 명제 : 어떤 사실에 대한 진위 판단으로 '이다'의 형태로 진술
- 정책 명제 : 어떤 문제에 대한 해결책이나 바람직한 행동에 대한 판단
- 가치 명제 : 인간, 사상, 윤리, 예술 등에 대한 판단으로 '하다'의 꼴로 진술

㉡ 증명(논거)
- 논증법 : 아직 명백하지 않은 사실이나 문제에 대하여 그 진술 여부를 증명하여 독자로 하여금 그에 따라 행동하게 하는 진술 방법
- 예증법 : 예를 들어 밝히는 방법
- 비유법 : 비유를 들어 밝히는 방법
- 인용법 : 유명한 사람의 주장이나 권위 있는 연구 결과를 끌어다 밝히는 방법

㉢ 추론 : 논거를 근거로 어떤 문제나 사실에 대해 주관적 판단을 유도하는 것

(3) 설명문 ★ 빈출개념

① 설명문의 정의와 짜임
㉠ 설명문의 정의 : 어떤 지식이나 정보를 알기 쉽게 풀이하여, 독자들이 그 대상을 쉽고 정확하게 이해할 수 있도록 쓴 글

㉡ 설명문의 짜임(구성)
- 머리말 : 설명할 대상이나 집필 동기, 용어 정의 등을 제시하는 부분
- 본문 : 설명할 대상을 구체적으로 설명해 가는 부분
- 맺음말 : 본문에서 설명한 내용을 정리, 마무리하는 부분

② 설명문의 기술 방법
㉠ **추상적 진술** : 의견이나 주장 또는 일반적 사실을 말하는 부분으로, 구체적 진술 부분과 어울려 완전한 내용이 될 수 있으며, 주요 문단이 됨
㉡ **구체적 진술** : 추상적(일반적) 진술에서 언급된 내용에 대해 구체적이고 특수한 사실을 들어 진술하는 부분으로 상세화, 예시, 인용, 이유 제시 등의 방법이 쓰임

> **group 설명문의 독해 요령**
>
> 추상적 진술과 구체적 진술을 구분해 가면서 주요 단락과 보조 단락을 나누고, 배경지식을 적극적으로 활용하며, 단락의 통일성과 일관성을 확인한다. 또 글의 설명 방법과 전개 순서를 파악하며 읽어야 한다.

(4) 기행문

① 기행문의 정의와 요소
  ㉠ 기행문의 정의 : 여행하는 도중에 보고, 듣고, 느낀 바를 거쳐 온 경로에 따라 적은 글
  ㉡ 기행문의 요소
   • 여정(旅程) : 언제, 어디를 거쳐 여행했다는 내용 → 여행의 기록
   • 견문(見聞) : 여행지에서 보고, 듣고, 경험한 내용 → 다양하고 흥미 있는 글
   • 감상(感想) : 보고, 듣고, 경험한 사실에 대한 글쓴이의 생각과 느낌 → 개성적인 글

② 기행문의 형식상 갈래
  ㉠ 수필체 기행문 : 산문의 문장으로 수필처럼 쓴 기행문
  ㉡ 일기체 기행문 : 긴 여행을 하는 경우, 일기처럼 하루를 단위로 날짜를 밝혀 쓴 기행문
  ㉢ 서간체 기행문 : 편지처럼 누군가에게 보내는 형식으로 쓴 기행문
  ㉣ 보고문체 기행문 : 견학 여행을 할 경우, 보고문 형식으로 쓴 기행문

(5) 기사문

① 기사문의 정의 : 생활 주변에서 일어난 사건을 신속하고 정확하게 전달하기 위해 육하원칙에 의해 객관적으로 적은 글
② 기사문의 특징
  ㉠ 객관성 : 사실을 객관적으로 쓰고, 가급적 주관적인 요소는 피함
  ㉡ 정확성 : 결과를 거짓 없이 써야 하며, 될 수 있는 대로 추측은 하지 않도록 함
  ㉢ 시의성 : 지금의 상황에 적절한 대상(사건)을 선별해서 다루어야 함
  ㉣ 보도성 : 보도할 만한 가치가 있는 대상을 다루어야 함
  ㉤ 흥미성, 저명성 : 대상이 독자들에게 잘 알려진 것이거나 흥미 있는 것이어야 함
  ㉥ 그밖에 근접성, 신속성, 공정성, 간결성, 평이성 등을 특징으로 한다.

SEMI-NOTE

기행문의 특징
• 여행의 체험을 기본 조건으로 함
• 보통 여행의 경로에 따라 적음
• 보고 들은 바가 사실대로 드러나 있음
• 구성 형식에 일정한 틀이 없음

기행문의 내용상 갈래
• 견문 중심의 기행문
• 감상 중심의 기행문
• 감상 중심의 기행문

기사문의 형식
• '표제 → 부제 → 전문 → 본문 → 해설'의 역피라미드형 형식을 취함
• 표제 : 내용의 전모를 간결하게 나타낸 것으로 제목이라고도 함
• 부제 : 표제를 뒷받침하며, 내용을 좀 더 구체적으로 표시
• 전문 : 기사의 핵심 내용을 육하원칙에 따라 요약
• 본문 : 기사 내용을 구체적으로 자세히 서술하는 부분
• 해설 : 본문 뒤에 덧붙여 사건의 전망, 분석, 평가 등을 다루는 부분으로, 필자의 주관성이 드러날 수 있음

9급공무원

국어

나두공

06장 어휘력

01절 한자
02절 여러 의미를 나타내는 어휘

06장 어휘력

SEMI-NOTE

한자의 3요소
- **모양(形)** : 시각적으로 구분되는 요소로 한자가 지니고 있는 자체의 글자 형태
- **소리(音)** : 1자 1음이 원칙이나, 1자 2음 또는 1자 3음의 예도 있음
- **뜻(義)** : 한자의 뜻을 우리말로 새긴 것을 훈(訓)이라고 함

육서를 기반으로 한 대표 한자
- **상형(象形)** : 日, 月, 山, 川, 人, 水, 雨, 手, 足, 目
- **지사(指事)** : 一, 二, 三, 四, 七, 八, 上, 中, 下, 本, 末, 寸, 丹
- **회의(會議)** : 日(날일) + 月(달월) → 明(밝을 명)
- **형성(形聲)** : 門(문 문 : 음) + 口(입 구 : 뜻) → 問(물을 문)
- **전주(轉注)**
  - 惡(악할 악) : 惡習(악습), 惡鬼(악귀)
  - 惡(미워할 오) : 憎惡(증오), 惡寒(오한)
  - 惡(부끄러워할 오) : 羞惡之心(수오지심)

01절 한자

1. 한자의 이해

(1) 한자의 구성 및 한자어

① 한자의 형성 원리와 육서
  ㉠ 한자의 형성 원리 : 기본적으로 한자는 사물의 모양을 본떠서 만든 글자이기 때문에 각 글자마다 특정한 뜻을 내포하고 있는 <u>표의문자(表意文字)</u>에 해당
  ㉡ 육서(六書) : 한자의 구조 및 사용에 관한 여섯 가지의 명칭으로, 상형(象形), 지사(指事), 회의(會意), 형성(形聲), 전주(轉注), 가차(假借)가 있음

② 한자의 육서
  ㉠ 글자의 창조 원리
  - 상형(象形) : 구체적인 사물의 모양을 본떠서 만든 문자(예 月, 山, 川)
  - 지사(指事) : 추상적인 뜻을 점이나 선으로 표시한 문자(예 上, 中, 下)

  ㉡ 글자의 결합 원리
  - 회의(會議) : 두 개 이상의 글자를 그 뜻으로 합쳐 새로운 뜻으로 만든 글자(예 木(나무 목) → 林(수풀 림), 火(불 화) → 炎(불탈 염))
  - <u>형성(形聲)</u> : 뜻 부분과 음 부분의 결합으로 만든 문자로 한자의 대부분을 차지함(예 鷺(해오라기 로) → 路(길 로 : 음만 사용함) + 鳥(새 조 : 뜻만 사용함))

  ㉢ 글자의 운용 원리
  - 전주(轉注) : <u>이미 있는 한자의 뜻을 확대 또는 발전시켜 다른 뜻으로 사용하는 방법</u>(예 樂(즐거울 락) → 본디 악기를 의미하였으나 노래, 즐기다, 좋아하다 등으로 뜻이 확장됨)
  - 가차(假借) : 어떤 뜻을 나타낼 한자가 없을 때, 뜻은 다르지만 음이 같으면 빌려 쓰는 방법(예 來(올 래) → 본디 보리를 뜻하는 '來'라는 한자를 '오다'라는 의미를 나타내기 위해 빌림)

③ 부수의 개념과 자전 찾기
  ㉠ 부수(部首)의 개념 : 부수란 옥편이나 자전에서 한자를 찾는 데 필요한 길잡이가 되는 글자로서, 소리글자인 한글의 자모나 영어의 알파벳에 해당됨
  ㉡ 자전 찾기 : 자전은 부수에 따라 배열된 것으로, 부수의 획수가 적은 것부터 차례대로 수록되어 있다. 자전을 찾을 때는 부수색인, 자음 색인, 총획색인을 활용함

④ 익혀두어야 할 한자어
  ㉠ 'ㄱ'으로 시작하는 한자어
  - 가식(假飾) : 말이나 행동 따위를 거짓으로 꾸밈

- 각축(角逐) : 서로 이기려고 다투며 덤벼듦
- 간과(看過) : 큰 관심 없이 대강 보아 넘김
- 간주(看做) : 상태, 모양, 성질 따위가 그와 같다고 봄. 또는 그렇다고 여김
- 간헐(間歇) : 얼마 동안의 시간 간격을 두고 되풀이하여 일어났다 쉬었다 함
- 객수(客愁) : 객지에서 느끼는 쓸쓸함이나 시름
- 게시(揭示) : 여러 사람들에게 알리기 위하여 내붙이거나 내걸어 두루 보게 함
- 경시(輕視) : 대수롭지 않게 보거나 업신여김
- 경질(硬質) : 단단하고 굳은 성질
- 계륵(鷄肋) : '닭의 갈비'라는 뜻으로 그다지 소용은 없으나 버리기에는 아까운 것을 이르는 말
- 고루(固陋) : 낡은 관념이나 습관에 젖어 고집이 세고 새로운 것을 잘 받아들이지 아니함
- 고배(苦杯) : 쓰라린 경험을 비유적으로 이르는 말
- 고역(苦役) : 몹시 힘들고 고되어 견디기 어려운 일
- 고혹(蠱惑) : 아름다움이나 매력 같은 것에 홀려서 정신을 못 차림
- 골계(滑稽) : 익살을 부리는 가운데 어떤 교훈을 주는 일
- 골자(骨子) : 말이나 일의 내용에서 중심이 되는 줄기를 이루는 것
- 공모(公募) : 일반에게 널리 공개하여 모집함
- 공약(公約) : 정부, 정당, 입후보자 등이 어떤 일에 대하여 국민에게 실행할 것을 약속함
- 공황(恐慌) : 근거 없는 두려움이나 공포로 갑자기 생기는 심리적 불안 상태
- 관건(關鍵) : 어떤 사물이나 문제 해결의 가장 중요한 부분
- 광음(光陰) : 빛과 그늘, 즉 낮과 밤이라는 뜻으로 시간이나 세월을 이름
- 괴리(乖離) : 서로 어그러져 동떨어짐
- 괴멸(壞滅) : 조직이나 체계 따위가 모조리 파괴되어 멸망함
- 괴벽(怪癖) : 괴이한 버릇
- 교란(攪亂) : 마음이나 상황 따위를 뒤흔들어서 어지럽고 혼란하게 함
- 구황(救荒) : 흉년 따위로 기근이 심할 때 빈민들을 굶주림에서 벗어나도록 도움
- 구휼(救恤) : 사회적 또는 국가적 차원에서 재난을 당한 사람이나 빈민에게 금품을 주어 구제함
- 구가(謳歌) : 행복한 처지나 기쁜 마음 따위를 거리낌 없이 나타냄. 또는 그런 소리
- 권면(勸勉) : 알아듣도록 권하고 격려하여 힘쓰게 함
- 궤변(詭辯) : 상대편을 이론으로 이기기 위하여 상대편의 사고(思考)를 혼란시키거나 감정을 격앙시켜 거짓을 참인 것처럼 꾸며 대는 논법
- 귀감(龜鑑) : 거울로 삼아 본받을 만한 모범
- 귀추(歸趨) : 일이 되어 가는 형편
- 규탄(糾彈) : 잘못이나 옳지 못한 일을 잡아내어 따지고 나무람

SEMI-NOTE

여러 의미를 지닌 한자어(ㄱ)

- 각성(覺醒)
  - 깨어 정신을 차림
  - 깨달아 앎
- 견문(見聞)
  - 보고 들음
  - 보거나 듣거나 하여 깨달아 얻은 지식
- 경색(梗塞)
  - 소통되지 못하고 막힘
  - 혈액 속에 떠다니는 혈전(血栓) 따위의 물질이 혈관을 막는 일
- 경원(敬遠)
  - 공경하되 가까이하지는 않음 – 겉으로는 공경하는 체하면서 실제로는 꺼리어 멀리함
- 계시(啓示)
  - 깨우쳐 보여 줌
  - 사람의 지혜로서는 알 수 없는 진리를 신(神)이 가르쳐 알게 함
- 고갈(枯渴)
  - 물이 말라서 없어짐
  - 어떤 일의 바탕이 되는 돈이나 물자, 소재, 인력 따위가 다하여 없어짐
  - 느낌이나 생각 따위가 다 없어짐
- 균열(龜裂)
  - 거북의 등에 있는 무늬처럼 갈라져 터짐
  - 친하게 지내는 사이에 틈이 남
- 기치(旗幟)
  - 예전에 군에서 쓰던 깃발
  - 일정한 목적을 위하여 내세우는 태도나 주장

SEMI-NOTE

여러 의미를 지닌 한자어(ㄴ)

- 나락(奈落)
  - 불교에서 말하는 지옥
  - 벗어나기 어려운 절망적인 상황을 비유적으로 이르는 말
- 낙오(落伍)
  - 무리에서 처져 뒤떨어짐
  - 사회나 시대의 진보에 뒤떨어짐
- 낙인(烙印)
  - 쇠붙이로 만들어 불에 달구어 찍는 도장
  - 다시 씻기 어려운 불명예스럽고 욕된 판정이나 평판을 이르는 말
- 난항(難航)
  - 폭풍우와 같은 나쁜 조건으로 배나 항공기가 몹시 어렵게 항행함
  - 여러 가지 장애 때문에 일이 순조롭게 진행되지 않음을 비유적으로 이르는 말
- 내력(來歷)
  - 지금까지 지내온 경로나 경력
  - 부모나 조상으로부터 내려오는 유전적인 특성
- 농성(籠城)
  - 적에게 둘러싸여 성문을 굳게 닫고 성을 지킴
  - 어떤 목적을 이루기 위하여 한자리를 떠나지 않고 시위함
- 농후(濃厚)
  - 맛, 빛깔, 성분 따위가 매우 짙음
  - 어떤 경향이나 기색 따위가 뚜렷함

여러 의미를 지닌 한자어(ㅁ)

- 묘연(杳然)
  - 그윽하고 멀어서 눈에 아물아물함
  - 소식이나 행방 따위를 알 길이 없음
- 문외한(門外漢)
  - 어떤 일에 직접 관계가 없는 사람
  - 어떤 일에 전문적인 지식이 없는 사람
- 미궁(迷宮)
  - 들어가면 나올 길을 찾을 수 없게 되어 있는 곳
  - 사건, 문제 따위가 얽혀서 쉽게 해결하지 못하게 된 상태

- 근황(近況) : 요즈음의 상황
- 기린아(麒麟兒) : 지혜와 재주가 썩 뛰어난 사람
- 기아(飢餓) : 굶주림
- 기우(杞憂) : 앞일에 대해 쓸데없는 걱정을 함 또는 그 걱정
- 기지(機智) : 경우에 따라 재치 있게 대응하는 지혜
- 금자탑(金字塔) : 길이 후세에 남을 뛰어난 업적을 비유적으로 이르는 말

ⓒ 'ㄴ'으로 시작하는 한자어
- 난만(爛漫) : 꽃이 활짝 많이 피어 화려함
- 날인(捺印) : 도장을 찍음
- 날조(捏造) : 사실이 아닌 것을 사실인 것처럼 거짓으로 꾸밈
- 남상(濫觴) : 사물의 처음이나 기원을 이르는 말
- 노정(路程) : 목적지까지의 거리. 또는 목적지까지 걸리는 시간
- 뇌쇄(惱殺) : 애가 타도록 몹시 괴로워함 또는 그렇게 괴롭힘
- 누항(陋巷) : 좁고 지저분하며 더러운 거리
- 눌변(訥辯) : 더듬거리는 서툰 말솜씨
- 능욕(陵辱) : 남을 업신여겨 욕보임

ⓒ 'ㄷ'으로 시작하는 한자어
- 다담(茶啖) : 손님을 대접하기 위하여 내놓은 다과(茶菓) 따위
- 단말마(斷末魔·斷末摩) : 숨이 끊어질 때의 모진 고통
- 담수(淡水) : 짠맛이 없는 맑은 물
- 담합(談合) : 경쟁 입찰을 할 때에 입찰 참가자가 서로 의논하여 미리 입찰 가격이나 낙찰자 따위를 정하는 일
- 당면(當面) : 바로 눈앞에 당함
- 도야(陶冶) : 훌륭한 사람이 되도록 몸과 마음을 닦아 기름을 비유적으로 이르는 말
- 도원경(桃源境) : 이 세상이 아닌 무릉도원처럼 아름다운 경지
- 도외시(度外視) : 상관하지 아니하거나 무시함
- 동요(動搖) : 생각이나 처지 또는 어떤 체제나 상황 따위가 확고하지 못하고 흔들림
- 등용문(登龍門) : 어려운 관문을 통과하여 크게 출세하게 됨 또는 그 관문을 이르는 말

ⓔ 'ㅁ'으로 시작하는 한자어
- 마모(磨耗) : 마찰 부분이 닳아서 없어짐
- 망중한(忙中閑) : 바쁜 가운데 잠깐 얻어 낸 틈
- 매몰(埋沒) : 보이지 않게 파묻히거나 파묻음
- 매진(邁進) : 어떤 일을 전심전력을 다하여 해 나감
- 맹아(萌芽) : 사물의 시초가 되는 것
- 모순(矛盾) : 앞뒤가 맞지 않음. 혹은 그런 말
- 몽상(夢想) : 실현성이 없는 헛된 생각을 함

- 몽진(蒙塵) : 먼지를 뒤집어쓴다는 뜻으로, 임금이 난리를 피하여 안전한 곳으로 떠남
- 묘령(妙齡) : 스무 살 안팎의 여자 나이
- 무단(無斷) : 사전에 허락이 없음 또는 아무 사유가 없음
- 무산(霧散) : 안개가 걷히듯 흩어져 없어짐 또는 그렇게 흐지부지 취소됨
- 묵인(默認) : 모르는 체하고 하려는 대로 내버려 둠으로써 슬며시 인정함
- 미연(未然) : 어떤 일이 아직 그렇게 되지 않은 때
- 미증유(未曾有) : 지금까지 한 번도 있어 본 적이 없음
- 미흡(未洽) : 아직 흡족하지 못하거나 만족스럽지 않음

ⓜ 'ㅂ'으로 시작하는 한자어
- 박빙(薄氷) : 근소한 차이를 비유적으로 이르는 말
- 박탈(剝奪) : 남의 재물이나 권리, 자격 등을 빼앗음
- 반박(反駁) : 어떤 의견, 주장, 논설 따위에 반대하여 말함
- 발췌(拔萃) : 책, 글 따위에서 필요하거나 중요한 부분을 가려 뽑아냄
- 발탁(拔擢) : 여러 사람 가운데서 쓸 사람을 뽑음
- 방기(放棄) : 내버리고 아예 돌아보지 아니함
- 백미(白眉) : '흰 눈썹'이란 뜻으로, 여럿 가운데서 가장 뛰어난 사람이나 훌륭한 물건을 비유적으로 이르는 말
- 백안시(白眼視) : 남을 업신여기거나 무시하는 태도로 흘겨봄
- 병치(倂置) : 두 가지 이상의 것을 한곳에 나란히 두거나 설치함
- 보전(保全) : 온전하게 보호하여 유지함
- 부고(訃告) : 사람의 죽음을 알림. 또는 그런 글
- 부득이(不得已) : 마지못하여 하는 수 없이
- 부상(扶桑) : 해가 뜨는 동쪽 바다
- 불후(不朽) : 썩지 아니함이라는 뜻으로, 영원토록 변하거나 없어지지 아니함을 비유적으로 이르는 말
- 비견(比肩) : 앞서거나 뒤서지 않고 어깨를 나란히 한다는 뜻으로, 낫고 못할 것이 정도가 서로 비슷하게 함을 이르는 말
- 비단(非但) : 부정하는 말 앞에서 '다만', '오직'의 뜻으로 쓰이는 말
- 비유(比喩) : 어떤 현상이나 사물을 직접 설명하지 아니하고 다른 비슷한 현상이나 사물에 빗대어서 설명하는 일
- 비호(庇護) : 편들어서 감싸 주고 보호함

ⓑ 'ㅅ'으로 시작하는 한자어
- 상쇄(相殺) : 상반되는 것이 서로 영향을 주어 효과가 없어지는 일
- 서거(逝去) : 죽어서 세상을 떠남을 높이는 말
- 서한(書翰) : 편지
- 선망(羨望) : 부러워하여 바람
- 섭렵(涉獵) : 물을 건너 찾아다닌다는 뜻으로, 많은 책을 널리 읽거나 여기저기 찾아다니며 경험함을 이르는 말

SEMI-NOTE

여러 의미를 지닌 한자어(ㅂ)

- 반추(反芻)
  - 한번 삼킨 먹이를 다시 게워 내어 씹음
  - 어떤 일을 되풀이하여 음미하거나 생각함
- 변별(辨別)
  - 사물의 옳고 그름이나 좋고 나쁨을 가림
  - 세상에 대한 경험이나 식견에서 나오는 생각이나 판단
- 보수(保守)
  - 보전하여 지킴
  - 새로운 것이나 변화를 반대하고 전통적인 것을 옹호하며 유지하려 함
- 부상(浮上)
  - 물 위로 떠오름
  - 어떤 현상이 관심의 대상이 되거나 어떤 사람이 훨씬 좋은 위치로 올라섬
- 부유(浮游)
  - 물 위나 물속, 또는 공기 중에 떠다님
  - 행선지를 정하지 아니하고 이리저리 떠돌아다님
- 빙자(憑藉)
  - 남의 힘을 빌려서 의지함
  - 말막음을 위하여 핑계로 내세움

여러 의미를 지닌 한자어(ㅅ)

- 선회(旋回)
  - 둘레를 빙글빙글 돎
  - 항공기가 곡선을 그리듯 진로를 바꿈
- 소강(小康)
  - 병이 조금 나아진 기색이 있음
  - 소란이나 분란, 혼란 따위가 그치고 조금 잠잠함

SEMI-NOTE

- 소급(溯及) : 과거에까지 거슬러 올라가서 미치게 함
- 쇄도(殺到) : 전화, 주문 따위가 한꺼번에 세차게 몰려듦
- 쇄신(刷新) : 나쁜 폐단이나 묵은 것을 버리고 새롭게 함
- 수긍(首肯) : 옳다고 인정함
- 수렴(收斂) : 의견이나 사상 따위가 여럿으로 나뉘어 있는 것을 하나로 모아 정리함
- 수심(愁心) : 매우 근심함 또는 그런 마음
- 수작(酬酌) : 남의 말이나 행동, 계획을 낮잡아 이르는 말
- 숙맥(菽麥) : 사리 분별을 못하고 세상 물정을 잘 모르는 사람
- 슬하(膝下) : 무릎의 아래라는 뜻으로, 어버이나 조부모의 보살핌 아래
- 시사(示唆) : 어떤 것을 미리 간접적으로 표현해 줌
- 시의적절(時宜適切) : 그 당시의 사정이나 요구에 아주 알맞음
- 시정(市政) : 인가가 모인 곳
- 신예(新銳) : 새롭고 기세나 힘이 뛰어남 또는 그런 사람
- 심안(心眼) : 사물을 살펴 분별하는 능력

ⓧ 'ㅇ'으로 시작하는 한자어

- 아성(牙城) : 아주 중요한 근거지를 비유적으로 이르는 말
- 아집(我執) : 자기중심의 좁은 생각에 집착하여 다른 사람의 의견이나 입장을 고려하지 아니하고 자기만을 내세우는 것
- 알력(軋轢) : 수레바퀴가 삐걱거린다는 뜻으로, 서로 의견이 맞지 아니하여 사이가 안 좋거나 충돌하는 것을 이르는 말
- 알선(斡旋) : 남의 일이 잘되도록 주선하는 일
- 압권(壓卷) : 여럿 가운데 가장 뛰어난 것
- 야합(野合) : 좋지 못한 목적 밑에 서로 어울림
- 억측(臆測) : 이유와 근거가 없이 짐작함. 또는 그런 짐작
- 여론(輿論) : 사회 대중의 공통된 의견
- 여반장(如反掌) : 손바닥을 뒤집는 것 같다는 뜻으로, 일이 매우 쉬움
- 역량(力量) : 어떤 일을 해낼 수 있는 힘
- 열반(涅槃) : 모든 번뇌의 얽매임에서 벗어나고 진리를 깨달아 불생불멸의 법을 체득한 경지
- 염세(厭世) : 세상을 괴롭고 귀찮은 것으로 여겨 비관함
- 엽기(獵奇) : 비정상적이고 괴이한 일이나 사물에 흥미를 느끼고 찾아다님
- 영전(榮轉) : 전보다 더 좋은 자리나 직위로 옮김
- 오열(嗚咽) : 목메어 욺. 또는 그런 울음
- 오인(誤認) : 잘못 보거나 잘못 생각함
- 와전(訛傳) : 사실과 다르게 전함
- 왜곡(歪曲) : 사실과 다르게 해석하거나 그릇되게 함
- 왜소(矮小) : 몸뚱이가 작고 초라함
- 우려(憂慮) : 근심하거나 걱정함 또는 그 근심과 걱정

여러 의미를 지닌 한자어(ㅇ)

- 어폐(語弊)
  - 적절하지 아니하게 사용하여 일어나는 말의 폐단이나 결점
  - 남의 오해를 받기 쉬운 말
- 여과(濾過)
  - 거름종이나 여과기를 써서 액체 속에 들어 있는 침전물이나 입자를 걸러 내는 일
  - 주로 부정적인 요소를 걸러 내는 과정을 비유적으로 이르는 말
- 여파(餘波)
  - 큰 물결이 지나간 뒤에 일어나는 잔 물결
  - 어떤 일이 끝난 뒤에 남아 미치는 영향
- 운운(云云)
  - 글이나 말을 인용하거나 생략할 때에, 이러이러하다고 말함의 뜻으로 쓰는 말
  - 여러 가지의 말
- 이완(弛緩)
  - 바짝 조였던 정신이 풀려 늦추어짐
  - 잘 조성된 분위기 따위가 흐트러져 느슨해짐
  - 굳어서 뻣뻣하게 된 근육 따위가 원래의 상태로 풀어짐

- 위계(位階) : 지위나 계층 따위의 등급
- 위항(委巷) : 좁고 지저분한 거리
- 위해(危害) : 위험한 재해를 아울러 이르는 말
- 유예(猶豫) : 일을 결행하는 데 날짜나 시간을 미룸
- 유착(癒着) : 사물들이 서로 깊은 관계를 가지고 결합하여 있음
- 응대(應待) : 부름이나 물음 또는 요구 따위에 응하여 상대함
- 이반(離反) : 인심이 떠나서 배신함
- 익명(匿名) : 이름을 숨김. 또는 숨긴 이름이나 그 대신 쓰는 이름
- 인멸(湮滅) : 자취도 없이 모두 없어짐. 또는 그렇게 없앰
- 인습(因習) : 이전부터 전하여 내려오는 습관
- 일체(一切) : 모든 것
- 일탈(逸脫) : 사회적인 규범으로부터 벗어나는 일
- 잉여(剩餘) : 쓰고 난 후 남은 것

◎ 'ㅈ'으로 시작하는 한자어
- 자문(諮問) : 어떤 일을 좀 더 효율적이고 바르게 처리하려고 그 방면의 전문가나, 전문가들로 이루어진 기구에 의견을 물음
- 재고(再考) : 어떤 일이나 문제 따위에 대해 다시 생각함
- 재고(在庫) : 창고 따위에 쌓여 있음
- 전말(顚末) : 처음부터 끝까지 일이 진행되어 온 경과
- 전철(前轍) : 앞에 지나간 수레바퀴 자국이라는 뜻으로, 이전 사람의 그릇된 일이나 행동의 자취
- 조예(造詣) : 학문이나 예술, 기술 따위의 분야에 대한 지식이나 경험이 깊은 경지에 이른 정도
- 종언(終焉) : 계속하던 일이 끝장이 남
- 주도(主導) : 주동적인 처지가 되어 이끎
- 지략(智略) : 어떤 일이나 문제든지 명철하게 포착하고 분석 또는 평가하여 해결대책을 능숙하게 세우는 뛰어난 슬기와 계략
- 지척(咫尺) : 아주 가까운 거리

ⓒ 'ㅊ, ㅌ'으로 시작하는 한자어
- 찰나(刹那) : 어떤 일이나 사물 현상이 일어나는 바로 그때
- 창궐(猖獗) : 못된 세력이나 전염병 따위가 세차게 일어나 걷잡을 수 없이 퍼짐
- 척결(剔抉) : 나쁜 부분이나 요소들을 깨끗이 없애 버림
- 천거(薦擧) : 어떤 일을 맡아 할 수 있는 사람을 그 자리에 쓰도록 소개하거나 추천함
- 천명(闡明) : 진리나 사실, 입장 따위를 드러내어 밝힘
- 천추(千秋) : 오래고 긴 세월. 또는 먼 미래
- 초야(草野) : '풀이 난 들'이라는 뜻으로, 궁벽한 시골을 이르는 말
- 추앙(推仰) : 높이 받들어 우러러 봄

SEMI-NOTE

여러 의미를 지닌 한자어(ㅈ)
- 잔재(殘滓)
  - 쓰고 남은 찌꺼기
  - 과거의 낡은 사고방식이나 생활양식의 찌꺼기
- 전복(顚覆)
  - 차나 배 따위가 뒤집힘
  - 사회 체제가 무너지거나 정권 따위를 뒤집어엎음
- 질곡(桎梏)
  - 옛 형구인 차꼬(죄수를 가두어 둘 때 쓰던 형구(刑具))와 수갑을 아울러 이르는 말
  - 몹시 속박하여 자유를 가질 수 없는 고통의 상태를 비유적으로 이르는 말

여러 의미를 지닌 한자어(ㅊ~ㅌ)
- 천착(穿鑿)
  - 어떤 원인이나 내용 따위를 따지고 파고들어 알려고 하거나 연구함
  - 억지로 이치에 닿지 아니한 말을 함
- 투영(投影)
  - 물체의 그림자를 어떤 물체 위에 비추는 일
  - 어떤 일을 다른 일에 반영하여 나타냄을 비유적으로 이르는 말

SEMI-NOTE

여러 의미를 지닌 한자어(ㅍ)

- 패권(覇權)
  - 어떤 분야에서 우두머리나 으뜸의 자리를 차지하여 누리는 공인된 권리와 힘
  - 국제 정치에서, 어떤 국가가 경제력이나 무력으로 다른 나라를 압박하여 자기의 세력을 넓히려는 권력
- 편협(偏狹)
  - 한쪽으로 치우쳐 도량이 좁고 너그럽지 못함
  - 땅 따위가 좁음

잘못 읽기 쉬운 한자어

- 可矜 : 가긍(○) 가금(×)
- 勘定 : 감정(○) 심정(×)
- 醵出 : 갹출(○) 거출(×)
- 陶冶 : 도야(○) 도치(×)
- 明澄 : 명징(○) 명증(×)
- 撲滅 : 박멸(○) 복멸(×)
- 水洗 : 수세(○) 수선(×)
- 凝結 : 응결(○) 의결(×)
- 憎惡 : 증오(○) 증악(×)
- 褒賞 : 포상(○) 보상(×)

- 추이(推移) : 일이나 형편이 시간의 경과에 따라 변하여 나감 또는 그런 경향
- 추호(秋毫) : 매우 적거나 조금인 것을 비유적으로 이르는 말
- 치적(治績) : 잘 다스린 공적. 또는 정치상의 업적
- 칩거(蟄居) : 나가서 활동하지 아니하고 집 안에만 틀어박혀 있음
- 타산(打算) : 자신에게 도움이 되는지를 따져 헤아림
- 퇴고(推敲) : 글을 지을 때 여러 번 생각하여 고치고 다듬음. 또는 그런 일

㉥ 'ㅍ'으로 시작하는 한자어

- 파락호(擺落戶) : 재산이나 세력이 있는 집안의 재산을 몽땅 털어먹는 난봉꾼을 이르는 말
- 파천황(破天荒) : 이전에 아무도 하지 못한 일을 처음으로 해냄
- 판별(判別) : 옳고 그름이나 좋고 나쁨을 판단하여 구별함
- 판촉(販促) : 여러 가지 방법을 써서 수요를 불러일으키고 자극하여 판매가 늘도록 유도하는 일
- 폄하(貶下) : 가치를 깎아내림
- 포폄(褒貶) : 옳고 그름이나 선하고 악함을 판단하여 결정함
- 폭주(暴注) : 어떤 일이 처리하기 힘들 정도로 한꺼번에 몰림
- 풍문(風聞) : 바람처럼 떠도는 소문
- 풍자(諷刺) : 문학 작품 따위에서, 현실의 부정적 현상이나 모순 따위를 빗대어 비웃으면서 씀
- 피상적(皮相的) : 본질적인 현상은 추구하지 아니하고 겉으로 드러나 보이는 현상에만 관계하는 것
- 피폐(疲弊) : 지치고 쇠약하여짐
- 필경(畢竟) : 끝장에 가서는
- 핍박(逼迫) : 바싹 죄어서 몹시 괴롭게 굶

㉦ 'ㅎ'으로 시작하는 한자어

- 할거(割據) : 땅을 나누어 차지하고 굳게 지킴
- 함구(緘口) : 입을 다문다는 뜻으로, 말하지 아니함을 이르는 말
- 함양(涵養) : 능력이나 품성을 기르고 닦음
- 해이(解弛) : 긴장이나 규율 따위가 풀려 마음이 느슨함
- 향수(鄕愁) : 고향을 그리워하는 마음이나 시름
- 혈안(血眼) : 기를 쓰고 달려들어 독이 오른 눈
- 홀대(忽待) : 소홀히 대접함. 탐탁하지 않은 대접
- 홀연(忽然) : 뜻하지 아니하게 갑자기
- 확정(確定) : 일을 확실하게 정함
- 환기(喚起) : 주의나 여론, 생각 따위를 불러일으킴
- 환대(歡待) : 반갑게 맞아 정성껏 후하게 대접함
- 회동(會同) : 일정한 목적으로 여러 사람이 한데 모임
- 회자(膾炙) : 회와 구운 고기라는 뜻으로, 칭찬을 받으며 사람의 입에 자주 오르내림을 이르는 말

- 효시(嚆矢) : 어떤 사물이나 현상이 시작되어 나온 맨 처음을 비유적으로 이르는 말
- 휘하(麾下) : 장군의 지휘 아래. 또는 그 지휘 아래에 딸린 군사
- 흡사(恰似) : 거의 같을 정도로 비슷한 모양
- 힐난(詰難) : 트집을 잡아 거북할 만큼 따지고 듦
- 힐책(詰責) : 잘못된 점을 따져 나무람

ⓒ 나이를 나타내는 한자어
- 15세 : 지학(志學), 『논어』 위정(爲政)편에서 공자가 열다섯에 학문에 뜻을 두었다고 한 데서 유래함
- 20세 : 약관(弱冠), 『논어』 위정(爲政)편에서 공자가 스무 살에 관례를 한다고 한 데서 유래함
- 30세 : 이립(而立), 『논어』 위정(爲政)편에서 공자가 서른 살에 자립했다고 한데서 유래함.
- 40세 : 불혹(不惑), 『논어』 위정(爲政)편에서 공자가 마흔 살부터 세상일에 미혹되지 않았다고 한 데서 유래함
- 48세 : 상년(桑年), '桑'의 속자를 분해하여 보면 '十'자가 넷이고 '八'자가 하나인 데서 유래함
- 50세 : 지천명(知天命), 『논어』 위정(爲政)편에서 공자가 쉰 살에 하늘의 뜻을 알았다고 한 데서 유래함
- 60세 : 이순(耳順), 『논어』 위정(爲政)편에서 공자가 예순 살부터 생각하는 것이 원만하여 어떤 일을 들으면 곧 이해가 된다고 한 데서 유래함
- 61세 : 환갑(還甲), 회갑(回甲), 육십갑자의 '갑(甲)'으로 되돌아온다는 뜻
- 62세 : 진갑(進甲), 환갑이 지나 새로운 '갑(甲)'으로 나아간다는 뜻
- 70세 : 종심(從心), 『논어』의 위정(爲政)편에서 공자가 칠십이 되면 욕망하는 대로 해도 도리에 어긋남이 없다고 한 데서 유래함
- 71세 : 망팔(望八), '여든'을 바라본다는 뜻
- 77세 : 희수(喜壽), '喜'를 초서(草書)로 쓸 때 '七十七'처럼 쓰는 데서 유래함
- 81세 : 망구(望九), 사람의 나이가 아흔을 바라본다는 뜻
- 88세 : 미수(米壽), '米'자를 풀어 쓰면 '八十八'이 되는 데서 유래함
- 91세 : 망백(望百), 사람의 나이가 백세를 바라본다는 뜻
- 99세 : 백수(白壽), '百'에서 '一'을 빼면 99가 되고, '白'자가 되는 데서 유래함

(2) 한자 성어 ★ 빈출개념

① 주요 한자 성어

㉠ 'ㄱ'으로 시작하는 한자성어
- 가렴주구(苛斂誅求) : 세금을 가혹하게 거두어들이고, 무리하게 재물을 빼앗음
- 각고면려(刻苦勉勵) : 어떤 일에 고생을 무릅쓰고 몸과 마음을 다하여, 무척 애를 쓰면서 부지런히 노력함

SEMI-NOTE

우리말로 알고 있는 한자어(명사)
- 방금(方今)
- 별안간(瞥眼間)
- 산적(蒜炙)
- 어중간(於中間)
- 잠시(暫時)
- 조심(操心)
- 졸지(猝地)
- 창피(猖披)

우리말로 알고 있는 한자어(형용사)
- 기특하다(奇特—)
- 여간하다(如干—)

우리말로 알고 있는 한자어(부사)
- 도대체(都大體)
- 도저히(到底—)
- 무려(無慮)
- 부득이(不得已)
- 심지어(甚至於)
- 악착같이(齷齪—)
- 어차피(於此彼)
- 역시(亦是)
- 하여간(何如間)
- 하필(何必)

70세를 나타내는 또 다른 한자, 고희(古稀)
두보(杜甫)의 「곡강시(曲江詩)」에서 70세를 사는 것은 예부터 드물었다고 한 데서 유래함

SEMI-NOTE

기타 한자성어(가~갑)
- 가급인족(家給人足) : 집집마다 먹고 사는 것에 부족함이 없이 넉넉함
- 가정맹어호(苛政猛於虎) : 가혹한 정치는 호랑이보다 무섭다는 뜻으로, 혹독한 정치의 폐가 큼을 이르는 말
- 가인박명(佳人薄命) : 미인은 불행하거나 병약하여 요절하는 일이 많음
- 간난신고(艱難辛苦) : 몹시 힘들고 어려우며 고생스러움
- 갑론을박(甲論乙駁) : 여러 사람이 서로 자신의 주장을 내세우며 상대편의 주장을 반박함

기타 한자성어(격~경)
- 격물치지(格物致知) : 실제 사물의 이치를 연구하여 지식을 완전하게 함
- 견리망의(見利忘義) : 눈앞의 이익을 보면 의리를 잊음
- 견리사의(見利思義) : 눈앞의 이익을 보면 의리를 먼저 생각함
- 견마지로(犬馬之勞) : 개나 말 정도의 하찮은 힘이라는 뜻으로, 윗사람에게 충성을 다하는 자신의 노력을 낮추어 이르는 말
- 계명구도(鷄鳴狗盜) : 비굴하게 남을 속이는 하찮은 재주 또는 그런 재주를 가진 사람을 이르는 말
- 경거망동(輕擧妄動) : 경솔하여 생각 없이 망령되게 행동함

- 각골난망(刻骨難忘) : 남에게 입은 은혜가 뼈에 새길 만큼 커서 잊히지 아니함
- 각자도생(各自圖生) : 제각기 살아 나갈 방법을 꾀함
- 각자무치(角者無齒) : 뿔이 있는 짐승은 이가 없다는 뜻으로, 한 사람이 여러 가지 재주나 복을 다 가질 수 없다는 말
- 각주구검(刻舟求劍) : 융통성 없이 현실에 맞지 않는 낡은 생각을 고집하는 어리석음을 이르는 말
- 간담상조(肝膽相照) : 서로 속마음을 털어놓고 친하게 사귐
- 감언이설(甘言利說) : 귀가 솔깃하도록 남의 비위를 맞추거나 이로운 조건을 내세워 꾀는 말
- 감탄고토(甘呑苦吐) : 달면 삼키고 쓰면 뱉는다는 뜻으로, 자신의 비위에 따라서 사리의 옳고 그름을 판단함을 이르는 말
- 개과천선(改過遷善) : 지난날의 잘못이나 허물을 고쳐 올바르고 착하게 됨
- 거두절미(去頭截尾) : 머리와 꼬리를 잘라 버린다는 말로 어떤 일의 요점만 간단히 말함
- 건곤일척(乾坤一擲) : 주사위를 던져 승패를 건다는 뜻으로, 운명을 걸고 단판걸이로 승부를 겨룸을 이르는 말
- 격화소양(隔靴搔癢) : 신을 신고 발바닥을 긁는다는 뜻으로, 성에 차지 않거나 철저하지 못한 안타까움을 이르는 말
- 견강부회(牽強附會) : 이치에 맞지 않는 말을 억지로 끌어 붙여 자기에게 유리하게 함
- 견문발검(見蚊拔劍) : 모기를 보고 칼을 뺀다는 뜻으로, 사소한 일에 크게 성내어 덤빔을 이르는 말
- 견물생심(見物生心) : 어떠한 실물을 보게 되면 그것을 가지고 싶은 욕심이 생김
- 결자해지(結者解之) : 맺은 사람이 풀어야 한다는 뜻으로, 자기가 저지른 일은 자기가 해결해야 함을 이르는 말
- 결초보은(結草報恩) : 풀을 맺어 은혜를 갚는다는 뜻으로 죽은 뒤에라도 은혜를 잊지 않고 갚음을 이르는 말
- 계구우후(鷄口牛後) : 닭의 주둥이와 소의 꼬리라는 뜻으로, 큰 단체의 꼴찌보다는 작은 단체의 우두머리가 되는 것이 오히려 나음을 이르는 말
- 계란유골(鷄卵有骨) : 달걀에도 뼈가 있다는 뜻으로, 운수가 나쁜 사람은 모처럼 좋은 기회를 만나도 역시 일이 잘 안됨을 이르는 말
- 고군분투(孤軍奮鬪) : 도움을 받지 못하게 된 군사가 많은 수의 적군과 잘 싸움을 뜻하는 말로 남의 도움을 받지 않고 일을 잘해 나가는 것을 비유적으로 이르는 말
- 고립무원(孤立無援) : 고립되어 구원을 받을 데가 없음
- 고식지계(姑息之計) : 우선 당장 편한 것만을 택하는 꾀나 방법. 한때의 안정을 얻기위하여 임시로 둘러맞추어 처리하거나 이리저리 주선하여 꾸며

내는 계책을 이르는 말
- 고육지책(苦肉之策) : 자기 몸을 상해 가면서까지 꾸며 내는 계책이라는 뜻으로, 어려운 상태를 벗어나기 위해 어쩔 수 없이 꾸며 내는 계책을 이르는 말
- 고장난명(孤掌難鳴) : 외손뼉만으로는 소리가 울리지 아니한다는 뜻으로, 혼자의 힘만으로 어떤 일을 이루기 어려움을 이르는 말
- 곡학아세(曲學阿世) : 바른 길에서 벗어난 학문으로 세상 사람에게 아첨함
- 과유불급(過猶不及) : 정도를 지나침은 미치지 못함과 같음을 이르는 말
- 관포지교(管鮑之交) : 관중과 포숙의 사귐이란 뜻으로, 우정이 아주 돈독한 친구 관계를 이르는 말
- 괄목상대(刮目相對) : 눈을 비비고 상대편을 본다는 뜻으로, 남의 학식이나 재주가 놀랄 만큼 부쩍 늚을 이르는 말
- 교각살우(矯角殺牛) : 소의 뿔을 바로잡으려다가 소를 죽인다는 뜻으로, 잘못된 점을 고치려다가 그 방법이나 정도가 지나쳐 오히려 일을 그르침을 이르는 말
- 교언영색(巧言令色) : 아첨하는 말과 알랑거리는 태도
- 구사일생(九死一生) : 아홉 번 죽을 뻔하다 한 번 살아난다는 뜻으로, 죽을 고비를 여러 차례 넘기고 겨우 살아남음을 이르는 말
- 구우일모(九牛一毛) : 아홉 마리의 소 가운데 박힌 하나의 털이란 뜻으로, 매우 많은 것 가운데 극히 적은 수를 이르는 말
- 구절양장(九折羊腸) : 아홉 번 꼬부라진 양의 창자라는 뜻으로, 꼬불꼬불하며 험한 산길을 이르는 말
- 궁여지책(窮餘之策) : 궁한 나머지 생각다 못하여 짜낸 계책
- 권모술수(權謀術數) : 목적 달성을 위하여 수단과 방법을 가리지 아니하는 온갖 모략이나 술책
- 권불십년(權不十年) : 권세는 십 년을 가지 못한다는 뜻으로, 아무리 높은 권세라도 오래가지 못함을 이르는 말
- 권토중래(捲土重來) : 한 번 실패하였으나 힘을 회복하여 다시 쳐들어옴을 이르는 말
- 귤화위지(橘化爲枳) : 회남의 귤을 회북에 옮겨 심으면 탱자가 된다는 뜻으로, 환경에 따라 사람이나 사물의 성질이 변함을 이르는 말
- 근묵자흑(近墨者黑) : 먹을 가까이하는 사람은 검어진다는 뜻으로, 나쁜 사람과 가까이 지내면 나쁜 버릇에 물들기 쉬움을 비유적으로 이르는 말
- 금상첨화(錦上添花) : 비단 위에 꽃을 더한다는 뜻으로, 좋은 일 위에 또 좋은 일이 더하여짐을 비유적으로 이르는 말
- 금의야행(錦衣夜行) : 비단옷을 입고 밤길을 다닌다는 뜻으로, 자랑삼아 하지 않으면 생색이 나지 않음을 이르는 말
- 금의환향(錦衣還鄕) : 비단옷을 입고 고향에 돌아온다는 뜻으로, 출세를 하여 고향에 돌아가거나 돌아옴을 비유적으로 이르는 말

SEMI-NOTE

기타 한자성어(고~교)
- 고두사죄(叩頭謝罪) : 머리를 조아리며 잘못을 빎
- 고량진미(膏粱珍味) : 기름진 고기와 좋은 곡식으로 만든 맛있는 음식
- 고성낙일(孤城落日) : '외딴 성과 서산에 지는 해'라는 뜻으로, 세력이 다하고 남의 도움이 없는 매우 외로운 처지를 이르는 말
- 골육지정(骨肉之情) : 가까운 혈족 사이의 의로운 정
- 교왕과직(矯枉過直) : 굽은 것을 바로잡으려다가 정도에 지나치게 곧게 한다는 뜻으로, 잘못된 것을 바로잡으려다가 너무 지나쳐서 오히려 나쁘게 됨을 이르는 말
- 교토삼굴(狡兎三窟) : 교활한 토끼는 세 개의 숨을 굴을 파 놓는다는 뜻으로, 사람이 교묘하게 잘 숨어 재난을 피함을 이르는 말

기타 한자성어(구~금)
- 구세제민(救世濟民) : 어지러운 세상을 구원하고 고통받는 백성을 구제함
- 군맹무상(群盲撫象) : 사물을 좁은 소견과 주관으로 잘못 판단함을 이르는 말
- 군웅할거(群雄割據) : 여러 영웅이 각기 한 지방씩 차지하고 위세를 부리는 상황을 이르는 말
- 금과옥조(金科玉條) : 금이나 옥처럼 귀중히 여겨 꼭 지켜야 할 법칙이나 규정
- 금석지감(今昔之感) : 지금과 옛날의 차이가 너무 심하여 생기는 느낌

SEMI-NOTE

기타 한자성어(낙~능)

- 낙담상혼(落膽喪魂) : 몹시 놀라거나 마음이 상해서 넋을 잃음
- 노승발검(怒蠅拔劍) : 성가시게 구는 파리를 보고 화가 나서 칼을 뺀다는 뜻으로, 사소한 일에 화를 내거나 또는 작은 일에 큰 대책을 세움을 비유적으로 이르는 말
- 논공행상(論功行賞) : 공적의 크고 작음 따위를 논의하여 그에 알맞은 상을 줌
- 능소능대(能小能大) : 모든 일에 두루 능함

기타 한자성어(다~대)

- 다다익선(多多益善) : 많으면 많을수록 더욱 좋음
- 다사다난(多事多難) : 여러 가지 일도 많고 어려움이나 탈도 많음
- 대동소이(大同小異) : 큰 차이 없이 거의 같음

기타 한자성어(등~동)

- 등고자비(登高自卑) : 높은 곳에 오르려면 낮은 곳에서부터 오른다는 뜻으로, 일을 순서대로 해야 함을 이르는 말
- 동상이몽(同床異夢) : 같은 자리에 자면서 다른 꿈을 꾼다는 뜻으로, 겉으로는 같이 행동하면서도 속으로는 각각 딴생각을 하고 있음을 이르는 말

ⓛ 'ㄴ'으로 시작하는 한자성어
- 낙양지가(洛陽紙價) : 훌륭한 글을 서로 필사하느라고 낙양 땅의 종이 값이 치솟는다는 말로 훌륭한 문장이나 글을 칭송하여 이르는 말
- 난공불락(難攻不落) : 공격하기가 어려워 쉽사리 함락되지 아니함
- 난형난제(難兄難弟) : 누구를 형이라 하고 누구를 아우라 하기 어렵다는 뜻으로, 두 사물이 비슷하여 낫고 못함을 정하기 어려움을 이르는 말
- 남선북마(南船北馬) : 중국의 남쪽은 강이 많아서 배를 이용하고 북쪽은 산과 사막이 많아서 말을 이용한다는 뜻으로, 늘 쉬지 않고 여기저기 여행을 하거나 돌아다님을 이르는 말
- 낭중지추(囊中之錐) : 주머니 속의 송곳이라는 뜻으로, 재능이 뛰어난 사람은 숨어있어도 저절로 사람들에게 알려짐을 이르는 말
- 내우외환(內憂外患) : 나라 안팎의 여러 가지 어려움
- 노심초사(勞心焦思) : 몹시 마음을 쓰며 애를 태움

ⓒ 'ㄷ'으로 시작하는 한자성어
- 다기망양(多岐亡羊) : 갈림길이 많아 잃어버린 양을 찾지 못한다는 뜻으로, 두루 섭렵하기만 하고 전공하는 바가 없어 끝내 성취하지 못함을 이르는 말
- 단금지계(斷金之契) : 쇠도 자를 만큼의 굳은 약속이라는 뜻으로, 매우 두터운 우정을 이르는 말
- 단기지계(斷機之戒) : 학문을 중도에서 그만두면 짜던 베의 날을 끊는 것처럼 아무쓸모 없음을 경계한 말
- 당구풍월(堂狗風月) : 서당에서 기르는 개가 풍월을 읊는다는 뜻으로, 그 분야에 대하여 경험과 지식이 전혀 없는 사람이라도 오래 있으면 얼마간의 경험과 지식을 가짐을 이르는 말
- 당랑거철(螳螂拒轍) : 제 역량을 생각하지 않고, 강한 상대나 되지 않을 일에 덤벼드는 무모한 행동거지를 비유적으로 이르는 말
- 대기만성(大器晚成) : 큰 그릇을 만드는 데는 시간이 오래 걸린다는 뜻으로, 크게 될 사람은 늦게 이루어짐을 이르는 말
- 도청도설(道聽塗說) : 길에서 듣고 길에서 말한다는 뜻으로, 길거리에 퍼져 돌아다니는 뜬소문을 이르는 말
- 동가홍상(同價紅裳) : 같은 값이면 다홍치마라는 뜻으로, 같은 값이면 좋은 물건을 가짐을 이르는 말
- 동고동락(同苦同樂) : 괴로움도 즐거움도 함께함
- 동병상련(同病相憐) : 같은 병을 앓는 사람끼리 서로 가엾게 여긴다는 뜻으로, 어려운 처지에 있는 사람끼리 서로 가엾게 여김을 이르는 말
- 동분서주(東奔西走) : 동쪽으로 뛰고 서쪽으로 뛴다는 뜻으로, 사방으로 이리저리 몹시 바쁘게 돌아다님을 이르는 말
- 등하불명(燈下不明) : '등잔 밑이 어둡다'라는 뜻으로, 가까이에 있는 물건이나 사람을 잘 찾지 못함을 이르는 말

② 'ㅁ'으로 시작하는 한자성어
- 마부위침(磨斧爲針) : 도끼를 갈아 바늘을 만든다는 뜻으로 아무리 힘든 일이라도 끝까지 열심히 하다보면 결실을 맺을 수 있음을 이르는 말
- 마이동풍(馬耳東風) : 동풍이 말의 귀를 스쳐간다는 뜻으로, 남의 말을 귀담아듣지 아니하고 지나쳐 흘려버림을 이르는 말
- 만사휴의(萬事休矣) : 모든 것이 헛수고로 돌아감을 이르는 말
- 망양보뢰(亡羊補牢) : 양을 잃고 우리를 고친다는 뜻으로, 이미 어떤 일을 실패한 뒤에 뉘우쳐도 아무 소용이 없음을 이르는 말
- 망양지탄(亡羊之歎) : 갈림길이 매우 많아 잃어버린 양을 찾을 길이 없음을 탄식한다는 뜻으로, 학문의 길이 여러 갈래여서 한 갈래의 진리도 얻기 어려움을 이르는 말
- 맥수지탄(麥秀之嘆) : 고국의 멸망을 한탄함을 이르는 말
- 명불허전(名不虛傳) : 명성이나 명예가 헛되이 퍼진 것이 아니라는 뜻으로, 이름날만한 까닭이 있음을 이르는 말
- 명약관화(明若觀火) : 불을 보듯 분명하고 뻔 함
- 목불식정(目不識丁) : 아주 간단한 글자인 '丁'자를 보고도 그것이 '고무래'인 줄을 알지 못한다는 뜻으로, 아주 까막눈임을 이르는 말
- 목불인견(目不忍見) : 눈앞에 벌어진 상황 따위를 눈 뜨고는 차마 볼 수 없음
- 무지몽매(無知蒙昧) : 아는 것이 없고 사리에 어두움
- 문일지십(聞一知十) : 하나를 듣고 열 가지를 미루어 안다는 뜻으로, 지극히 총명함을 이르는 말
- 문전성시(門前成市) : 찾아오는 사람이 많아 집 문 앞이 시장을 이루다시피 함을 이르는 말
- 물아일체(物我一體) : 외물(外物)과 자아, 객관과 주관, 또는 물질계와 정신계가 어울려 하나가 됨

⑩ 'ㅂ'으로 시작하는 한자성어
- 반면교사(反面敎師) : 사람이나 사물 따위의 부정적인 면에서 얻는 깨달음이나 가르침을 주는 대상을 이르는 말
- 발본색원(拔本塞源) : 좋지 않은 일의 근본 원인이 되는 요소를 완전히 없애 버려서 다시는 그러한 일이 생길 수 없도록 함
- 방약무인(傍若無人) : 곁에 사람이 없는 것처럼 아무 거리낌 없이 함부로 말하고 행동하는 태도가 있음
- 백골난망(白骨難忘) : 죽어서 백골이 되어도 잊을 수 없다는 뜻으로, 남에게 큰 은덕을 입었을 때 고마움의 뜻으로 이르는 말
- 백절불굴(百折不屈) : 어떠한 난관에도 결코 굽히지 않음
- 백중지세(伯仲之勢) : 서로 우열을 가리기 힘든 형세
- 부화뇌동(附和雷同) : 줏대 없이 남의 의견에 따라 움직임
- 분골쇄신(粉骨碎身) : 뼈를 가루로 만들고 몸을 부순다는 뜻으로, 정성으로 노력함을 이르는 말

SEMI-NOTE

기타 한자성어(만)
- 만경창파(萬頃蒼波) : 만 이랑의 푸른 물결이라는 뜻으로, 한없이 넓고 넓은 바다를 이르는 말
- 만면수색(滿面愁色) : 얼굴에 가득 찬 근심의 빛
- 만시지탄(晩時之歎) : 시기에 늦어 기회를 놓쳤음을 안타까워하는 탄식

기타 한자성어(면~무)
- 면목가증(面目可憎) : 얼굴 생김생김이 남에게 미움을 살 만한 데가 있음
- 멸사봉공(滅私奉公) : 사욕을 버리고 공익을 위하여 힘씀
- 무념무상(無念無想) : 무아의 경지에 이르러 일체의 상념을 떠남
- 무위도식(無爲徒食) : 하는 일 없이 놀고먹음
- 무주공산(無主空山) : 임자 없는 빈산

기타 한자성어(박~백)
- 박람강기(博覽强記) : 여러 가지의 책을 널리 많이 읽고 기억을 잘함
- 백면서생(白面書生) : 한갓 글만 읽고 세상일에는 전혀 경험이 없는 사람
- 백아절현(伯牙絕絃) : 자기를 알아주는 참다운 벗의 죽음을 슬퍼함

기타 한자성어(변~불)
- 변화무쌍(變化無雙) : 비할 데 없이 변화가 심함
- 별유건곤(別有乾坤) : 좀처럼 볼 수 없는 아주 좋은 세상. 또는 딴 세상
- 불문곡직(不問曲直) : 옳고 그름을 따지지 아니함

SEMI-NOTE

기타 한자성어(사~삼)
- 사생취의(捨生取義) : 목숨을 버리고 의를 좇는다는 뜻으로, 목숨을 버릴지언정 옳은 일을 함을 이르는 말
- 사필귀정(事必歸正) : 모든 일은 반드시 바른길로 돌아감
- 삼삼오오(三三五五) : 서너 사람 또는 대여섯 사람이 떼를 지어 다니거나 무슨 일을 함. 또는 그런 모양

기타 한자성어(새~송)
- 새옹지마(塞翁之馬) : 인생의 길흉화복은 변화가 많아서 예측하기가 어렵다는 말
- 생면부지(生面不知) : 서로 한 번도 만난 적이 없어서 전혀 알지 못하는 사람. 또는 그런 관계
- 선견지명(先見之明) : 어떤 일이 일어나기 전에 미리 앞을 내다보고 아는 지혜
- 송구영신(送舊迎新) : 묵은해를 보내고 새해를 맞음

기타 한자성어(시~십)
- 시시비비(是是非非) : 옳고 그름을 따지며 다툼
- 식자우환(識字憂患) : 학식이 있는 것이 오히려 근심을 사게 됨
- 심기일전(心機一轉) : 어떤 동기가 있어 이제까지 가졌던 마음가짐을 버리고 완전히 달라짐
- 십시일반(十匙一飯) : 밥 열 술이 한 그릇이 된다는 뜻으로, 여러 사람이 조금씩 힘을 합하면 한 사람을 돕기 쉬움을 이르는 말

- 불가항력(不可抗力) : 사람의 힘으로는 저항할 수 없는 힘
- 불언가지(不言可知) : 아무 말을 하지 않아도 능히 알 수가 있음
- 불요불굴(不撓不屈) : 한번 먹은 마음이 흔들리거나 굽힘이 없음
- 불철주야(不撤晝夜) : 어떤 일에 몰두하여 조금도 쉴 사이 없이 밤낮을 가리지 아니함
- 불치하문(不恥下問) : 손아랫사람이나 지위나 학식이 자기만 못한 사람에게 모르는 것을 묻는 일을 부끄러워하지 아니함
- 비일비재(非一非再) : 같은 현상이나 일이 한두 번이나 한둘이 아니고 많음
- 빈천지교(貧賤之交) : 가난하고 천할 때 사귄 사이. 또는 그런 벗

ⓗ 'ㅅ'으로 시작하는 한자성어
- 사고무친(四顧無親) : 의지할 만한 사람이 아무도 없음
- 사분오열(四分五裂) : 여러 갈래로 갈기갈기 찢어짐
- 사상누각(砂上樓閣) : 모래 위에 세운 누각이라는 뜻으로, 기초가 튼튼하지 못하여 오래 견디지 못할 일이나 물건을 이르는 말
- 산계야목(山鷄野鶩) : 산 꿩과 들오리라는 뜻으로, 성질이 사납고 거칠어서 제 마음대로만 하며 다잡을 수 없는 사람을 비유적으로 이르는 말
- 산해진미(山海珍味) : 산과 바다에서 나는 온갖 진귀한 물건으로 차린 맛이 좋은 음식
- 살신성인(殺身成仁) : 자기의 몸을 희생하여 인(仁)을 이룸
- 삼고초려(三顧草廬) : 인재를 맞아들이기 위하여 참을성 있게 노력함
- 삼수갑산(三水甲山) : 우리나라에서 가장 험한 산골이라 이르던 삼수와 갑산
- 삼인성호(三人成虎) : 세 사람이 짜면 거리에 범을 만든다는 뜻으로, 근거 없는 말이라도 여러 사람이 말하면 곧이듣게 됨을 이르는 말
- 상전벽해(桑田碧海) : 뽕나무밭이 변하여 푸른 바다가 된다는 뜻으로, 세상일의 변천이 심함을 비유적으로 이르는 말
- 선공후사(先公後私) : 공적인 일을 먼저 하고 사사로운 일은 뒤로 미룸
- 설상가상(雪上加霜) : 눈 위에 서리가 덮인다는 뜻으로, 난처한 일이나 불행한 일이 잇따라 일어남을 이르는 말
- 설왕설래(說往說來) : 서로 변론을 주고받으며 옥신각신함. 또는 말이 오고 감
- 소탐대실(小貪大失) : 작은 것을 탐하다가 큰 것을 잃음
- 속수무책(束手無策) : 손을 묶은 것처럼 어찌할 도리가 없어 꼼짝 못함
- 솔선수범(率先垂範) : 남보다 앞장서서 행동해서 몸소 다른 사람의 본보기가 됨
- 수구초심(首丘初心) : 여우가 죽을 때에 머리를 자기가 살던 굴 쪽으로 둔다는 뜻으로, 고향을 그리워하는 마음
- 수서양단(首鼠兩端) : 구멍에서 머리를 내밀고 나갈까 말까 망설이는 쥐라는 뜻으로, 머뭇거리며 진퇴나 거취를 정하지 못하는 상태를 이르는 말
- 수원수구(誰怨誰咎) : 누구를 원망하고 누구를 탓하겠냐는 뜻으로, 남을 원망하거나 탓할 것이 없음을 이르는 말

- 순망치한(脣亡齒寒) : 입술이 없으면 이가 시리다는 뜻으로, 서로 이해관계가 밀접한 사이에 어느 한쪽이 망하면 다른 한쪽도 그 영향을 받아 온전하기 어려움을 이르는 말
- 시종여일(始終如一) : 처음부터 끝까지 변함없이 한결같음
- 신상필벌(信賞必罰) : 공이 있는 자에게는 반드시 상을 주고, 죄가 있는 사람에게는 반드시 벌을 준다는 뜻으로, 상과 벌을 공정하고 엄중하게 하는 일을 이르는 말
- 십벌지목(十伐之木) : 열 번 찍어 베는 나무라는 뜻으로, 열 번 찍어 안 넘어가는 나무가 없음을 이르는 말

ⓢ 'ㅇ'으로 시작하는 한자성어
- 아비규환(阿鼻叫喚) : 아비지옥과 규환지옥을 아울러 이르는 말로 비참한 지경에 빠져 울부짖는 참상을 비유적으로 이르는 말
- 악전고투(惡戰苦鬪) : 매우 어려운 조건을 무릅쓰고 힘을 다하여 고생스럽게 싸움
- 안하무인(眼下無人) : 눈 아래에 사람이 없다는 뜻으로, 방자하고 교만하여 다른 사람을 업신여김을 이르는 말
- 오리무중(五里霧中) : 오 리(理)나 되는 짙은 안개 속에 있다는 뜻으로, 무슨 일에 대하여 방향이나 갈피를 잡을 수 없음을 이르는 말
- 오매불망(寤寐不忘) : 자나 깨나 잊지 못함
- 오월동주(吳越同舟) : 서로 적의를 품은 사람들이 한자리에 있게 된 경우나 서로 협력하여야 하는 상황을 비유적으로 이르는 말
- 외유내강(外柔內剛) : 겉으로는 부드럽고 순하게 보이나 속은 곧고 굳셈
- 요산요수(樂山樂水) : 산수(山水)의 자연을 즐기고 좋아함
- 용두사미(龍頭蛇尾) : 용의 머리와 뱀의 꼬리라는 뜻으로, 처음은 왕성하나 끝이 부진한 현상을 이르는 말
- 용호상박(龍虎相搏) : 용과 범이 서로 싸운다는 뜻으로, 강자끼리 서로 싸움을 이르는 말
- 우공이산(愚公移山) : 우공이 산을 옮긴다는 뜻으로, 어떤 일이든 끊임없이 노력하면 반드시 이루어짐을 이르는 말
- 우후죽순(雨後竹筍) : 비가 온 뒤에 여기저기 솟는 죽순이라는 뜻으로, 어떤 일이 한때에 많이 생겨남을 비유적으로 이르는 말
- 원화소복(遠禍召福) : 화를 물리치고 복을 불러들임
- 유구무언(有口無言) : 입은 있어도 말은 없다는 뜻으로, 변명할 말이 없거나 변명을 못함을 이르는 말
- 음풍농월(吟風弄月) : 맑은 바람과 밝은 달을 대상으로 시를 짓고 흥취를 자아내어 즐겁게 놂
- 이여반장(易如反掌) : 손바닥을 뒤집는 것과 같이 쉬움
- 인면수심(人面獸心) : 사람의 얼굴을 하고 있으나 마음은 짐승과 같다는 뜻으로, 마음이나 행동이 몹시 흉악함을 이르는 말
- 인산인해(人山人海) : 사람이 산을 이루고 바다를 이루었다는 뜻으로, 사람

SEMI-NOTE

기타 한자성어(어~역)
- 어불성설(語不成說) : 말이 조금도 사리에 맞지 아니함
- 언어도단(言語道斷) : 말할 길이 끊어졌다는 뜻으로, 어이가 없어서 말하려 해도 말할 수 없음을 이르는 말
- 역지사지(易地思之) : 처지를 바꾸어서 생각하여 봄

기타 한자성어(오~우)
- 오합지졸(烏合之卒) : 임시로 모여들어서 규율이 없고 무질서한 병졸 또는 군중을 이르는 말
- 온고지신(溫故知新) : 옛것을 익히고 그것을 미루어서 새것을 앎
- 우여곡절(迂餘曲折) : 뒤얽혀 복잡하여진 사정

기타 한자성어(유~읍)
- 유명무실(有名無實) : 이름만 그럴듯하고 실속은 없음
- 은인자중(隱忍自重) : 마음속에 감추어 참고 견디면서 몸가짐을 신중하게 행동함
- 읍참마속(泣斬馬謖) : 큰 목적을 위하여 자기가 아끼는 사람을 버림을 이르는 말

기타 한자성어(인~입)
- 인지상정(人之常情) : 사람이면 누구나 가지는 보통의 마음
- 일거양득(一擧兩得) : 한 가지 일을 하여 두 가지 이익을 얻음
- 일언지하(一言之下) : 한 마디로 잘라 말함. 또는 두말할 나위 없음
- 입화습률(入火拾栗) : 불 속에 들어가서 밤을 줍는다는 뜻으로, 사소한 이익을 얻기 위하여 큰 모험을 하는 어리석음을 이르는 말

SEMI-NOTE

기타 한자성어(자~전)
- 자수성가(自手成家) : 물려받은 재산이 없이 자기 혼자의 힘으로 집안을 일으키고 재산을 모음
- 자중지란(自中之亂) : 같은 편끼리 하는 싸움
- 전대미문(前代未聞) : 이제까지 들어 본 적이 없음

기타 한자성어(제~종)
- 제행무상(諸行無常) : 우주의 모든 사물은 늘 돌고 변하여 한 모양으로 머물러있지 아니함
- 조변석개(朝變夕改) : 아침저녁으로 뜯어고친다는 뜻으로, 계획이나 결정 따위를 일관성이 없이 자주 고침을 이르는 말
- 조족지혈(鳥足之血) : 새 발의 피라는 뜻으로, 매우 적은 분량을 비유적으로 이르는 말
- 종횡무진(縱橫無盡) : 자유자재로 행동하여 거침이 없는 상태

기타 한자성어(중~지)
- 중인환시(衆人環視) : 여러 사람이 둘러싸고 지켜봄
- 지기지우(知己之友) : 자기의 속마음을 참되게 알아주는 친구
- 지리멸렬(支離滅裂) : 이리저리 흩어지고 찢기어 갈피를 잡을 수 없음

이 수없이 많이 모인 상태를 이르는 말
- 인자무적(仁者無敵) : 어진 사람은 모든 사람이 사랑하므로 세상에 적이 없음
- 일도양단(一刀兩斷) : 칼로 무엇을 대번에 쳐서 두 도막을 낸다는 뜻으로 어떤 일을 머뭇거리지 않고 선뜻 결정함을 비유적으로 이르는 말
- 일모도원(日暮途遠) : 날은 저물고 갈 길은 멀다는 뜻으로, 늙고 쇠약한데 앞으로 해야 할 일은 많음을 이르는 말
- 일희일비(一喜一悲) : 한편으로는 기뻐하고 한편으로는 슬퍼함
- 임기응변(臨機應變) : 그때그때 처한 사태에 맞추어 즉각 그 자리에서 결정하거나 처리함

◎ 'ㅈ'으로 시작하는 한자성어
- 자가당착(自家撞着) : 같은 사람의 말이나 행동이 앞뒤가 서로 맞지 아니하고 모순됨
- 자승자박(自繩自縛) : 자기의 줄로 자기 몸을 옭아 묶는다는 뜻으로, 자기가 한 말과 행동에 자기 자신이 옭혀 곤란하게 됨을 비유적으로 이르는 말
- 자포자기(自暴自棄) : 절망에 빠져 자신을 스스로 포기하고 돌아보지 아니함
- 적반하장(賊反荷杖) : 도둑이 도리어 매를 든다는 뜻으로, 잘못한 사람이 아무 잘못도 없는 사람을 나무람을 이르는 말
- 적수공권(赤手空拳) : 맨손과 맨주먹이라는 뜻으로, 아무것도 가진 것이 없음을 이르는 말
- 전전긍긍(戰戰兢兢) : 몹시 두려워서 벌벌 떨며 조심함
- 절치부심(切齒腐心) : 몹시 분하여 이를 갈며 속을 썩임
- 점입가경(漸入佳境) : 들어갈수록 점점 재미가 있음. 또는 시간이 지날수록 더욱 꼴불견임을 비유적으로 이르는 말
- 조령모개(朝令暮改) : 아침에 명령을 내렸다가 저녁에 다시 고친다는 뜻으로, 법령을 자꾸 고쳐서 갈피를 잡기가 어려움을 이르는 말
- 종두득두(種豆得豆) : 콩을 심으면 반드시 콩이 나온다는 뜻으로, 원인에 따라 결과가 생김을 이르는 말
- 좌고우면(左顧右眄) : 이쪽저쪽을 돌아본다는 뜻으로, 앞뒤를 재고 망설임을 이르는 말
- 좌불안석(坐不安席) : 앉아도 자리가 편안하지 않다는 뜻으로, 마음이 불안하거나 걱정스러워서 한군데에 가만히 앉아 있지 못하고 안절부절못하는 모양을 이르는 말
- 주마가편(走馬加鞭) : 달리는 말에 채찍질한다는 뜻으로, 잘하는 사람을 더욱 장려함을 이르는 말
- 주마간산(走馬看山) : 말을 타고 달리며 산천을 구경한다는 뜻으로, 자세히 살피지 아니하고 대충대충 보고 지나감을 이르는 말
- 중과부적(衆寡不敵) : 적은 수효로 많은 수효를 대적하지 못함
- 중구난방(衆口難防) : 뭇사람의 말을 막기가 어렵다는 뜻으로, 막기 어려울 정도로 여럿이 마구 지껄임을 이르는 말

- 중언부언(重言復言) : 이미 한 말을 자꾸 되풀이함. 또는 그런 말
- 지란지교(芝蘭之交) : 지초(芝草)와 난초(蘭草)의 교제라는 뜻으로, 벗 사이의 맑고도 고귀한 사귐을 이르는 말
- 지록위마(指鹿爲馬) : 사슴을 가리켜 말이라고 한 데서 유래한 말로 윗사람을 농락하여 권세를 마음대로 함을 이르는 말

ⓒ 'ㅊ~ㅋ'으로 시작하는 한자성어
- 천고마비(天高馬肥) : 하늘이 높고 말이 살찐다는 뜻으로, 하늘이 맑아 높푸르게 보이고 온갖 곡식이 익는 가을철을 이르는 말
- 천려일실(千慮一失) : 천 번 생각에 한 번 실수라는 뜻으로, 슬기로운 사람이라도 여러 가지 생각 가운데에는 잘못된 것이 있을 수 있음을 이르는 말
- 천신만고(千辛萬苦) : 천 가지 매운 것과 만 가지 쓴 것이라는 뜻으로, 온갖 어려운 고비를 다 겪으며 심하게 고생함을 이르는 말
- 천인공노(天人共怒) : 하늘과 사람이 함께 노한다는 뜻으로, 누구나 분노할 만큼 증오스럽거나 도저히 용납할 수 없음을 이르는 말
- 천태만상(千態萬象) : 천 가지 모습과 만 가지 형상이라는 뜻으로, 세상 사물이 한결같지 아니하고 각각 모습과 모양이 다름을 이르는 말
- 천편일률(千篇一律) : 여럿이 개별적 특성이 없이 모두 엇비슷한 현상을 비유적으로 이르는 말
- 촌철살인(寸鐵殺人) : 한 치의 쇠붙이로도 사람을 죽일 수 있다는 뜻으로, 간단한 말로도 남을 감동하게 하거나 남의 약점을 찌를 수 있음을 이르는 말
- 쾌도난마(快刀亂麻) : 잘 드는 칼로 마구 헝클어진 삼 가닥을 자른다는 뜻으로, 어지럽게 뒤얽힌 사물을 강력한 힘으로 명쾌하게 처리함을 이르는 말

ⓒ 'ㅌ~ㅍ'으로 시작하는 한자성어
- 타산지석(他山之石) : 본이 되지 않는 남의 말이나 행동도 자신의 지식과 인격을 수양하는 데에 도움이 될 수 있음을 비유적으로 이르는 말
- 토사구팽(兎死狗烹) : 필요할 때는 쓰고 필요 없을 때는 야박하게 버리는 경우를 이르는 말
- 파죽지세(破竹之勢) : 대를 쪼개는 기세라는 뜻으로, 적을 거침없이 물리치고 쳐들어가는 기세를 이르는 말
- 평지풍파(平地風波) : 평온한 자리에서 일어나는 풍파라는 뜻으로, 뜻밖에 분쟁이 일어남을 비유적으로 이르는 말

ⓒ 'ㅎ'으로 시작하는 한자성어
- 하석상대(下石上臺) : 아랫돌 빼서 윗돌 괴고 윗돌 빼서 아랫돌 괸다는 뜻으로, 임시변통으로 이리저리 둘러맞춤을 이르는 말
- 함구무언(緘口無言) : 입을 다물고 아무 말도 하지 아니함
- 허송세월(虛送歲月) : 하는 일 없이 세월만 헛되이 보냄
- 허심탄회(虛心坦懷) : 품은 생각을 터놓고 말할 만큼 아무 거리낌이 없고 솔직함
- 혈혈단신(孑孑單身) : 의지할 곳이 없는 외로운 홀몸

SEMI-NOTE

기타 한자성어(천~청)
- 천양지차(天壤之差) : 하늘과 땅 사이와 같이 엄청난 차이
- 천우신조(天佑神助) : 하늘이 돕고 신령이 도움. 또는 그런 일
- 천재일우(千載一遇) : 천 년 동안 단 한 번 만난다는 뜻으로, 좀처럼 만나기 어려운 좋은 기회를 이르는 말
- 청출어람(靑出於藍) : 쪽에서 뽑아낸 푸른 물감이 쪽보다 더 푸르다는 뜻으로, 제자나 후배가 스승이나 선배보다 나음을 비유적으로 이르는 말

기타 한자성어(탁~필)
- 탁상공론(卓上空論) : 현실성이 없는 허황한 이론이나 논의
- 파안대소(破顔大笑) : 매우 즐거운 표정으로 활짝 웃음
- 필마단기(匹馬單騎) : 혼자 한 필의 말을 탐. 또는 그렇게 하는 사람

기타 한자성어(학~허)
- 학수고대(鶴首苦待) : 학의 목처럼 목을 길게 빼고 간절히 기다림
- 함흥차사(咸興差使) : 심부름을 가서 오지 아니하거나 늦게 온 사람을 이르는 말
- 허장성세(虛張聲勢) : 실속은 없으면서 큰소리치거나 허세를 부림

SEMI-NOTE

기타 한자성어(호)
- 호사다마(好事多魔) : 좋은 일에는 흔히 방해되는 일이 많음. 또는 그런 일이 많이 생김
- 호시탐탐(虎視耽耽) : 남의 것을 빼앗기 위하여 형세를 살피며 가만히 기회를 엿봄. 또는 그런 모양
- 호언장담(豪言壯談) : 호기롭고 자신 있게 말함. 또는 그 말

기타 한자성어(회 ~ 흥)
- 회자정리(會者定離) : 만난 자는 반드시 헤어짐
- 흥진비래(興盡悲來) : 즐거운 일이 다하면 슬픈 일이 닥쳐온다는 뜻으로, 세상일은 순환되는 것임을 이르는 말

- 호가호위(狐假虎威) : 남의 권세를 빌려 위세를 부림
- 호각지세(互角之勢) : 역량이 서로 비슷비슷한 위세
- 호사유피(虎死留皮) : 호랑이는 죽어서 가죽을 남긴다는 뜻으로, 사람은 죽어서 명예를 남김을 이르는 말
- 혹세무민(惑世誣民) : 세상을 어지럽히고 백성을 미혹하게 하여 속임
- 혼정신성(昏定晨省) : 밤에는 부모의 잠자리를 보아 드리고 이른 아침에는 부모의 밤새 안부를 묻는다는 뜻으로, 부모를 잘 섬기고 효성을 다함
- 화룡점정(畫龍點睛) : 무슨 일을 하는 데에 가장 중요한 부분을 완성함을 비유적으로 이르는 말
- 화사첨족(畫蛇添足) : 뱀을 다 그리고 나서 있지도 아니한 발을 덧붙여 그려 넣는다는 뜻으로, 쓸데없는 군짓을 하여 도리어 잘못되게 함을 이르는 말
- 화이부동(和而不同) : 남과 사이좋게 지내기는 하나 무턱대고 어울리지는 아니함
- 환골탈태(換骨奪胎) : 뼈대를 바꾸어 끼고 태를 바꾸어 쓴다는 뜻으로, 고인의 시문의 형식을 바꾸어서 그 짜임새와 수법이 먼저 것보다 잘되게 함을 이르는 말
- 후생가외(後生可畏) : 젊은 후학들을 두려워할 만하다는 뜻으로, 후진들이 선배들보다 젊고 기력이 좋아, 학문을 닦음에 따라 큰 인물이 될 수 있으므로 가히 두렵다는 말

02절 여러 의미를 나타내는 어휘

1. 속담과 관용어

(1) 속담의 의미와 주요 속담

① 속담의 의미 : 예로부터 민간에서 전해 내려오는 격언이나 잠언(箴言)으로, 교훈 또는 풍자를 위해 어떤 사실을 비유를 사용하여 나타냄

② 주요 속담
㉠ 'ㄱ'으로 시작하는 속담
- 가게 기둥에 입춘 : 추하고 보잘것없는 가겟집 기둥에 '입춘대길'이라 써 붙인다는 뜻으로, 제격에 맞지 않음을 비유적으로 이르는 말
- 가난이 소 아들이라 : 소처럼 죽도록 일해도 가난에서 벗어날 수 없음을 이르는 말
- 가난한 집 제사 돌아오듯 : 가난한 집에 제삿날이 자꾸 돌아와서 그것을 치르느라 매우 어려움을 겪는다는 뜻으로, 힘든 일이 자주 닥침을 뜻함
- 가난할수록 기와집 짓는다 : 실상은 가난한 사람이 남에게 업신여김을 당하기 싫어서 허세를 부리려는 심리를 비유적으로 이르는 말
- 가는 말에 채찍질 : 열심히 하는데도 더 빨리 하라고 독촉함을 비유적으로

이르는 말
- 가랑비에 옷 젖는 줄 모른다 : 아무리 사소한 것이라도 그것이 거듭되면 무시하지 못할 정도로 크게 됨을 비유적으로 이르는 말
- 가물에 콩 나듯 : 어떤 일이나 물건이 어쩌다 하나씩 드문드문 있는 경우를 비유적으로 이르는 말
- 가재는 게 편 : 모양이나 형편이 서로 비슷하고 인연이 있는 것끼리 서로 잘 어울리고, 사정을 보아주며 감싸 주기 쉬움을 비유적으로 이르는 말
- 간에 붙었다 쓸개에 붙었다 한다 : 자기에게 조금이라도 이익이 되면 지조 없이 이편에 붙었다 저편에 붙었다 함을 비유적으로 이르는 말
- 강원도 포수냐 : 한 번 간 후 다시 돌아오지 않거나, 매우 늦게야 돌아오는 사람을 비유적으로 이르는 말
- 개 발에 주석 편자 : 옷차림이나 지닌 물건 따위가 제격에 맞지 아니하여 어울리지 않음을 비유적으로 이르는 말
- 개똥도 약에 쓰려면 없다 : 평소에 흔하던 것도 막상 긴하게 쓰려고 구하면 없다는 말
- 구슬이 서 말이라도 꿰어야 보배라 : 아무리 훌륭하고 좋은 것이라도 다듬고 정리하여 쓸모 있게 만들어 놓아야 값어치가 있음을 비유적으로 이르는 말

ⓒ 'ㄴ'으로 시작하는 속담
- 낙숫물이 댓돌을 뚫는다 : 작은 힘이라도 꾸준히 계속하면 큰일을 이룰 수 있음을 비유적으로 이르는 말
- 남의 집 제사에 절하기 : 상관없는 남의 일에 참여하여 헛수고만 함을 비유적으로 이르는 말
- 낫 놓고 기역 자도 모른다 : 기역 자 모양으로 생긴 낫을 보면서도 기역 자를 모른다는 뜻으로, 아주 무식함을 비유적으로 이르는 말
- 낮말은 새가 듣고 밤말은 쥐가 듣는다 : 아무도 안 듣는 데서라도 말조심해야 한다는 말
- 내 코가 석 자 : 내 사정이 급하고 어려워서 남을 돌볼 여유가 없음을 비유적으로 이르는 말
- 누울 자리 봐 가며 발을 뻗어라 : 어떤 일을 할 때 그 결과가 어떻게 되리라는 것을 생각하여 미리 살피고 일을 시작하라는 말
- 눈 뜨고 도둑맞는다 : 번번이 알면서도 속거나 손해를 본다는 말

ⓒ 'ㄷ'으로 시작하는 속담
- 달리는 말에 채찍질 : 기세가 한창 좋을 때 더 힘을 가함
- 달면 삼키고 쓰면 뱉는다 : 옳고 그름이나 신의를 돌보지 않고 자기의 이익만 꾀함
- 닭 소 보듯, 소 닭 보듯 : 서로 아무런 관심도 두지 않고 있는 사이임을 비유적으로 이르는 말
- 닭 쫓던 개 지붕 쳐다보듯 : 애써 하던 일이 실패로 돌아가거나 남보다 뒤떨어져 어찌할 도리가 없음

SEMI-NOTE

기타 속담(ㄱ)
- 가난도 비단 가난 : 아무리 가난하여도 몸을 함부로 가지지 않고, 본래의 지체와 체통을 더럽히지 않는다는 말
- 가난한 양반 씻나락 주무르듯 : 어떤 일에 닥쳐 우물쭈물하기만 하면서 선뜻 결정을 내리지 못하고 있는 모양을 이르는 말
- 갈수록 태산이라 : 갈수록 더욱 어려운 지경에 처하게 되는 경우를 비유적으로 이르는 말
- 같은 값이면 다홍치마 : 값이 같거나 같은 노력을 한다면 품질이 좋은 것을 택한다는 말
- 개밥에 도토리 : 따돌림을 받아서 여럿의 축에 끼지 못하는 사람을 비유적으로 이르는 말
- 겨 묻은 개가 똥 묻은 개를 나무란다 : 결점이 있기는 마찬가지이면서, 조금 덜한 사람이 더한 사람을 흉볼 때를 지적하는 말

기타 속담(ㄴ)
- 나무도 쓸 만한 것이 먼저 베인다
  - 능력 있는 사람이 먼저 뽑혀 쓰임을 비유적으로 이르는 말
  - 능력 있는 사람이 일찍 죽음을 비유적으로 이르는 말
- 누워서 침 뱉기 : 남을 해치려고 하다가 도리어 자기가 해를 입게 된다는 것을 비유적으로 이르는 말
- 눈 가리고 아웅
  - 얕은 수로 남을 속이려 한다는 말
  - 실제로 보람도 없을 일을 공연히 형식적으로 하는 체하며 부질없는 짓을 함을 비유적으로 이르는 말

기타 속담(ㄷ)
- 뒤웅박 팔자 : 신세를 망치면 거기서 헤어 나오기가 어려움을 비유적으로 이르는 말
- 등잔 밑이 어둡다 : 대상에서 가까이 있는 사람이 도리어 대상에 대하여 잘 알기 어렵다는 말
- 떡 줄 사람은 꿈도 안 꾸는데 김칫국부터 마신다 : 해 줄 사람은 생각지도 않는데 미리부터 다 된 일로 알고 행동한다는 말

SEMI-NOTE

기타 속담(ㅁ)
- **말이 씨가 된다** : 늘 말하던 것이 마침내 사실대로 되었을 때를 이르는 말
- **말 한마디에 천 냥 빚도 갚는다** : 말만 잘하면 어려운 일이나 불가능해 보이는 일도 해결할 수 있다는 말
- **목마른 놈이 우물 판다** : 제일 급하고 일이 필요한 사람이 그 일을 서둘러 하게 되어 있다는 말
- **물 밖에 난 고기**
  - 제 능력을 발휘할 수 없는 처지에 몰린 사람을 이르는 말
  - 운명이 이미 결정 나 벗어날 수 없음을 비유적으로 이르는 말

기타 속담(ㅂ)
- **바늘 도둑이 소도둑 된다** : 작은 나쁜 짓도 자꾸 하게 되면 큰 죄를 저지르게 됨을 비유적으로 이르는 말
- **배 먹고 이 닦기** : 한 가지 일에 두 가지 이로움이 있음을 비유적으로 이르는 말
- **백지장도 맞들면 낫다** : 쉬운 일이라도 협력하여 하면 훨씬 쉽다는 말
- **뱁새가 황새를 따라가면 다리가 찢어진다** : 힘에 겨운 일을 억지로 하면 도리어 해만 입는다는 말

- **도둑이 제 발 저리다** : 지은 죄가 있으면 자연히 마음이 조마조마하여짐을 비유적으로 이르는 말
- **도토리 키 재기** : 정도가 고만고만한 사람끼리 서로 다툼을 이르는 말
- **돼지에 진주 목걸이** : 값어치를 모르는 사람에게는 보물도 아무 소용없음을 비유적으로 이르는 말
- **두 손뼉이 맞아야 소리가 난다** : 무슨 일이든지 두 편에서 서로 뜻이 맞아야 이루어질 수 있다는 말

② 'ㅁ'으로 시작하는 속담
- **마른논에 물 대기** : 일이 매우 힘들거나 힘들여 해 놓아도 성과가 없는 경우를 이르는 말
- **맑은 물에 고기 안 논다** : 물이 너무 맑으면 고기가 모이지 않는다는 뜻으로 사람이 너무 강직하여 융통성이 없으면 다른 사람들과 어울리기 어려움을 이르는 말
- **모로 가도 서울만 가면 된다** : 옆으로 가도 서울에만 가면 그만이라는 뜻으로 과정이야 어떠하든 결과만 좋으면 됨을 이르는 말
- **모르면 약이요 아는 게 병** : 아무것도 모르면 차라리 마음이 편하여 좋으나, 무엇이나 좀 알고 있으면 걱정거리가 많아 도리어 해롭다는 말
- **물에 빠지면 지푸라기라도 움켜쥔다** : 위급한 때를 당하면 무엇이나 닥치는 대로 잡고 늘어지게 됨을 이르는 말
- **물은 건너 보아야 알고 사람은 지내보아야 안다** : 사람은 겉만 보고는 알 수 없으며, 서로 오래 겪어 보아야 알 수 있음을 이르는 말
- **밑돌 빼서 윗돌 고인다** : 일한 보람이 없이 어리석은 짓을 하는 경우를 비유적으로 이르는 말
- **밑 빠진 독에 물 붓기** : 아무리 힘이나 밑천을 들여도 보람 없이 헛된 일이 되는 상태를 비유적으로 이르는 말

⑥ 'ㅂ'으로 시작하는 속담
- **바늘 가는 데 실 간다** : 바늘이 가는 데 실이 항상 뒤따른다는 뜻으로, 사람의 긴밀한 관계를 비유적으로 이르는 말
- **배 주고 속 빌어먹는다** : 자기의 배를 남에게 주고 다 먹고 난 그 속을 얻어먹는다는 뜻으로, 자기의 큰 이익은 남에게 주고 거기서 조그만 이익만을 얻음을 비유적으로 이르는 말
- **번갯불에 콩 볶아 먹겠다** : 번쩍하는 번갯불에 콩을 볶아서 먹을 만하다는 뜻으로, 행동이 매우 민첩함을 이르는 말
- **벙어리 냉가슴 앓듯** : 답답한 사정이 있어도 남에게 말하지 못하고 혼자만 괴로워하며 걱정하는 경우를 비유적으로 이르는 말
- **뿌리 없는 나무가 없다** : 모든 나무가 다 뿌리가 있듯이 무엇이나 그 근본이 있음을 비유적으로 이르는 말

⑥ 'ㅅ'으로 시작하는 속담
- **사공이 많으면 배가 산으로 간다** : 주관하는 사람 없이 여러 사람이 자기주

장만 내세우면 일이 제대로 되기 어려움을 비유적으로 이르는 말
- 사람은 죽으면 이름을 남기고 범은 죽으면 가죽을 남긴다 : 인생에서 가장 중요한 것은 생전에 보람 있는 일을 해놓아 후세에 명예를 떨치는 것임을 비유적으로 이르는 말
- 산 입에 거미줄 치랴 : 아무리 살림이 어려워 식량이 떨어져도 사람은 그럭저럭 죽지 않고 먹고 살아가기 마련임을 비유적으로 이르는 말
- 선무당이 사람 잡는다 : 능력이 없어서 제구실을 못하면서 함부로 하다가 큰일을 저지르게 됨을 비유적으로 이르는 말
- 소경이 코끼리 만지고 말하듯 : 객관적 현실을 잘 모르면서 일면만 보고 해석하는 경우를 비유적으로 이르는 말
- 소 잃고 외양간 고친다 : 소를 도둑맞은 다음에서야 빈 외양간의 허물어진 데를 고치느라 수선을 떤다는 뜻으로, 일이 이미 잘못된 뒤에는 손을 써도 소용이 없음을 비꼬는 말
- 손톱 밑의 가시 : 손톱 밑에 가시가 들면 매우 고통스럽고 성가시다는 뜻으로, 늘 마음에 꺼림칙하게 걸리는 일을 이르는 말
- 송충이가 갈잎을 먹으면 죽는다 : 솔잎만 먹고 사는 송충이가 갈잎을 먹게 되면 땅에 떨어져 죽게 된다는 뜻으로, 자기 분수에 맞지 않는 짓을 하다가는 낭패를 봄
- 쇠뿔도 단김에 빼랬다 : 든든히 박힌 소의 뿔을 뽑으려면 불로 달구어 놓은 김에 해치워야 한다는 뜻으로, 어떤 일이든지 하려고 생각했으면 한창 열이 올랐을 때 망설이지 말고 곧 행동으로 옮겨야 함을 비유적으로 이르는 말

ⓑ 'ㅇ'으로 시작하는 속담
- 아닌 밤중에 홍두깨 : 별안간 엉뚱한 말이나 행동을 함을 비유적으로 이르는 말
- 얌전한 고양이가 부뚜막에 먼저 올라간다 : 겉으로는 얌전하고 아무것도 못할 것처럼 보이는 사람이 딴짓을 하거나 자기 실속을 다 차리는 경우를 비유적으로 이르는 말
- 어물전 망신은 꼴뚜기가 시킨다 : 지지리 못난 사람일수록 같이 있는 동료를 망신시킨다는 말
- 언 발에 오줌 누기 : 언 발을 녹이려고 오줌을 누어 봤자 효력이 별로 없다는 뜻으로, 임시변통은 될지 모르나 그 효력이 오래가지 못할 뿐만 아니라 결국에는 사태가 더 나빠짐을 비유적으로 이르는 말
- 여럿의 말이 쇠도 녹인다 : 여러 사람이 함께 모여 의견을 합치면 쇠도 녹일 만큼 무서운 힘을 낼 수 있음을 비유적으로 이르는 말
- 오 리를 보고 십 리를 간다 : 사소한 일도 유익하기만 하면 수고를 아끼지 아니한다는 말
- 입은 비뚤어져도 말은 바로 해라 : 상황이 어떻든지 말은 언제나 바르게 하여야 함을 이르는 말

SEMI-NOTE

기타 속담(ㅅ)
- 사모에 갓끈 영자 : 끈이 필요 없는 사모에 갓끈이나 영자를 달았다는 뜻으로, 차림새가 제격에 어울리지 아니함을 비유적으로 이르는 말
- 소도 언덕이 있어야 비빈다 : 누구나 의지할 곳이 있어야 무슨 일이든 시작하거나 이룰 수가 있음을 비유적으로 이르는 말
- 소문난 잔치에 먹을 것 없다 : 떠들썩한 소문이나 큰 기대에 비하여 실속이 없거나 소문이 실제와 일치하지 아니하는 경우를 비유적으로 이르는 말
- 술에 술 탄 듯 물에 물 탄 듯 : 주견이나 주책이 없이 말이나 행동이 분명하지 않음을 비유적으로 이르는 말

기타 속담(ㅇ)
- 아니 땐 굴뚝에 연기 날까
  - 원인이 없으면 결과가 있을 수 없음을 비유적으로 이르는 말
  - 실제 어떤 일이 있기 때문에 말이 남을 비유적으로 이르는 말
- 엎드려 절 받기 : 상대편은 마음에 없는데 자기 스스로 요구하여 대접을 받는 경우를 비유적으로 이르는 말
- 원숭이 이 잡아먹듯
  - 샅샅이 뒤지는 모양을 비유적으로 이르는 말
  - 사람이 무슨 일을 하는체하면서 실제로는 아무것도 하지 않는 경우를 비유적으로 이르는 말

SEMI-NOTE

기타 속담(ㅈ)
- 잘 자랄 나무는 떡잎부터 안다 : 잘될 사람은 어려서부터 남달리 장래성이 엿보인다는 말
- 종로에서 뺨 맞고 한강에서 눈 흘긴다 : 욕을 당한 자리에서는 아무 말도 못 하고 뒤에 가서 불평함을 비유적으로 이르는 말

기타 속담(ㅎ)
- 하늘 보고 손가락질 한다 : 보잘것없는 사람이 상대가 되지도 아니하는 대상에게 무모하게 시비를 걸며 욕함을 비유적으로 이르는 말
- 하룻강아지 범 무서운 줄 모른다 : 철없이 함부로 덤비는 경우를 비유적으로 이르는 말

Ⓐ 'ㅈ, ㅊ'으로 시작하는 속담
- 자라 보고 놀란 가슴 솥뚜껑 보고 놀란다 : 어떤 사물에 몹시 놀란 사람은 비슷한 사물만 보아도 겁을 냄을 이르는 말
- 자빠져도 코가 깨진다 : 일이 안되려면 하는 모든 일이 잘 안 풀리고 뜻밖의 큰 불행도 생긴다는 말
- 찬물도 위아래가 있다 : 무엇에나 순서가 있으니, 그 차례를 따라 하여야 한다는 말
- 천 리 길도 한 걸음부터 : 무슨 일이나 그 일의 시작이 중요하다는 말
- 치마가 열두 폭인가 : 남의 일에 쓸데없이 간섭하고 참견함을 비꼬는 말

Ⓑ 'ㅋ, ㅌ, ㅍ'으로 시작하는 속담
- 콩 심은 데 콩 나고 팥 심은 데 팥 난다 : 모든 일은 근본에 따라 거기에 걸맞은 결과가 나타나는 것임을 비유적으로 이르는 말
- 티끌 모아 태산 : 아무리 작은 것이라도 모이고 모이면 나중에 큰 덩어리가 됨을 비유적으로 이르는 말

Ⓒ 'ㅎ'으로 시작하는 속담
- 하루가 여삼추라 : 하루가 삼 년과 같다는 뜻으로, 짧은 시간이 매우 길게 느껴짐을 비유적으로 이르는 말
- 호랑이도 제 말 하면 온다 : 깊은 산에 있는 호랑이조차도 저에 대하여 이야기하면 찾아온다는 뜻으로, 어느 곳에서나 그 자리에 없다고 남을 흉보아서는 안 된다는 말
- 혹 떼러 갔다 혹 붙여 온다 : 자기의 부담을 덜려고 하다가 다른 일까지도 맡게 된 경우를 비유적으로 이르는 말
- 황소 뒷걸음치다가 쥐 잡는다 : 어쩌다 우연히 이루거나 알아맞힘을 비유적으로 이르는 말

(2) 관용어의 의미와 주요 관용어

① 관용어의 의미 : 두 개 이상의 단어로 이루어져 있으면서 그 단어의 의미만으로는 전체의 의미를 알 수 없는 특수한 의미를 나타내는 어구(語句)

② 주요 관용어 ★ 빈출개념

㉠ 'ㄱ'으로 시작하는 관용어
- 가닥이 잡히다 : 분위기, 상황, 생각 따위를 이치나 논리에 따라 바로 잡게 함
- 가려운 곳을 긁어 주듯 : 남에게 꼭 필요한 것을 잘 알아서 그 욕구를 시원스럽게 만족시켜 줌을 비유적으로 이르는 말
- 가재(를) 치다 : 가재가 뒷걸음질을 잘 친다는 뜻으로, 샀던 물건을 도로 무르는 것을 비유적으로 이르는 말
- 감투(를) 쓰다 : 벼슬자리나 높은 지위에 오름을 속되게 이르는 말
- 개 발에 땀 나다 : 땀이 잘 나지 아니하는 개 발에 땀이 나듯이, 해내기 어려운 일을 이루기 위하여 부지런히 움직임을 이르는 말
- 경종을 울리다 : 잘못이나 위험을 미리 경계하여 주의를 환기시킴
- 고배를 들다 : 패배, 실패 따위의 쓰라린 일을 당함

- 고삐를 늦추다 : 경계심이나 긴장을 누그러뜨림
- 골(을) 박다 : 제한된 범위 밖을 나가지 못하게 함
- 굴레(를) 쓰다 : 일이나 구속에 얽매여 벗어나지 못하게 됨
- 귀가 열리다 : 세상 물정을 알게 됨
- 귀를 씻다 : 세속의 더러운 이야기를 들은 귀를 씻는다는 뜻으로, 세상의 명리를 떠나 깨끗한 삶을 비유적으로 이르는 말
- 귓등으로 듣다 : 듣고도 들은 체 만 체 함
- 기지개를 켜다 : 서서히 활동하는 상태에 듦

ⓛ 'ㄴ'으로 시작하는 관용어
- 낙동강 오리알 : 무리에서 떨어져 나오거나 홀로 소외되어 처량하게 된 신세를 비유적으로 이르는 말
- 너울을 쓰다 : 속이나 진짜 내용은 그렇지 않으면서 그럴듯하게 좋은 명색을 내걸음
- 난장을 치다 : 함부로 마구 떠듦
- 눈에 밟히다 : 잊히지 않고 자꾸 눈에 떠오름
- 눈 위에 혹 : 몹시 미워 눈에 거슬리는 사람을 비유적으로 이르는 말

ⓒ 'ㄷ'으로 시작하는 관용어
- 닭 물 먹듯 : 무슨 일이든 그 내용도 모르고 건성으로 넘기는 모양을 비유적으로 이르는 말
- 도마 위에 오르다 : 어떤 사물이 비판의 대상이 됨
- 돌(을) 던지다 : 남의 잘못을 비난함
- 된서리를 맞다 : 모진 재앙이나 억압을 당함
- 뒤(가) 나다 : 자기의 잘못이나 약점으로 뒤에 가서 좋지 않은 일이 생길 것 같아 마음이 놓이지 않음
- 뒤가 든든하다 : 뒤에서 받쳐 주는 세력이나 사람이 있음
- 뒷손(을) 쓰다 : 은밀히 대책을 강구하거나 뒷수습을 함
- 뜸(을) 들이다 : 일이나 말을 할 때에, 쉬거나 여유를 갖기 위해 서둘지 않고 한동안 가만히 있는 경우를 비유적으로 이르는 말

ⓔ 'ㅁ'으로 시작하는 관용어
- 마각을 드러내다 : 말의 다리로 분장한 사람이 자기 모습을 드러낸다는 뜻으로, 숨기고 있던 일이나 정체를 드러냄을 이르는 말
- 마른벼락을 맞다 : 갑자기 뜻밖의 재난을 당함
- 말허리를 자르다 : 상대방이 말하는 도중에 말을 중지시킴
- 맥(도) 모르다 : 내막이나 까닭 따위를 알지도 못함
- 멍석을 깔다 : 하고 싶은 대로 할 기회를 주거나 마련함
- 무릎(을) 치다 : 갑자기 어떤 놀라운 사실을 알게 되었거나 희미한 기억이 되살아날 때, 또는 몹시 기쁠 때 무릎을 탁 침을 이르는 말

ⓜ 'ㅂ'으로 시작하는 관용어
- 발(이) 묶이다 : 몸을 움직일 수 없거나 활동할 수 없는 형편이 됨

SEMI-NOTE

기타 관용어(ㄱ)
- 간도 모르다 : 일의 내막을 짐작도 하지 못함을 이르는 말
- 감정(을) 사다 : 남의 감정을 언짢게 만듦
- 격(을) 두다 : 사람과 사람 사이에 일정한 간격을 둠
- 곁눈(을) 주다 : 남이 모르도록 곁눈질로 상대편에게 어떤 뜻을 알림
- 구미가 당기다 : 욕심이나 관심이 생김
- 구색(을) 맞추다 : 여러 가지가 고루 갖추어지게 함

기타 관용어(ㄴ)
- 눈독(을) 들이다 : 욕심을 내어 눈여겨 봄
- 눈 밖에 나다 : 신임을 잃고 미움을 받게 됨

기타 관용어(ㄷ)
- 덜미가 잡히다 : 죄가 드러남
- 된서리를 맞다
 - 되게 내리는 서리를 맞음
 - 모진 재앙이나 억압을 당함
- 등(을) 돌리다 : 뜻을 같이하던 사람이나 단체와 관계를 끊고 배척함
- 등을 떠밀다 : 일을 억지로 시키거나 부추김

기타 관용어(ㅁ)
- 말뚝(을) 박다 : 어떤 지위에 오랫동안 머무름
- 문턱을 낮추다 : 쉽고 편하게 접할 수 있게 만듦

SEMI-NOTE

기타 관용어(ㅂ)
- 바닥(을) 긁다 : 생계가 곤란함
- 바람을 일으키다
  - 사회적으로 많은 사람에게 영향을 미침
  - 사회적 문제를 만들거나 소란을 일으킴
- 발(을) 끊다 : 오가지 않거나 관계를 끊음
- 발(이) 넓다 : 사귀어 아는 사람이 많아 활동하는 범위가 넓음
- 벌집을 건드리다 : 건드려서는 안 될 것을 공연히 건드려 큰 화근을 만듦

기타 관용어(ㅅ)
- 사족(을) 못 쓰다 : 무슨 일에 반하거나 혹하여 꼼짝 못함
- 사타구니를 긁다 : 알랑거리며 남에게 아첨함
- 살얼음을 밟다 : 위태위태하여 마음이 몹시 불안함
- 손바닥(을) 뒤집듯 : 태도를 갑자기 또는 노골적으로 바꾸기를 아주 쉽게
- 식은 죽 먹듯 : 거리낌 없이 아주 쉽게 예사로 하는 모양을 이르는 말

기타 관용어(ㅇ)
- 어깨를 나란히 하다
  - 나란히 서거나 나란히 서서 걸음
  - 서로 비슷한 지위나 힘을 가짐
  - 같은 목적으로 함께 일함
- 의가 나다 : 사이가 나빠짐
- 이 잡듯이 : 샅샅이 뒤지어 찾는 모양을 비유적으로 이르는 말
- 임자(를) 만나다 : 어떤 사물이나 사람이 적임자와 연결되어 능력이나 기능을 제대로 발휘할 수 있게 됨

- 발등을 밟히다 : 자기가 하려는 일을 남이 앞질러서 먼저 함
- 발목(을) 잡히다 남에게 어떤 약점이나 단서(端緒)를 잡힘
- 발 벗고 나서다 : 적극적으로 나섬
- 배(를) 내밀다 : 남의 요구에 응하지 아니하고 버팀
- 백지 한 장의 차이 : 아주 근소한 차이를 비유적으로 이르는 말
- 뱃가죽이 두껍다 : 염치가 없어 뻔뻔스럽거나 배짱이 셈
- 보따리(를) 풀다 : 숨은 사실을 폭로함
- 붓을 꺾다 : 문필 활동을 그만둠
- 빙산의 일각(一角) : 대부분이 숨겨져 있고 외부로 나타나 있는 것은 극히 일부분에 지나지 아니함을 비유적으로 이르는 말

ⓑ 'ㅅ'으로 시작하는 관용어
- 사시나무 떨듯 : 몸을 몹시 떠는 모양을 비유적으로 이르는 말
- 사이(가) 뜨다 : 사람 사이의 관계가 친밀하지 않거나 벌어짐
- 산통(을) 깨다 : 다 잘되어 가던 일을 이루지 못하게 뒤틂
- 삿갓(을) 씌우다 : 손해를 입히거나 책임을 지움
- 색안경을 끼고 보다 : 주관이나 선입견에 얽매여 좋지 아니하게 봄
- 성미(가) 마르다 : 도량이 좁고 성질이 급함
- 손(을) 끊다 : 교제나 거래 따위를 중단함
- 손(을) 거치다 : 어떤 사람을 경유함
- 손(을) 떼다 : 하던 일을 그만두고 다시 손대지 않음
- 손(을) 씻다 : 부정적인 일이나 찜찜한 일에 대하여 관계를 청산함
- 손사래(를) 치다 : 거절이나 부인을 하며 손을 펴서 마구 휘저음
- 쓸개(가) 빠지다 : 하는 짓이 사리에 맞지 아니하고 줏대가 없음
- 씨가 마르다 : 어떤 종류의 것이 모조리 없어짐

ⓐ 'ㅇ'으로 시작하는 관용어
- 아귀(가) 맞다 : 앞뒤가 빈틈없이 들어맞음
- 아닌 밤중에 : 뜻밖의 때에
- 안고 돌아가다 : 맡은 일을 제대로 하지 못하고 질질 끎
- 앞 짧은 소리 : 앞일을 짧게 내다보고 하는 소리라는 뜻으로, 앞일을 제대로 내다보지 못하고 하는 말을 뜻함
- 어안이 벙벙하다 : 뜻밖에 놀랍거나 기막힌 일을 당하여 어리둥절함
- 언질(을) 주다 : 어떤 일이나 현상 따위의 결과를 예측할 수 있는 단서를 제공함
- 염불 외듯 : 알아듣지 못할 소리로 중얼거리는 경우를 비유적으로 이르는 말
- 오금(을) 박다 : 큰소리치며 장담하던 사람이 그와 반대되는 말이나 행동을 할 때에, 장담하던 말을 빌미로 삼아 몹시 논박함
- 온실 속의 화초 : 어려움이나 고난을 겪지 아니하고 그저 곱게만 자란 사람을 비유적으로 이르는 말
- 우레(와) 같은 박수 : 많은 사람이 치는 매우 큰 소리의 박수를 비유적으로

이르는 말
- 이(가) 빠지다 : 갖추어져야 할 것 가운데서 어떤 부분이 빠져서 온전하지 못함
- 입방아(를) 찧다 : 말을 방정맞게 자꾸 함
- 입에 거미줄 치다 : 가난하여 먹지 못하고 오랫동안 굶음

◎ 'ㅈ'으로 시작하는 관용어
- 젖비린내가 나다 : 정신적으로나 육체적으로 성숙하지 못한 태도나 기색이 보임을 이르는 말
- 좀이 쑤시다 : 마음이 들뜨거나 초조하여 가만히 있지 못함
- 직성(이) 풀리다 : 제 성미대로 되어 마음이 흡족함
- 진(을) 치다 : 자리를 차지함

◎ 'ㅊ~ㅋ'으로 시작하는 관용어
- 채(를) 잡다 : 주도적인 역할을 하거나 주도권을 잡고 조종함
- 책상머리나 지키다 : 현실과 부딪치며 책임감을 가지고 일하지 아니하고 사무실에서만 맴돌거나 문서만 보고 세월을 보냄
- 첫 삽을 들다 : 건설 사업이나 그 밖에 어떤 일을 처음으로 시작함
- 촉각을 곤두세우다 : 정신을 집중하고 신경을 곤두세워 즉각 대응할 태세를 취함
- 출사표를 던지다 : 경기, 경쟁 따위에 참가 의사를 밝힘
- 코(가) 빠지다 : 근심에 싸여 기가 죽고 맥이 빠짐
- 코에 걸다 : 무엇을 자랑삼아 내세움

◎ 'ㅌ~ㅍ'으로 시작하는 관용어
- 토(를) 달다 : 어떤 말끝에 그 말에 대하여 덧붙여 말함
- 퇴박(을) 놓다 : 마음에 들지 아니하여 물리치거나 거절함
- 파리 목숨 : 남에게 손쉽게 죽음을 당할 만큼 보잘것없는 목숨을 이르는 말
- 판에 박은 듯하다 : 사물의 모양이 같거나 똑같은 일이 되풀이됨
- 피도 눈물도 없다 : 조금도 인정이 없음
- 피를 말리다 : 몹시 괴롭히거나 애가 타게 만듦
- 핏대(를) 세우다 : 목의 핏대에 피가 몰려 얼굴이 붉어지도록 화를 내거나 흥분함

◎ 'ㅎ'으로 시작하는 관용어
- 학을 떼다 : 괴롭거나 어려운 상황을 벗어나느라고 진땀을 빼거나, 그것에 거의 질려 버림
- 한술 더 뜨다 : 이미 어느 정도 잘못되어 있는 일에 대하여 한 단계 더 나아가 엉뚱한 짓을 함
- 허두를 떼다 : 글이나 말의 첫머리를 시작함
- 혀(가) 굳다 : 놀라거나 당황하여 말을 잘하지 못함
- 화촉을 밝히다 : 혼례식을 올림
- 회가 동하다 : 구미가 당기거나 무엇을 하고 싶은 마음이 생김

SEMI-NOTE

기타 관용어(ㅈ)
- 재를 뿌리다 : 일, 분위기 따위를 망치거나 훼방을 놓음
- 쥐 잡듯 : 꼼짝 못하게 하여 놓고 잡는 모양을 비유적으로 이르는 말

기타 관용어(ㅊ~ㅋ)
- 찬물을 끼얹다 : 잘되어 가고 있는 일에 뛰어들어 분위기를 흐리거나 공연히 트집을 잡아 해살을 놓음
- 철퇴를 가하다 : 호되게 처벌하거나 큰 타격을 줌
- 첫 단추를 잘못 끼우다 : 시작을 잘못함
- 코가 납작해지다 : 몹시 무안을 당하거나 기가 죽어 위신이 뚝 떨어짐

기타 관용어(ㅌ~ㅍ)
- 트집(을) 잡다 : 조그만 흠집을 들추어 내거나 없는 흠집을 만듦
- 파김치(가) 되다 : 몹시 지쳐서 기운이 아주 느른하게 됨
- 피를 빨다 : 재산이나 노동력 따위를 착취함

기타 관용어(ㅎ)
- 한 우물(을) 파다 : 한 가지 일에 몰두하여 끝까지 함
- 허울 좋다 : 실속은 없으면서 겉으로는 번지르르함
- 혀를 내두르다 : 몹시 놀라거나 어이없어서 말을 못함
- 활개(를) 치다 : 의기양양하게 행동함. 또는 제 세상인 듯 함부로 거들먹거리며 행동함

SEMI-NOTE

다의어의 개념
다의어에는 기본적이며 핵심적인 중심의미와 문맥에 따라 중심의미가 확장되어 쓰이는 의미인 주변의미가 있음

위치, 장소와 관련된 다의어
• 길
  – 지나갈 수 있게 땅 위에 낸 일정한 너비의 공간
  – 걷거나 탈것을 타고 어느 곳으로 가는 노정
  – 어떤 자격이나 신분으로서 '주어진 일의 분야나 방면', '도리', '임무
  – 지향하는 방향이나 지침, 목적, 분야
• 앞
  – 장차 다가 올 시간, 이 시간 이후
  – 나아가는 방향이나 장소
  – (방향이 있는 사물에서) 정면을 향하는 부분
  – 먼저 지나간 시간이나 차례
  – '어떤 사람이 떠맡은 몫' 또는 '차례에 따라 돌아오는(받는) 몫'

행동과 관련된 다의어
• 받다
  – (떨어지거나 던지는 물건 등을) 손으로 잡음
  – (다른 사람에게 받은 돈이나 물건 등을) 응하여 자기의 것으로 가짐
  – 어떤 행동이나 심리적 작용 등을 당하거나 입음
• 사다
  – (물건이나 권리 등을) 대가나 값을 치르고 자기 것으로 만듦
  – (다른 사람에게 음식 등을) 함께 먹기 위해 값을 치름
  – 대가를 치르고 사람을 부림
  – (다른 사람에게 호감 또는 원한, 비난, 의심 등의) 감정을 가지게 함

2. 다의어, 동음이의어와 고유어 ★빈출개념

(1) 다의어의 의미와 여러 종류의 다의어

① 다의어의 의미 : 하나의 낱말에 두 가지 이상의 뜻을 가진 단어
② 신체와 관련된 다의어
  ㉠ 눈
   • 시력, 물체를 볼 수 있는 능력
   • 사람의 시선, 눈길
   • 사물을 보고 판단하는 힘, 식견, 안목
   • 사물을 보는 관점이나 생각
   • 어떤 것을 보는 '표정'이나 '태도', '모양'
  ㉡ 손
   • 어떤 사람의 '영향력'이나 '권력과 권한이 미치는 범위', '손아귀'
   • 육체적 노동을 하기 위한 '일손이나 노동력', '품'
   • 어떤 일을 처리하거나 해결할 수 있는 '힘이나 능력', '솜씨', '재주'
   • 어떤 것을 마음대로 다루는 사람의 '수완이나 꾀', '농간', '속임수'
  ㉢ 다리
   • 사람이나 동물의 몸통 아래 붙어 있는 신체의 부분
   • 물체의 아래쪽에 붙어, 그 물체를 받치거나 직접 땅에 닿지 아니하게 하거나 높이 있도록 버티어 놓은 부분
   • 오징어나 문어 따위의 동물의 머리에 여러 개 달려 있어, 헤엄을 치거나 먹이를 잡거나 촉각을 가지는 기관
   • 안경의 테에 붙어서 귀에 걸게 된 부분
③ 동작, 감각, 상태와 관련된 다의어
  ㉠ 가볍다
   • 무게가 적음
   • (실수나 죄, 질병 등의) 정도가 심하지 않음
   • (중요성이나 가치 등이) 대수롭지 않고 예사로움
   • (동작이) 재빠르고 경쾌함
   • 움직임에 힘들임이 별로 없음
   • (옷차림이나 마음 등이) 가뿐하고 경쾌함
   • (생각이나 언행 등이) 침착하지 못하고 경솔함
  ㉡ 무겁다
   • (물건 등의) 무게가 많음
   • 책임이나 부담이 큼
   • 기운이나 힘이 빠져서 움직이기 힘듦
   • 언행이 신중하고 조심스러움
   • 분위기나 기분 등이 진지하고 심각함
  ㉢ 보다

- 만남, 얼굴을 마주 대함
- (책, 신문 등을) 읽거나 구독함
- (아이, 집 등을) 맡아서 보살핌
- (공연, 예술품 등을) 관람, 감상함
- 전망하다, 앞날을 헤아려 내다봄

(2) 동음이의어의 의미와 주요 동음이의어
① 동음이의어의 의미 : 낱말의 소리는 같으나 의미가 다른 단어
② 주요 동음이의어
  ㉠ 배
  - 배나무의 열매
  - 사람이나 동물의 몸에서 위장, 창자, 콩팥 따위의 내장이 들어 있는 곳으로 가슴과 엉덩이 사이의 부위
  - 일정한 수나 양이 그 수만큼 거듭됨을 이르는 말

  ㉡ 발
  - 사람이나 동물의 다리 맨 끝부분
  - 가늘고 긴 대를 줄로 엮거나, 줄 따위를 여러 개 나란히 늘어뜨려 무엇을 가리는 데 쓰는 물건
  - 두 팔을 양옆으로 펴서 벌렸을 때 한쪽 손끝에서 다른 쪽 손끝까지의 길이를 한 발이라 함

  ㉢ 타다
  - 탈것이나 짐승의 등에 몸을 얹음
  - 불씨나 높은 열로 불이 붙어 번지거나 일어남
  - 돈이나 물건 따위를 몫으로 받음
  - 다량의 액체에 소량의 액체나 가루 따위를 넣어 섞음
  - 먼지나 때 따위가 쉽게 달라붙는 성질을 가짐

  ㉣ 쓰다
  - 붓, 펜, 연필과 같은 도구로 획을 그어 일정한 글자의 모양이 이루어짐
  - 모자 따위를 머리에 얹어 덮거나 어떤 물건을 얼굴에 덮어 씀
  - 일을 하는 데에 재료나 도구, 수단을 이용함
  - 혀로 느끼는 맛이 한약이나 소태, 씀바귀의 맛

(3) 고유어의 개념과 어휘 ★빈출개념
① 고유어의 개념 : '토박이말'이라고도 하며 한 나라에서 본래부터 쓰이던 어휘를 의미
② 고유어 어휘(명사)
  ㉠ 신체 및 생리현상과 관련된 어휘
  - 가는귀 : 작은 소리까지 듣는 귀 또는 그런 귀의 능력
  - 거스러미 : 손발톱 뒤의 살 껍질이나 나무의 결 따위가 가시처럼 얇게 터져 일어나는 부분

SEMI-NOTE

기타 동음이의어
- 미치다
  - (분량, 수치) 닿거나 이름
  - (정신) 정신에 이상이 생겨 말, 행동이 보통 사람과 다르게 됨
- 싸다
  - 물건 값이나 사람, 물건을 쓰는 데 드는 비용이 보통보다 낮음
  - 물건을 안에 넣고 보이지 않게 씌워 가림
  - 들은 말 따위를 여러 곳에 잘 떠벌림
- 이르다
  - 어떤 곳이나 시간에 닿음
  - 대중 또는 기준을 잡은 때보다 앞서거나 빠름
  - 무엇이라 말함
- 잡다
  - 손으로 움켜 놓지 않음
  - 어림하여 셈함
  - 동물 따위를 죽임
  - 의복에 주름을 냄

기타 고유어 어휘(신체)
- **가르마** : 이마에서 정수리까지의 머리카락을 양쪽으로 갈랐을 때 생기는 금
- **구레나룻** : 귀밑에서 턱까지 잇따라 난 수염
- **활개**
  - 사람의 어깨에서 팔까지 또는 궁둥이에서 다리까지의 양쪽 부분
  - 새의 활짝 편 두 날개

SEMI-NOTE

기타 고유어 어휘(행위)
- 가탈
  - 일이 순조롭게 나아가는 것을 방해하는 조건
  - 이리저리 트집을 잡아 까다롭게 구는 일
- 떠세 : 재물이나 힘 따위를 내세워 젠체하고 억지를 씀 또는 그런 짓
- 뒷배 : 겉으로 나서지 않고 뒤에서 보살펴 주는 일
- 소드락질 : 남의 재물 따위를 빼앗는 짓
- 옴살 : 매우 친밀하고 가까운 사이
- 해찰 : 마음에 썩 내키지 아니하여 물건을 부질없이 이것저것 집적거려 해침 또는 그런 행동

기타 고유어 어휘(성격, 심리, 관계)
- 꼭두각시
  - 꼭두각시놀음에 나오는 여러 가지 인형
  - 남의 조종에 따라 움직이는 사람이나 조직을 비유적으로 이르는 말
- 만무방
  - 염치가 없이 막된 사람
  - 아무렇게나 생긴 사람
- 쭉정이 : 쓸모없게 되어 사람 구실을 제대로 하지 못하는 사람을 비유적으로 이르는 말

- 고리눈 : 주로 동물의 눈동자 주위에 흰 테가 둘린 눈
- 귓불 : 귓바퀴의 아래쪽에 붙어 있는 살
- 눈시울 : 눈언저리의 속눈썹이 난 곳
- 모두숨 : 한 번에 크게 몰아쉬는 숨
- 허울 : 실속이 없는 겉모양

ⓒ 행위나 행동과 관련된 어휘
- 갈무리 : 일을 처리하여 마무리함
- 꼼수 : 쩨쩨한 수단이나 방법
- 내친걸음 : 이왕에 시작한 일
- 너스레 : 수다스럽게 떠벌려 늘어놓는 말이나 짓
- 덤터기 : 남에게 넘겨씌우거나 남에게서 넘겨받은 허물이나 걱정거리
- 마수걸이 : 맨 처음으로 물건을 파는 일 또는 맨 처음으로 부딪는 일
- 말미 : 일정한 직업이나 일 따위에 매인 사람이 다른 일로 말미암아 얻는 겨를
- 몽짜 : 음흉하고 심술궂게 욕심을 부리는 짓. 또는 그런 사람
- 선걸음 : 이미 내디뎌 걷고 있는 그대로의 걸음
- 소걸음 : 소처럼 느릿느릿 걷는 걸음
- 아람치 : 개인이 사사로이 차지하는 몫
- 어둑서니 : 어두운 밤에 아무것도 없는데, 있는 것처럼 잘못 보이는 것
- 옴니암니 : 다 같은 이인데 자질구레하게 어금니 앞니 따진다는 뜻으로, 아주 자질구레한 것을 이르는 말
- 짜깁기 : 기존의 글이나 영화 따위를 편집하여 하나의 완성품으로 만드는 일
- 주전부리 : 때를 가리지 아니하고 군음식을 자꾸 먹음. 또는 그런 입버릇

ⓒ 성격, 심리, 관계 등과 관련된 어휘
- 가달 : 몹시 사나운 사람을 이르는 말
- 가르친사위 : 창조성이 없이 무엇이든지 남이 가르치는 대로만 하는 사람을 낮잡아 이르는 말
- 가시버시 : '부부'를 낮잡아 이르는 말
- 깜냥 : 스스로 일을 헤아림. 또는 헤아릴 수 있는 능력
- 달랑쇠 : 침착하지 못하고 몹시 담방거리는 사람
- 뜨내기 : 일정한 거처가 없이 떠돌아다니는 사람
- 뭉니 : 정당한 대우를 받지 못할 때 권리를 주장하기 위하여 심술을 부리는 성질
- 모도리 : 조금도 빈틈없이 아주 여무진 사람
- 우렁잇속 : 품은 생각을 모두 털어놓지 아니하는 의뭉스러운 속마음을 비유적으로 이르는 말
- 지체 : 어떤 집안이나 개인이 사회에서 차지하고 있는 신분이나 지위

ⓔ 동식물과 관련된 어휘
- 가라말 : 털빛이 온통 검은 말

- 귀다래기 : 귀가 작은 소
- 까막까치 : 까마귀와 까치를 아울러 이르는 말
- 멱부리 : 턱 밑에 털이 많은 닭
- 불강아지 : 몸이 바싹 여윈 강아지
- 영각 : 소가 길게 우는 소리
- 자귀 : 짐승의 발자국
- 푸새 : 산과 들에 저절로 나서 자라는 풀을 통틀어 이르는 말

ⓜ 구체적 사물과 관련된 어휘
- 검부러기 : 검불의 부스러기
- 골갱이 : 식물이나 동물의 고기 따위의 속에 있는 단단하거나 질긴 부분
- 꿰미 : 물건을 꿰는 데 쓰는 끈이나 꼬챙이 따위. 또는 거기에 무엇을 꿴 것
- 바자 : 대, 갈대, 수수깡, 싸리 따위로 발처럼 엮거나 결어서 만든 물건
- 베잠방이 : 베로 지은 짧은 남자용 홑바지
- 살피 : 땅과 땅 사이의 경계선을 간단히 나타낸 표
- 세간 : 집안 살림에 쓰는 온갖 물건

ⓑ 공간 및 장소와 관련된 어휘
- 가풀막 : 몹시 가파르게 비탈진 곳
- 노루막이 : 산의 막다른 꼭대기
- 두메 : 도회에서 멀리 떨어져 사람이 많이 살지 않는 변두리나 깊은 곳
- 둔치 : 강, 호수 따위의 물이 있는 곳의 가장자리
- 멧부리 : 산등성이나 산봉우리의 가장 높은 꼭대기
- 기스락 : 기슭의 가장자리
- 산기슭 : 산의 비탈이 끝나는 아랫부분
- 서덜 : 냇가와 강가의 돌이 많은 곳

③ 고유어 어휘(동사)
  ㉠ 'ㄱ'으로 시작하는 어휘
  - 가루다 : 자리 따위를 함께 나란히 함
  - 가물다 : 땅의 물기가 바싹 마를 정도로 오랫동안 계속하여 비가 오지 않음
  - 갈마들다 : 서로 번갈아듦
  - 궁굴리다 : 이리저리 돌려서 너그럽게 생각함
  - 꾀다 : 그럴듯한 말이나 행동으로 남을 속이거나 부추겨서 자기 생각대로 이끎

  ㉡ 'ㄴ, ㄷ'으로 시작하는 어휘
  - 뇌까리다 : 아무렇게나 되는대로 마구 지껄임
  - 닦아세우다 : 꼼짝 못하게 휘몰아 나무람
  - 더위잡다 : 높은 곳에 오르려고 무엇을 끌어 잡음
  - 되바라지다 : 사람됨이 남을 너그럽게 감싸주지 않고 적대적으로 대함
  - 듣보다 : 듣기도 하고 보기도 하며 알아보거나 살핌
  - 소쿠라지다 : 급히 흐르는 물이 굽이쳐 용솟음침

SEMI-NOTE

기타 고유어 어휘(동식물)
- 남새 : 채소
- 멧나물 : 산나물
- 워낭 : 마소의 귀에서 턱 밑으로 늘여 단 방울 또는 마소의 턱 아래에 늘어뜨린 쇠고리
- 하릅강아지 : 나이가 한 살 된 강아지
- 푸성귀 : 사람이 가꾼 채소나 저절로 난 나물 따위를 통틀어 이르는 말

기타 고유어 어휘(사물)
- 깁 : 명주실로 바탕을 조금 거칠게 짠 비단
- 마고자 : 저고리 위에 덧입는 웃옷
- 삯 : 일한 데 대한 품값으로 주는 돈이나 물건

기타 고유어 어휘(공간, 장소)
- 갈피
  - 겹치거나 포갠 물건의 하나하나의 사이 또는 그 틈
  - 일이나 사물의 갈래가 구별되는 어름
- 언저리
  - 둘레의 가 부분
  - 어떤 나이나 시간의 전후
  - 어떤 수준이나 정도의 위아래

기타 고유어 어휘(동사)
- 가위눌리다 : 자다가 무서운 꿈에 질려 몸을 마음대로 움직이지 못하고 답답함을 느낌
- 바루다 : 비뚤어지거나 구부러지지 않도록 바르게 함
- 버금가다 : 으뜸의 바로 아래가 됨
- 얼넘기다 : 일을 대충 얼버무려서 넘김
- 켕기다
  - 단단하고 팽팽하게 되다
  - 마음속으로 겁이 나고 탈이 날까 불안해함

SEMI-NOTE

기타 고유어 어휘(성격, 태도)
- 곰살맞다 : 몹시 부드럽고 친절함
- 괄괄스럽다 : 보기에 성질이 세고 급한 데가 있음
- 옹골지다 : 실속이 있게 속이 꽉 차 있음
- 의뭉하다 : 겉으로 보기에는 어리석어 보이나 속으로는 엉큼함

기타 고유어 어휘(심리)
- 같잖다
  - 하는 짓이나 꼴이 제격에 맞지 않고 눈꼴사나움
  - 말하거나 생각할 거리도 못 됨
- 계면쩍다 : 쑥스럽거나 미안하여 어색함
- 멋쩍다 : 어색하고 쑥스러움
- 애꿎다 : 아무런 잘못 없이 억울함

기타 고유어 어휘(상황, 상태)
- 간데없다 : 갑자기 자취를 감추어 사라지거나 어디로 갔는지 알 수가 없음
- 난데없다 : 갑자기 불쑥 나타나 어디서 왔는지 알 수 없음
- 메케하다 : 연기나 곰팡이 따위의 냄새가 맵고 싸함
- 스산스럽다 : 어수선하고 쓸쓸한 분위기가 있음
- 추레하다 : 겉모양이 깨끗하지 못하고 생기가 없음
- 케케묵다 : 물건 따위가 아주 오래되어 낡음

- 움키다 : 손가락을 우그리어 물건 따위를 놓치지 않도록 힘 있게 잡음
- 티격나다 : 서로 뜻이 맞지 아니하여 사이가 벌어짐

④ 고유어 어휘(형용사)
  ㉠ 성격, 태도와 관련된 어휘
  - 가즈럽다 : 가진 것도 없으면서 가진 체하며 뻐기는 티가 있음
  - 간살맞다 : 매우 간사스럽게 아양을 떠는 태도가 있음
  - 다부지다 : 벅찬 일을 견디어 낼 만큼 굳세고 야무짐
  - 모나다 : 말이나 짓 따위가 둥글지 못하고 까다로움
  - 머줍다 : 동작이 느리고 굼뜨다
  - 바지런스럽다 : 놀지 아니하고 하는 일에 꾸준한 데가 있음
  - 습습하다 : 마음이나 하는 짓이 활발하고 너그러움
  - 암상궂다 : 몹시 남을 시기하고 샘을 잘 내는 마음이나 태도가 있음
  - 암팡스럽다 : 몸은 작아도 야무지고 다부진 면이 있음
  - 야멸치다 : 남의 사정은 돌보지 아니하고 자기만 생각함

  ㉡ 심리와 관련된 어휘
  - 거추장스럽다 : 일 따위가 성가시고 귀찮음
  - 고깝다 : 섭섭하고 야속하여 마음이 언짢음
  - 기껍다 : 마음속으로 은근히 기쁨
  - 눈꼴사납다 : 보기에 아니꼬워 비위에 거슬리게 미움
  - 뜨악하다 : 마음이 선뜻 내키지 않아 꺼림칙하고 싫음
  - 맥쩍다 : 심심하고 재미가 없음
  - 버겁다 : 물건이나 세력 따위가 다루기에 힘에 겨우거나 거북함
  - 삼삼하다 : 잊히지 않고 눈에 보이는 듯 또렷함
  - 시름없다 : 근심과 걱정으로 맥이 없음
  - 알싸하다 : 어떤 냄새의 자극으로 조금 알알한 느낌이 있음
  - 헛헛하다 : 채워지지 아니한 허전한 느낌이 있음

  ㉢ 상황 또는 상태, 외양과 관련된 어휘
  - 가년스럽다 : 보기에 가난하고 어려운 데가 있음
  - 가멸다 : 재산이나 자원 따위가 넉넉하고 많음
  - 녹녹하다 : 촉촉한 기운이 약간 있음
  - 도담하다 : 탐스럽고 아담함
  - 마뜩잖다 : 마음에 들 만하지 아니함
  - 몽실하다 : 통통하게 살이 쪄서 보드랍고 야들야들한 느낌이 있음
  - 부산스럽다 : 보기에 급하게 서두르거나 시끄럽게 떠들어 어수선한 데가 있음
  - 새살궂다 : 성질이 차분하지 못하고 가벼워 말이나 행동이 실없고 부산함
  - 옴팡지다 : 보기에 가운데가 좀 오목하게 쏙 들어가 있음
  - 텁텁하다 : 입안이 시원하거나 깨끗지 못함

⑤ 고유어 어휘(부사)
　㉠ 주요 부사어
　　• 거슴츠레 : 졸리거나 술에 취하여서 눈이 정기가 풀리고 흐리멍덩하며 거의 감길 듯한 모양
　　• 미주알고주알 : 아주 사소한 일까지 속속들이
　　• 사부자기 : 별로 힘들이지 않고 가볍게
　　• 아슴푸레 : 빛이 약하거나 멀어서 조금 어둑하고 희미한 모양
　　• 어슴푸레 : 빛이 약하거나 멀어서 어둑하고 희미한 모양
　　• 오목조목 : 자그마한 것이 모여서 야무진 느낌을 주는 모양
　　• 함초롬 : 젖거나 서려 있는 모습이 가지런하고 차분한 모양
　㉡ 첩어(疊語)
　　• 가들막가들막 : 신이 나서 잘난 체하며 얄미울 정도로 자꾸 버릇없이 행동하는 모양
　　• 가랑가랑 : 액체가 많이 담기거나 괴어서 가장자리까지 찰 듯한 모양
　　• 간들간들 : 바람이 가볍고 부드럽게 살랑살랑 부는 모양
　　• 감실감실 : 사람이나 물체, 빛 따위가 먼 곳에서 자꾸 아렴풋이 움직이는 모양
　　• 나긋나긋 : 사람을 대하는 태도가 매우 상냥하고 부드러운 모양
　　• 남실남실 : 물결 따위가 보드랍게 자꾸 굽이쳐 움직이는 모양
　　• 다문다문 : 시간적으로 잦지 아니하고 좀 드문 모양
　　• 몰큰몰큰 : 냄새 따위가 자꾸 풍기는 듯한 모양
　　• 몽긋몽긋 : 나아가는 시늉만 하면서 앉은 자리에서 자꾸 머뭇거리는 모양
　　• 실쭉샐쭉 : 마음에 차지 아니하여서 좀 고까워하는 태도를 자꾸 나타내는 모양

SEMI-NOTE

기타 고유어 어휘(부사어)
• **모로** : 바로 서거나 앉지 않고 약간 옆으로 비스듬히
• **애오라지**
　– '겨우'를 강조하여 이르는 말
　– '오로지'를 강조하여 이르는 말
• **티격태격** : 서로 뜻이 맞지 아니하여 이러니저러니 시비를 따지며 가리는 모양

기타 고유어 어휘(첩어)
• **가리가리** : 여러 가닥으로 갈라지거나 찢어진 모양
• **가붓가붓** : 여럿이 다 조금 가벼운 듯한 느낌
• **거치적거치적** : 거추장스럽게 여기저기 자꾸 걸리거나 닿는 모양
• **고분고분** : 말이나 행동이 공손하고 부드러운 모양
• **산들산들** : 사늘한 바람이 가볍고 보드랍게 자꾸 부는 모양
• **싱숭생숭** : 마음이 들떠서 어수선하고 갈팡질팡하는 모양